프랜차이즈 역사와 그 울림

본 책은 생성형 또는 대화형 AI를 활용하지 않았습니다.

프랜차이즈 역사와 그 울림

초판 1쇄 발행 2025년 4월 7일

지은이 이수덕
펴낸이 장길수
펴낸곳 지식과감성#
출판등록 제2012-000081호

교정 정은솔
디자인 정윤솔
편집 정윤솔
검수 한장희, 이현
마케팅 김윤길

주소 서울시 금천구 벚꽃로298 대륭포스트타워6차 1212호
전화 070-4651-3730~4
팩스 070-4325-7006
이메일 ksbookup@naver.com
홈페이지 www.knsbookup.com

ISBN 979-11-392-2497-9(03900)
값 23,800원

- 이 책의 판권은 지은이에게 있습니다.
- 이 책 내용의 전부 또는 일부를 재사용하려면 반드시 지은이의 서면 동의를 받아야 합니다.
- 잘못된 책은 구입하신 곳에서 바꾸어 드립니다.

지식과감성#
홈페이지 바로가기

Ⅱ. 고대 프랜차이즈의 탄생과 주요 내용 ·· 41
1. 프랜차이즈 개념의 태동 / 2. 고대 중국과 고대 그리스의 프랜차이즈 / 3. 로마 제국의 프랜차이즈

Ⅲ. 로마제국의 조합과 상업 프랜차이즈 ·· 44
1. 로마의 조합들과 그 영향 / 2. 상업 프랜차이즈의 발현

Ⅳ. 고대시대의 토지제도와 프랜차이즈 ·· 46
1. 대토지 소유제와 노예제 / 2. 콜로누스와 콜로나투스

제3부 중세시대의 프랜차이즈

제3장 중세 프랜차이즈

Ⅰ. 중세 프랜차이즈 시기의 설정 ·· 50
Ⅱ. 중세 봉건사회의 내용과 특징 ·· 50
1. 봉건제 / 2. 피라미드식 신분제 / 3. 지배구조 / 4. 농노제

Ⅲ. 중세시대의 프랜차이즈적 요소와 관계 ································· 53
1. 세금과 십일조의 징수자 / 2. 지방분권적 통치의 수단 / 3. 사법적, 사업적 특권 부여의 근거 / 4. 교회 프랜차이징 / 5. 기사단 프랜차이징

Ⅳ. 중세는 무엇이 프랜차이즈적이었는가? ································· 57
1. 위임: 간접 통치 / 2. 지역 특권: 여기서는 내가 왕이다 / 3. 확장성: 얼마든지 넓은 지역을 통제할 수 있다 / 4. 로열티: 특권의 부여와 관계유지의 대가

제4장 중세 길드 프랜차이즈

Ⅰ. 길드 프랜차이즈의 역사적 접근과 그 의미 ···························· 61
Ⅱ. 길드의 개요 ·· 62
1. 길드의 어원 / 2. 길드의 정의와 형태 / 3. 길드의 유래와 발전 / 4. 길드의 유형 / 5. 길드의 역할과 순기능

Ⅲ. 길드의 폐단과 몰락 ··· 65
1. 길드의 부정적 영향 / 2. 길드의 몰락 / 3. 길드의 퇴장과 잔재

Ⅳ. 길드의 프랜차이즈적 요소와 관계 ·· 68
1. 길드조직의 구성 / 2. 교육·훈련과 조직 운영 / 3. 회원과 조직 관리 / 4. 배타적 회원 자격 / 5. 독점적 지위의 강화

Ⅴ. 길드 프랜차이징의 이중적 구조 ·· 70
1. 이중적 프랜차이징 / 2. 길드 유지의 원천, 수수료

Ⅵ. 길드 프랜차이즈의 역사적 의미와 공헌 ········· 72
1. 최초의 경제적 프랜차이즈 조직 / 2. 가맹본부의 규모와 명성 / 3. 상표와 품질 보증 / 4. 제조 노하우와 영업비밀 / 5. 프랜차이즈 잔여이익의 발원지 / 6. 교육 및 운영 매뉴얼의 시초 / 7. 모니터링과 통제 / 8. 회원 선발기준 / 9. 분업화를 통한 전문화의 시초 / 10. 국제 프랜차이즈의 첫머리

제4부 근세시대의 프랜차이즈

제5장 근세 프랜차이즈

Ⅰ. 근세 프랜차이즈의 역사적 의미와 접근 ········· 82
Ⅱ. 근세시대의 역사 개요 ········· 83
Ⅲ. 근세 프랜차이즈의 시대적 구분 ········· 83
Ⅳ. 근세시대의 식민지 정책 ········· 84
1. 대항해(식민지) 시대 / 2. 신대륙 개척의 이유
Ⅴ. 식민지화 프랜차이즈 ········· 85
1. 식민지 쟁탈전 / 2. 미국의 식민지화 프랜차이즈
Ⅵ. 식민지화 프랜차이즈의 특징과 역사적 의미 ········· 89
1. 프랜차이즈 위임 통치의 종결 / 2. 경제적 동기의 부여 / 3. 독점적 권리의 명료화 / 4. 프랜차이징의 위치와 대상의 이동 / 5. 식민지화 프랜차이즈의 이유 / 6. 탐험 또는 식민지화 프랜차이징?

제6장 벤자민의 인쇄·출판 프랜차이즈

Ⅰ. 근대 프랜차이즈의 아버지, 벤자민 ········· 94
Ⅱ. 최초의 공식적인 프랜차이즈 계약서 ········· 95
Ⅲ. 인쇄·출판 프랜차이즈의 특징과 역사적 의미 ········· 96
1. 인쇄·출판 프랜차이징의 탄생 / 2. 최초의 경제적 프랜차이즈 계약 / 3. 경제적 파트너십의 발현 / 4. 통제권과 확장성 / 5. 구속조건부거래의 시발점 / 6. 라이선스 계약의 선구자

제5부 근대시대의 프랜차이즈

제7장 근대 프랜차이즈

Ⅰ. 근대시대의 설정 ········· 102

Ⅱ. 근대 프랜차이즈 시기의 설정 ·············· 102
1. 일반적 시대구분과의 차이 / 2. Singer가 기준이 된 이유
Ⅲ. 근대시대의 주요한 역사적 사건들과 특징 ·············· 103
1. 1차 산업혁명 / 2. 동력의 혁신, 증기기관의 발명 / 3. 증기선의 발명과 도입 / 4. 운송의 혁신, 증기기관차

제8장 근대 증기선 프랜차이즈

Ⅰ. 국가 인프라 구축을 위한 투자 ·············· 108
Ⅱ. 증기선 프랜차이즈의 역사적 발자취 ·············· 108
Ⅲ. 증기선 프랜차이즈의 해외진출 ·············· 109
Ⅳ. 증기선 프랜차이즈의 역사적 의미와 공헌 ·············· 110

제9장 근대 맥주 프랜차이즈

Ⅰ. 타이드 하우스 시스템 ·············· 111
1. 타이드 하우스의 개요 / 2. 재정적 지원의 경제적 계약 / 3. 채무불이행으로 인한 부정적 결과들
Ⅱ. Spaten 맥주 프랜차이즈의 내용과 특징 ·············· 113
1. 독일 Spaten의 맥주 프랜차이즈 / 2. 타이드 하우스와의 차이점 / 3. 시스템적 지원과 모니터링은 없었다
Ⅲ. 근대 맥주 프랜차이즈의 역사적 의미와 공헌 ·············· 115
1. 본질은 라이선스 계약 / 2. 현대 프랜차이즈 계약의 초석 / 3. 상품 프랜차이징의 모태 / 4. 묶음 구매와 묶음 임대의 개념 발생 / 5. 구속조건부 계약의 실질적 뿌리

제6부 현대 프랜차이즈의 시작

제10장 현대 프랜차이즈에 영향을 미친 역사적 사건들

Ⅰ. 현대 프랜차이즈의 시대적 구분 ·············· 120
Ⅱ. 현대시대의 주요한 역사적 사건들 ·············· 120
1. 미국의 남북전쟁 / 2. 2차 산업혁명 / 3. 제1차 세계대전 / 4. 대공황 / 5. 제2차 세계대전

제11장 공공(公共) 서비스 프랜차이즈

Ⅰ. 정부가 프랜차이징의 전면에 나서다 ·············· 126

　Ⅱ. 이제 공공 서비스 제공이 프랜차이징이다 ·················· 127
　Ⅲ. 공공 서비스 프랜차이즈 ··································· 128
　Ⅳ. 공공 유틸리티 프랜차이즈 ································ 129
　　1. 개념과 지향점 / 2. 사회적 인프라의 구축 / 3. 공통적인 계약조항 /
　　4. 공공 유틸리티 프랜차이즈의 규제와 갈등

제12장 현대 프랜차이즈의 시초, 기계 프랜차이즈
　Ⅰ. McCormick Co의 농기계 프랜차이즈 ······················ 134
　　1. McCormick Co의 역사 개요 / 2. 라이선스 기반의 농기계 프랜차이즈 /
　　3. 프랜차이즈적 요소
　Ⅱ. Singer의 재봉틀 프랜차이즈 ······························· 137
　　1. Singer의 역사 개요 / 2. Singer의 재봉틀 프랜차이즈의 내용과 특징 /
　　3. Singer 프랜차이즈의 역사적 의미와 공헌
　Ⅲ. McCormick Co와 Singer의 비교 ··························· 141
　　1. 누가 현대 프랜차이즈의 시초였는가? / 2. 목표고객과 상품특성의 차이 /
　　3. 관리와 통제력의 차이

제13장 최초의 체인 레스토랑, Harvey House
　Ⅰ. Harvey House의 역사 개요 ································ 144
　　1. 기차역 레스토랑 사업의 제안 / 2. 체인의 시작과 성과 / 3. 쇠퇴: 외부환경
　　의 변화
　Ⅱ. 발전적인 파트너십 계약 ··································· 146
　Ⅲ. Harvey House 시스템의 내용과 그 특징 ···················· 146
　　1. Just-In-Time Mode / 2. 속도 경영의 창시자 / 3. 품질 경영의 선구자 /
　　4. 일관성과 표준 운영 / 5. Harvey Girls / 6. 놀라운 아이디어, 미스터리 쇼퍼
　Ⅳ. Harvey House의 역사적 의미와 공헌 ······················· 150
　　1. 외식 체인의 선구자 / 2. 현대 외식 프랜차이즈 시스템의 모체 / 3. 표준화
　　와 속도 경영의 창시자 / 4. 고객 서비스의 이정표

제7부 상품 프랜차이즈와 비즈니스 포맷 프랜차이즈

제14장 상품 프랜차이징의 개척자, Coca-Cola
　Ⅰ. 청량음료 프랜차이즈 ····································· 156
　Ⅱ. Coca-Cola 사업의 개요 ···································· 156

1. 세계 최대 음료 프랜차이즈 회사 / 2. Coca-Cola 사업방식의 특징 / 3. 제조와 유통을 위탁한 B2B 상품 프랜차이즈

Ⅲ. Coca-Cola 역사의 시작과 발전 ································ 158
1. 펨버턴과 코카콜라의 탄생 / 2. 로빈슨과 Coca-Cola 이름 / 3. 사업의 초석을 다진 아사 캔들러 / 4. 로버트 우드러프, 성장의 화려한 꽃을 피우다

Ⅳ. 상품 프랜차이징의 근간, 보틀링 시스템 ··················· 161
1. 보틀링 시스템의 탄생 / 2. 보틀링이 도입된 이유 / 3. 세포 분열한 보틀러들 / 4. 해외진출의 성과 / 5. 아웃소싱, 선택, 통제

Ⅴ. 프랜차이즈적 의미와 역사적 공헌 ···························· 167
1. 상품 프랜차이즈의 결정체 / 2. 확장성의 확인 / 3. 지식재산권의 토대 마련 / 4. 가맹본부 영업비밀의 가치 / 5. 표준화와 전문화의 뿌리 / 6. 거래관계의 수직적 통합 / 7. 프랜차이즈는 수직적 마케팅 시스템이다 / 8. 현지화 전략 / 9. 체계적인 교육과 훈련 시스템

제15장 비즈니스 포맷 프랜차이즈의 원형, Harper Method

Ⅰ. Martha와 Harper Method ······································· 174
Ⅱ. Martha Matilda Harper 생애 ·································· 175
Ⅲ. Harper Method의 미용 서비스 프랜차이즈 ·············· 177
1. Harper Laboratory / 2. Harper Equipment / 3. 중앙집중 시스템의 실현 / 4. 강력한 지지자 Harperites / 5. 교육 및 훈련 시스템 / 6. 여성 중심의 개설 원칙 / 7. Branch Office / 8. Harper Method Textbook / 9. The Harper Method Progress

Ⅳ. Harper Method의 시스템적 공헌 ····························· 186
1. Q, S, C System의 도입자 / 2. 슈퍼바이징의 구축자

Ⅴ. Harper Method의 역사적 의미와 공헌 ···················· 189
1. 소매 프랜차이즈의 선구자 / 2. 비즈니스 포맷 프랜차이즈의 원형 / 3. 프랜차이즈 시스템의 창시자 / 4. 현대 소셜 프랜차이즈의 설립자 / 5. 국제 소매 프랜차이징의 개척자

제8부 20세기 초중반 성장한 주요 업종과 브랜드

제16장 20세기 초중반 미국 프랜차이즈 시장의 변화

Ⅰ. 사회와 시장의 변화 ··· 194
1. 소비의 사회로 / 2. 미국 소매업의 형성과 발전

Ⅱ. 20세기 초중반의 프랜차이즈 시장 변화 ··················· 195

1. 시장 성장의 초석 마련 / 2. 비즈니스 포맷 프랜차이즈의 확장기 / 3. 외식 프랜차이즈에 큰 영향을 준 변화

제17장 자동차 프랜차이즈

Ⅰ. 통신, 도로, 자동차 산업의 발전 ·· 199
1. 통신의 발전과 영향 / 2. 도로의 확장과 교통의 혁명 / 3. 자동차 산업의 발전과 영향

Ⅱ. 최초의 자동차 프랜차이즈 GM ·· 200

Ⅲ. 자동차 대중화를 실현한 Ford 프랜차이즈 ···························· 201
1. Ford의 역사 개요 / 2. Model T와 프랜차이즈 유통방식 / 3. 프랜차이즈 딜러의 육성 / 4. 표준 계약서의 도입과 내용

Ⅳ. 자동차 프랜차이즈의 특징과 발전 ····································· 203
1. 초기 유통방식 / 2. 자동차 프랜차이즈의 발전단계

Ⅴ. Franchised Dealer ·· 205
1. 독점 에이전트의 진화 / 2. 관리와 통제의 시작 / 3. 국내 자동차 판매점과의 차이

Ⅵ. 표준 계약서와 판매시스템의 발전 ······································ 207
1. 표준 계약서의 진화 / 2. 표준 판매시스템의 개발

Ⅶ. 현대 프랜차이즈에 미친 영향과 공헌 ································· 208
1. 대량생산과 자동차 프랜차이즈 / 2. 현대적 프랜차이즈 계약관계의 성립 / 3. 폭발적 성장의 밑거름

제18장 주유소 프랜차이즈

Ⅰ. 가솔린과 주유소의 역사 개요 ·· 211
1. 핵심 에너지원이 된 가솔린 / 2. 주유소의 역사

Ⅱ. 주유소 프랜차이즈의 내용과 특징 ····································· 212
1. 자동차 대중화와 주유소 / 2. 주유소 프랜차이즈, 자동차와 함께 달리다 / 3. 주유소 프랜차이즈가 생긴 이유 / 4. 대공황이 경영전략을 바꾸다 / 5. 독점기업의 주유소 프랜차이즈

Ⅲ. 전략적 선택으로서의 프랜차이징 ······································ 215

Ⅳ. 주유소 프랜차이즈의 역사적 의미와 공헌 ·························· 216
1. 상품 프랜차이즈의 선두주자 / 2. 주유소 가맹점의 변화

제19장 자동차 부품과 수리 서비스, Western Auto

Ⅰ. Western Auto의 역사 개요 ·· 218

Ⅱ. 자동차 공구와 수리 서비스의 선구자 ·············· 219
　　Ⅲ. Western Auto의 프랜차이즈적 의미와 공헌 ·········· 219
　　1. 최초의 자동차 부품, 공구, 수리 프랜차이즈 / 2. 서비스 프랜차이즈에 대한 공헌 / 3. 서비스 센터 프랜차이즈의 개척자

제20장 최초의 약국 프랜차이즈, Rexall Drugs
　　Ⅰ. Rexall의 역사와 사업 개요 ························ 222
　　Ⅱ. 시작은 소매업체 협동조합 체인 ···················· 223
　　Ⅲ. Rexall 프랜차이즈의 역사적 의미와 공헌 ············ 223
　　1. 최초의 소매업체 협동조합 프랜차이즈 / 2. 현대 소매점 프랜차이즈의 기원 / 3. 가격 경쟁력을 중시했던 프랜차이즈 / 4. 판매지향 프랜차이즈의 창시자 / 5. 프랜차이징을 통한 의약품 유통의 혁신자

제21장 최초의 패스트푸드 프랜차이즈, A&W
　　Ⅰ. A&W의 역사와 사업 개요 ························ 226
　　Ⅱ. A&W 프랜차이즈의 사업성과 ···················· 227
　　Ⅲ. A&W 프랜차이즈의 주요 내용과 특징 ············· 227
　　1. 혁신적인 frosty mugs / 2. 레스토랑의 경쟁력 강화
　　Ⅳ. A&W의 프랜차이즈의 역사적 의미와 공헌 ·········· 228
　　1. 최초 패스트푸드 프랜차이즈 / 2. 카홉 서비스의 적용 / 3. 사업규모의 최소화 / 4. 영업방식의 중요성

제22장 최초의 레스토랑 프랜차이즈, Howard Johnson's
　　Ⅰ. Howard Johnson's의 역사와 개요 ·················· 232
　　Ⅱ. Howard Johnson's 프랜차이즈적 특징 ·············· 233
　　1. 표준화와 일관성 / 2. 소량 포장의 매점식 공급시스템 / 3. Howard Johnson Bible / 4. 매장 외관과 통일적 레이아웃
　　Ⅲ. Howard Johnson's의 역사적 공헌 ·················· 236
　　1. 최초의 현대적 레스토랑 프랜차이즈 / 2. 외식 패스트푸드 프랜차이즈의 스승 / 3. 외식과 숙박이 결합한 프랜차이즈

제9부 성장의 역사: 아이스크림 프랜차이즈 시장

제23장 미국 아이스크림 프랜차이즈의 성장과 발전
 Ⅰ. 아이스크림 역사의 개요 ················· 240
 Ⅱ. 미국 아이스크림 시장의 태동과 발전 ················· 241
 Ⅲ. 아이스크림의 여왕, Dairy Queen ················· 242
  1. Dairy Queen의 역사 개요 / 2. 단기간에 급성장한 Dairy Queen / 3. Dairy Queen의 사업 특징과 핵심 상품
 Ⅳ. 소프트아이스크림 창시자, Carvel ················· 244
  1. Carvel 역사의 개요와 상징적 메뉴 / 2. Carvel 프랜차이즈
 Ⅴ. Baskin-Robbins 프랜차이즈 ················· 247
  1. Baskin-Robbins의 역사 개요 / 2. 프랜차이즈 사업의 발전 / 3. 프랜차이즈 사업의 시작 이유 / 4. 생산 및 공급시스템의 구축
 Ⅵ. 브랜드 고급화를 시도한 하겐다즈 ················· 251
 Ⅶ. 아이스크림 프랜차이즈 발전의 사회적 영향 ················· 252

제10부 경쟁의 역사: 햄버거 전쟁

제24장 최초의 햄버거 레귤러 체인, White Castle
 Ⅰ. 100년 역사의 White Castle ················· 256
 Ⅱ. 역사적 햄버거 Slider ················· 257
  1. 혁신적인 '한입 햄버거' / 2. 사업전략의 근간, Slider
 Ⅲ. 햄버거 대중화의 신호탄 ················· 258
  1. 조리법, 매장 콘셉트, 판매방식 / 2. 1차 햄버거 전쟁
 Ⅳ. 최초의 햄버거 패스트푸드 체인 ················· 259
  1. 정체성은 레귤러 체인 / 2. 프랜차이즈 사업방식에 소극적이었던 이유 / 3. 성장의 원인이 결국 성장의 한계가 되다
 Ⅴ. 외식 프랜차이즈 사업에 대한 역사적 공헌 ················· 262
  1. QSR 시스템의 창시자 / 2. 혁신적인 주방의 실현 / 3. 중앙집중식 공급체계 / 4. 포장 시스템의 개척자 / 5. 표준화된 직원 관리시스템 / 6. The Hot Hamburger

제25장 레시피가 근간이 된 KFC
 Ⅰ. 주유소에서 시작된 KFC ················· 267

Ⅱ. KFC 프랜차이즈의 근간과 차별성 ·········· 268
1. 비밀 레시피와 조리과정 / 2. 영업비밀이 된 레시피

Ⅲ. 프랜차이즈 사업의 시작과 전개 ·········· 270
1. 메뉴 판매의 대가 / 2. 로드 투어의 영업방식

Ⅳ. KFC 프랜차이즈의 성장과 사업성과 ·········· 271
1. 구원투수의 등장 / 2. 성장 궤도에 오르다 / 3. 해외진출을 통한 성장 / 4. 국내 프랜차이즈 사업의 특징

Ⅴ. KFC 프랜차이즈의 역사적 의미와 공헌 ·········· 274
1. 세계화에 성공한 브랜드 / 2. 샌더스의 재정적 상황에 갇혔던 사업 초기 / 3. KFC는 메뉴 기반 프랜차이즈였다?

제26장 와퍼의 제국, Burger King

Ⅰ. Burger King 사업의 개요 ·········· 277
1. 프리미엄 QSR의 선두주자 / 2. 활발한 해외진출

Ⅱ. 인스타 버거킹에서 Burger King으로 ·········· 278

Ⅲ. 세기의 메뉴, 와퍼의 탄생 ·········· 280

Ⅳ. 2차 햄버거 전쟁 ·········· 280
1. 와퍼 vs 빅맥 / 2. 경쟁의 햄버거 시장 / 3. 2차 햄버거 전쟁의 발발과 전개

Ⅴ. 하위 가맹본부 기반의 확장방식 ·········· 283

제27장 외식 프랜차이즈 시스템의 완성자, 맥도날드

Ⅰ. 세계 최대 패스트푸드 프랜차이즈 ·········· 285

Ⅱ. 국내시장의 진출 역사 ·········· 286

Ⅲ. 원형의 창시자, 맥도날드 형제 ·········· 287
1. 맥도날드 형제의 꿈 / 2. 생계를 위한 선택 / 3. 맥도날드 매장의 기획 이유 / 4. 맥도날드 매장의 원형 탄생 / 5. 새로운 교회의 상징물, Golden Arches

Ⅳ. 레이 크록과 맥도날드의 역사 개요 ·········· 290
1. 생계가 중요했던 레이 크록 / 2. 멀티믹서기 사업에 뛰어든 이유 / 3. 카홉 서비스의 등장 / 4. 맥도날드 형제를 만나다 / 5. 맥도날드를 인수하다

Ⅴ. 맥도날드 프랜차이즈의 시스템적 공헌 ·········· 295
1. 스피디 서비스 시스템의 완성자 / 2. 핵심가치 Q, S, C and V / 3. 데이터 기반의 과학적 외식경영의 선구자

Ⅵ. 맥도날드 프랜차이즈의 역사적 위치와 의미 ·········· 299
1. 3S와 Q, S, C 시스템의 계승 및 발전자 / 2. 과거와 미래의 역사적 연결다리 / 3. Mcdonaldization

제11부 희망의 역사: 폭발적인 성장

제28장 황금기에 들어선 미국 프랜차이즈 시장
- I. 슈퍼사이클의 발판을 마련하다 · 304
- II. 성공 방정식이 된 프랜차이즈 사업 · 305
- III. 사업적 타당성을 강화한 Lanham Act · 306
- IV. 우세해진 비즈니스 포맷 프랜차이즈 · 306
- V. 경제 활성화를 위한 창업정책의 변화 · 307
- VI. 최절정기에 도달한 미국 프랜차이즈 시장 · 308
  1. 숫자로 나타난 성장 지표 / 2. 프랜차이즈 시장의 영향력 확대 / 3. 모든 이들에게 희망이 된 프랜차이즈

제29장 프랜차이즈 시장의 주역, 퇴역군인과 이민자
- I. 강력한 창업 수요자, 퇴역군인 · 311
  1. 퇴역군인이 창업에 뛰어든 이유 / 2. 창업의 촉매제, GI Bill / 3. 프랜차이즈 창업에 적합했던 퇴역군인들
- II. American Dream과 프랜차이즈 · 313
  1. American Dream의 희망 / 2. 강력한 창업 수요자 / 3. 프랜차이즈 사업과의 절묘한 결합 / 4. 이민자들의 선택 이유

제12부 차별의 역사: 소수자와 여성

제30장 소수자와 여성에 차별적이었던 프랜차이즈 시장
- I. 민권법의 제정 · 318
- II. 흑인과 소수인종에 대한 차별 · 319
  1. 사회적 외계인 / 2. 창업시장에서의 소수자 차별
- III. 소수자였던 여성 창업자 · 320
  1. 창업시장에 들어선 여성 / 2. 여성이 무슨 사업을 한다고?

제31장 변화의 시작: 소수자와 여성에게 희망이 되다
- I. 소수자를 위한 창업 촉진 프로그램 · 322
- II. 레드라이닝의 종결 · 323

Ⅲ. 여성 창업과 비즈니스 포맷 프랜차이즈 ────────── 324
　Ⅳ. 자립형 소상공인의 사업모델이 되다 ────────── 324
　Ⅴ. 어떻게 소수자의 창업대안이 되었는가? ────────── 325
　Ⅵ. 창업 수요의 공백을 메꾸다 ────────── 326

제13부　몰락의 역사: 시장의 붕괴

제32장 프랜차이즈 시장의 거품이 터지다
　Ⅰ. 시장의 급격한 변화 ────────── 330
　　1. 식어 버린 시장 / 2. 외부환경 변화에 취약한 사업모델
　Ⅱ. 만연한 사기 행각과 사업적 무책임 ────────── 331
　Ⅲ. 드러난 어두운 민낯 ────────── 333
　Ⅳ. 시장과 창업자에 대한 배신과 그 여파 ────────── 333
　　1. 정교하게 설계된 사기 / 2. Fly-by-night와 Fast buck Artist / 3. 다단계 피라미드 사기 / 4. 분쟁과 소송의 급격한 증가 / 5. 혼란에 빠진 프랜차이즈의 사업관계

제33장 깨져 버린 프랜차이즈 사업의 허상
　Ⅰ. 미국 프랜차이즈 시장의 몰락 ────────── 338
　　1. 허위·과장된 정보와 그 피해 / 2. 강제적 '묶음 계약' / 3. 유명 연예인을 내세웠다 / 4. 회계장부도 조작했다 / 5. 시스템의 강점을 잃다 / 6. 의도적인 사업적 배신 / 7. 계약종료 위협의 막대기 / 8. 정보 비대칭을 악용한 비윤리성
　Ⅱ. 과대한 약속과 무모한 기대의 역사 ────────── 345
　　1. 프랜차이즈 암흑기 / 2. 반성하지 않았던 선동자들 / 3. 지나친 약속 vs 지나친 기대

제14부　규제의 역사: 규제의 시작과 영향

제34장 프랜차이즈 시장 규제의 근거와 필요성
　Ⅰ. 프랜차이즈 규제의 법률적 근간 ────────── 350
　　1. 셔먼법 / 2. 연방거래위원회법과 클레이튼법
　Ⅱ. 규제 필요성에 대한 치열한 논쟁 ────────── 352
　　1. 순기능을 잃은 프랜차이즈 / 2. 초기의 좌절
　Ⅲ. 규제의 필요성과 방향성 제시 ────────── 354

제35장 미국 프랜차이즈 시장의 규제 역사

Ⅰ. 규제 역사의 내용과 그 의미들 355
1. Franchise Full Disclosure Act of 1970 / 2. California Franchise Investment Law / 3. Franchise Security Law / 4. Wisconsin Franchise Investment Law / 5. Franchise Investment Protection Act / 6. Uniform Franchise Offer Circulars / 7. 20세기 후반의 규제와 논쟁

Ⅱ. 관리와 규제의 중심축이 된 FTC 361
1. 규제법의 유형 / 2. The FTC Franchise Rule / 3. The Amended Franchise Rule과 FDD

제15부 새로운 도전의 역사: 21세기 프랜차이즈 역사

제36장 21세기 프랜차이즈 역사의 접근과 주제어

Ⅰ. 1980년대 이후의 프랜차이즈 역사의 접근 367
1. 새로운 도전을 맞이한 시장 / 2. 규제법으로 인한 변화

Ⅱ. 3차 산업혁명과 현대 프랜차이즈 368
1. 3차 산업혁명의 개요 / 2. 프랜차이즈 시장에 미친 영향

Ⅲ. 21세기 역사의 패러다임 변화와 주제어들 369
1. 비즈니스 포맷 프랜차이즈 / 2. 프랜차이즈 마케팅의 변화 / 3. 공급자에서 수요자의 시장으로 / 4. 프랜차이즈 기업가 정신 / 5. 지식재산권: 대표성과 상징성 / 6. 공정한 관계품질 / 7. 여전히 희망적인가? / 8. 규제법의 사회적 영향 평가

Ⅳ. 결론을 대신하여: Franchise에서 Branchise로 376
1. 마케팅이 지배한 시대 / 2. Branchise라는 용어 / 3. Branchise의 정의와 특징 / 4. 왜 Branchise가 중요한가? / 5. 글을 마치며: 한국시장과 Branchise

맺음말

Ⅰ. 프랜차이즈 역사에게 가야 할 길을 묻다 383
Ⅱ. 한국 프랜차이즈 역사기록의 아쉬움 384
1. 짧은 역사지만, 매우 큰 영향 / 2. 절실한 한국 프랜차이즈의 역사연구 / 3. 누가 역사기록을 해야 하는가?

Ⅲ. 어느 곳에서나 존재해 왔던 프랜차이즈적 관계 386

Ⅳ. 한국 프랜차이즈 시장은 지금 어떠한가? ······ **387**
1. 국내시장은 확실히 다른가? / 2. 반복되고 있는 잘못된 역사 / 3. 과연, 창업시장의 유능한 대안인가? / 4. 무엇을 지향해야 하나?

Ⅴ. 한계와 향후 기대 ······ **390**

Ⅵ. 책을 마치며 ······ **391**

부록

Ⅰ. 참고문헌 ······ **392**
1. 논문 / 2. 단행본과 e-book / 3. 웹사이트 등

Ⅱ. 본문의 참고문헌 표기 ······ **405**

Ⅲ. 찾아보기 ······ **412**
1. 주요 단어 / 2. 주요 인물

Ⅳ. 프랜차이즈 역사의 연대기 ······ **419**

머리말

Ⅰ. 프랜차이즈 역사의 관점과 접근

1. 역사란 무엇인가?

역사적 사실(historical fact)은 역사기록의 중추가 되는 기초적 사실입니다. 역사가는 역사기록의 과정에서 가치 있는 역사적 사실과 일반적인 비역사적 사실을 분류합니다. 선택된 역사적 사실은 역사의 해석과 평가의 객관적인 근거가 됩니다.

그러나 어떤 역사적 사실이 정확하게 기록되고 객관적인 평가가 이루어졌다고 하더라도, 그것이 연구대상의 역사적 본질과 전체의 특징을 완전히 대변하지 못할 수 있습니다. 역사적 사실의 평가과정에 역사가의 해석이 개입될 수밖에 없기에, 그 기록과 평가가 타당하다고 증명하는 것이 어렵기 때문입니다.

이 이유로 객관적인 역사기록과 평가는 존재할 수 없다는 주장이 있습니다. 현재의 용어, 개념, 인식의 틀로 과거의 역사적 사실을 바라보고 평가하기 때문입니다. 이 회의론적 시각을 극복하려면, 역사가는 무엇보다 역사연구를 역사적 사실에 기반해 객관적으로 수행해야 할 것입니다.

에드워드 핼릿 테드 카(Edward Hallett Ted Carr, 1892~1982, 이하 'Carr')는 《역사란 무엇인가(What Is History?, 1961)》라는 책에서 역사는 과거 자체의 기록에 매몰된 '죽은 과거'의 기록이 되지 말아야 한다고 했습니다. Carr는 역사란 과거의 주목할 만한 사실을 현재의 눈으로 바라보고 평가하는 것으로 "역사는 역사가와 역사적 사실 사이에 이루어지는 상호작용의 지속적인 과정(continuous process of interaction)이자 현재와 과거의 끝없는 대화(unending dialogue)"라고 정의했습니다.

과거는 현재의 거울로 비추어질 때 의미와 가치가 부여되고, 현재는 과거의 거울로 비추어 볼 때 객관적인 평가가 가능하며, 과거와 현재를 끊임없이 연결하는 역사가의 노력은 현재와 미래의 발전에 가치 있는 일이라고 Carr는 주장했습니다.[1]

2. 방향성과 목표가 있는 역사적 호기심

아놀드 조셉 토인비(Arnold Joseph Toynbee, 1889~1975, 이하 '토인비')는 어떤 사회의 현상과 관념을 자신이 원하는 방향으로 해석하거나 바로잡는 것이 아니라 그것들이 당시 어떠했는가를 실례를 들어 예증(例證)하는 사람이 역사가라고 했습니다.[2] 그러면서 토인비는 뚜렷한 목적이 없는 역사연구는 지식 추구에 머물 수 있고 현재와 미래의 발전을 위한 역사적 발견을 생산할 수 없기에, 역사가에게 '일정한 방향성과 목표가 있는 역사적 호기심'이 중요하다고 강조했습니다.

이에 과거의 사실(문제)이 왜(why) 그리고 어떻게(how) 생겨났고 그 결과가 어떠했는지에 관한 질문을 일정한 방향성과 목표를 가지고 접근했을 때, 역사가는 현재와 미래가 필요로 하는 가치 있는 해답을 찾을 수 있다고 토인비는 주장했습니다.[3]

3. 책의 지향점과 목표

이 책은 프랜차이즈 용어의 유래부터 고대, 중세, 근세, 근대, 현대의 프랜차이즈 역사를 방향성과 목표가 있는 역사적 호기심에 기반해 서술한 통합적인 역사책입니다. 바꾸어 말해, 현대 프랜차이즈 시장을 제대로 이해하고 바람직한 시장 문화의 정착을 위해 프랜차이즈 시장이 걸어왔던 역사적 발자취들을 탐색하려는 역사적 호기심이 이 책의 근본적인 집필 동기입니다.

이것은 프랜차이즈 시장의 발전을 위해 과거의 역사적 사실로부터 가치 있는 무엇인가를 찾고자 하는 일정한 방향성과 목표가 있는 역사적 호기심이라고 할 수 있습니다.

우리는 프랜차이즈 역사에서 과거의 어떤 일이 왜 일어났고 어떤 결과로 귀결되었는지를 살펴봄으로써 현재 일어나는 유사한 현상들에 대한 객관적인 이해와 평가를 할 수 있습니다.

Carr의 의견처럼, 프랜차이즈의 역사는 죽은 과거가 아니라 현재에 일어나고 있는 현상들과 매우 연관성이 높은 '살아 있는 과거'입니다. 따라서 프랜차이즈 역사의 과거와 현재를 잇는 끝없는 상호작용의 대화를 통해 우리는 현재와 미래에 유익한 역사적 사실과 교훈을 발굴할 수 있을 것입니다.

II. 책을 쓴 배경과 이유

1. 프랜차이즈 시장은 왜 중요한가?

'가맹점 매출액이 100조가 넘는 시장이다, GDP의 몇 %이다, 브랜드 수가 1만 개가 넘는다, 30만 개 이상의 가맹점이 있다, 종사자가 백만 명이 넘는다'라는 말들은 국내 프랜차이즈 시장을 이야기할 때 자주 인용되는 내용입니다. 이 수치들은 국내 프랜차이즈 시장의 규모와 영향력이 아주 크고, 창업시장에서 차지하는 비중이 매우 높다는 점을 암시합니다.

맞습니다. 현재 국내 노동시장은 직업 안정성이 취약해 노동자에게 빠른 은퇴를 강요하고 있습니다. 그 결과 자립형 창업이 자발적 동기와 체계적 계획에서 비롯된 것이 아니라 사회구조적으로 생계를 위해 어쩔 수 없이 선택되는 경우가 많습니다.

자영업 비율이 상당히 높은 국내 경제의 특성을 고려할 때, 이러한 노동시장의 어려운 상황은 효과적인 창업대안으로써 프랜차이즈 시장의 역할론을 크게 부각하고 있습니다.

국내 프랜차이즈 시장은 역사적으로 국가를 대신해 민간 경제의 영역에서 지역경제의 활성화와 고용촉진의 경제적 역할을 담당해 왔습니다. 그리고 소규모 및 소자본의 자립형 창업자에게 경제적 자립, 부의 축적, 사업독립의 열망을 실현할 수 있는 유망한 통로의 기능을 수행해 왔습니다. 이것이 프랜차이즈 사업의 존재이유(mission)이자 사업적 기능(function)입니다.

2. 프랜차이즈 역사에서 실마리를 찾다

핵심적 문제는 국내 프랜차이즈 시장의 사회적·경제적 역할과 창업시장의 기능에 관한 '사회적 담론(談論)'이 안타깝게도 '결론이 미리 정해진 주제'의 틀에 갇혀 있는 상황에 있습니다.

프랜차이즈 사업에 대해 '가맹점 없이 본사 없다' 및 '상생의 프랜차이즈'라는 '당위적 접근'과 '소상공인의 유력한 창업대안'이라는 맹신적인 주장은 창업시장에서 이제 습관적으로 쓰는 말들이 되었을 뿐입니다.

이러한 말들은 '그래야만 한다'와 '그것이 옳다'처럼 마땅한 결론만 존재할 뿐, '왜 그래야 하는지', '무엇을 지향해야 하는지', '현재와 미래를 어떻게 대처해야 할지'에 대한 타당한 논리와 구체적인 방향성을 제시하지 못하고 있습니다.

이러한 현상의 극복과 시장 발전을 위한 접근법은 프랜차이즈 사업체, 학계, 규제 기관, 법률가의 시각에 따라 다르기에, 그 처방전들 역시 현장에서 다양하게 존재할 것입니다.

이 책은 그 해결책의 실마리를 프랜차이즈 역사에서 찾고자 합니다. 프랜차이즈 역사의 고찰을 통한 가치 있는 역사적 사실과 유익한 교훈의 발굴은 한국 프랜차이즈 시장이 현재 무엇이 문제이고, 어떻게 개선할 수 있으며, 앞으로 걸어가야 할 바람직한 길을 우리에게 보여 줄 수 있기 때문입니다.

3. 프랜차이즈 역사기록의 현주소

아쉽게도, 프랜차이즈 역사에 관한 체계적이고 통합적인 책이 지금까지 없었습니다. 외국을 포함해서 고대부터 현대까지의 프랜차이즈 역사를 통합적으로 다룬 책은 보이지 않습니다. 물론 저자가 놓쳤을지도 모릅니다.

특히 프랜차이즈 역사에 관한 국내 연구는 아주 부족한 상황입니다. 대부분의 국내 문헌들은 프랜차이즈 역사를 많아야 몇 쪽 내외로 설명하고 있을 뿐입니다. 파워포인트로 요약된 자료처럼, 유사한 내용이 빈약하게 반복·기재되고 있습니다.

국내 프랜차이즈 시장의 창업시장에 대한 위상과 시장 영향력에 비추어 볼 때, 프랜차이즈 역사에 대한 무관심 또는 가치 있는 읽을거리의 절대적인 부족은 우리에게 좋지 않습니다.

그렇게 많은 창업자와 가맹본부들이 업(業)으로 프랜차이즈 사업을 영위하면서 자신이 하는 일에 대한 역사를 잘 모르는 현실은 가맹본부와 가맹점뿐만 아니라 국내 창업시장의 발전에도 결코 도움이 되지 못합니다.

4. 프랜차이즈 역사와 업(業)의 자존감

프랜차이즈 역사의 가치 있는 역사적 사실과 그 교훈이 업계에 많이 공유될수록, 그러한 역사적 지식이 시장에서 보편적인 상식이 될수록, 한국 프랜차이즈 시장은 건강하게 발전할 수 있습니다. 프랜차이즈 역사에서 발굴된 가치 있는 사실들의 역사적 울림(historical resonance)은 사업 참여자들의 바람직한 기업가 정신과 공정한 사업태도를 촉진할 수 있기 때문입니다.

다시 말해, 프랜차이즈 역사의 역사적 사실과 교훈은 우리에게 '왜 이 일을 하고 있는지', '어떠한 사업적 태도가 필요한지', '사업적으로 무엇을 추구해야 하는지'에 관한 신뢰할 수 있는 역사적 사례와 근거를 제시할 것입니다.

이 긍정적인 영향력은 프랜차이즈 종사자들의 바람직한 업(業)의 자존감(self-esteem)을 자극하고 모범적인 거래관계를 확산하여 한국 프랜차이즈 시장의 건강한 문화의 정착에 필요한 자양분의 역할을 할 것입니다.

실용적 관점에서도, 프랜차이즈 역사는 주목할 만한 프랜차이즈 브랜드들의 행적, 성과, 전략, 성장과 후퇴의 이유를 설명하기에 프랜차이즈 업계는 이들로부터 효과적인 사업모델과 사업전략에 대한 유용한 아이디어와 방법론을 얻을 수 있습니다.

III. 시대별, 대상별, 주제별의 통합적 구성

고대부터 현대까지의 프랜차이즈 역사를 전체적인 관점에서 개관하여 가치 있는 역사적 사실들을 발굴하고, 이를 해석 및 평가하는 것이 이 책의 가장 큰 목적입니다. 그러기 위해 이 책은 고대, 중세, 근세, 근대, 현대의 프랜차이즈에 관한 개념, 내용, 특징을 시대별, 대상별, 주제별로 통합적으로 살펴볼 것입니다.

특히 현대 프랜차이즈는 객관적 기술에만 치우치지 않고 시간의 순서에 따라 성장, 경쟁, 희망, 차별, 몰락, 규제, 도전의 역사로 주제화하여 생동감 있게 이야기하고자 합니다.

이와 같은 시대적, 대상별, 주제별 접근방법은 파편처럼 흩어진 역사적 사실들을 한곳에 모으고, 일정한 형식을 통해 프랜차이즈 역사를 설명하는 데 유용한 방법론이 될 것입니다. 이 고안된 방법은 지금까지 단절되었거나 특정한 시기와 대상에 갇혀 있었던 프랜차이즈의 협소한 역사관을 극복하는 데 조금이나마 숨통을 트이게 할 것입니다.

IV. 책의 특징과 차별성
1. 사회과학적 접근

인문학은 인간, 삶, 인간관계의 근원적인 문제를 탐구하기에 언어, 철학, 사상, 예술, 종교 등이 대표적인 연구대상입니다. 역사학은 일반적으로 인문학에 포함되지만, 사회과학의 하나라는 주장도 있기에 인문학과 사회과학의 '경계'에 있습니다.

이와 달리 사회과학은 인간-인간과 인간-사회의 상호작용과 그것의 관계적 영향을 탐구합니다. 이에 사회과학은 현상의 객관적 이해, 인과관계, 그리고 미래의 타당한 예측이 중요합니다. 정치, 사회, 경제, 경영 등이 사회과학의 대표적 영역입니다.

본 역사책의 정체성은 사회과학에 가깝습니다. 유구한 프랜차이즈 역사에서 나타났던 '프랜차이즈적 관계'들의 시대별, 대상별, 주제별 내용, 사업원리, 사업적 동기, 거래관계, 관계품질, 사회적 영향이 전반적으로 다루어지기 때문입니다.

2. 시대적 배경과 사회적 특징의 반영

본 책의 가장 큰 특징은 프랜차이즈의 역사적 사실들을 시대적 상황과 사회적 특징에 기반하여 정리 및 해석했다는 점입니다. 이에 특정 시기의 프랜차이즈의 개념과 특징을 설명하기 위해 프랜차이즈 역사에 영향을 미쳤던 역사의 중대한 사건과 제도적·사회적 변화가 외부환경의 분석 차원에서 요약될 것입니다.

예컨대, 1차, 2차 산업혁명은 프랜차이즈 역사발전에 물리적 토대였고,

20세기 Lanham Act, GI Bill, 민권법은 미국 프랜차이즈 시장의 발전에 법률적, 제도적 바탕이 되었습니다.

　세상의 모든 것이 시대의 정치적, 사회적, 경제적 환경으로부터 자유로울 수 없습니다. 프랜차이즈 역사도 마찬가지였습니다. 프랜차이즈의 개념, 내용, 특징은 시대적 배경과 사회적 특징에 상당한 영향을 받았습니다. 그러므로 시대적 배경과 사회적 특징의 이해 없이 특정 시기의 프랜차이즈의 개념, 내용, 특징을 이해하는 것은 불가능합니다.

3. 사업적 아이디어와 사업적 영감의 단초

　본문에 기술된 프랜차이즈 브랜드들의 역사는 단순히 그들의 사업행적과 사업성과에 관한 기록이나 요약이 아닙니다.

　브랜드들이 어떠한 사회적, 경제적 배경에서 탄생했고, 시장에 어떠한 차별적인 사업모델과 시스템을 제시했으며, 사업성장의 과정에서 채택한 사업전략과 그것의 변화가 어떠했는지를 살펴봄으로써 우리는 그 브랜드들의 역사로부터 유익한 사업모델, 시스템, 사업전략에 관한 지식과 지혜를 배울 수 있습니다.

　'탄생, 성장, 성숙, 후퇴'의 브랜드 수명주기에서 나타난 그들의 '혁신, 적응, 변화'의 역동적인 역사는 한국 프랜차이즈 시장에게 참신한 아이디어와 사업적 영감을 선사할 것입니다.

4. 개념 부여와 용어 정의의 시도

　이 책은 역사적 사실과 프랜차이즈 브랜드의 일부 내용에 그것을 특징화할 수 있는 용어를 붙이고, 이를 정의하는 시도를 할 것입니다. 가령 '판매지향 프랜차이즈'와 '메뉴 기반 프랜차이즈'라는 용어는 학술적이거나 통용되는 용어가 아닙니다.

이 시도는 저자의 첫 번째 책인 《한국 프랜차이즈, 기본에서 다시 생각하다(2023)》에서 사용했던 방법과 유사합니다. 대상의 내용과 특징을 잘 드러내는 적합한 용어를 붙이고 이를 정의하면, 프랜차이즈 역사를 이야기할 때 그 내용이 쉽게 떠올려져서 우리의 효율적인 소통을 도울 수 있습니다.

예컨대, '기계 프랜차이즈'는 현대 프랜차이즈의 시대를 활짝 열었던 19세기 중반 McCormick Co와 Singer의 전문기계 프랜차이즈의 내용과 특징을 범주화한 용어입니다.

다른 측면에서 이 방법은 향후의 토론 쟁점을 명확히 할 수 있습니다. 이것은 대개 초기 연구에서 유용합니다. 그렇게 조성된 토론 환경은 반론, 수정, 보완의 연구를 활성화하여 어떤 대상의 정의와 일반화를 효과적으로 생산할 수 있는 기반이 될 것입니다.

5. 역사적 의미, 공헌, 교훈의 발굴 시도

각 장의 중반부까지는 해당 주제와 대상에 대한 역사적 사실을 충실히 기술할 것입니다. 하지만 그 이후의 '프랜차이즈적 특징'과 '역사적 의미와 공헌' 등의 영역은 앞서 설명한 내용에 기반해 우리가 기억해야 할 역사적 의미, 공헌, 교훈을 저자의 시각으로 해석하고 평가한 의견을 담을 것입니다.

이를 통해 우리는 시대별, 대상별, 주제별의 역사적 사실들로부터 프랜차이즈 역사의 유의미한 교훈을 발굴할 수 있고, 한 걸음 더 들어가 한국 프랜차이즈 시장의 발전을 위한 유용한 시사점들을 찾아낼 수 있을 것입니다.

V. 객관성과 신뢰성 확보를 위한 시도

사실적으로 이 책은 인문학 기반의 역사책처럼 역사적 사실을 개별적으로 세밀히 고증(考證)하지 않았습니다. 근본적으로 책의 집필 목적이 역사적 사실의 고증 자체에 있지 않았기 때문입니다.

이 부분이 가장 큰 걱정이었습니다. 역사책은 기본적으로 내용의 객관성과 신뢰성이 중요하기 때문입니다. 그래서 내린 결정이 이 사실을 인정하고, 이 책만의 집필 방법을 찾는 것이었습니다. 이에 따라 본 책은 아래와 같은 세부적인 집필 과정을 거쳤습니다.

먼저, 문헌들에 흩어져 있는 프랜차이즈 역사에 관한 자료들이 최대한 수집되었습니다. 그렇게 취합된 자료들은 시대적 단위를 기준으로 사건별로, 관계별로, 브랜드별로 분류되었습니다. 그 후 분류된 여러 출처의 내용들은 일정한 형식을 통해 주제별로 재통합된 후, 다시 정리되었습니다.

그 결과 이 책의 상당한 부분들은 한 곳이 아니라 여러 곳의 참고문헌으로부터 추출되어 정리된 내용입니다. 정리과정에서 문헌마다 차이가 나거나 신뢰성이 부족한 역사적 사실은 제거되었습니다. 이렇게 걸러지고 다듬어진 공통적인 기록들을 바탕으로 이 책의 주요 내용이 다시 꾸려졌습니다.

문헌 인용에서 다수의 출처가 통합·기재되고, 일부 문헌들에서 참조한 페이지 수가 구체적으로 표기된 방법은 본문의 객관성과 신뢰성 확보를 위한 세밀한 작업의 결과물입니다.

VI. 책의 구조와 주요 내용

1. 1980년대까지의 역사

총 15부 36장으로 구성된 이 책은 고대부터 현대까지의 프랜차이즈 역사를 시대적인 단위로 통찰할 것입니다. 그러나 현대 프랜차이즈 역사는 미국 프랜차이즈 사업에 대한 규제가 시작된 1980년대 말까지로 한정될 것입니다.

1990년대부터 미국 프랜차이즈 역사는 이전과 비교해 역사적 패러다임이 크게 달라졌고, 그 범위와 내용이 워낙 방대해 책 한 권에 담기에 불가능했습니다. 대신에 마지막 장은 21세기 현대 프랜차이즈에 대한 접근방법과 주요 주제어들을 저자의 시각으로 정리하여 향후 프랜차이즈 역사연구에 조금이라도 도움이 될 수 있도록 하였습니다.

2. 프랜차이즈 역사의 시대적 구분

고대 프랜차이즈는 로마제국의 프랜차이즈 역사를 중심으로 다루어질 것입니다. 중세 프랜차이즈는 우리에게 생소할 수 있는 길드 프랜차이즈와 함께 이야기될 것입니다.

근세 프랜차이즈는 중세시대 이후부터 1789년 프랑스 혁명까지의 시대입니다. 근세 이후 근대 프랜차이즈는 현대시대 이전까지를 말합니다. 이처럼 고대, 중세, 근세, 근대의 구분은 일반적인 세계 역사의 시대적 구분과 유사합니다.

그러나 이 책은 현대 프랜차이즈의 시대를 보편적인 현대 역사의 구분 시점인 20세기 이후가 아니라 1850년대로 설정할 것입니다. 1850년대에 현대 프랜차이즈의 시작점이 된 전문적인 기계 프랜차이즈가 출현했기 때문입니다.

3. 프랜차이즈 개념의 변화에 따른 구분

프랜차이즈 용어의 의미는 경제적, 사회적 환경을 반영해 왔기에 프랜차이즈의 개념, 내용, 특징도 시대적으로 달랐습니다. 특히 고대, 중세, 근세의 프랜차이즈는 정치적, 경제적, 사회적 특성에 많은 영향을 받았습니다.

경제적 자립과 부의 축적의 경제적 이유가 프랜차이즈 거래관계 형성의 이유와 동기가 되기 시작한 시점은 근세의 인쇄·출판 프랜차이즈부터입니다.

근대 프랜차이즈는 현대 프랜차이즈 사업의 초기 형태였던 라이선스의 계약관계에 기반했기에 프랜차이즈 시스템의 완성도가 높지 않았습니다. 20

세기가 돼서야 상품 프랜차이즈와 외식 및 패스트푸드 브랜드들이 출현하면서 현대 프랜차이즈 시스템의 전체적인 모습이 체계적으로 갖추어졌습니다.

이 책을 읽는 동안 프랜차이즈의 개념과 특징이 시대적으로 변화했다는 사실을 아실 수 있을 것입니다. 모든 것은 시간 속에서 변화하고 발전하기에 이 '질적인 변화'는 당연합니다. 이 책을 펴는 순간, 프랜차이즈 개념과 특징을 하나로 규정하지 마시고 역사의 시대적 흐름에 따라 변화와 진화의 내용을 열린 마음으로 다가서기를 바랍니다.

FRANCHISE

제1부
프랜차이즈 용어의 유래와 본원적 의미

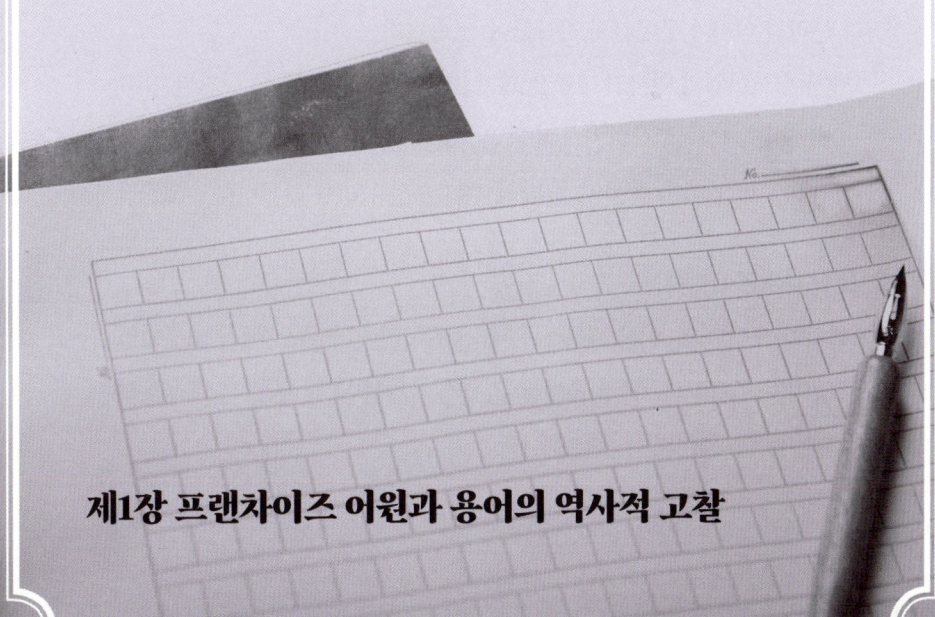

제1장 프랜차이즈 어원과 용어의 역사적 고찰

제1장
프랜차이즈 어원과
용어의 역사적 고찰

Ⅰ. 프랜차이즈 어원과 본질적 의미

1. 어원의 뜻과 기능

어원(語源)은 어떤 단어나 용어가 생겨난 근원과 본원적인 형태입니다. 우리는 어원에 대한 이해로 단어와 용어가 근본적으로 어떠한 의미가 있고 무엇을 지향하는지를 알 수 있습니다.

프랜차이즈(franchise)의 어원도 마찬가지입니다. 프랜차이즈 어원(또는 프랜차이즈 용어의 어원)은 프랜차이즈 본질(essence)의 발원지입니다. 우리는 어원의 접근을 통해 프랜차이즈라는 용어가 어떻게 탄생했고, 프랜차이즈의 본질과 근원적 의미가 무엇인지 파악할 수 있습니다.

프랜차이즈 어원의 역사적 고찰은 과거 고대시대까지 깊숙이 연결된 '유구한 프랜차이즈 역사라는 미지의 동굴'을 탐험하는 과정에서 우리가 길(목적)을 잃지 않도록 깜깜한 동굴 속을 밝혀 주는 손전등이 될 것입니다.

2. 프랜차이즈 어원

프랜차이즈 어원(origin)은 Anglo-French의 말인 'franc'에서 비롯되었다고 알려져 있습니다. 'Franc(프랑)'은 현대사회에 '솔직한' 또는 프랑스의 화폐 단위를 의미합니다.

그러나 중세 프랑스어에서 'franc'은 '자유로운(free)' 또는 '면제된(exempt)'의 의미가 있었다고 합니다. 중세의 'franc'은 franchise의 어근(語根)으로 오늘날 프랑스어로 '극복하다, 뛰어넘다'의 'franchir'와 '~로부터 자유롭다, 해방되다'를 뜻하는 'affranchir'로 그 쓰임새가 확장했습니다.

'자유 또는 면제'의 본원적인 뜻을 함유한 프랜차이즈 어원은 역사적으로 비용을 부담하거나 어떤 일을 대신 수행하는 자에게 주권자가 어떤 의무나 책임에서 벗어날 수 있는 특권을 보상의 개념으로 부여했던 관념에 그 바탕을 두었습니다.[4]

3. 프랜차이즈 개념의 형성

프랜차이즈 어원에 관한 이야기는 중세사회로 거슬러 올라가기에 보편적으로 중세가 프랜차이즈 역사의 출발선이 됩니다. 중세시대의 프랜차이즈 개념은 노예상태로부터 해방된 자유(be free from servitude)와 권리 또는 특권의 승인(granting of a right or a privilege)으로 대표됩니다.

중세 왕과 교회 등의 중세 지배권력은 지방의 영주와 수도원 등에 영토 수호, 질서 유지, 세금 납부의 의무를 부과했습니다. 중세 지배권력은 그 대가로 영주와 수도원에게 자신의 통제에서 벗어날 수 있는 자유 또는 면제의 특권을 부여했습니다.

이 관계에서 중세 왕과 교회로부터 특권을 부여받은 영주와 수도원은 약속한 의무와 비용을 부담하기 위해 피지배계층이었던 평민으로부터 세금과 십일조를 징수한 후, 그 일부를 중세 지배권력에 바쳤습니다.

이것이 프랜차이즈 어원에 기반한 중세 프랜차이즈의 전형적이고 전통적인 개념입니다. 이 거래관계를 바탕으로 왕과 교회(가맹본부)는 영주 및 수도원(가맹점)과 프랜차이즈적 관계를 형성하고 정치적, 사회적, 경제적 이익을

공유했습니다.[5]

II. 프랜차이즈 의미의 변화와 발전

주권자의 '승인'에 기반한 '자유, 면제, 해방'이라는 중세시대의 프랜차이즈에 대한 전형적이고 전통적인 개념은 근세, 근대, 현대를 거치면서 각 시대의 경제적, 사회적 특징을 반영하여 그 내용과 특징이 변화해 왔습니다.

예컨대, 특권 부여를 통한 '~부터 자유롭다 또는 자유롭게 하다(to make or set free)'라는 프랜차이즈의 보편적 의미는 근대부터 '프랜차이즈 또는 특권에 투자하다(to invest with a franchise or privilege)'라는 투자의 경제적 의미로 변화했습니다. 따라서 근대시대 이후부터 프랜차이즈 용어는 특정 상대방에게 사업이나 공공 서비스의 투자를 승인하고, 그 대가로 주권자는 그들과 운영의 수익 일부를 공유하는 경제적 관계의 개념으로 진화했습니다.

이처럼 현대사회와 가까워지면서 프랜차이즈 관념은 경제적 보상과 당사자의 주체적인 참여의 관점이 한층 보강되었습니다. 현대에 와서 프랜차이즈의 개념은 중세처럼 어떠한 권력으로부터 획득하는 추상적인 자유, 면제, 해방을 초월하여 경제주체의 경제적 자립(independence)과 거래관계에 있어 이익 창출을 위한 파트너십의 시너지 효과(synergy)가 중요해진 것입니다.

한편, 현대 프랜차이즈가 시작된 19세기 중반 이후 프랜차이즈의 의미는 법률적, 제도적으로 시민권과 선거권 등을 차별 없이 공평하게 보장하는 개념으로 진화했습니다. 그 상징적인 예로, 현대사회에서 'enfranchise'는 특정 대상에게 선거권 또는 시민권 등을 부여하는 것을, 'disfranchise'는 주어졌던 권리나 특권을 박탈하는 것을 뜻합니다.[6]

그러므로 현대사회의 프랜차이즈 용어는 중세처럼 주권자의 승인으로 어떤 것을 획득하는 '수동적인 자유, 면제, 해방'이 아니라 당사자 간의 경제적 이익, 공정한 거래관계, 주체의 능동적인 투자 및 참여의 관념이 중요해졌고, 놀랍게도 법률적, 제도적으로 사회적 평등 실현의 의미까지 함유하게 되었습니다.

III. 프랜차이즈 용어의 사용 역사

중세의 프랑시스(francis)라는 단어는 주권자로부터 부여받은 특권 인정(privilege acknowledgement)의 존재를 외부로 뚜렷하게 드러냈습니다. 예컨대, 빌프랑슈(villefranches)와 프랑타운(franctowns)은 왕 또는 영주가 부여한 어떤 특권을 사용할 수 있었던 프랑스의 마을에 붙여졌습니다.[7]

'자유와 면제'의 측면에서, 'La franchise'는 공물, 세금, 관세 등의 납부 의무에서 자유로운 것을 의미했습니다. 또한 중세 프랑스의 찰스 7세(Charles VII)는 활을 쏘는 궁수조직이었던 프랑아처(franc-archer)를 설립하고, 국가의 군사적 공로에 대한 대가로 프랑아처에게 세금을 면제했습니다.[8]

프랜차이즈라는 단어의 공식적 사용은 프랑스 헌장(Charte de Franchise)에서 발견되었습니다. 12세기 프랑스 왕은 교회와 영주에게 프랑스 헌장을 하사해 국가 소유의 산과 임야를 독점적으로 사용할 수 있는 권리를 승인했습니다. 그 대신에 왕은 그들로부터 현금이나 국가 서비스를 대가로 받았습니다.

중세 영국은 성직자와 지역 권력자로부터 받은 현금과 정치적 지원에 대한 대가로 그들에게 평민으로부터 세금을 징수하고 지역을 통치할 수 있는 자치권을 부여했는데, 이 특권을 프랑치소(franchiso)라고 했습니다. 그리고 프랜차이징(franchising)은 부동산법에 기반한 토지 사용의 제한을 면제하는 조치의 명칭이었고, 이와 관련된 무료 임차인을 당시 프랑칠라누스(franchilanus)라고 불렀습니다.[9]

한편, 1800년대 중반 프랑스는 관세 면제의 Franchise douanière, 세금 면제의 Franchise d'impot, 우편비용 면제의 Franchise de poste 와 같이 프랜차이즈 용어를 상거래, 도시 간의 무역, 우편 등에서 사용했습니다.[10]

IV. 프랜차이즈 용어의 다차원적인 접근과 정의

포괄적으로 보면, 프랜차이즈 용어는 역사적으로 위임받은 일을 수행하거나 특정 의무를 부담하는 대가로 주권자의 '승인'을 통해 권력과 통제로부터 '자유, 면제, 해방'을 획득한 관계를 의미했습니다. 그러한 관계였다면, 대상과 형태에 상관없이 모두 '프랜차이즈적 관계'라고 설명할 수 있는 것입니다.

그렇지만 프랜차이즈 용어의 뜻을 자세히 살펴보면, 이 용어가 단지 '자유, 면제, 해방'의 개념만 있었다고 할 수 없습니다.

특권을 부여받은 자(franchisee)가 주어진 일의 수행과 비용 지급의 대가로 주권자(franchisor)의 '승인'으로 획득한 것은 '자유, 면제, 해방'뿐만 아니라 생존, 안전, 사회적 지위, 특권, 자치권, 경제적 이익, 관계적 이익, 권리 및 권한의 보장(guarantee) 및 보호(protection)까지 내용이 다양했고, 그 적용 범위도 매우 넓었습니다.

따라서 프랜차이즈 용어를 주권자의 '승인'으로 획득한 '자유, 면제, 해방' 이라는 추상적인 개념으로 제한하는 것은 프랜차이즈 용어의 본연적인 의미를 획일화하고 축소할 수 있습니다. 중세시대에 주체들 간의 관계성과 상황에 따라 프랜차이즈적 관계의 형태, 내용, 특징이 세부적으로 달랐기 때문입니다.

이 맥락에서 이 책은 역사적 관점에서 프랜차이즈 용어를 아래와 같이 다차원적으로 접근해 세부적인 정의들을 시도하겠습니다. 이 시도는 중세, 근

세, 근대, 현대의 프랜차이즈 역사에 나타난 다양한 프랜차이즈적 관계와 그 특징을 우리가 폭넓은 시각에서 객관적으로 이해하는 데 큰 도움을 줄 것입니다.

첫째, 자연인으로서 어떠한 것으로부터 구속이나 통제를 받지 않으려는 본능적인 개인적 자유(freedom),

둘째, 정치적, 사회적 제도와 지배관계로부터 강요된 억압이나 노예상태에서 벗어나 제도적, 합법적으로 획득한 의식적인 자유(liberty)와 해방(liberation),

셋째, 약속 이행이나 세금 지급의 의무를 다했을 때 주권자가 부여하는 특정한 의무와 책임으로부터의 면제(exemption),

넷째, 위임된 어떤 일을 수행하는 과정에서 그 대가로 특정 사업에 대해 주권자로부터 부여받은 사업권과 특권(privilege),

다섯째, 의무 이행과 비용 지급으로 특정 지역을 관리하고 통치할 수 있는 자율성과 자치권(autonomy),

여섯째, 특정 권리를 승인(grant)받아 어떤 사업을 경쟁자로부터 보호를 받으며 배타적으로 수행할 수 있는 독점적 권리(exclusive right)와 독점적 권한(authority),

일곱째, 주권자가 승인한 범위 내에서 특권을 활용해 획득할 수 있는 경제적 이익(economic gain),

여덟째, 주권자와 맺은 정치적, 사회적, 경제적 관계의 지속적 상호관계로 획득할 수 있는 관계적 혜택(relational benefit)이 이에 해당합니다.

특권, 자치권, 독점적 권리, 경제적 이익, 관계적 혜택의 정의들은 프랜차이즈적 관계의 전통적인 정의인 '자유, 면제, 해방'에서 파생된 단어 또는 의

미라고 할 수 있습니다.

  이와 같이 프랜차이즈 용어의 다차원적인 접근으로 추출된 자유, 해방, 면제, 특권, 자치권, 독점적 권리, 경제적 이익, 관계적 혜택의 여덟 가지의 정의들은 우리가 프랜차이즈 역사를 시대적, 상황적, 관계적 환경에 맞게 이해하는 데 유용한 단서를 제공할 것입니다.

  예를 들어, 프랜차이즈 개념에서 중세는 '자유, 면제, 해방, 특권, 자치권'의 의미가, 근세와 근대사회는 '사업권 및 특권, 독점적 권한 및 권리, 경제적 이익'이, 현대에는 '독점적 관리, 경제적 이익, 관계적 혜택'이 중요한 주제어였습니다.

제2부
고대시대의 프랜차이즈

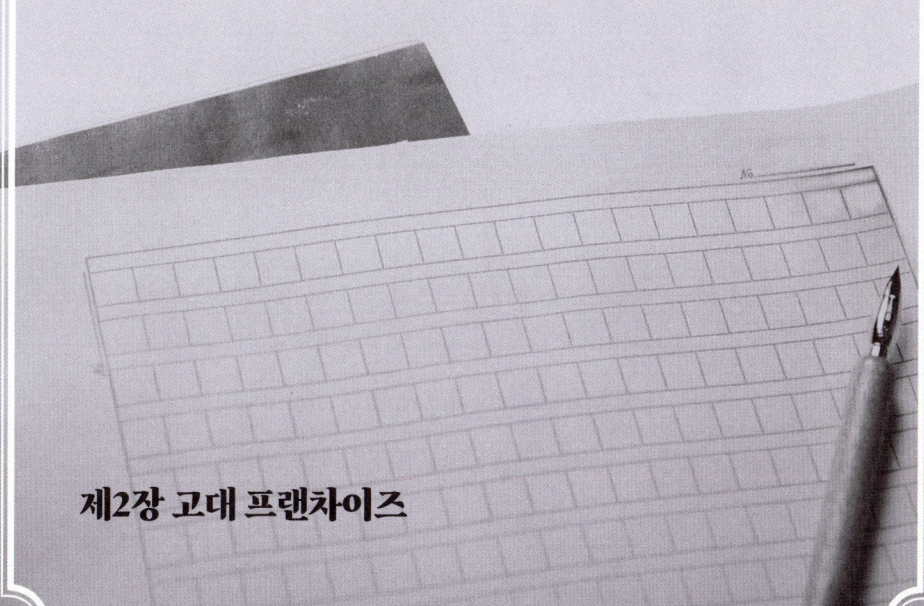

제2장 고대 프랜차이즈

제2장
고대 프랜차이즈

Ⅰ. 유럽의 고대시대

유럽의 정치와 문화는 고대 그리스에서 싹텄기에 유럽의 고대시대(ancient times) 역사를 이해하려면 고대 그리스 역사를 먼저 살펴봐야 합니다. 하지만 이 글은 프랜차이즈 역사에 관한 내용이므로 로마제국의 프랜차이즈 이야기에 집중하겠습니다.

로마제국을 중심으로 한 고대시대의 프랜차이즈에 관한 역사적 사실을 '고대 프랜차이즈(ancient franchise)'라고 부르겠습니다. 이 호칭 방식은 이후 중세, 근세, 근대, 현대에도 마찬가지로 적용됩니다.

BC 510년 왕정이 폐지되고 공화정 체제의 로마공화국(Roman Republic)이 고대 로마를 통치했습니다. 약 450년 후 로마공화국을 대체한 로마제국(Roman Empire, BC 27~AD 1453)은 지중해 지역을 중심으로 유럽 대부분의 지역을 지배했고, 북아프리카와 서아시아에도 진출해 대제국으로 성장했습니다.

유럽의 고대시대는 일반적으로 고대 그리스로부터 서로마제국이 게르만족에 의해 멸망(476)한 시대까지를 말합니다. 서로마제국(395~476)의 멸망 이후 중세 봉건제가 시작되었기 때문입니다. 395년 서로마제국과 분열된 동로마제국(395~1453)의 역사는 유럽의 고대 역사가 아닌 중세의 역사에 포

함됩니다.[11]

II. 고대 프랜차이즈의 탄생과 주요 내용

1. 프랜차이즈 개념의 태동

프랜차이즈 어원의 역사에서 살펴보았듯이, 프랜차이즈의 역사는 중세시대에서 시작되었다는 것이 일반적인 주장입니다.

그러나 인류 역사에서 프랜차이즈 개념이 태동한 시점은 고대 로마제국이었습니다.[12] 정복한 영토들에 대한 로마제국의 통치방식에서 중세시대의 프랜차이즈 개념과 유사한 모습을 발견할 수 있기 때문입니다. 고대 프랜차이즈에 대한 문헌들이 많지 않지만, 이 사실은 분명해 보입니다.

고대 프랜차이즈의 개념은 광활한 지배영토의 효율적인 관리와 통제, 교회의 종교 확장의 방법, 그리고 식민도시 간의 무역 활성화와 깊은 관계가 있었습니다.

2. 고대 중국과 고대 그리스의 프랜차이즈

고대 중국의 프랜차이즈는 왕의 승인하에 왕족이나 지역의 권력자에게 어떤 특권을 부여하는 '포괄적 독점(comprehensive monopolies)'의 형태로 존재했습니다.

예컨대, 광활한 지역의 효율적인 통치와 관리를 위해 고대 중국은 사회적 신분과 자격을 갖추었거나 특정 지역에서 권력을 가진 가족, 조직, 개인에게 특정 사업을 운영할 수 있는 독점적 권리를 부여했습니다. 고대 중국은 고대 유럽보다 혈연과 신분 중심의 성격이 훨씬 강했습니다.

한편, 고대 그리스의 종교 확장의 과정은 프랜차이즈 개념의 원시적인 모습을 형성하였습니다. 예를 들어, 그리스 정교회(Greek Orthodox Church)

는 교회의 확장을 위해 지역의 종교적 지도자였던 프로이스타메노이(proistamenoi)의 종교활동을 프랜차이즈적 방식으로 적극 지원했습니다.

그리스 정교회는 광범위한 지역에 교회를 확장하기 위해 지역의 종교 지도자가 기부금을 모아 새로운 교회를 설립하는 것을 장려했고, 교회 설립의 대가로 지역의 종교 지도자에게 교회 운영의 자치권을 승인했습니다. 그 대가로 정교회는 그들로부터 헌금이나 세금을 지급받았습니다.[13]

3. 로마제국의 프랜차이즈

앞서 설명한 것처럼 고대 중국과 고대 그리스에서 프랜차이즈적 관계에 대한 역사적인 흔적들을 발견할 수 있지만, 프랜차이즈 개념이 뚜렷하게 나타난 곳은 로마제국이었습니다.

고대 로마제국의 프랜차이즈적 관계는 식민도시의 통치방법에서 나타났습니다. 정복전쟁으로 획득한 로마제국의 통치지역은 식민지, 자치도시, 자유도시, 비로마 도시 등 다양한 형태로 구성되었습니다. 식민지 통치의 실질적 방법과 자치권의 부여 정도에 따라 도시의 형태와 지배방식이 나누어졌던 것입니다.

로마제국은 정복한 도시에 관리자를 직접 파견해 통치하기도 했고, 어떤 곳은 식민기관을 설치한 후 지역의 권력자에게 그 관리를 위임했습니다.

달리 말해, 일부 도시들은 로마 헌법의 모델을 유사하게 적용하여 지방자치법을 만들고 스스로 세금을 징수할 수 있는 통치의 자치권을 로마제국으로부터 부여받았습니다. 그러나 일부 도시들은 그러하지 못하고 파견된 로마인에 의해 직접적인 통치를 받는 종속적 관계에 놓여 있었습니다.

이것이 로마제국의 프랜차이즈적 개념이었습니다. 관리자를 파견해 직접 통치했던 지역을 제외하고, 로마제국의 일부 도시들은 로마의 헌법과 행정의 통치 시스템이 거의 그대로 적용되었습니다. 그러한 도시들은 식민기관이나 지역 권력자에게 통치와 관리가 위임되었습니다.[14]

로마제국의 식민지 영토에 대한 프랜차이즈적 위임 통치방법은 아래와 같이 파견 또는 이주한 로마인에 의한 '콜로니아의 직접적인 위임 통치'와 비로마인에 의한 '지역 권력자의 간접적인 위임 통치'로 크게 구분할 수 있습니다.

1) 콜로니아의 직접적인 통치

콜로니아(colonia)는 로마제국이 정복영토에 군사기지를 건설해 로마 군사들과 이주 로마인들을 정착시킨 곳이었습니다. 고대 로마는 정복한 땅의 보호와 치안 유지를 위해 대규모 병력을 주둔할 수 있는 군사기지를 만들었는데, 이를 콜로니아라고 불렀습니다. 이에 콜로니아는 로마제국에 의해 정복된 식민도시를 뜻했습니다.

로마제국은 정복한 영토의 수호와 통치를 위해 '노예화 프랜차이징(enslavement franchising)' 전략을 활용했습니다. 콜로니아는 식민지 통치를 위한 노예화 프랜차이즈의 중심체로써 여기에 파견된 로마 관리들과 군인들은 해당 지역을 통치하고 이주한 로마인들의 정착을 도왔습니다.

콜로니아의 로마 통치자들은 수익을 창출하기 위해 현지 권력자 및 상인과 결탁했습니다. 이들은 지역의 현지인들에게 상거래와 특정 사업의 특권을 부여한 후 자기 이익과 로마에 전달할 세금과 현물을 늘렸습니다. 이로써 초기 형태였지만, 프랜차이즈적 통치가 민간의 경제 영역으로 확대된 것입니다.[15]

2) 간접적인 위임 통치

로마제국이 정복전쟁으로 쟁취한 영토의 모든 곳에 콜로니아를 설치하는 것은 현실적으로 어려웠습니다. 콜로니아의 직접 통치를 대체할 통치방식이 필요했는데, 로마제국이 선택한 것은 간결한 해결책이었습니다.

바로 정복한 영토의 지역 권력자에게 로마제국의 이름으로 해당 지역과 그 지역민을 통치할 수 있는 공식적인 권한을 부여하는 방식이었습니다. 그 대신 로마제국은 세금과 수수료 등을 상납받으면서 지역의 영토 보호와 관리적 의무를 지역 권력자에게 위임했습니다. 프랜차이즈적 특권의 부여를 통한 '간접적인 위임 통치' 방식이 성립한 것입니다.

이를 통해 로마제국은 통치자를 식민지에 파견하거나 대규모의 콜로니아를 설치할 필요가 없어졌습니다. 이 방식으로 로마제국은 정치적 위험과 통치 비용을 크게 줄일 수 있었습니다.

정복한 땅에 대한 간접적인 위임 통치는 '프랜차이즈적 위임 통치방식'을 의미했고, 이 방식은 대단히 성공적이었습니다. 그 여파로 페르시아 제국 등 주변 나라들에서도 이 간접적인 위임 통치방식을 차용했습니다.

결과적으로 정복한 영토에 로마 통치자를 파견하거나 많은 자원을 투입하지 않고도, 로마제국은 간접적인 프랜차이즈적 위임 통치방식에 의해 자신의 권력과 영향력을 그대로 유지하면서 지배력과 이익을 유지했습니다.[16]

III. 로마제국의 조합과 상업 프랜차이즈

로마제국의 프랜차이즈적 위임 통치는 통치방식과 관련된 정치와 군사의 영역에만 존재했던 것이 아니었습니다. 미약했지만, 상거래와 무역에서 상업 프랜차이즈(commercial franchise)의 초기 모습이 나타났습니다.

뒤에서 설명하겠지만, 중세 길드조직은 프랜차이즈 역사에서 최초의 프랜차이즈 경제적 조직이었습니다. 이러한 중세 길드조직의 기원(origin) 또는 원형(prototype)이 바로 로마제국의 조합들이었습니다. 중세 길드 프랜차이즈의 역사는 로마제국의 조합에 그 뿌리를 두고 발전한 것입니다.[17]

1. 로마의 조합들과 그 영향

콜레기아(collegia), 콜레기움(collegium), 코르푸스(corpus) 등은 로마제국의 조합 또는 협회 이름의 일부였습니다. 로마제국 후기에 번성했던 이 조합들은 상호부조(相互扶助), 종교, 정치, 오락, 장례를 위한 자발적인 결사체였습니다.

대표적으로 콜레기아는 중세 길드의 전신(forerunner)이었습니다. 콜레기아는 로마제국 후기 수공업 등 유사한 업(業)에 종사하고 있었던 다수의 사람들이 정부조직 등으로부터 승인을 받아 설립한 자발적인 조합 또는 협회였습니다.

콜레기아의 대부분은 중세 길드조직처럼 경제적 활동이 왕성하지 않았지만, 일부는 도시들의 수공업과 상업에 관여했고 로마제국을 대신하여 국가재정의 자금 조달과 세금 징수원의 역할을 했습니다.

그 예로, 수공예품, 와인, 제빵과 같은 수공업자의 조합들이 존재했고, 코르푸스 나비쿨라리오룸(corpus naviculariorum)은 로마의 항구를 거점으로 배를 통해 상품을 원거리 운송했던 일종의 항해자 조합이었습니다. 콜레기아의 형태와 운영방식은 서로마제국의 몰락 이후에 동로마제국에 그대로 남아 중세 길드조직에 계승되었습니다.[18]

2. 상업 프랜차이즈의 발현

로마제국 후기에 상거래에 종사하던 로마인들은 정복한 영토에 살던 비로마 시민에게 자기 사업을 프랜차이즈화하여 수익 일부를 챙겼습니다. 이를 벤타 프랜차이징(venta franchising)이라고 불렀습니다.

이 상거래 형태로 로마의 상공업 조합과 상거래의 무역 조직은 먼 곳에 떨어져 있던 식민지에 자기 상품을 유통할 수 있었습니다. 벤타 프랜차이징은 로마가 식민도시들과 무역 네트워크를 형성하고 로마제국 밖의 경제활동을 활성화하는 역할을 했습니다. 로마인들은 상거래 조합들의 무역 네트워크를 통해 식민도시의 상인들과 지역 권력자들이 자기 상품들을 판매토록 승인했고 그 대가로 수수료를 챙겼습니다.[19]

문헌 부족으로 단정하기 어렵지만, 벤타 프랜차이징은 국제간 상업 프랜차이즈의 원시적인 형태로써 중세의 상인 길드와 길드동맹의 발전에 밀알이 되었다고 추정됩니다.

IV. 고대시대의 토지제도와 프랜차이즈

유럽의 고대시대 후기에 나타난 토지제도의 변화는 중세 프랜차이즈 역사에 상당한 의미가 있었습니다. 근본적으로 중세시대의 정치적, 사회적, 경제적 특징은 중세의 독특한 토지제도에서 비롯되었기 때문입니다.

따라서 고대 후기와 중세 토지제도의 이해는 중세 프랜차이즈의 역사를 올바르게 이해하는 데 중요한 밑거름이 됩니다. 고대와 중세의 프랜차이즈는 토지제도와 이와 관련된 정치적, 사회적 관계의 특징을 떼어 놓고 접근할 수 없기 때문입니다.

1. 대토지 소유제와 노예제

정복한 영토로부터 착취한 노예의 노동력은 로마제국이 대규모 농장 체제로 발전하는 데 물리적 토대가 되었습니다.

로마제국의 대규모 농장이었던 라티푼디움(latifundium)은 라틴어로 'latus(넓은)'와 'fundus(농장)'의 결합어로 광활한 땅과 큰 농장을 의미했습니다. 로마제국의 대토지 소유제와 노예제의 상징이었던 라티푼디움은 중세 봉건사회의 경제단위였던 장원(莊園, manor)의 기원이 되었습니다.

로마제국은 라티푼디움을 유지하기 위해 많은 노예가 필요했습니다. 이에 로마제국은 정복전쟁에 매우 적극적이었습니다. 정복전쟁의 승리로 확보된 노예의 수는 로마제국의 번영을 상징했습니다. 노예들은 로마제국의 지배계층이 부를 축적하고 강력한 통치를 유지하는 데 핵심 요소였고, 라티푼디움은 로마제국을 지탱해 주었던 사회적, 경제적 기둥이었습니다.[20]

2. 콜로누스와 콜로나투스

로마제국 후기, 정복전쟁이 한계에 부닥치자 라티푼디움은 노예공급원이 크게 줄어 서서히 붕괴하기 시작했습니다. 이러한 시대적 변화는 로마제국 말기 소작인(小作人)을 칭했던 콜로누스(colonus)와 토착 농민의 소작제를 뜻했던 콜로나투스(colonatus)의 출현을 낳았습니다. 대토지 지주들은 노예의 충원이 부족하자 이를 채우기 위해 콜로누스라는 소작인에게 땅을 빌려주고 경작 수익의 일부를 소작료로 받았습니다.

몰락한 소농민 등으로 구성된 콜로누스는 고대 로마의 노예와 달리 신분상 자유인이었습니다. 다만, 그들은 생존과 생계를 위해 농지를 떠날 수 없었기에 반강제적으로 지주에게 어쩔 수 없이 예속된 신분이었습니다.

고대시대 후기 노예제에서 소작제로의 전환과정에서 나타난 콜로누스와 콜로나투스는 토지제도의 큰 변화를 대변했습니다. 이들은 농업생산 방법이 노예제에서 벗어나 소작인과 소작제로의 중대한 변화를 상징했고, 이후 장원제에 기반한 중세 봉건제의 농노와 농노제의 원형이 되었습니다.[21]

FRANCHISE

제3부
중세시대의 프랜차이즈

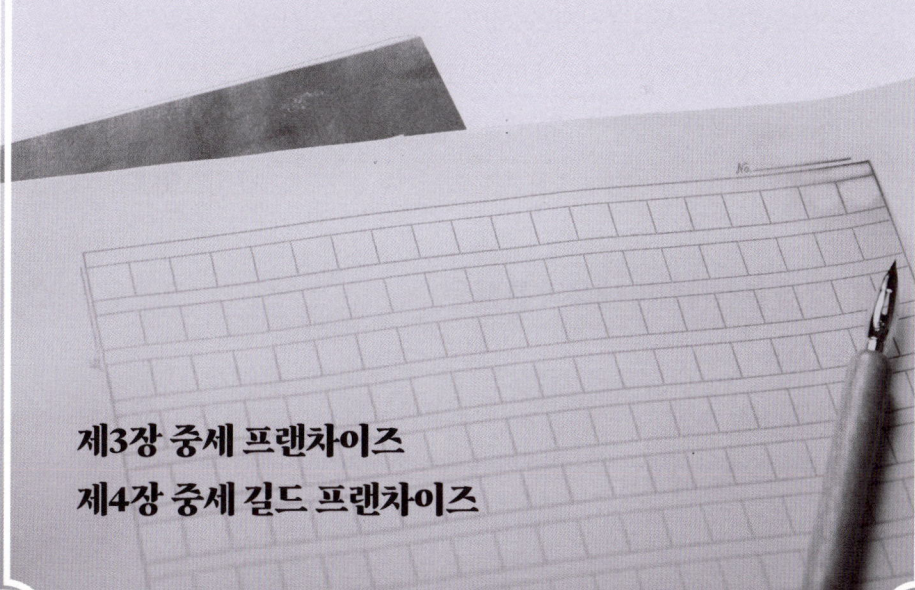

제3장 중세 프랜차이즈
제4장 중세 길드 프랜차이즈

제3장
중세 프랜차이즈

Ⅰ. 중세 프랜차이즈 시기의 설정 [22]

유럽의 중세시대(middle ages)는 476년 서로마제국의 멸망 이후부터 크리스토퍼 콜럼버스(Christopher Columbus)가 신대륙(아메리카 대륙)을 발견한 1492년까지를 말합니다. 이에 중세 프랜차이즈(medieval franchise)의 시기는 일반적인 유럽 중세시대의 역사적 시대구분과 같습니다.

약 1,000년간 인류 역사를 장식한 중세시대는 고대 게르만족의 종사제도(Gefolgschaft)와 로마제국 후기의 은대지 제도(Beneficium)가 결합한 독특한 정치 · 사회구조로 탄생했습니다.

주종(主從)관계를 뜻하는 종사제는 수장과 그를 따르는 전사들의 군사적 결속으로 게르만족의 강력한 군사력의 바탕이었습니다. 은대지 제도는 로마제국 말기에 세력이 약한 귀족들이 외부 세력의 침탈을 방어하기 위해 군사력이 강한 귀족들에게 대가를 지불하고 안전과 보호를 요청하면서 비롯되었습니다.

Ⅱ. 중세 봉건사회의 내용과 특징 [23]
1. 봉건제

봉건제(封建制, feudal system)는 토지를 근간으로 왕인 주군과 영주인 봉신(封臣) 간에 주종의 계약관계로 이루어진 독특한 정치적, 사회적 체제였습니다. 봉건(封建)은 '임명하다'의 봉(封)과 '세우다'의 건(建)을 뜻합니다. 주군(主君)인 왕이 신하에게 나누어 주었던 토지를 봉토(封土, fief)라고 했고, 군사적 충성을 맹세하면서 토지를 하사받은 신하는 봉신(封臣)이 되었습니다.

영주는 성(城)의 형태로 영지(territory)를 소유한 지방 제후였습니다. 영지(領地)는 '땅을 다스린다'라는 뜻으로 왕이 영주에게 하사한 땅을 말합니다. 영주는 봉토의 대가로 중세 왕에게 정치적, 군사적, 경제적 의무를 서약하고, 중세 정부조직의 일원이자 지배권력의 중추적 세력이 되었습니다.

2. 피라미드식 신분제

중세 신분제는 왕-영주-평민의 피라미드 구조로 간결하게 설명될 수 있습니다. 영주들 가운데에서 선출된 중세 왕은 상징성만 컸을 뿐, 중세 교회와 대영주들보다 정치적 영향력과 권력이 세지 않았습니다.

지방 영주는 효율적인 영토의 통치를 위해 왕으로부터 봉토를 받은 땅을 기사 등에게 나누어 줄 수 있었고, 이에 기사도 작은 지역의 영주가 될 수 있었습니다. 중세 교회는 워낙 권위와 권력이 막강했기에 실질적으로 왕의 지배에서 벗어났습니다.

한편, 중세 평민은 농노가 대표적이었지만, 도시민, 자유인, 수공업자, 상인도 포함했습니다. 피지배계층이었던 중세 평민은 외부 침략자로부터 신변 보호를 받는 대가로 영주에게 세금이나 노동력 제공의 형태로 그 비용을 지급해야 했습니다.

따라서 중세 봉건사회는 통치자였던 왕과 영주, 신에게 기도했던 성직자, 영토의 보호와 전쟁에 나섰던 기사, 그리고 통치자들의 곡식과 필요한 상품을 생산하고 부역(賦役)과 공납(貢納)을 담당했던 다수의 평민으로 구성된 수직적인 피라미드식 신분제였습니다.

3. 지배구조

봉건사회의 지배구조는 크게 두 가지 차원으로 이해될 수 있습니다. 상위차원은 왕과 영주의 '주종관계'였고, 하위차원은 영주와 평민 간의 '지배와 예속의 관계'였습니다.

전자는 봉토를 매개로 한 주군과 봉신 간의 정치 및 사회 체제를 말합니다. 후자의 영주와 평민 간의 지배와 예속의 관계는 봉토된 장원에 기반했습니다.

장원은 영주가 지배한 마을로 중세사회의 기본적인 경제단위였습니다. 장원의 지배자였던 영주에게 삶이 예속된 평민, 특히 농노는 소작료와 각종 부역 및 공납을 책임졌습니다.

따라서 왕-영주의 주종관계는 봉토에 기반한 군사적·재정적 의무의 쌍무적 계약관계였습니다. 반면에 영주-농노의 지배와 예속의 관계는 영주가 외부 침략으로부터 농노의 안전을 보호하고 땅을 경작하며 먹고살 수 있게 해 준 대가로 성립했습니다. 영주는 그 대가로 왕에게 지급해야 할 세금, 부역, 공역을 평민, 특히 농노의 부담으로 전가했습니다.

4. 농노제

중세의 농노제(農奴制, serfdom)는 중세시대의 토지, 경제, 통치제도의 근간이었습니다. 농노(serf)는 고대의 노예와 자유농민이 결합한 로마 후기의 콜로누스가 변화한 신분이었습니다. 이에 농노는 고대 노예와 달리 신분적으로 평민이었습니다.

그러나 실질적으로 중세 농노는 토지를 중심으로 영주 등에게 예속되었고 각종 세금, 부역, 공납을 부담했습니다. 또한 영주의 보호를 받는 대신에 거주 이전의 자유도 제한되었습니다. 농노는 부분적으로 사유재산의 소유가 인정되었지만, 잉여물의 축적은 현실적으로 불가능했습니다. 중세 농노는 죽지 않을 정도로 생계만 유지할 수 있었을 뿐, 지배층이 먹을 식량을 생산하였던 착취의 대상이었습니다.

III. 중세시대의 프랜차이즈적 요소와 관계
1. 세금과 십일조의 징수자

많은 비즈니스 역사가와 경영학자들은 현대 프랜차이즈 뿌리를 중세 봉건사회에서 찾았습니다. 그 이유는 지방 영주와 수도원 등이 왕과 교회 등을 대신하여 세금 및 십일조 징수업자(tax & tithe collectors)의 역할을 수행했기 때문입니다.

영주는 평민으로부터 거둬들인 수입 일부를 왕에게 지급하고, 그 대가로 영토를 자율적으로 통치할 수 있는 특권 또는 자치권을 왕으로부터 부여받았습니다. 영주와 수도원은 왕과 교회에 약속한 의무만 이행하면 그들의 지배와 통치로부터 '자유, 면제, 해방'을 획득할 수 있었습니다.

이처럼 중세 프랜차이즈 개념은 토지를 바탕으로 세금 및 십일조를 매개로 하여 왕(교회)과 영주(수도원) 간에 형성된 주종의 수직적 계약관계가 그 요체였습니다.[24]

2. 지방분권적 통치의 수단

중세의 통치방식은 지방분권적 통치(decentralized reign)로 요약할 수 있습니다. 왕은 로마제국처럼 지방의 영토를 수호하고 통치하기 위해 정부 관리를 직접 파견할 필요가 없었습니다. 왕은 봉토에 기반한 지방분권적 통치의 형태로 지방 영주에게 지역의 통치와 관리를 위임했기 때문입니다.

왕은 영주에게 지역의 통치와 관리의 자치권을 부여하는 대신에 세금을 징수하여 넓은 영토와 왕실의 재산을 보호하고 관리할 수 있었습니다.[25] 토지와 자치권을 부여받은 영주는 왕에게 충성을 맹세하고 영토의 수호와 지역의 치안을 책임졌습니다. 영주는 평민으로부터 세금과 시설의 이용료를 징수한 후, 자기 이익을 빼고 그 일부를 왕에게 바쳤습니다.

중세는 농경사회였기에 왕의 봉토 권한과 영주의 토지 통제권은 막강한 권력을 의미했습니다. 토지를 매개로 한 왕과 영주의 간의 주종관계는 봉건사회의 근간이었고, 지역의 위임 통치가 효율적으로 작동할 수 있는 사회적 토대가 되었습니다.[26]

3. 사법적, 사업적 특권 부여의 근거

사법과 행정의 영역에서 중세 법원은 중세의 프랜차이즈적 관계에 법률적, 제도적, 행정적 합법성과 타당성을 제공했습니다.

중세 법원은 영주 등 특권을 부여받은 자들이 지역의 치안과 질서를 유지하고 평민에게 세금을 부과할 수 있는 자치권을 인정했습니다. 그리고 그들이 경제적 사업활동을 위한 자격과 허가권을 타인에게 위임할 수 있는 사법적, 행정적 권한(judicial, administrative authority)을 승인했습니다.[27]

왕과 중세 법원으로부터 특권을 승인받은 자들은 지역의 상거래를 독점할 특권을 부여받습니다. 그들은 시장과 박람회를 열고 이를 운영할 수 있는 권한을 가졌고, 도로·다리·부두와 같은 공공장소의 통행료를 평민들로부터 징수할 수 있었습니다. 또한 그들은 나룻배, 숲, 사냥터, 공원, 수렵장, 어장을 운영해 수익 활동을 할 수 있는 사업권도 획득했습니다.[28]

4. 교회 프랜차이징

중세사회는 종교가 지배했던 사회였기에 로마 가톨릭교회(이하, '로마교회')는 왕과 함께 중세의 핵심 지배층이었습니다. 로마교회와 지역의 수도원

간의 관계 및 교회의 운영방식은 현대 프랜차이즈의 수직적 통합(vertical integration)과 유사했습니다.

로마교회는 수도원의 설립과 운영에 필요한 유무형의 자산을 지원하는 유일한 공급자였습니다. 수도원은 로마교회의 명성과 지원에 완전히 의존했습니다. 이 관계성에 기반한 로마교회(가맹본부)는 상위 독점자(upstream monopolist)로서 지역에 분산된 수도원(가맹점)들을 종교적 이념으로 수직적 통합한 후 교회 프랜차이징(church franching)을 형성했습니다.

이러한 로마교회와 수도원의 관계는 단순한 종교적 관계가 아니었습니다. 이들의 관계는 교회의 설립과 종교활동의 특권 및 자치권 부여의 대가로 수수료(rents) 지급이라는 경제적 관계로 강하게 결속된 프랜차이즈적 관계였습니다.

수도원은 특권 부여의 대가로 주교 등이 수도원을 방문했을 때 약정한 수수료를 지급했습니다. 로마교회는 수도원과 세속적 종교인이 세금 지급의 대가로 그들에게 특정 지역에서 자유로운 종교활동과 십일조를 걷을 수 있는 특권을 승인했습니다.

그렇지만 이 프랜차이즈적 관계는 큰 문제를 안고 있었습니다. 교통이 발달하지 않아 교회가 수도원으로부터 수수료를 징수하는 데 상당한 시간적 불일치가 발생했습니다. 게다가 수도원의 운영성과에 대한 모니터링이 쉽지 않아 로마교회가 합리적인 수수료를 책정하는 일에 어려움이 컸습니다.

이 현실은 지역 관리자였던 주교와 수도원 사이에서 뇌물 등과 같은 부정적인 거래가 성행했던 주요한 원인이 되었습니다. 게다가 수수료를 회피하거나 이를 낮추기 위해 수도원들의 도덕적 해이와 기회주의적 행동도 나타났습니다. 그 결과 로마교회와 수도원 간의 수수료에 기반한 프랜차이즈적

관계는 중세 교회가 타락하게 된 원인이 되었습니다.[29]

한편, 로마교회, 수도원, 종교와 관련된 조직들은 중세의 화려한 공예품의 주요한 고객이었습니다. 이들은 중세의 장인 길드들이 제작한 비싸고 고급스러운 상품들을 독점했습니다.

교회와 수도원은 금과 은으로 만든 휘황찬란한 십자가, 성배, 샹들리에, 향로, 성물함, 다양한 장식품과 유리 상품들로 가득 채워졌습니다.[30] 종교와 관련된 고급스러운 공예품과 장식품은 뇌물의 형태나 부정적 거래에 쓰일 때가 많아서 중세 교회가 타락했던 구체적인 증거물이 되었습니다.

5. 기사단 프랜차이징

십자군 전쟁(1095~1291) 당시, 중세 교회가 타인에게 돈을 빌려주거나 상업적 영업을 통해 수익활동을 하는 행위는 공식적으로 불법이었습니다. 이 상황은 중세 교회와 중세 기사단이 유착하여 기사단 프랜차이징(Knights franching)을 형성한 주요한 원인이었습니다.

성전 기사단(knights templar)은 중세 교회의 이익을 위해 전면에 나서 상업적인 거래를 대신했습니다. 기사단은 군사적 요지에 전초기지를 설치해 검문의 실행과 안전한 통행을 보장하는 대가로 순례자와 방문객으로부터 통행료를 받았습니다. 이뿐만 아니라 기사단은 사업체들이 군인을 고용하는 과정에서 신용을 제공해 상업적인 금융업을 병행했습니다. 이에 현대의 상업적 금융업은 역사적으로 성전 기사단에서 탄생했습니다.

이처럼 기사단은 교회로부터 획득한 특권을 활용해 통행료를 징수하고 신용 제공의 상업적 금융으로 수익을 창출했습니다. 기사단은 그 대가로 수익 일부를 중세 교회에 지급했습니다.[31]

IV. 중세는 무엇이 프랜차이즈적이었는가?

1. 위임: 간접 통치

중세 프랜차이즈의 골격은 왕이 영주에게 봉토하고 지역을 통치하는 특권과 자치권을 부여했다는 점과 그 대가로 군사력, 세금, 부역, 공납을 받았다는 역사적 사실에 있습니다. 왕이 직접 통치로 영토를 보존하고 관리한 것이 아니라 영주를 내세워 간접적인 위임 통치(mandatory rule)를 한 것입니다. 이것은 교회와 수도원과의 관계에서도 마찬가지였습니다.

이 관계는 우리가 잘 알고 있는 중세 프랜차이즈에 대한 전통적이고 전형적인 개념입니다. 중세 봉건제의 지배와 통치의 원리가 결국 중세 프랜차이즈의 전형적인 개념이었습니다.

그러하기에 현대 프랜차이즈 사업의 성립과 사업의 기본원리가 되는 '프랜차이즈 대리인 이론'은 왕과 영주 간의 간접적인 위임 통치에서 비롯되었다고 볼 수 있습니다.

2. 지역 특권: 여기서는 내가 왕이다

지방 영주는 왕에게 약속한 군사적, 경제적, 정치적 의무만을 충실히 이행하면 왕의 권력 또는 구속으로부터 제한된 자유, 면제, 해방을 누릴 수 있었습니다. 그리고 영주는 왕에게 서약한 계약적 의무의 이행 대가로 하사받은 지역 영토에서 법률적, 행정적, 경제적 자치권을 획득했습니다.

지역 특권(regional privilege)을 획득한 영주는 왕의 권력에서 벗어나 자기 지역을 마음대로 다스릴 수 있었습니다. 이에 지배구조 차원에서 영주는 왕에게 상하관계로 종속되었지만, 자기 영토에서는 그가 왕이었습니다.

따라서 중세의 '내가 여기서 왕이다' 개념은 현대 프랜차이즈 사업의 특징인 '독점적 영업지역(exclusive territory)' 부여의 발원지로 볼 수 있습니다. 중세 길드뿐만 아니라 근세, 근대, 현대에도 특정 지역을 나누어 가맹점에 독점적 권리를 부여하고, 그 안에서 배타적인 영업활동을 할 수 있도록 보장하는 것이 프랜차이즈적 관계의 현저한 특징입니다.

3. 확장성: 얼마든지 넓은 지역을 통제할 수 있다

교통과 통신이 발전하지 못한 중세시대의 지배자는 광활한 영토의 효율적인 통치방법이 필요했습니다. 중세 왕은 지역 통치를 위해 관리자를 파견해야 했지만, 이 방법은 로마제국의 경우처럼 물리적인 거리의 문제로 인하여 현실적으로 어려웠습니다.

중세 교회도 그러했습니다. 더 넓은 지역에 걸쳐 더 큰 종교적 영향력을 미치기 위해 중세 교회는 더 많은 수도원을 지어야 했습니다. 그러기 위해 중세 교회는 많은 재정이 필요했고 넓은 지역에 많은 종교인들을 두어야 했습니다.

정치적 목적의 실현과 종교적 세력의 확장을 위해 광범위한 지역의 통제력 유지와 효율적인 관리의 문제는 중세 왕과 교회에 똑같이 중요한 문제였던 것입니다.

그런데 그 해결책은 단순했습니다. 중세 왕은 봉토로, 중세 교회는 수도원의 설립 특권과 종교활동의 자치권 부여로 이 문제를 간결하게 해결했습니다. 이를 통해 중세 왕과 교회는 영주와 수도원의 힘을 빌려 멀리 떨어진 지역에서도 자신의 통제권과 경제적 이익을 유지할 수 있었습니다.

이것은 프랜차이즈 개념이 갖는 고유의 확장성(expandability)을 상징합니다. 프랜차이즈 사업방식이 다른 사업모델과 구별되는 뛰어난 요소는 넓은 지역으로의 빠른 확장성과 지역 위임자(가맹점)를 통한 지역의 관리와 영리활동이 가능하다는 점입니다.

4. 로열티: 특권의 부여와 관계유지의 대가

앞선 설명에서 우리는 프랜차이즈의 로열티(royalty) 개념이 중세에서 구체적으로 시작되었다는 사실을 알 수 있습니다.

중세의 간접적인 위임 통치방식은 프랜차이즈 개념의 핵심 주제어인 '특권의 부여와 그 대가의 비용 지급'을 바탕에 두었습니다. 이것은 본질적으로 로열티 지급의 관계를 의미했습니다. 이에 프랜차이즈의 로열티 개념은 중세 프랜차이즈의 역사발전과 그 궤를 함께해 왔습니다.

중세 왕은 영주에게 지역 통치의 자율권, 자치권, 사업권을 부여하고 세금을 징수했습니다. 로마교회는 종교적 이념과 영향력을 바탕으로 십일조의 형태로 거둬들인 현금 일부를 수도원들로부터 지급받았습니다. 중세 법원은 특권과 자치권을 부여받은 자들에게 법률적, 행정적으로 사업권과 영업허가권을 승인했고, 시장을 운영하거나 사업 운영의 독점적 권한과 권리를 공개적으로 인정했습니다.

종합해 보면, 중세의 특권을 부여받은 자들은 지금으로 말하자면 일종의 가맹점이었습니다. 중세 법원으로부터 법적, 행정적 타당성을 획득한 그들(가맹점)은 독점적 지위를 보호받는 대가로 왕과 영주(가맹본부)에게 세금과 경제적 대가를 지급했습니다. 이렇게 지급된 모든 대가를 로열티라고 할 수 있는데, 이것은 현대 프랜차이즈 로열티의 원시적인 모습이자 초기 형태로써 점차 유럽의 관행과 관습법의 일부가 되었습니다.

따라서 왕실 특권(royal privilege)의 부여로 발생한 왕과 영주를 위한 세금과 교회 수수료의 왕실 십일조(royal tithes)는 현대 비즈니스 로열티의 시초였던 것입니다.[32]

넓게 말해, 역사적 관점에서 주권자가 특정한 장소, 상황, 기간을 제한하여 어떤 특권 및 사업권을 부여한 대가로 현금, 농작물, 부역(賦役), 공납(貢

納)의 형태로 어떤 것을 지급받거나 그러한 거래관계의 유지를 위해 징수했던 경제적 대가가 로열티의 근원이라고 할 수 있습니다.[33]

반대의 관점에서 보면, '특권을 부여받은 자'에게 로열티는 주권자로부터 자유, 면제, 해방, 특권, 자치권, 독점적 권리, 경제적 이익, 관계적 혜택 등을 획득할 수 있는 합법적이고 공식적인 수단이었습니다. 그들은 주권자에게 로열티라는 경제적 대가의 지급으로 '제한된 자유'를 승인받을 수 있었습니다.

결과적으로 중세의 로열티는 평민의 주머니에서 금전, 곡식, 상품, 노동력의 형태로 꺼내져 영주과 수도원(가맹점)의 손을 거치는 과정에서 수익 일부는 제외되고, 최종적으로 남은 것이 왕과 교회(가맹본부)에게 바쳐졌습니다.

제4장
중세 길드 프랜차이즈

Ⅰ. 길드 프랜차이즈의 역사적 접근과 그 의미

중세 길드(Guild)는 유럽뿐만 아니라 세계 곳곳에 민간 경제와 사회적 관습에 일부 흔적이 남아 있을 정도로 현재에도 그 영향력이 완전히 사라지지 않고 있습니다.

예컨대, 오늘날 장인으로부터 전문기술 또는 직업교육을 받는 독일의 마이스터(meister)와 같은 도제(徒弟)의 개념은 중세 길드에서 그 뿌리를 찾을 수 있습니다. 이뿐만 아니라 길드는 부조, 협력, 권리와 이익의 증대를 위해 결성된 현대사회의 협동조합과 노동조합의 역사적 첫머리였습니다.[34]

국내에도 전통 장식, 공예품, 제과, 음식, 미용의 분야 등에서 명인(名人)들이 있고, 전문적 기술의 전수(傳受)에서 중세 길드의 장인 및 견습생과 유사한 개념이 아직 살아 있습니다.

이처럼 중세 길드제도(Guild System)가 현대사회의 경제적, 사회적 관행과 관습에 큰 영향을 미쳤음에도, 이에 대한 역사적 사실의 기록과 평가는 우리에게 일부만 알려져 있습니다. 특히 프랜차이즈 역사에서 '길드 프랜차이즈(Guild Franchise)'의 역사는 거의 다루어지고 있지 않습니다.

이 장은 중세 길드의 역사적 발자취의 추적을 통해 길드의 내용과 특징을 전반적으로 톺아볼 것입니다. 이를 바탕으로 길드의 프랜차이즈적 요소들을 발굴하여 길드가 현대 프랜차이즈 역사발전에 어떠한 의미가 있는지를 들여다볼 것입니다.

II. 길드의 개요

1. 길드의 어원

길드(guild)는 '생산하다, 양보하다'의 'yield'와 어원이 같은 것으로 알려져 있습니다. 고대와 중세에서 'geld'는 '부조, 공조, 지불'을, 노르웨이어 'gjeld'와 스웨덴어 gäld는 '채무와 빚'을, 독일어 'geld'는 '돈과 자산'을 뜻했습니다.

이에 길드는 그 어원으로부터 일과 비용을 공동부담하여 무엇인가를 생산하거나 비용 및 부담을 나누는 공동부조의 의미가 있음을 추론할 수 있습니다. 또한 길드는 무엇인가를 공동 생산해 돈을 벌거나 부를 키운다는 의미도 내포하고 있습니다.[35]

2. 길드의 정의와 형태

길드는 중세시대 경제의 중심 조직체였습니다. 길드는 본질적으로 회원들의 경제적 이익을 보호하고 상호부조, 협업, 상호지원을 공유하기 위해 구성된 자발적 조직이었습니다.

이러한 중세 길드는 기본적으로 장인과 상인의 수공업 및 상거래 조직이었는데, 길드는 경제조직뿐만 아니라 동업자 조직, 협동체, 종교 및 정치적 결사체 등 다양한 형태로 중세사회 전반에 나타났습니다.

형태적으로, '수공업 길드'는 숙련된 장인과 숙련공이 모여 조직되었습니다. 수공업 길드는 상품과 서비스를 시장에 공급하고 중세 지배권력으로부터 자기 이익을 보호받았습니다. 이에 비해 '상인 길드'는 생산과 유통의 경제적 특권을 부여받아 지역 상거래와 도시 간의 무역을 독점한 경제조직으로써 중세 도시들의 성장에 중추적 역할을 했습니다.[36]

한편, 길드조직은 유럽에서 크게 발달했지만, 중국, 일본, 인도 등 아시아와 중동 및 라틴 아메리카의 나라들에서도 존재했습니다. 이들도 유럽의 길드조직처럼 지역의 수공업과 상거래를 독점하고 자기 이익을 보호하는 목적으로 결성되었습니다.[37]

3. 길드의 유래와 발전

앞서 설명한 고대 프랜차이즈의 콜레기움, 콜레기아, 코르푸스라는 로마제국의 조합들은 중세 길드의 모체(matrix)였습니다. 이들은 로마의 멸망으로 잠시 사라졌다가 중세에 길드라는 수공업과 상거래의 조직으로 부활했습니다.

중세 길드의 형태는 로마제국의 조합과 달랐습니다. 로마제국의 조합은 주로 종교, 정치, 오락, 장례를 목적으로 결성된 상부상조를 위한 조직이었습니다. 반면에 중세 길드는 전체 수도 많아졌지만, 로마제국 조합의 성격을 포함해 상품 생산과 상거래 및 무역과 같은 경제적 결사체의 성격이 강했습니다.[38]

중세사회가 안정기에 들어서자 유사한 직업을 가진 사람들이 자기 이익의 보호를 위해 다양한 분야에서 새로운 길드를 조직했습니다. 이에 따라 길드의 조직과 개념은 경제 영역뿐만 아니라 정치, 사회, 문화, 종교 등 거의 모든 분야에 영향을 미치며 중세사회 전반에 광범위하게 퍼져 나갔습니다.[39]

4. 길드의 유형

중세 길드는 수공업의 장인 길드(craft guilds)와 상거래 및 무역의 상인 길드(merchant guilds)로 크게 구분될 수 있습니다.

목수, 조각가, 대장장이, 염색공, 유리공, 석공, 갑옷 제작자, 화가, 석공, 제빵사, 가죽공, 구두 수선공, 양초 제작자 등이 장인 길드의 직종들이었습니다. 이들은 뛰어난 기술과 장인정신으로 무장해 품질 높은 상품을 일관성 있게 생산했습니다.

이에 비해 상인 길드는 장인 길드가 생산한 상품들을 유통하고 판매했습니다. 상인 길드는 영주나 중세 법원으로부터 특정 상품의 독점적 유통 특권을 부여받거나 사업권을 승인받아 지역의 상거래와 도시 간의 장거리 무역을 독점했습니다. 상인 길드의 지도자 상당수는 지역에서 부유하고 영향력 있는 사람들이었기에 경제적, 사회적 영향력이 아주 컸습니다.[40]

상인 길드들은 시장에서 더 큰 영향력을 행사하기 위해 상인 길드동맹을 결성했습니다. 그 예로, 한자동맹(Hansa)은 13~17세기 발트해 연안 도시들의 상인 길드들이 결성한 국제무역을 위한 길드동맹이었습니다. 독일어 Hansa는 '집단 또는 단체'를 뜻했는데, 한자동맹은 중세 지배권력에 수수료를 납부하고 그 대가로 해상 무역을 독점했습니다.[41]

한자동맹과 같은 상인 길드동맹들은 상거래 확대를 위해 상대방을 견제하면서 서로 경쟁했습니다. 가령 스웨덴 Skåne 박람회 운영의 독점권을 한자동맹이 획득하자 다른 나라의 상인들이 참여를 꺼려 박람회 상거래가 크게 위축되었습니다. 이에 노르웨이 왕실은 영국과 네덜란드 상인 등을 박람회에 유인하기 위해 한자동맹의 특권을 축소했습니다.[42]

5. 길드의 역할과 순기능

우수하고 전문적인 상품을 균일한 품질로 시장에 일관성 있게 공급한 것은 길드의 순기능이었습니다. 따라서 중세 경제에서 길드의 긍정적인 영향은 상품시장의 발전, 안정적인 상품 공급, 장인정신에 기반한 상품 품질의 향상을 들 수 있습니다.

다른 측면에서 길드는 중세 경제에서 고용시장과 창업시장의 활성화에 큰 공헌을 했습니다. 길드는 견습공과 숙련공의 형태로 일자리를 제공했고, 그들에게 높은 수준의 전문적인 기술 교육을 실행했습니다. 그 과정에서 길드는 영업활동의 보호 및 지원을 약속하고, 열심히 일하면 경제적 성공과 부의 창출을 이룰 수 있다는 희망을 회원들에게 심어 주었습니다.[43]

III. 길드의 폐단과 몰락

1. 길드의 부정적 영향

길드의 시장 지배력이 커지자 사회·경제적으로 여러 폐단이 나타났습니다. 길드들은 상품의 가격과 공급량을 통제하고 자기 조직의 이익만을 추구하기 시작했습니다. 시장 독점자였던 길드의 역기능과 폐단은 중세 후기에 갈수록 심해졌습니다.

구체적으로, 길드와 계약을 맺은 중세 지배권력은 더 많은 세금을 징수하기 위해 특정 길드의 독점권을 강화했습니다. 때로는 불합리하게 특정 길드를 편들고 감싸면서 특권 부여의 권한을 남용했습니다. 이 분위기는 길드의 독점(monopoly)을 강화했고 시장에서 경쟁 자체를 억제했습니다.

상거래에서도 시장 지배력이 커진 상인 길드들은 다른 도시의 길드들과 동맹을 맺고 도시 간의 상거래와 무역의 독점권을 강화했습니다. 담합을 통한 독점력의 확대에서 그들은 비기독교인이나 다른 개별 상인과의 거래를 배척했고, 소규모 상인들의 이익을 침해하는 행위를 서슴지 않았습니다.

중세 후반기에 접어들자 오늘날의 카르텔(cartel)처럼 상거래의 독점, 도제와 직공의 수의 제한, 생산량 제한, 경쟁 배제, 가격 담합 등과 같은 길드의 병폐들이 자유로운 시장의 발전을 억눌렀습니다. 고인 물이 썩는 것처럼,

길드제도는 결국 순기능을 상실했고 중세의 경제발전에 큰 걸림돌이 되어 갔습니다.[44]

2. 길드의 몰락

1) 경쟁력 약화로 인한 존재성 상실

유럽 경제는 길드만의 상품군과 생산성으로 감당하기 어려워질 만큼 규모가 커졌습니다. 하지만 길드의 상품시장에 대한 인위적 통제는 멈추지 않았습니다. 가격 통제, 상품 다양성 제한, 뇌물 유착, 독점적 지위로 인한 문제점들이 드러나자 길드의 경제적, 사회적 지위는 추락하기 시작했습니다.

경제적, 사회적 해악으로 길드의 지위와 평판이 흔들리자 그 틈을 타고 다양한 상품들을 경쟁력 있는 가격에 공급하는 기업가와 경제조직의 움직임이 서서히 나타났습니다. 이에 따라 유럽 국가들은 길드에 부여한 특권들을 하나둘씩 철회하고, 불공정성과 시장 담합을 이유로 길드조직들을 점차 규제했습니다. 그 결과 16세기 영국의 경우 과거에 존재했던 길드의 4분의 3이 시장에서 사라졌습니다.[45]

2) 중상주의 정책의 영향

15~18세기의 중상주의(mercantilism)는 길드의 몰락을 촉진한 결정적 요인이었습니다. 이때는 유럽이 근세에서 근대시대로 넘어가는 시기로, 규모가 커진 유럽 경제는 길드의 제한된 상품과 폐쇄적인 상거래 방식에 계속 의존할 수 없었습니다. 이에 유럽 국가들은 길드조직들을 배척하고 중상주의를 채택하면서 상업자본주의(merchant capitalism)의 문턱에 들어섰습니다.

중상주의 정책은 금·은과 같은 귀금속과 부(富)를 축적하기 위해 유럽 국가들이 해외 식민지 정복에 나서는 것을 적극적으로 부추겼습니다. 이로 인해 광활한 해외시장들이 빠르게 열렸고, 과거에 볼 수 없었던 새롭고 다양

한 상품들이 믿을 수 없는 낮은 가격으로 유럽시장에 공급되었습니다.[46]

3) 1차 산업혁명의 영향

1차 산업혁명(1760~1840)은 수공업 길드의 몰락에 결정적인 타격을 입혔습니다. 유럽 중상주의와 식민지 정책이 국제무역을 독점했던 상인 길드의 붕괴를 가져왔다면, 1차 산업혁명은 수공업 장인 길드의 몰락을 이끌었습니다.

1차 산업혁명으로 탄생한 면직물 방직기계와 증기기관을 활용한 기계들은 길드의 생산력을 쉽게 넘어섰습니다. 무엇보다 단순화된 노동에 기반한 근대적 공장들은 길드의 장인과 숙련공을 필요로 하지 않았습니다.

그 결과 길드의 상품들은 생산력과 가격 측면에서 경쟁력을 완전히 잃어버렸습니다. 기계와 공장의 소유를 통해 엄청난 부를 축적한 신흥 부르주아(bourgeois)와 저임금의 도시 노동자의 출현은 결국 길드조직들의 설 자리를 완전히 빼앗았습니다.[47]

3. 길드의 퇴장과 잔재

유럽 경제가 발전하면서 길드의 긍정적 영향은 결국 무덤에 묻혔습니다. 오직 남은 것은 지나친 시장 지배, 독점, 경쟁제한, 담합 등과 같은 해로운 결과뿐이었습니다. 길드를 보호했던 중세 지배권력이 쇠퇴하면서 정치적 기반을 잃은 길드는 새로운 세력에 의해 존재기반이 약해졌습니다.

마침내 봉건제가 붕괴하고 1492년 신대륙의 발견으로 유럽이 근세시대에 들어서면서 길드제도는 역사에서 서서히 사라졌습니다. 이로써 중세 역사의 한 페이지를 장식했던 길드는 결국 새로운 사회를 위해 청산되어야 할 역사적 퇴물이 되었습니다.

중세 길드의 생산 및 영업 노하우와 사업 독점권은 근대시대부터 모든 경제 참여자에게 동등하게 부여된 특허, 저작권, 기업의 영업비밀로 점차 대체되었습니다. 그리고 길드의 독점으로 인한 병폐는 훗날 현대사회가 독점금지법과 연관된 규제 법안들을 수립하는 데 역사적 타당성과 사례를 제공했습니다.

IV. 길드의 프랜차이즈적 요소와 관계

1. 길드조직의 구성

장인 길드는 일반적으로 초보자 견습공(apprentice), 직공 또는 숙련공(journeyman), 그리고 이들을 지도했던 최고 기술자인 장인(master craftsman)으로 구성되었습니다.

견습공은 대부분 젊은 남성으로 2~7년간의 견습기간 동안 숙식을 제공받았지만, 대체로 임금은 받지 못했습니다. 이에 비해 숙련공은 보통 임금 노동자의 형태로 장인의 일을 보조하거나 견습공의 실습을 도왔습니다.

숙련공의 일부는 길드조직 또는 장인의 승인 아래 자기 상품을 생산하고 판매할 수 있었습니다. 그러나 일반적으로 숙련공은 장인이 돼서야 길드조직의 승인을 얻어 독립적으로 자기 사업을 영위할 수 있었습니다.[48]

2. 교육·훈련과 조직 운영

길드 회원은 엄격한 교육과 훈련을 통해 상품의 제조에 필요한 전문적인 기술을 장인으로부터 배웠습니다. 장인은 길드가 정한 규율에 따라 숙련공과 견습공을 교육하고 관리했습니다.

견습공은 훈련을 마친 후 상품을 제조할 수 있는 숙련공의 자격을 획득했습니다. 자격과 면허를 얻은 일부 숙련공은 사업활동에서 얻은 수익의 일부를 장인과 길드조직에게 지급했습니다. 그리고 견습공과 숙련공은 길드조직에서 자신의 자리를 지키려면 길드의 규율을 철저히 따라야 했습니다.

전문적 교육과 조직적 운영체계에 기반한 개별 길드는 장인, 숙련공, 견습공 간에 위계질서가 있는 계층적 구조(hierarchical structure)를 가진 자신만의 시스템을 구축했습니다.[49]

3. 회원과 조직 관리

길드는 조직유지를 위해 회원과 조직의 관리에 엄격했습니다. 기본적으로 길드는 동일한 상품을 취급하는 전체적인 도제의 규모와 견습공 및 숙련공의 숫자를 제한했고, 상거래의 영업시각도 일률적으로 통제했습니다. 그리고 상품의 최소가격과 최대가격을 정하는 방법으로 가격을 통제하여 경쟁자의 가격 공세에 조직적으로 대응했습니다.

개별 길드는 자기 조직만의 교육방법, 운영방식, 제조의 품질기준, 판매방식을 스스로 정해 모든 소속 회원들이 이를 따르도록 했습니다. 만약 회원이 길드의 운영규칙을 준수하지 않는 경우 길드는 회원 자격을 강제적으로 박탈했습니다.[50]

4. 배타적 회원 자격

길드는 회원 자격에 상당히 배타적이었습니다. 대부분의 길드는 여성, 유대인, 사생아, 이주민, 농노, 노예, 집시, 다른 길드 회원, 소수 종교 신봉자, 가난한 자에게 원칙적으로 회원 자격을 주지 않았습니다. 이에 사회적 약자와 사회의 소수자가 길드 회원이 되는 길은 아주 좁았습니다.

특히 여성이 길드 회원이 되는 것은 매우 어려웠습니다. 생선 장수, 과일·야채 판매자, 재단사와 같은 단순 노동의 영역에서 일부 길드가 여성을 회원으로 받아들였지만, 대부분의 길드는 여성이 회원이 되는 것을 원칙적으로 봉쇄했습니다.[51]

5. 독점적 지위의 강화

길드가 중세 지배권력으로부터 획득한 독점적이고 배타적인 권리는 영주, 지방조직, 중세 법원 등이 발행한 공식적 헌장이나 조례의 형식으로 보호되었습니다. 이 합법적 문서들은 특정 길드가 외부 경쟁자를 배척하고 사업을 안정적인 운영을 할 수 있는 든든한 방패의 역할을 했습니다.[52]

봉건제가 성숙해질수록 길드의 경제적 영향력은 커졌습니다. 길드의 사업성이 시장에서 증명되자, 부자들은 길드에 대한 투자를 늘렸습니다. 그들은 유명한 장인과 뛰어난 숙련공을 유치하고 투자를 늘려 대형 길드조직으로 성장했습니다.

한편, 길드 또는 길드동맹들은 더 큰 이익의 창출을 위해 중세 지배권력과 강하게 결탁했습니다. 그들은 더 많은 면허권과 사업권을 취득하기 위해 중세 지배권력에게 더 많은 수수료를 지급했습니다. 사업 특권만 획득하면, 지출한 비용은 빠르게 충당할 수 있었기에 그 투자는 아무 문제가 되지 않았습니다.

V. 길드 프랜차이징의 이중적 구조

1. 이중적 프랜차이징

길드 프랜차이즈를 이해할 때 유의해야 할 부분이 있습니다. 중세 지배권력과 맺었던 프랜차이즈적 관계와 별도로 길드는 회원이었던 장인 및 숙련공과의 관계에서 또 다른 유형의 프랜차이즈적 관계를 형성했다는 점입니다. 이 책은 이를 길드의 '내부 프랜차이즈(internal franchise)'라고 하겠습니다.

개별 길드는 회원이었던 장인과 숙련공에게 지정된 위치에서 상품을 생산하고 유통할 수 있는 '하위적 특권'을 부여했습니다. 장인과 숙련공은 그러한 하위적 특권의 부여 대가로 길드조직에게 약속한 수수료나 작업 의무를 부담했습니다. 이러한 내부 프랜차이즈적 관계에서 길드조직은 가맹본부가 되었고, 사업활동의 보장과 보호를 받은 장인과 숙련공의 사업체는 가맹점이 된 것입니다.

개별 길드와 중세 지배권력의 관계를 상위 프랜차이징으로 본다면, 개별 길드와 회원의 관계는 하위 프랜차이징으로 이해할 수 있습니다. 전자는 외부 프랜차이징(external franchising)이었고, 후자는 내부 프랜차이징이었습니다.

따라서 개별 길드는 상위차원에서 중세 지배권력과 맺은 외부 프랜차이징 관계와 별개로, 하위차원에서 길드와 회원들 간의 내부 프랜차이징의 관계도 구축한 것입니다. 이 책은 이를 길드의 '이중적 프랜차이징(dual franchising)'이라고 하겠습니다.

2. 길드 유지의 원천, 수수료

길드는 경제적 특권의 유지와 더 많은 사업권 및 면허를 획득하기 위해 중세 지배권력과 조직적으로 결탁했습니다. 그러면서 길드는 내부적으로 새로운 회원의 유치와 내부 회원들로부터 얻는 수수료를 늘리기 위해 자신이 보유한 경제적 특권과 사업권의 위대함을 내외부적으로 강조했습니다.

전략적으로도 개별 길드는 더 많은 힘을 가지기 위해 조직의 규모와 세력을 키우려는 성장 욕구가 컸습니다. 그래야 회원들로부터 더 많은 수수료를 징수할 수 있었기 때문이었습니다.

내부 프랜차이징으로 회원들로부터 받은 수수료는 길드의 조직유지에 중요한 자원이었습니다. 길드는 이중적 프랜차이징으로 획득한 상품의 판매이익과 회원들의 수수료로 조직을 유지하고 그 일부를 중세 지배권력에 지급했습니다.[53]

VI. 길드 프랜차이즈의 역사적 의미와 공헌

　길드 프랜차이즈는 유형적인 경제조직으로써 경제적 동기에 기반한 프랜차이즈적 거래관계를 프랜차이즈 역사에서 처음으로 보여 주었습니다.
　따라서 길드 프랜차이즈가 현대 프랜차이즈의 사업모델에 어떠한 원형을 제시했고, 프랜차이즈 경제조직의 조상(祖上)으로서 어떠한 역사적인 공헌을 했는지를 살펴보는 과정은 프랜차이즈 역사연구에서 매우 가치가 있는 작업일 것입니다.

1. 최초의 경제적 프랜차이즈 조직

　비교의 관점에서 볼 때, 길드 프랜차이즈의 내용과 특징은 경제적 관점이 지배하는 현대 프랜차이즈의 가맹본부와 가맹점 간의 계약내용 및 관계적 특징과 상당한 차이가 있습니다.
　그렇지만 프랜차이즈 역사발전의 시각에서 보면 중세 경제의 중심체였던 길드는 현대의 가맹점과 유사한 모습을 가진 유형적인 역사적 산물이었습니다. 로마제국에서 수공업 조합이 존재했지만, 공식적으로 길드는 프랜차이즈 역사에서 경제적 거래에 기반한 '최초의 경제적 조직이자 가맹점'이었습니다. 가맹본부는 중세 지배권력이었고, 가맹점은 개별 길드였습니다.
　길드는 중세 지배권력으로부터 할당된 특정 지역에서 자기만의 제조방식으로 생산한 특정 상품들을 지역시장의 상거래나 도시 간의 무역을 통해 유통하고 판매했습니다. 그러하기에 길드의 상품 생산과 유통방식은 현대 프랜차이즈의 가맹점이 할당된 지역시장에서 지정된 상품과 서비스를 지역소비자에게 제공하는 모습과 유사했다고 볼 수 있습니다.
　다만, 가맹본부였던 중세 지배권력(가맹본부)은 길드(가맹점)에게 영업활동에 대한 특권을 승인하고 배타적 사업권을 보장했지만, 현대 가맹본부처럼 원재료를 공급하거나 구체적인 사업 및 영업방식을 제시하지 않았습니다.

2. 가맹본부의 규모와 명성

길드 회원들은 소속된 길드의 이름(상호)으로 영업할 수 있었습니다. 이에 길드의 상호는 회원들에게 외부로 드러낼 수 있는 명예이자 자부심이었습니다. 그러한 측면에서 길드는 가맹본부의 상호, 규모, 명성이 사업성과에 얼마나 중요한지를 현대 프랜차이즈에 전달했습니다.

길드의 규모와 명성의 수준은 길드 회원들에게 매우 중요했습니다. 조직 규모가 크고 시장에서 명성이 높은 길드에 소속될수록 회원들은 높은 사업적 성과와 많은 경제적 이익을 기대할 수 있었고, 우수한 교육 및 훈련과 시스템의 지원을 받을 수 있었기 때문이었습니다. 이에 길드조직의 규모와 명성은 회원(창업자)이 수많은 길드 중에 특정 길드를 선택했던 중요한 판단기준이었습니다.

다른 측면에서 회원들이 규모가 크고 명성이 높은 길드에 소속되고자 했던 이유는 독점적인 시장 지배력과 외부 경쟁자의 영업 침해에 대해 확실한 방어력이 있었기 때문이었습니다.

현실적으로 명성이 높았던 대형 길드는 독점적인 시장 지배력으로 많은 수익을 창출할 수 있었습니다. 그리고 집단의 힘이 매우 강해 외부 상인들과의 갈등, 분쟁, 영업권 침해에 대해 소규모 길드보다 훨씬 강력한 대응을 할 수 있었습니다.[54] 따라서 길드 회원에게 길드의 규모와 명성은 오늘날 창업자가 대형 프랜차이즈 브랜드의 선택을 선호하는 이유와 같습니다.

3. 상표와 품질 보증

명성이 높거나 유명한 길드의 상품은 상표 역할을 하여 구매자에게 생산된 상품의 품질을 보증했습니다. 현대 프랜차이즈 관점에서 보면, 특정 길

드의 생산물은 가맹본부의 상호와 상표가 붙어 있는 품질이 보장되는 상품과 같았습니다.[55]

다시 말해, 길드의 상품은 오늘날 '품질인증 표시(certification marks)'가 부착된 상품과 유사했습니다. 구매자의 측면에서 보면, 길드의 상호는 상품 제조사 출처의 익명성(anonymity)을 제거하고 구매자가 사전에 해당 상품의 특징과 품질을 인식하게 하는 상표적 역할을 했습니다. 이 관점에서 길드 상품은 현재의 집단상표 또는 단체표장(collective trademarks)의 발원지였다고 볼 수 있습니다.

쌀과 과일 등 지역의 농산물과 특산물의 '지리적 표시'와 관련된 오늘날의 단체표장은 상품 또는 서비스를 생산 및 판매하는 자가 사업체를 결성하고, 소속원들이 그것을 활용하게 합니다. 단체표장은 상품 또는 서비스가 생산 및 유통과정에서 정해진 기준을 충족하는 것이 중요합니다. 중세 길드의 회원들은 길드 상호를 단체표장처럼 활용해 상품을 제조 및 판매했습니다.[56]

4. 제조 노하우와 영업비밀

길드는 상품 프랜차이징에 근간이 되는 상품 생산의 노하우(know-how)와 영업비밀(trade secret)이라는 매우 가치 있는 주제어를 현대 프랜차이즈에 제시했습니다.

개별 길드는 자기 상품의 특별한 제조법과 이와 관련된 영업비밀을 철저히 보호하면서 시장의 독점적 지위를 유지했습니다. 제조법의 노하우와 영업비밀은 경쟁자에게 거대한 진입장벽이 되었고, 초과이익을 생산하는 원천이 되었습니다.

그러했기에 길드는 상품 제작의 노하우와 영업비밀을 외부로 새어 나가지 않도록 회원들을 감독했습니다. 생산 노하우와 영업비밀은 길드에게 생명과 같았기 때문입니다. 현재, 일부 길드의 독특한 생산법과 영업 노하우가 세대를 걸쳐 전수되거나 오랫동안 보존되고 있는 사례들이 있습니다.[57]

5. 프랜차이즈 잔여이익의 발원지

현대 프랜차이즈 사업에서 가맹점이 프랜차이즈 사업을 선택하는 경제적인 이유에 해당하는 '잔여청구권(residual claims)'의 개념이 길드 프랜차이징에서 싹텄다고 볼 수 있습니다.

가맹점의 영업이익에서 가맹본부에 지급하는 모든 가맹금을 빼고 '남은 최종적 이익', 즉 잔여이익이 가맹점의 '순이익'입니다. 이 책은 이를 가맹점의 '프랜차이즈 잔여이익(franchise residual profit)'이라고 하겠습니다.

현대 가맹본부는 가맹점이 약정한 가맹금을 지불하고 남은 이익 모두를 취하는 것을 보장합니다. 가맹점이 얼마의 이익을 취하든 가맹금을 제외한 모든 이익은 가맹점의 몫입니다.

높은 수준의 프랜차이즈 잔여이익에 대한 기대는 예비 창업자가 독립 창업이 아닌 프랜차이즈 창업을 선택한 후, 초과이익을 위해 자발적인 경영노력을 하는 경제적 동기입니다. 사업성과에 따라 가맹점의 초과이익 수준이 차이가 나기에 프랜차이즈 잔여이익의 수준은 가맹점마다 다릅니다.[58]

길드도 마찬가지였습니다. 길드는 중세 지배권력과 계약한 세금 또는 상품을 제공하면 그들의 감시와 통제에서 벗어나 자유로운 영업활동을 할 수 있었습니다. '경제활동의 자율권'을 획득한 길드는 높은 사업성과를 통해 초과적인 잔여이익을 획득하려고 자발적인 경영노력을 했습니다. 지급 수수료만 제대로 내면, 중세 지배권력은 길드의 초과이익에 간섭하지 않았기 때문이었습니다.

이 이유로 길드는 여러 사업권과 면허를 획득하여 많은 이익을 내려고 노력했습니다. 길드 회원들도 수수료를 지급한 후 남은 이익을 최대한 챙기기 위해 열심히 자기 일을 했습니다.

6. 교육 및 운영 매뉴얼의 시초

길드는 사업방침, 생산방법, 교육·훈련 프로그램, 조직 운영규칙을 현대 가맹본부의 매뉴얼(manual)처럼 관리했습니다.

길드는 일관된 상품의 생산과 그 품질 유지를 위해 제조법을 작성한 후 이를 회원들에게 일률적으로 교육했습니다. 길드는 회원들이 생산할 상품의 품목을 미리 정했고, 제조법의 절차 규정을 두었습니다. 길드조직은 조직의 결속력과 통제력의 유지를 위해 생산과 상거래의 규정을 마련했습니다.[59]

운영의 면에서도 길드는 상품의 제조시간과 영업시간을 일괄적으로 관리했습니다. 길드는 회원의 안정적인 이익보장을 위해 판매권에 영향력을 미쳤던 지역 내 회원 수를 제한했고, 상품의 판매가격을 통제했습니다.

이 모든 것이 조직의 운영규정의 차원에서 체계적이고 조직적으로 통제되었습니다. 이것은 현대 프랜차이즈에서 가맹점의 필수교육 프로그램과 '영업활동의 제한과 조건'에 해당합니다.

7. 모니터링과 통제

모니터링(monitoring)은 가맹본부가 계약서와 매뉴얼을 기반해 가맹점의 운영상태와 성과를 관리하고 감독하는 활동입니다. 중세 길드도 회원들에 대한 일상적 모니터링을 수행했습니다.

길드조직은 상호의 상징성과 장인의 역량을 바탕으로 위계질서가 있는 수직적 구조로 회원들을 관리하고 통제했습니다. 상품 생산뿐만 아니라 회원의 영업활동이 규정대로 잘 이행되고 있는지 길드조직에 의해 상시적으로 모니터링되었습니다.

이것은 일정한 품질의 상품을 일관성 있게 생산하기 위해서 길드가 유지했던 필수적인 관리와 감독의 체계였습니다. 이를 위해 길드는 회원의 자격과 그 유지에 대해 별도의 기준을 가졌고, 엄격한 잣대로 회원의 행동을 강력히 통제했습니다.[60]

내부 운영규정을 준수하지 못한 경우, 적절한 상품 품질을 유지하지 못한 경우, 길드 명성에 피해를 주는 일이 발생할 때 길드는 회원에게 그 책임을 물어 회원 자격을 박탈했습니다. 이것은 현대 가맹본부가 사업방침과 매뉴얼에 기반해 가맹점을 모니터링하고, 표준적 운영에서 이탈한 가맹점과의 계약을 해지하는 원리와 유사했습니다.

8. 회원 선발기준

현대 가맹본부의 지속적 성장의 출발점은 브랜드에 적합하고 유능한 가맹점사업자를 파트너로 선택하는 것입니다. 이 때문에 오늘날 가맹본부는 사업성장을 위해 표준적인 선별 프로그램을 운영하고 가맹점 선정기준의 원칙을 설정합니다.[61]

상위와 하위의 이중적 프랜차이즈 구조를 가졌던 길드 프랜차이징에서 중세 지배권력과의 외부 프랜차이징 관계는 길드의 선택사항이 아니었지만, 내부 프랜차이징에서 가맹점사업자였던 회원에 대한 선발과 선택은 길드의 권리였습니다.

길드는 회원의 자격요건이 되는지를 사전에 검토한 후, 회원 자격이 부여될 수 있는 지원자에게 일정한 교육과 훈련을 받도록 했습니다. 이에 길드 조직은 가맹점의 위치에 있었던 길드 회원의 선별을 위해 확고한 기준과 표준적인 절차를 가지고 있었다고 볼 수 있습니다.[62]

회원 지원자는 필수적인 교육과 훈련을 통과해야 정식회원이 될 수 있었습니다. 지금은 프랜차이즈 계약이 체결된 후 필수교육이 진행되지만, 길드는 예비 견습공의 형태로 지원자의 역량을 사전에 점검한 후 회원의 자격 여부를 따졌습니다.

9. 분업화를 통한 전문화의 시초

길드는 인류 역사에서 노동 분업(division of labor)과 노동 전문화(specialization)를 조직적으로 구현한 최초의 '노동 연합체' 또는 노동 결합체였습니다.

길드는 상품의 생산과정에서 과업을 배분하여 작업이 신속히 이루어질 수 있도록 생산과정을 분업화했습니다. 분업화는 단위별 생산책임을 분명히 하여 노동연합의 방식으로 작업의 속도와 생산성을 높였습니다. 작업의 분업화는 특정 길드가 특정 상품에 전문성을 갖는 데 밑거름이 되었습니다.[63]

프랜차이즈 역사에서 보면, 길드의 생산과정의 분업화와 전문화는 20세기 직후 현대적 생산과 경영의 관리법에서 잉태하여 현대 프랜차이즈의 사업과 운영의 기본원리가 된 '3S'의 표준화(standardization), 전문화(specialization), 단순화(simplification)의 유래이자 기원이 됩니다. 길드의 분업화와 전문화는 20세기 상품 프랜차이즈였던 Ford의 3S에 기반한 생산방식의 원시적인 아이디어이자 형태였습니다.

10. 국제 프랜차이즈의 첫머리

중세 지배권력은 상업 길드와 길드동맹을 활용해 멀리 떨어진 도시 간의 국제무역을 활성화했습니다. 상인 길드나 상인 길드동맹이 국제무역에서 두각을 보였던 이유는 표준화된 상품 품질에 있었습니다. 길드의 상품들은 주변 도시에서 볼 수 없었던 매력적인 상품이었습니다.

한자동맹과 같은 상인 길드동맹들은 다른 나라 또는 주변 도시에 자기 지점을 설립하거나 현지 사업체들과 협력관계를 맺었습니다. 그들은 해외 파트너를 통해 더 넓은 지역에 상품들을 판매하려 했습니다. 그리고 그들은 오늘날 프랜차이즈 박람회처럼 주요 도시에 시장을 세우거나 박람회 등의 대형 이벤트를 개최해 새로운 해외시장을 개척했습니다.[64]

  따라서 상인 길드동맹의 국제무역에 대한 역사적 행보로부터 우리는 국제 프랜차이즈(international franchise)의 초기 모습을 발견할 수 있습니다. 상인 길드동맹은 새로운 해외시장의 개척과정에서 지점을 설치하거나 공급 및 판매를 대신할 적합한 지역 파트너와 협력했던 관계적 내용과 특징은 오늘날의 국제 프랜차이즈의 첫머리였다고 할 수 있습니다.

FRANCHISE

제4부
근세시대의 프랜차이즈

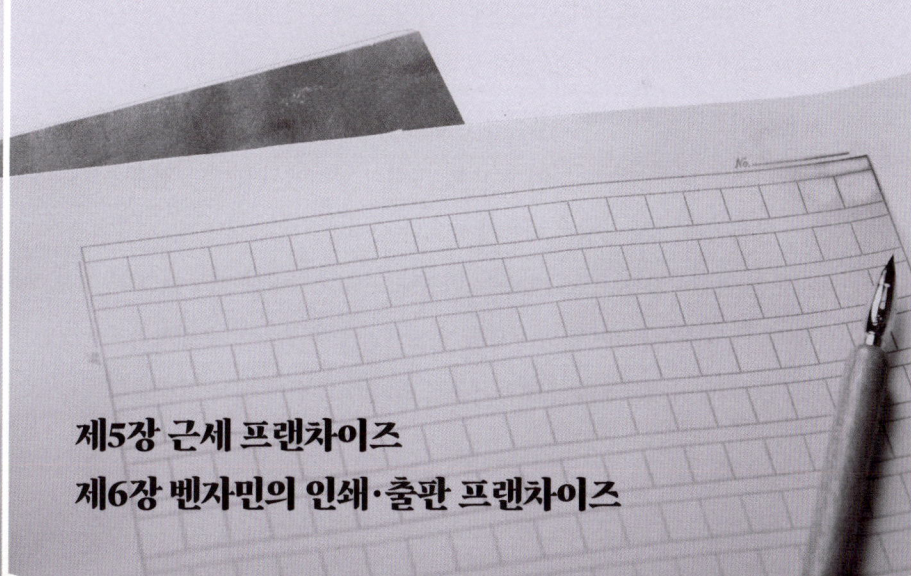

제5장 근세 프랜차이즈
제6장 벤자민의 인쇄·출판 프랜차이즈

제5장
근세 프랜차이즈

Ⅰ. 근세 프랜차이즈의 역사적 의미와 접근

근세 프랜차이즈는 중세 프랜차이즈와 근대 프랜차이즈를 잇는 연결고리이자 가교역할을 했습니다. 근세 프랜차이즈는 중세 프랜차이즈의 특징 일부를 보유한 채 현대 프랜차이즈의 전신인 근대 프랜차이즈가 발전할 수 있는 토대를 마련했습니다.

근세시대를 대표한 대항해 시대(식민지 시대)는 정치적, 경제적 통치 및 관리방법으로 중세와 같은 프랜차이즈 개념을 활용했습니다. 그래서 넓게 보면 근세 프랜차이즈는 중세 프랜차이즈와 비교해 크게 달라진 것이 없었습니다.

그런데 근세시대에 프랜차이즈 역사에서 가장 큰 역사적 진보가 나타났습니다. 바로 근대적 프랜차이즈의 모태 또는 원형이 되었던 벤자민의 인쇄·출판 프랜차이즈의 출현이었습니다. 벤자민의 인쇄·출판 프랜차이즈의 출현으로 드디어 프랜차이즈 개념이 정치적, 사회적 굴레에서 벗어나 거래당사자들의 경제적 동기와 경제적 목표가 중요한 시대가 되었습니다.

근세시대의 인쇄·출판 프랜차이즈는 마침내 고대와 중세에 작동했던 군사적, 정치적, 사회적 통치방법의 프랜차이즈 개념을 종결하고, 프랜차이즈 역사에서 경제적 거래관계의 프랜차이즈적 관계가 우선이 되는 시발점이 되었습니다.

II. 근세시대의 역사 개요

유럽의 근세 역사는 근대시대로 넘어가는 과정에서 엄청난 사회적 격변을 동반했습니다. 먼저, 정치적으로 왕의 명령이 신(神)의 명령으로 격상되면서 왕권신수설(Divine Right of Kings)에 기반한 절대왕정(Absolute Monarchy)이 탄생했습니다. 절대왕정은 귀족, 영주, 교회 등의 중세 지배권력을 무력화하고 통치자 중심의 근대 국가의 초기 역사를 시작했습니다.

사회·문화적으로는 고대 그리스와 로마의 부활을 통한 문예·문화의 부흥 운동이었던 르네상스(Renaissance) 운동이 14~16세기에 있었습니다. 16~17세기에는 로마 가톨릭교회의 쇄신을 요구했던 종교개혁(Reformation) 운동도 일어났습니다.

프랜차이즈 역사 관점에서 근세의 격변기는 경제적 영역에서 중대한 변화를 일으켰습니다. 식민지 건설을 통한 무역 차액으로 부강을 추구했던 중상주의의 출현으로 상업자본주의가 시작되었는데, 중상주의는 유럽 열강들이 새로운 시장(식민지)을 개척(착취)하기 위한 대항해 시대의 문을 열었습니다.[65]

III. 근세 프랜차이즈의 시대적 구분

유럽의 근세시대는 중세와 근대 사이에서 있었던 시기입니다. 이 시기는 중세에 가깝기에 근세(近世, early modern times)라고 칭하고, 프랑스 혁명(1789) 이후의 시기는 현대에 가깝기에 근대(近代, modern times)라고 부릅니다. 역사학자에 따라 근세를 구분하는 기준이 다소 다릅니다. 가령 일부는 근세의 구분 없이 중세 봉건제 이후의 시대를 근대시대라고 구분합니다.

일반적 역사의 시대구분처럼, 1492년 신대륙 발견으로 중세시대가 막을 내렸던 시점부터 절대왕정의 폐지로 공화정이 수립된 1789년 프랑스 대혁명까지를 이 책은 근세 프랜차이즈(early modern times franchise, 1492~1789)

의 시기로 설정하겠습니다.

IV. 근세시대의 식민지 정책
1. 대항해(식민지) 시대

식민지(colony)의 어원은 로마제국 시대에 식민지 정복을 위해 로마 군사들과 이주 로마인들이 정착한 콜로니아(colonia), 소작농 콜로누스(Colonus), 그리고 라틴어 Colere(경작하다)와 관련되어 있습니다.[66]

식민지는 경제적, 정치적 이익을 위해 자국의 나라 밖에서 지배하는 지역을 말합니다. 근세의 식민지는 정치적으로는 유럽 열강들의 지배지역이었고, 경제적으로 원료 공급지와 상품 판매시장의 역할을 했습니다.

대항해 시대(Age of Discovery) 또는 식민지 시대(Colonial Period)는 영국, 프랑스, 네덜란드 등의 유럽 열강들이 미국, 아메리카, 동아시아 등을 식민지화하고 통치했던 시대를 말합니다. 시기적으로 콜럼버스가 아메리카 대륙을 발견한 1492년부터 미국 독립전쟁이 끝난 1783년까지입니다.

유럽 열강들이 식민지 개척에 상당한 성과를 낼 수 있었던 이유는 막강한 군사력과 선박 제조기술 및 나침반 등 해양기술의 발전 덕택이었습니다. 이들은 압도적인 해군력과 우수한 선박 및 해양기술을 바탕으로 해외의 새로운 영토에 누가 먼저 깃발을 꽂느냐를 위한 치열한 경쟁에 돌입했습니다.[67]

2. 신대륙 개척의 이유

14세기 유럽에서 7,500만~2억 명의 목숨을 앗아 간 흑사병(Black Death, 1346~1353)은 많은 농노들을 죽게 하여 중세 경제를 송두리째 뒤흔들었습니다. 그 결과 농노가 급격히 줄어 임금은 폭등했고, 이로 인해 농업 생산량이 급감하면서 봉건국가의 재정 안정성이 급격히 붕괴했습니다.[68]

안정적인 권력 유지를 위해 많은 재정이 필요했던 유럽의 절대왕정은 이 내부적 문제를 중상주의 정책을 통해 해결하려 했습니다. 해외 식민지 개척을 통해 획득한 금, 은, 향신료, 기타 착취물들은 부족한 국가 재정을 채웠고 절대왕정에게 엄청난 시세차익을 안겨 주었습니다.

따라서 유럽 열강들이 식민지 정책을 적극적으로 펼쳤던 이유는 무엇보다 경제적 이유가 가장 컸습니다. 이들은 정복한 식민지들로부터 귀금속과 중요 자원들의 약탈적 무역으로 엄청난 부를 축적했고, 해외 식민지들을 자국의 상품들을 판매하는 새로운 시장으로 활용했습니다.

V. 식민지화 프랜차이즈

유럽 열강들은 식민지 개척과정에서 특정인에게 새로운 땅의 개척에 대한 특권을 부여했습니다. 그 대가로 개척자가 식민지로부터 획득한 결과물의 일부를 가질 수 있도록 승인했습니다.

중세와 다른 점은 첫째, 특권을 부여받은 자가 영주 등이 아니라 탐험가와 식민지의 개척자였고, 둘째, 프랜차이즈적 관계의 일차적 목표가 지역 통치와 '현상 유지'가 아니라 미지의 새로운 땅을 '개척'하는 것이어서 주어진 과제가 달랐을 뿐입니다.

이 책은 이러한 근세 프랜차이즈의 특징을 식민지화 프랜차이즈(colonization franchise)라고 하겠습니다.

1. 식민지 쟁탈전

1) 새로운 식민지를 찾아서

스페인의 이사벨라 여왕(Queen Isabella)으로부터 신대륙을 탐험하고 무역을 발전시킬 수 있는 독점적 권리를 부여받은 콜럼버스는 1492년에 아메리카 대륙을 발견했습니다.[69] 그 후 유럽 열강들의 식민지 쟁탈전은 남아시아로 확장되었습니다. 남아시아는 당시 세계 교역에 중요했기에 식민지화 프랜차이즈 정책의 전략적인 요충지였습니다.

남아시아 국가들은 1600년대 내외부터 네덜란드 공화국, 프랑스, 포르투갈, 대영제국 등에 의해 하나둘씩 그들의 식민지가 되었습니다. 특히 영국과 네덜란드 등의 동인도 회사는 남아시아 식민지화 정책의 첨병 역할을 담당했습니다.[70]

2) 동인도 회사의 프랜차이징

인도와 중국을 잇는 동남아 항로를 개척하고 향신료, 면직물 등의 무역을 독점하기 위해 1602년에 네덜란드 동인도 회사(Dutch East India Company)가 설립되었습니다. 네덜란드 동인도 회사는 국제무역의 기지였지만, 사실 이것은 영국, 포르투갈, 스페인 등의 유럽 열강들과 남아시아 지역에서 세력 전쟁을 하기 위한 네덜란드의 전초기지였습니다.

다른 유럽 열강들도 동인도 회사를 주요 거점에 설립했습니다. 동인도 회사의 지원을 받은 허드슨 대위(Henry Hudson)는 험난한 여정에 나서 북동쪽 해상의 통로를 개척했습니다.[71]

네덜란드 동인도 회사는 세계 최초의 주식회사로 여러 곳에서 투자를 받은 다국적 기업이었습니다. 이 회사는 새로운 시장을 개척할 탐험가들에게 필요한 자금과 물자를 제공했고, 네덜란드 왕의 승인에 기반해 남아시아의 무역을 독점했습니다.

프랜차이즈 개념에서 보면, 동인도 회사는 국왕의 승인을 받아 국제무역과 해외의 개발사업을 독점적으로 수행하고 특정인에게 탐험과 개척에 대한 특권을 부여할 수 있었던 지역의 위임 통치자였습니다. 그러므로 동인도 회사는 오늘날 국제 프랜차이즈 개념에서 마스터 프랜차이즈의 파트너 또는 해외지역 개발자의 초기 형태였다고 볼 수 있습니다.[72]

2. 미국의 식민지화 프랜차이즈

1) 미국 식민지 시대의 개요

콜럼버스가 북아메리카를 발견한 이후 미국은 유럽 절대왕정들의 식민지화 정책에 주요 목표가 되었습니다. 이들에게 미국은 엄청난 기회의 땅이었습니다. 유럽 열강들은 1500년대 중반부터 미국 독립전쟁까지 최대한 많은 미국의 땅을 자국의 식민지로 만들기 위해 전쟁도 불사했습니다.

17세기 전후 영국은 뉴잉글랜드와 캐롤라이나 등을, 프랑스는 퀘벡 지방 등을, 스페인은 플로리다와 캘리포니아 등을 식민지화했습니다. 이러한 식민지역의 확대로 유럽의 이주민들이 본격적으로 정착하면서 미국은 종교적, 정치적으로 다양한 특색을 가지게 되었습니다. 오늘날 미국이 연방국가로 이민자의 국가라고 불리는 이유가 여기에 있습니다.

그러나 유럽 열강들의 과도한 조세정책과 강압적인 식민지 정책은 미국 독립전쟁(1775~1783)을 촉발했고, 독립전쟁은 미국의 승리로 끝나면서 미국의 식민지 시대는 종결되었습니다.

2) 미국 식민지화 프랜차이즈의 시작과 형태

영국은 새로운 땅을 개척하기 위해 London Company 등과 같은 기업을 통해 북아메리카에 탐험가들을 보냈습니다. London Company는 크리스토퍼 뉴포트(Christopher Newport) 선장을 고용해 1607년 미국 버지니아주에 제임스타운(Jamestown)이라는 마을을 조성했습니다.

제임스타운은 영국의 첫 번째 식민지 마을로 처음에 약 100여 명이 정착했습니다. 영국은 제임스타운과 같은 여러 식민지 마을들을 개척하는 과정

에서 London Company 등의 회사를 통해 지역의 관리와 통치를 맡겼습니다.[73]

프랜차이즈 역사에서 중요한 사실은 제임스타운으로 시작된 영국의 미국 식민지 개척과 그 통치방법이 중세의 간접적인 프랜차이즈적 위임 통치와 유사했다는 점입니다.

'직할 식민지' 형태였던 뉴햄프셔, 뉴욕, 노스캐롤라니아 등은 영국의 파견 관리자에 의해 직접 통치되었습니다. 그렇지만 펜실베니아와 뉴저지 등의 '영주령 식민지'와 로드아일랜드와 같은 '특허 식민지'는 식민기관 등이 마치 중세의 영주처럼 영국을 대신하여 그 지역을 위임 통치했습니다.[74]

3) 미국 식민지화 프랜차이징의 갈등과 대립

정착자 중심으로 구성된 식민기관(가맹점)은 영국의 중앙 통치기관(가맹본부)에 대한 불만이 점차 커졌습니다. 중앙 통치기관이 정착자에게 부과한 세금과 비용을 별다른 설명 없이, 자주, 일방적인 방식으로 인상했기 때문이었습니다.

강압적인 조치에 대한 대응으로 중앙 통치기관에 예속된 지역의 식민기관(가맹점)은 정착자들의 의견을 모아 세금 및 비용에 대한 개선안을 통치기관에 제시했습니다. 하지만 그 요구는 매번 거절당했습니다. 중앙 통치기관은 현지 상황을 고려하지 않고 수익을 늘리는 것에만 관심을 가졌기 때문이었습니다.

그 결과 정착자들과 지역의 식민기관은 중앙 통치기관에 상당한 반감과 불신을 품고 영국의 통제에 벗어나기 위한 이탈(breakaway)을 시도했습니다. 상황은 악화하여 이 대립은 결국 미국 독립전쟁으로 번졌습니다.[75]

프랜차이즈 역사의 관점에서 보면, 영국의 일방적인 식민지화 프랜차이즈 정책의 악행이 미국 독립전쟁 발발의 원인들 가운데 하나였던 것입니다.

VI. 식민지화 프랜차이즈의 특징과 역사적 의미

1. 프랜차이즈 위임 통치의 종결

근세 유럽은 국가정책이나 사회 운영방식에서 중세 프랜차이즈 개념을 널리 활용했습니다. 그러나 중요한 차이는 중세의 군사적, 정치적 프랜차이징의 특징과 영향력이 근세에 상당히 줄었다는 점입니다. 이것은 왕권의 차이 때문이었습니다.

중세 왕은 상징적이어서 권위가 교회와 대영주보다 약했습니다. 이에 비해 근세의 절대군주의 권력은 매우 막강했습니다. 왕권신수설에 의해 군주가 신격화되면서 상대적으로 교황과 영주들의 권위와 힘은 땅에 떨어졌습니다. 절대군주는 중앙집권적인 강력한 통치를 하기 위해 교회와 영주 등이 소유해 왔던 권력과 재산을 왕의 것으로 가져갔습니다.

이러한 정치권력의 구조변화로 봉건적 통치의 근간이 되었던 프랜차이즈적 위임 통치방식이 막을 내렸습니다. 유럽의 근세는 여전히 봉건적 잔재가 남아 있었지만, 지배구조에서 영주와 교회에 대한 왕의 의존성은 상당히 줄었습니다.

결과적으로 로마제국과 중세시대의 군사적, 정치적, 경제적, 통치방식이었던 프랜차이즈적 위임 통치방식의 영향력은 근세시대부터 약해졌고, 그 결과 영토는 교회와 영주가 아니라 왕의 직접적인 통제권과 영향력 안에 들어왔습니다.

2. 경제적 동기의 부여

근세 식민지 시대의 프랜차이즈라는 용어는 특정인 또는 특정 조직에게 식민지 개척에 대한 특권을 부여했던 '국가적 승인'이었다고 볼 수 있습니다. 근세의 통치자는 신대륙을 탐험하는 데 필요한 자금과 자원을 개척자로부터 조달하고 새로운 땅을 정복했을 때 발생하는 이익을 그들과 공유했습니다.

유럽 열강들이 식민지 개척과정에서 프랜차이징의 원리와 방식을 적극적으로 활용한 이유는 탐험가 또는 개척자에게 강력한 경제적 동기를 불어넣기 위해서였습니다. 이 방법은 신대륙 탐험 또는 식민지 개척에 효과적으로 작동해 결과적으로 높은 성과를 생산했습니다.

절대왕정은 신대륙 개척에 필요한 재정적 투자와 신변의 위험을 개척자에게 넘기는 대신에 개척자가 신대륙에서 획득한 금과 은 등의 귀금속과 착취물 일부를 소유하는 것을 인정했습니다. 그 대가로 절대왕정은 그들에게 식민지에서 얻은 결과물을 세금과 현물의 형태로 본국에 납부하도록 했습니다.

추가적으로, 절대왕정은 개척자가 식민지에서 여객선을 운행하고 시장과 박람회를 개최하는 것을 승인하는 방법으로 개척자로부터 계속적인 로열티도 챙겼습니다.

결과적으로 절대왕정은 식민지 개척으로 획득한 과실(果實)의 일부를 개척자에게 내어주는 방식으로 그 어떠한 투자도, 그 어떠한 위험도 직접 감수하지 않았던 것입니다. 이 경제적 협력관계로 절대왕정은 개척자를 통해 식민지로부터 세금과 로열티를 징수해 재정을 확보했고, 그들의 절대주의 왕관(crown)을 안정적으로 유지할 수 있었습니다.[76]

3. 독점적 권리의 명료화

프랜차이즈 역사에서 부여된 특권에 대한 보호지역(protected territory)의 정의, 구체적 내용, 배타성(exclusiveness)은 근세 식민지 시대부터 형성되었다고 볼 수 있습니다.

　절대왕정은 특권의 허용지역과 특권의 내용을 사전에 분명하게 명시했습니다. 특권 부여의 과정에서 중첩된 지역과 불분명한 내용은 개척자 간의 갈등을 유발하거나 탐험가의 이익을 자기잠식(cannibalization)하는 부정적인 결과를 초래하기에, 절대왕정은 그러한 상황이 결과적으로 자신에게 도움이 되지 않는다고 판단했습니다.

　이에 절대왕정은 문서화와 그 문서의 외부 공식화를 통해 특권 부여와 성과배분의 내용을 명확히 하여 탐험가 또는 개척자가 느낄 수 있는 불확실성을 사전에 제거했습니다. 이 조치는 개척자들이 험난한 탐험의 길에 불안하지 않고 능동적으로 개척에 나설 수 있는 경제적 동기를 확실하게 불어넣었습니다.[77]

4. 프랜차이징의 위치와 대상의 이동

　근세시대는 프랜차이즈의 개념을 해외의 새로운 식민지와 시장을 개척하는 개념으로 변화시켰습니다. 근세의 식민지화 프랜차이즈는 중세의 '국내 통치의 방법'을 '해외 식민지의 개척방식'으로 프랜차이즈적 관계의 '위치와 대상'을 변경한 것입니다.

　따라서 중세 프랜차이즈는 자국의 영토 보호와 효율적 통치를 위한 정치적 선택이었다면, 근세 프랜차이즈는 해외 식민지와 새로운 시장을 개척을 위한 전략적 선택이었습니다.

　어떻게 보면, 근세 프랜차이즈는 해외 식민지의 통치와 관리방식으로 활용했던 로마제국의 프랜차이즈의 개념으로 다시 돌아간 형태였다고 볼 수 있습니다. 이 프랜차이즈 개념의 환원에서 로마제국과 달랐던 점은 근세 프랜차이즈는 단순히 식민지를 유지하고 관리했던 통치수단이 아니라 새로운 식민지와 해외시장을 개척하기 위한 '확장전략'의 방식이었다는 점입니다.

5. 식민지화 프랜차이즈의 이유

절대왕정은 권력과 중앙집권적 통치방식을 유지하기 위해 막대한 재정이 필요했습니다. 지방 영주들을 자기편으로 만들려면 그만큼 많은 돈을 써야 했기 때문이었습니다.

경제적 원인도 있었습니다. 14세기 흑사병의 발발로 농노들이 부족해지자 농업 생산량은 급감해 국가 재정이 파탄 났습니다. 이에 유럽은 그동안 절대적으로 의존했던 농업과 길드 경제를 대체할 새로운 경제정책이 필요했습니다.

이에 따라 신대륙 발견을 기점으로 유럽 열강들은 해외시장으로 눈을 돌렸고, 막강한 군사력을 바탕으로 한 중상주의 정책은 더 많은 부와 자원의 축적을 위해 이들을 식민지 쟁탈전으로 몰아넣었습니다.

이 과정에서 절대왕정은 누군가 자신을 대신하여 위험을 무릅쓰고 신대륙을 탐험할 필요가 있었는데, 이때 프랜차이징은 새로운 영토와 시장을 개척하는 데 매우 효과적이고 유용한 방식이었습니다.

6. 탐험 또는 식민지화 프랜차이징?

근세 프랜차이즈는 역사적 해석과 평가에 양면성이 있습니다. 하나는 인류 발전의 차원에서 새로운 땅과 시장을 발견하기 위한 지칠 줄 모르는 '탐험가 정신'입니다. 다른 하나는 인류의 끝없는 이기심의 역사로 유럽 열강들은 착취를 위해 식민지 개척의 과정에서 엄청난 탐욕을 보여 주었습니다.

이 책은 전자를 탐험 프랜차이징(exploration franchising)이라 하고, 후자는 식민지화 프랜차이징이라고 하겠습니다. 해외를 향한 근세 프랜차이즈는 승자의 시각에서 새로운 시대의 개척과 인류 역사의 발전이라는 '탐험 프랜차이징'의 특징을 가졌다고 할 수 있지만, 그 이면에는 약탈과 착취의 '식민지화 프랜차이징'이라는 어두운 그림자가 숨어 있었습니다.

제6장
벤자민의 인쇄·출판 프랜차이즈

Ⅰ. 근대 프랜차이즈의 아버지, 벤자민

미국 최초의 가맹본부가 누구였냐라는 질문에 19세기 중반의 Singer Manufacturing Company(이하, 'Singer')가 아니라 18세기의 벤자민이라는 답변이 최근 늘어나고 있습니다.

이렇게 되면 미국 최초의 가맹본부는 기업이 아니라 벤자민이라는 한 명의 개인이 됩니다. 그리고 미국 건국의 아버지라고 불리는 벤자민 프랭클린(Benjamin Franklin, 1706~1790, 이하 '벤자민')은 미국 프랜차이즈의 아버지(father of franchising)라는 또 다른 존경의 별칭을 갖게 됩니다.[78]

벤자민은 근세의 사람이었습니다. 그런데 벤자민을 근대 프랜차이즈의 아버지라고 칭하는 이유는 그의 인쇄·출판 프랜차이즈가 19세기 전후 발전한 근대 프랜차이즈 역사와 직접적으로 연결되어 있기 때문입니다.

다른 측면에서 약 300년의 근세 프랜차이즈를 대표했던 식민지화 프랜차이즈와 비교해 볼 때, 인쇄·출판 프랜차이즈의 내용과 성격은 상당히 달랐기 때문에 이 두 가지는 분리해서 이해될 필요가 있습니다.

따라서 벤자민의 인쇄·출판 프랜차이즈는 근세에 출현했지만, 곧바로 나타난 근대 프랜차이즈의 발원지였기에 대다수 의견처럼 이 책도 벤자민을 '근대 프랜차이즈의 아버지'라고 하겠습니다. 이에 벤자민의 프랜차이즈 역사에 대한 공헌도 근세가 아니라 근대라는 표현을 사용하겠습니다.

II. 최초의 공식적인 프랜차이즈 계약서

　프랜차이즈 사업의 근대적 모습은 벤자민에 의해 1731년 영국의 식민지였던 미국 필라델피아에서 처음 나타났습니다. 벤자민은 자기 저작물의 출판을 인쇄 및 출판할 독점적 사업권을 지역 인쇄업자였던 토마스 휘트마시(Thomas Whitmarsh, 이하 '토마스')에게 부여했습니다.

　이 인쇄 및 출판물 계약서는 근대 프랜차이즈의 발전에 중요한 사건으로, 이 계약서는 근대 상업 프랜차이즈 사업의 신호탄이 되었습니다.[79] 프랜차이즈 계약서의 관점에서 벤자민과 토마스가 체결한 인쇄 및 출판물 계약서 내용을 살펴보면 다음과 같습니다.

　첫째, 벤자민은 토마스에게 종이, 잉크, 기름 등과 같은 인쇄에 필요한 품목과 소모품 등을 자신 또는 지정된 업체로부터 의무적으로 구매하도록 계약서에 명시했습니다.

　둘째, 그는 토마스가 자신의 인쇄물을 작업하고 출간할 때 자신이 사전에 요청한 인쇄방식을 준수하고, 인쇄작업에서 자신의 지시에 따르도록 규정했습니다.

　셋째, 토마스는 6년의 계약기간 동안 벤자민의 저작물 이외에 다른 것들을 인쇄할 수 없었습니다. 게다가 벤자민의 승인 없이 인쇄사업 이외에 다른 사업에 종사할 수 없었습니다.

　넷째, 이에 반해 벤자민의 사업활동은 자유로웠습니다. 벤자민은 토마스와의 계약과 별도로 얼마든지 다른 인쇄업자와 유사한 계약을 체결하고 자신의 작업물을 출판할 수 있었습니다.

다섯째, 이 계약은 벤자민이 외교관, 우체국장, 관리자의 지위로 식민지나 다른 지역에 파견되었을 때도 계속되었습니다. 파견지역에서 벤자민은 지역의 인쇄업자들과 토마스와 맺었던 유사한 계약을 체결했습니다.[80]

III. 인쇄·출판 프랜차이즈의 특징과 역사적 의미

미국의 선구적인 정치가, 외교관, 과학자로 알려진 벤자민은 프랜차이즈 역사에서 그동안 관심 밖의 인물이었습니다. 벤자민의 프랜차이즈 업적에 대한 평가는 미국에서도 2000년대부터 이루어지기 시작했습니다. 그러한 최근의 평가로 경제적 관계로서의 실질적인 프랜차이즈 역사는 벤자민으로부터 시작되었다는 의견이 점차 타당하게 받아들여지고 있습니다.

이 맥락에서 벤자민의 프랜차이즈적 행적과 현대 프랜차이즈에 끼친 역사적 영향 및 공헌을 살펴보면 아래와 같습니다.

1. 인쇄·출판 프랜차이징의 탄생

현대 프랜차이즈 계약서의 모태라고 할 수 있는 토마스와의 인쇄 및 출판물 계약서는 공동 파트너십(co-partnership)을 기반한 동업(同業) 계약서였습니다. 이 계약서로 토마스는 프랜차이즈 역사에서 최초의 상업적 가맹점사업자가 되었습니다.

영국, 캐나다 등 해외에서 벤자민은 이와 유사한 계약을 체결했습니다. 벤자민이 인쇄 및 출판사업을 한 이유는 생계 때문이었습니다. 다른 지역에 파견이 많았던 벤저민은 인쇄업자들과 체결한 계약들로 안정적인 생활을 유지할 수 있었습니다.[81]

이처럼 식민지 관리자 등 여러 지역에 파견이 많았던 벤자민은 생활고의 해결을 위해 인쇄업자들과 인쇄 프랜차이징(printing franchising) 관계를 맺었습니다.[82] 이 책은 이 인쇄 프랜차이징 용어를 '인쇄·출판 프랜차이즈'로 대체하여 사용하겠습니다.

2. 최초의 경제적 프랜차이즈 계약

현대 프랜차이즈의 발원지가 된 근대 프랜차이즈의 시작점이 유형적인 상품이 아니라 인쇄·출판물이었고, 경제적 측면에서 프랜차이즈 사업화를 이룬 최초의 업종이 인쇄업과 출판업이었다는 사실은 놀라운 일입니다.

벤자민은 지역 인쇄업자(가맹점)에게 지역을 할당해 자신의 출판물에 대한 독점적 인쇄권과 출판권을 부여했습니다. 이들은 경제적 파트너십의 관계를 맺고 발생한 수익을 공유했습니다. 이 경제적 거래관계의 내용은 현대 프랜차이즈 계약서의 초기 형태로 벤자민과 토마스의 인쇄 계약서에 고스란히 담겨 있었습니다.

계약서는 가맹본부(벤자민)와 가맹점(인쇄소) 간의 권리와 의무를 명시했습니다. 현대 프랜차이즈 사업에서 중요한 필수품목의 항목, 영업활동의 조건, 영업기간, 독점적 판매권의 부여와 같은 구체적인 내용이 이 계약서에 포함됐습니다.

3. 경제적 파트너십의 발현

벤자민은 자신을 가맹본부로 하여 가맹점이었던 인쇄소에게 자기 창작물을 제공했습니다. 지역 인쇄소는 벤자민의 저작물들을 인쇄 및 유통함으로써 서로가 이해타산이 맞는 경제적 파트너십(economic partnership)을 벤자민과 구축했습니다.

따라서 벤자민의 프랜차이즈 사업에 대한 영감(inspiration)과 아이디어(idea)는 궁극적으로 '공동 파트너십'이었습니다.

이 거래관계는 현대 프랜차이즈에서 나타나는 가맹본부와 가맹점 간의 경제적 거래관계의 형태와 유사했습니다. 인쇄·출판 프랜차이즈의 계약관계가 경제적 파트너십이었기에, 현대 프랜차이징의 근원이 역사적으로 협업(cooperation)의 파트너십에서 시작했다고 해도 틀리지 않을 것입니다.

4. 통제권과 확장성

인쇄소는 벤자민이 제공 또는 지정한 잉크, 종이, 활자를 사용해야 했고, 인쇄방식은 벤자민의 지도와 관리를 따라야 했습니다. 인쇄소는 계약기간 동안 다른 의뢰자의 저작물을 인쇄 및 출판할 수 없었고, 인쇄 계약이 종료될 시점에 계약연장의 여부는 인쇄소가 아닌 벤자민의 선택이었습니다.

이 내용은 현대 프랜차이즈 관계를 구성하는 사업방침과 운영방식에 대한 관리 및 통제와 유사했습니다. 벤자민은 인쇄소의 의무를 명시한 계약서를 바탕으로 인쇄·출판 프랜차이즈 사업을 창조하고 실현했던 것입니다.

다른 측면에서 그의 인쇄·출판 프랜차이즈는 인쇄업자와 협업해 넓은 지역에 저작물을 출간할 수 있었기에, 프랜차이즈 사업의 뛰어난 확장성을 실제로 증명했습니다.[83]

5. 구속조건부거래의 시발점

벤자민의 인쇄·출판 프랜차이즈의 계약서는 기본적으로 구속조건부거래의 개념을 바탕에 두었습니다. 구속조건부거래는 다른 영역에서 이전부터 있었겠지만, 라이선스에 기반한 프랜차이즈 계약의 형태로 구속조건부거래가 공식적으로 처음 나타난 것은 벤자민의 계약서였습니다.

국내 가맹사업법을 근거로 예를 들어 설명하자면, 벤자민 인쇄·출판 프랜차이즈의 핵심적 사업 요소는 벤자민의 저작물이었고, 지정된 잉크와 종이 등은 가맹본부의 필수품목으로 '거래상대방 구속'에 해당합니다.[84] 계약기간 중에 다른 출판물의 인쇄작업을 배제한 것과 인쇄과정에서 벤자민의 지시와 통제에 따르게 한 것은 가맹점이었던 인쇄소에 대한 '영업활동의 제한'으로 보입니다.

따라서 벤자민의 인쇄·출판 프랜차이즈는 현대 프랜차이즈 계약서의 중추적인 요소인 구속조건부거래의 초안을 작성했다고 평가될 수 있습니다. 이 구속조건부거래의 계약내용은 19세기 중반 유럽의 근대 맥주 프랜차이즈와 20세기 초반 Ford의 자동차 프랜차이즈 계약서로 이어졌습니다.

6. 라이선스 계약의 선구자

인쇄업자들이 벤자민과 독점적인 계약을 체결한 이유는 당시 벤자민의 출판물이 매우 명성이 높았고 대중에게 인기가 많았기 때문입니다.

벤자민의 저작물은 지금의 지식재산권(지적재산권, intellectual property rights)처럼 당시에는 법적으로 인정받지는 못했지만, 인기 많았던 그의 저작물들은 가맹점이었던 인쇄소에 라이선스 계약의 형태로 판매되어 현대 라이선스(license) 계약의 초기 모습을 창출했습니다.

다르게 말해, 벤자민 이름이 찍힌 저작물은 상호와 상표의 역할을 했습니다. 벤자민의 인쇄·출판물은 단순한 출력물이 아니라 저자의 명성과 글의 품질을 보증하는 성격이었습니다. 그의 저작물은 오늘날 유명한 작가가 집필한 지식재산권의 가치가 높은 창작물과 유사했다고 볼 수 있습니다.

따라서 벤자민 이름이 찍힌 저작물은 당시에 상당히 인기가 많았기에, 인쇄·출판 프랜차이즈는 벤자민의 높은 인지도와 명성에 기반하여 현대 라이선스 계약의 선구자가 되었다고 평가될 수 있습니다.

FRANCHISE

제5부
근대시대의 프랜차이즈

제7장 근대 프랜차이즈
제8장 근대 증기선 프랜차이즈
제9장 근대 맥주 프랜차이즈

제7장
근대 프랜차이즈

Ⅰ. 근대시대의 설정 [85]

근대시대는 근세의 다음이자 현대의 바로 직전의 시기입니다. 1789년 프랑스 혁명이 근대시대의 시작점이라는 역사의 시대적 구분은 역사학자들 사이에서 큰 이견이 없습니다.

그러나 근대시대의 종착점은 1900년대까지, 또는 1918년 1차 세계대전까지, 또는 1945년 2차 세계대전까지로 다양합니다. 현대시대의 시작 경계를 무엇을 기준으로 정하느냐에 따라 그 의견들이 갈라지고 있습니다.

만약 근대시대의 종결점을 2차 세계대전까지 규정한다면, 근대 초기는 1차 산업혁명(1760~1840)을 기준으로, 근대 중기는 2차 산업혁명(1870~1914)을 기준으로, 근대 후기는 제1차 세계대전(1914~1918), 대공황(1929~1933), 제2차 세계대전(1939~1945)으로 묶을 수 있습니다.

Ⅱ. 근대 프랜차이즈 시기의 설정

1. 일반적 시대구분과의 차이

프랜차이즈 역사에서 근대시대의 설정은 위에서 설명한 세계사의 일반적인 시대구분과 달라야 할 것 같습니다.

이 글은 근대 프랜차이즈의 시작점을 세계 역사의 보편적 구분처럼 1789

년 프랑스 혁명으로 보았습니다. 그러나 그 종료 시점은 20세기가 아니라 현대적인 상품 프랜차이즈의 시초가 된 Singer의 출현 시점이었던 1850년대까지로 설정합니다.

그러므로 근대 프랜차이즈(modern times franchise)의 역사는 1789년 프랑스 혁명부터 1850년대까지의 약 60년간의 짧은 역사입니다. 하지만 이 짧은 기간 동안 1차 산업혁명의 영향으로 프랜차이즈 역사에 많은 의미 있는 일들이 발생했습니다.

2. Singer가 기준이 된 이유

이러한 설정을 한 가장 큰 이유는 대부분의 문헌들이 1850년대 Singer의 출현을 현대 프랜차이즈의 시작으로 보고 있기 때문입니다. 실제로 이때부터 프랜차이즈의 개념과 특징이 근대 프랜차이즈와 다르게 나타났고, 현대 프랜차이즈와 유사한 모습이 그려지기 시작했습니다.

비교 관점에서 Singer 이후 출현한 19세기 중후반의 프랜차이즈 브랜드들은 사업의 형태와 특징 면에서 근대 프랜차이즈와 상당히 이질적이었고, 20세기 이후 나타난 현대 프랜차이즈 브랜드들의 생산과 유통의 방법에 사업적 밑그림이 되었습니다. 가령 19세기 중후반 탄생한 Singer와 Coca-Cola는 20세기 이후 출현한 상품 프랜차이징의 생산과 유통에 중요한 사업적 아이디어와 유통모델을 제공했습니다.

III. 근대시대의 주요한 역사적 사건들과 특징

1. 1차 산업혁명 [86]

산업혁명(Industrial Revolution)은 18세기 영국에서 시작해 2차, 3차, 4차에 걸쳐 진행되었던 생산, 유통, 과학, 기술, 소통의 혁신이었습니다. 산업혁명들은 세계 산업의 발전과 사회경제에 큰 변화를 일으키면서 전 세계가 현대사회로 발전하는 데 강력한 추진체가 되었습니다.

1) 1차 산업혁명의 개요

근대시대의 포문을 연 1차 산업혁명은 1760년대부터 1840년대까지 약 80년에 걸쳐 일어난 기계화 및 공업화의 혁명을 말합니다. 1차 산업혁명의 발원지였던 영국을 중심으로 기계의 발명과 공업화로 생산방법의 혁신이 일어나면서 유럽은 사회적, 경제적으로 커다란 변화가 나타났습니다.

영국의 면방직 공업의 획기적인 발전은 1차 산업혁명을 대표했습니다. 영국은 1차 산업혁명 이전에 해외 식민지들로부터 다양한 모직물을 들여왔습니다. 그런데 모직물의 수요가 폭발하자 심각한 공급 부족을 겪었는데, 이 경제적 동기가 방적 기계의 혁명을 가져왔습니다. 영국은 면방직 공업을 중심으로 세계에서 가장 빠르게 기계화와 공업화에 성공했습니다.

2) 사회·경제적 영향

1차 산업혁명의 큰 변화로 봉건제와 절대왕정의 잔재가 빠른 속도로 청산되었고, 근대적인 새로운 시대가 열렸습니다. 정치적으로 민주주의가 태동했고, 공업기술의 발전은 자본주의를 잉태했습니다. 방적 기계와 같은 혁신적인 기계들은 기존의 수공업을 대체했습니다. 굶주린 농민들은 공장에서 일하기 위해 도시로 이주하면서 도시 노동자가 급증했습니다.

이에 따라 유럽은 농업사회에서 공업사회로 급격히 전환되었습니다. 이 경제적 전환은 농노가 아닌 도시 노동자와 신흥 자본가가 유럽 경제의 중심적 주체가 되는 변곡점이 되었습니다.

2. 동력의 혁신, 증기기관의 발명 [87]

1) 증기기관의 탄생과 발전

1705년 영국의 발명가 토머스 뉴커먼(Thomas Newcomen, 1663~1729)이 발명한 증기기관(steam engine)은 기계적으로 수증기를 열에너지로 바꾸는 외연 열기관이었습니다.

1770년대에 '증기기관의 아버지'인 제임스 와트(James Watt, 1736~1819)가 토머스 뉴커먼의 증기기관을 개량해 실용화의 물꼬를 트면서 증기기관의 상업화에 성공했습니다. 제임스 와트 등으로 인해 개선된 증기기관은 사용 장소에 따라 크기와 기능이 최적화된 후 공장과 운송의 동력에 장착되어 1차 산업혁명의 핵심 엔진이 되었습니다.

2) 증기기관의 경제적, 사회적 영향

증기기관의 출현은 생산과 운송에서 사람, 가축, 수력, 풍력 등에 대한 의존을 없앴습니다. 증기기관만 있으면 저렴한 비용에 생산과 운송의 활동을 할 수 있게 되었습니다.

대표적인 예로, 증기기관은 1차 산업혁명의 최대의 발명품이었던 방적 기계의 동력원으로 적용되었습니다. 그 결과 면직물의 생산비는 대폭 낮아졌고, 생산된 면직물은 해외 식민지로부터 수입되었던 면직물을 대체했습니다. 이뿐만 아니라 증기기관은 제철소 등에 적용되어 농기구 및 각종 도구의 생산혁신을 가져와 경공업을 크게 발전시켰습니다.

3. 증기선의 발명과 도입 [88]

1) 증기선의 발명과 발전

증기선(stream boat)은 수증기를 열에너지로 바꾸는 증기기관으로 증기력을 활용해 운항하는 배였습니다. 존 피치(John Fitch, 1743~1798)는 1787년 최초로 증기선을 제작했습니다.

증기선을 세계 최초로 상업화에 성공한 인물은 미국의 로버트 풀턴(Robert Fulton, 1765~1815)이었습니다. 그가 발명한 클레몬트호(Clermont)는 최초의 상업용 증기선으로 1807년에 미국의 허드슨강을 따라 뉴욕시에서 올버니까지 왕복 560km를 62시간 만에 항해하는 데 성공했습니다.

2) 증기선으로 인한 경제적, 사회적 변화

로버트 풀턴의 증기선 상업화는 하천교역의 혁신을 불러와 19세기 초반 하루가 다르게 발전했던 미국 산업발전의 역사적 대명사가 되었습니다.

뉴욕주의 강을 운항했던 증기선은 내륙 하천을 양방향으로 운항해 운송의 비용과 시간을 단축하여 미국의 국가 물류시스템을 획기적으로 개선했습니다. 상업화에 성공한 증기선은 하천 교역의 시간과 비용을 크게 줄일 수 있는 새로운 운송의 수단으로 미국뿐만 아니라 세계의 여러 강에 퍼져 나갔습니다. 그 결과 증기선은 유통산업의 발전에 크게 이바지했습니다.[89]

4. 운송의 혁신, 증기기관차 [90]

1) 증기기관차의 발명과 발전

증기기관차는 증기기관을 동력으로 삼은 기관차였습니다. 이전의 마차(馬車) 운송과 달리 증기기관차는 많은 양의 화물을 한꺼번에 운송할 수 있어 운송수단의 혁신을 가져왔습니다.

1800년대 초 영국의 리처드 트레비식(Richard Trevithick)이 발명한 증기기관차의 초기 모델은 증기가 빠져나갈 때 발생하는 소리 때문에 칙칙폭폭 악마(puffing devil)로 불렸습니다. 당시 사람들에게 증기기관의 등장은 충격적인 일이었습니다.

이 모델을 개선해 증기기관차를 상업화한 사람은 영국 발명가 조지 스티븐슨(George Stephenson, 1781~1848)이었습니다. 조지 스티븐슨은 1825년 최초의 상업용 증기기관차였던 로코모션(locomotion)을 제작해 석탄과 화물을 싣고 실제 운행에 성공했습니다. 그리고 그는 아들 로버트 스티븐슨(Robert Stephenson)과 함께 로켓호(Stephenson's Rocket)를 제작해 1829년에 최초로 승객을 싣고 철도 운행에 성공했습니다.

2) 증기기관차 발전의 파급효과

1830년대부터 증기기관차의 성능 향상으로 유럽과 미국은 경쟁적으로 철도를 건설하기 시작했습니다. 철도의 경쟁적인 건설은 상품의 생산량 증가, 생산비와 운송비 절감, 물자와 사람들의 이동 혁신을 가져왔습니다.

철도 건설의 붐(boom)은 화물과 사람의 운송에서 비용과 시간을 크게 줄였습니다. 철도는 무엇보다 먼 거리까지 저렴한 비용으로 안전한 이동을 보장했던 것이 큰 장점이었습니다. 이뿐만 아니라 철도 건설은 철, 금속, 기계, 연료 등이 대량으로 필요했기에 연관산업들의 발전을 촉진했습니다. 철도 시장의 발전은 결과적으로 철도의 건설과 관리를 하는 근대적인 대기업의 출현을 낳았습니다.

제8장
근대 증기선 프랜차이즈

Ⅰ. 국가 인프라 구축을 위한 투자

1800년대부터 미국은 경제발전을 위해 국가 인프라의 광범위한 구축이 필요했는데, 이를 위해 사업적 역량이 높은 인물 또는 기업과 긴밀하게 협력했습니다. 미국은 라이선스나 프랜차이즈 형태의 사업권을 부여하는 방식으로 국가 인프라 구축을 위해 그들의 사업참여를 독려했습니다.

증기선 사업이 대표적 사례였습니다. 증기선의 상품화에 성공한 로버트 풀턴은 정부로부터 독점적 사업권을 확보하기 위해 Hudson River Company라는 회사를 설립했습니다.

그는 이 운송회사를 통해 독점적 사업권을 미국 정부로부터 획득한 후 미국 하천에 증기선 도입을 위한 기술과 비용을 투자했습니다. 대신에 그 대가로 특정 지역의 시장과 군사기지에 상점들을 열어 상품과 가축들을 공급했고, 기타 다양한 사업활동을 병행해 추가 수익을 창출했습니다.[91]

Ⅱ. 증기선 프랜차이즈의 역사적 발자취

증기선의 최초 발명가였던 존 피치(John Fitch)는 1790년대 직후 뉴욕, 뉴저지, 펜실베니아, 델라웨어, 버지니아로부터 증기선의 도입과 항해의 독점적 프랜차이즈의 권한을 승인받았습니다.

그의 증기선은 필라델피아와 뉴저지주 벌링턴 사이를 정기적으로 운항했습니다. 그런데 초기 증기선은 많은 볼거리를 제공했으나, 투여된 비용 대비 수익성이 취약해 투자자들로부터 외면을 받았습니다.[92]

존 피치의 증기선 사업의 프랜차이즈 사업권은 이후 로버트 리빙스턴(Robert R. Livingston) 총리에게 넘겨졌습니다. 리빙스턴은 1802년에 로버트 풀턴과 파트너십 계약을 맺고, 뉴욕시와 올버니(Albany) 사이를 오가는 증기선 운항을 개시했습니다. 1815년 로버트 풀턴이 사망한 후에도 리빙스턴-풀턴 파트너십은 North River Steamboat Company에 승계되어 증기선을 운영할 수 있는 독점적 사업권은 그대로 유지되었습니다.

한편, 뉴저지 주지사였던 Aaron Ogden 대령은 뉴욕과 엘리자베스 타운을 운행하는 프랜차이즈 사업권을 획득했습니다. Ogden은 Thomas Gibbons와 파트너십을 맺고 두 도시 사이에 여객선을 운항했습니다.

그러나 Ogden-Gibbons 파트너십이 깨진 후 Gibbons는 Ogden의 경쟁자가 되었습니다. Ogden은 뉴욕 허드슨강의 증기선 운항의 프랜차이즈 특권을 놓고 Gibbons과 법적 다툼을 했는데, 법원은 Ogden의 독점적 사업권을 인정했습니다.[93]

III. 증기선 프랜차이즈의 해외진출

로버트 풀턴은 Hudson River Company를 통해 미국뿐만 아니라 러시아, 영국, 인도 등의 해외에서 프랜차이즈 형태로 증기선 도입과 운영에 대한 독점적 사업권을 취득했습니다.

1813년 러시아 정부는 새로운 발명품과 상품에 대한 '프랜차이즈 특권에 관한 선언(manifesto on franchise privileges)'이라는 국가 규정에 따라 러시아 하천에 증기선을 도입하기 위해 로버트 풀턴에게 15년간 프랜차이즈 독점권을 부여했습니다. 러시아 정부는 자국의 증기선 기업들이 로버트 풀턴의 증기선 도입과 사업 운영과정에서 관련된 기술을 배워서 이를 다른 러시아 하천에 적용하는 것을 기대했습니다.[94]

IV. 증기선 프랜차이즈의 역사적 의미와 공헌

증기기관차는 내륙 운송의 혁신을 가져왔습니다. 그러나 증기기관차가 프랜차이즈 역사에 어떠한 구체적인 발자취를 남겼는지를 설명하기에는 아쉽게도 관련 문헌들이 부족합니다.

그렇지만 증기선의 역사는 다릅니다. 증기선 프랜차이즈는 구체적으로 근대 프랜차이즈의 발전에 큰 영향을 미쳤습니다.

증기선의 도입과 운영은 각국의 정부들(가맹본부)과 독점적 사업권을 취득한 회사들(가맹점) 사이에서 라이선스 형태에 기반한 경제적인 프랜차이즈적 관계로 나타났습니다. 국가 및 지방 정부는 독점적 사업권의 승인을 통해 증기선 사업자들에게 증기선의 도입에 대한 자본과 기술의 투자를 유도했고, 그 운영과정에서 발생하는 수익을 공유했습니다.

따라서 증기선의 사업개발과 운영에 관한 경제적 특권의 부여는 중세처럼 여전히 정부의 몫이었지만, 프랜차이즈 역사에서 프랜차이징의 관계를 민간 경제의 영역과 해외시장으로 이전시킨 것은 증기선 프랜차이즈가 처음이었습니다. 증기선 프랜차이즈는 경제적 동기와 거래에 기반한 라이선스 계약으로 미국 정부와 민간 기업이, 또한 민간 기업과 해외 정부가 공식적으로 맺은 프랜차이즈적 관계의 첫머리였습니다.

제9장
근대 맥주 프랜차이즈

Ⅰ. 타이드 하우스 시스템

1. 타이드 하우스의 개요

　영국 런던을 중심으로 17세기부터 성행했던 타이드 하우스 시스템(Tied House System, 이하 '타이드 하우스')은 18세기에 들어서자 위스키, 맥주 등 주류(이하 '맥주')의 생산과 유통에서 유럽의 주요한 방식이 되었습니다.

　양조장(brewery)과 지역 술집(tavern 또는 pub) 간의 경제적 거래였던 타이드 하우스는 맥주 공급가격의 할인혜택에 대한 대가로 지역 술집이 특정 양조장의 주류를 최소량 이상으로 구매해야 했던 계약내용이 그 요체였습니다. 이것은 맥주의 매입과정에서 자유롭게 다양한 맥주들을 구매할 수 있는 술집인 프리 하우스(free house)와 대조적이었습니다.

　대도시 주변의 양조장들은 타이드 하우스를 통해 자기 맥주의 유통범위와 판매력을 확장했습니다. 이들은 자사 맥주를 구매하는 대가로 지역 술집들에게 할인된 가격의 맥주 공급, 개점 지원, 주류 기계와 장비 등 필요한 자원을 제공했습니다.[95] 이와 같은 타이드 하우스는 오늘날 국내 창업시장에서 존재하고 있는 '주류 대출'의 기원이 된다고 할 수 있습니다.

2. 재정적 지원의 경제적 계약

타이드 하우스는 양조장이 지역 술집에게 창업에 필요한 기계와 장비 등을 제공하고, 맥주 공급가격의 할인혜택과 같은 재정적 지원을 하는 것이 핵심이었습니다. 양조업자는 이 방식을 활용해 지역 술집의 창업을 지원하면서 자기 맥주를 최대한 많이 공급할 수 있도록 적극 영업했습니다.[96]

그런데 이 조건은 지역 술집에게 최종적으로 부담스러운 의무사항을 강제했습니다. 지역 술집은 약정한 양의 맥주를 매입 및 판매하지 못할 경우 오늘날 채무불이행에 따른 손해배상과 같은 계약서상의 책임을 져야 했기 때문이었습니다. 술집은 맥주 양조장으로부터 물질적 개점지원과 시장가격보다 낮은 가격에 맥주를 공급받은 경제적 자원의 대가로 계약서에 기재된 맥주들을 최소 주문량 이상 구매해야 했습니다.[97]

3. 채무불이행으로 인한 부정적 결과들

개점과 운영에서 자금이 부족했던 영세한 술집들은 타이드 하우스와의 거래관계를 통해 사업 초기 여러 혜택을 보았습니다. 하지만 이 재정적 지원과 공급가격의 할인혜택은 최종적으로 지역 술집이 양조장에게 갚아야 할 채무가 되었습니다.

계약된 맥주의 최소량에 대한 '구매 구속'은 해당 맥주의 판매가 부진한 경우 술집들을 난감한 처지에 내몰았습니다. 맥주가 팔리지 않는데도 계약된 맥주를 계속 매입해야 했기에, 이 상황은 악성 재고를 낳아 술집 경영에 큰 족쇄가 되었습니다. 경영상태가 나빠진 술집은 맥주의 재고와 채무가 쌓이면서 결국 양조장에게 가게를 빼앗기는 상황이 때때로 발생했습니다.

파산한 술집은 채무를 갚기 위해 계약관계에 있었던 양조장에 가게를 넘겼습니다. 술집을 인수한 양조장은 다른 사람에게 그 가게를 임대하면서 또

다른 새로운 구매 구속의 계약서를 작성했습니다. 이 악순환은 결국 사회적 문제가 되었습니다.[98]

II. Spaten 맥주 프랜차이즈의 내용과 특징

1. 독일 Spaten의 맥주 프랜차이즈

유럽의 맥주산업은 프랜차이즈 역사의 발전에 큰 발자취를 남겼습니다. 17~18세기 발전한 타이드 하우스는 19세기 중반 맥주 양조장과 지역 술집의 사이에서 프랜차이즈적 관계가 형성되는 데 사업적 아이디어와 거래방식의 모형이 되었습니다.

독일 Spaten의 맥주 유통방식은 근대 맥주 프랜차이즈의 대표적 사례였습니다. 1397년에 탄생한 독일의 Spaten(슈파텐)은 현재 국내에 유통되고 있어 우리에게 익숙한 브랜드입니다.

1840년대부터 Spaten은 지역 술집이 자기 상호(brewery's trade name)로 영업하는 것을 승인하고, 그 대가로 술집으로부터 로열티를 지급받았습니다. 지역 술집은 매장의 홍보와 안정적인 영업을 위해 Spaten이라는 인지도와 명성이 높은 상호와 상표가 붙은 맥주를 영업에 적극 활용했습니다.

이 근대적 방법으로 가맹점(술집)이 가맹본부의 상호(양조장)를 내세워 상표력이 있는 맥주를 판매하고, 그 대가로 로열티를 지급하는 경제적 프랜차이즈적 거래관계가 유형화되었습니다.[99]

2. 타이드 하우스와의 차이점

프랜차이즈 역사의 관점에서 타이드 하우스와 독일의 Spaten 시스템의 근본적인 차이점은 양조장의 상호 사용과 독점적 영업권의 부여에 대한 로열티의 지급 여부에 있었습니다.

타이드 하우스는 할인된 가격에 특정 맥주를 공급받을 수 있는 가격적인 혜택과 개점 과정에서의 재정적 지원을 지역 술집에게 제공했습니다. 그렇지만 지역 술집은 낮은 가격에 특정 맥주를 공급받을 수 있었을 뿐, 특정 지역에서 경쟁자를 배척하면서 해당 맥주들을 독점적으로 판매할 권리를 부여받았던 것이 아니었습니다.

　반면에 Spaten은 자기 상호로 특정 지역에서 자기 맥주를 판매할 수 있는 독점적 판매권을 지역 술집에게 승인했습니다. 할당된 영업지역에서 지역 술집은 Spaten의 간판을 걸고 Spaten의 인근 가맹점들과 어느 정도의 거리를 두고 영업했습니다. 완전하지 않았지만, 그래도 술집에게 상호의 사용과 영업지역 및 판매권의 추상적인 배타성이 부여된 것입니다.

　대신에 술집은 그 대가로 Spaten에게 로열티를 지급했습니다. 다만, 지역 술집은 Spaten이 공급한 맥주들만을 취급해야 하는 것은 아니었고, 일부 술집은 계약에 따라 다른 맥주들도 함께 판매할 수 있었습니다.

3. 시스템적 지원과 모니터링은 없었다

　가맹본부의 위치였던 Spaten은 지역 술집(가맹점)으로부터 상호 사용에 대한 대가로 로열티를 지급받고 자기 맥주를 유통한 것 말고는 가맹점의 운영에 큰 관심이 없었습니다. 이에 교육, 운영, 마케팅 등과 같은 시스템적 지원과 운영과정의 모니터링이 없었습니다. 이것이 현대 프랜차이즈 시스템과 가장 큰 차이였습니다.

　지역 술집은 Spaten의 상호를 사용하면서 약정된 로열티를 지급하거나 계약된 맥주를 구입하기만 하면 매장운영에 실질적인 간섭이나 통제를 받지 않았습니다. 지역 술집도 양조장의 높은 명성과 유리한 구매조건만이 중요했습니다. 따라서 이 계약관계는 서로가 필요해서 맺은 경제적 관계가 요체였습니다. 지역 술집은 Spaten의 상호를 사용하고 양조장의 높은 인지도와 명성을 활용한 것뿐이었습니다.[100]

III. 근대 맥주 프랜차이즈의 역사적 의미와 공헌

이처럼 근대시대에 유럽의 맥주 공급과 유통시스템은 17세기부터 타이드 하우스를 거쳐 19세기 초중반 독일 Spaten을 중심으로 라이선스 계약에 기반한 프랜차이즈 시스템으로 발전했습니다.

이 책은 이를 '근대 맥주 프랜차이즈'라고 부르겠습니다. 근대 맥주 프랜차이즈가 프랜차이즈 역사의 발전에 남긴 흔적과 역사적 기여를 정리하면 다음과 같습니다.

1. 본질은 라이선스 계약

프랜차이즈적 관계의 역사적 측면에서 볼 때, 18세기 벤자민의 인쇄·출판 프랜차이즈에서 처음 시작된 라이선스 계약의 형태는 19세기 중반 Spaten의 근대 맥주 프랜차이즈의 단계에 와서 한층 체계적으로 발전했습니다. Spaten은 인쇄·출판 프랜차이징처럼 판매수익금의 배분이 아니라 상호의 사용과 인지도가 높고 상표력이 있는 맥주의 공급 대가로 지역 술집으로부터 약정된 로열티를 받았기 때문입니다.[101]

따라서 Spaten의 프랜차이즈 시스템은 사업자 간의 경제적 거래의 라이선스 계약 형태를 갖추었기 때문에, 현대 프랜차이즈 거래관계의 초기적 형태였다고 볼 수 있습니다. 그러나 초기 형태였기에 Spaten의 유통시스템은 현대 프랜차이즈 시스템의 수준까지는 당연히 도달하지 못했습니다.

지역 술집은 Spaten의 상호와 인지도 높은 맥주를 활용하기 위해 라이선스 형태의 계약을 체결한 것일 뿐이었습니다. 이 계약은 영업지역에 대한 독점적 권리를 온전히 보장하지 않았고, 매장운영에 관한 시스템적 지원도 거의 없었습니다. Spaten은 가맹점이 자기 맥주만을 판매하도록 강제하지 않았고, 가맹점의 운영에 대한 실질적인 통제를 하지 않았습니다.

2. 현대 프랜차이즈 계약의 초석

Spaten의 라이선스 형태의 계약은 Spaten의 오래된 역사와 맥주 상품의 인지도가 바탕에 깔려 있었습니다. 양조장 상호의 명성과 상품의 유명세가 지역 술집이 Spaten과 라이선스 기반의 프랜차이즈적 관계를 맺은 경제적 동기가 된 것입니다.

다른 측면에서 Spaten의 라이선싱(licensing)은 벤자민과 달리 라이선스의 소유자가 개인이 아니라 기업체였기에 근대 라이선스 계약 수준을 한 단계 발전시켰다고 볼 수 있습니다.

결론적으로 Spaten의 맥주 프랜차이즈는 인지도와 명성이 높았던 상호와 맥주를 사용하게 하고 그 대가로 술집으로부터 로열티라는 경제적 보상을 획득했기에, 이 라이선스 형태의 계약은 현대 프랜차이즈 거래관계의 초석이 되었습니다.[102]

3. 상품 프랜차이징의 모태

라이선싱에 기반한 Spaten의 다운스트림(downstream)의 거래방식과 유통방법은 19세기 중반 대서양을 건너 상품 프랜차이즈의 사업모델과 사업방식에 대한 사업적 아이디어의 씨앗을 미국시장에 뿌렸습니다.[103]

상품 프랜차이즈(product franchise)는 비즈니스 포맷 프랜차이즈(business format franchise)와 더불어 현대 프랜차이즈 유형의 양대 산맥입니다. 상품 프랜차이징은 가맹본부의 상호와 상표와 같은 브랜드의 인지도와 명성에 기반합니다. 소비자에게 잘 알려진 브랜드의 상품은 가맹점의 사업성과를 결정하는 핵심 요소입니다.

가맹본부 입장에서 상품 프랜차이징의 방식은 효율성이 높고 사업적 위험 부담이 적습니다. 매장에 대한 직접적인 투자를 하지 않고 운영상의 관리적 비용이 들지 않기 때문입니다. 가맹본부의 주요한 수익의 원천은 상품 유통에서 발생합니다.

이 라이선싱에 기반한 Spaten의 다운스트림 거래방식과 유통방법은 현대 상품 프랜차이징의 초기 형태로 19세기 중후반부터 Singer, Coca-Cola, GM의 상품 프랜차이즈의 성립과 발전에 밑그림이 되었습니다.[104]

4. 묶음 구매와 묶음 임대의 개념 발생

유럽의 근대 맥주시장이 프랜차이즈 역사에 유형적 의미를 남긴 부분은 묶음 구매(tied purchase)와 묶음 임대(tied lease)였습니다. 타이드 하우스의 'Tied'가 이 관계의 본질이었습니다.

19세기 전후 유럽의 맥주시장은 타이드 하우스 또는 Spaten의 라이선스의 형태로 지역 술집(가맹점)에 영업을 위한 물품, 기계, 장비, 시설들을 묶음 구매와 묶음 임대하도록 강제했습니다. 시간이 지나면서 이 거래관계의 문화는 유행처럼 번져 유럽 주류시장의 관행으로 굳어졌습니다.[105]

양조장과 지역 술집의 계약 간의 타이드 하우스와 라이선스 기반의 프랜차이즈적 관계는 표면적으로는 재정적 지원과 명성의 높은 상호와 상표 사용의 개념이었으나, 결과적으로 지역 술집의 자유로운 영업활동의 제한을 동반했습니다.

양조장들은 낮은 가격에 맥주를 공급하는 조건 또는 지역 술집이 자기 상호와 상표의 맥주를 사용하는 대가로 지역 술집에게 묶음 구매, 묶음 임대와 같은 계약조건을 붙였기 때문입니다.

현실적으로, 영세한 술집들은 재정적 지원과 영업의 활성화를 위해 상호와 상품의 마케팅적인 요소들이 절실했기에 양조장 또는 맥주 가맹본부가 제시했던 묶음 구매와 묶음 임대의 조건을 거부하기 힘들었습니다. 특히 맥주 공급가격이 인상될 때 이를 거절하기 어려웠습니다.

5. 구속조건부 계약의 실질적 뿌리

근대 맥주 프랜차이즈에서 활성화된 묶음 구매와 묶음 임대의 계약조건은 현대 프랜차이즈의 구속조건부 계약의 실질적 뿌리가 되었습니다. 벤자민의 인쇄·출판 프랜차이즈도 구속조건부 계약의 조항들이 있었지만, 타이드 하우스와 근대 맥주 프랜차이즈의 구속조건부 내용이 훨씬 더 구체적이었습니다.

지정된 맥주 양의 구매에 대한 계약이 이행되지 않을 때 계약해지와 손해배상과 같은 법적, 물리적 조치들이 취해졌기에, 구속조건부거래의 실질적인 시작은 근대 맥주 프랜차이즈부터였다고 볼 수 있습니다.

근대 맥주 프랜차이즈의 묶음 구매와 묶음 임대의 사안은 프랜차이즈 거래관계의 역사가 '자유와 통제의 갈림길'에 들어선 것을 의미했습니다. 역사적 관점에서 가맹점은 이제 계약서에 의해 '구속과 통제'의 거래관계의 길로 들어선 것입니다.

프랜차이즈 거래관계에서 구속조건부거래가 과연 타당하고 그 범위와 수준이 어떠해야 하는가에 대한 논쟁은 현재에도 계속 진행되고 있습니다. 또한 가맹점 운영에서 자유와 통제의 갈림길은 가맹본부의 불공정거래행위 여부에 대한 주요한 논쟁거리로 여전히 남아 있습니다.

제6부
현대 프랜차이즈의 시작

제10장 현대 프랜차이즈에 영향을 미친 역사적 사건들
제11장 공공(公共) 서비스 프랜차이즈
제12장 현대 프랜차이즈의 시초, 기계 프랜차이즈
제13장 최초의 체인 레스토랑, Harvey House

제10장
현대 프랜차이즈에 영향을 미친 역사적 사건들

Ⅰ. 현대 프랜차이즈의 시대적 구분

앞서 이 책은 근대 프랜차이즈 시대의 설정을 일반적인 세계 역사의 연대기와 다르게 설정할 것이라고 했습니다.

세계사는 일반적으로 현대시대의 출발선을 20세기 이후로 구분하지만, 이 책은 McCormick Co와 Singer가 출현한 1850년대 직후를 현대 프랜차이즈(contemporary times franchise)의 시작점으로 설정할 것입니다. 이 시점이 현대 상품 프랜차이즈의 유형이 본격적으로 시장에 나타난 시발점이 되었기 때문입니다.

Ⅱ. 현대시대의 주요한 역사적 사건들

세계사의 다음의 역사적 사건들은 현대 프랜차이즈 브랜드들의 사업 이유(why), 비즈니스 모델(how), 그리고 사업의 운영방식(operation)에 중대한 영향을 끼쳤습니다. 특정 시점에서 발생한 역사적 사건들은 프랜차이즈 시장과 브랜드의 성장 및 후퇴의 사회적 배경이자 시간적 분기점이었습니다.

고대, 중세, 근세, 근대와 마찬가지로 19세기 중반 이후 발생한 중대한 사건들은 현대 프랜차이즈의 개념, 내용, 특징을 형성하는 데 영향력이 큰 외부환경의 요인들로 작용했습니다.

1. 미국의 남북전쟁 106)

미국은 근대화와 산업화가 빠르게 진척된 북부지역과 노예제 기반의 농업경제 중심이었던 남부지역 간에 갈등과 대립이 19세기 중반부터 심하게 나타났습니다. 이러한 노예제도와 경제적 분배의 문제는 1861년 미국의 남북전쟁(American Civil War, 1861~1865)의 주요한 발발 원인이었습니다.

에이브러햄 링컨이 이끈 북군의 승리는 독립선언문(1776)이 천명했던 자유, 평등, 인권의 가치를 미국의 정치적, 사회적 이념으로 확산시켰습니다. 북군의 승리로 노예제도가 폐지되었고, 국민의 평등권과 시민권(civil rights)이 형성되었으며, 연방정부의 정치적, 행정적 권한이 강화되었습니다.

경제적 관점에서 북군의 승리는 북동부에 제한되었던 근대화와 산업화의 여파가 미국 전역에 퍼질 수 있는 계기가 되었습니다. 종전과 함께 산업혁명의 결과물들이 미국 전역으로 전파되어 미국의 자본주의와 시장경제의 기틀이 마련되었습니다.

전쟁이 끝난 후 1900년대부터 미국은 상품과 서비스의 생산, 유통, 소비의 세계 최대의 시장으로 발전하기 시작했습니다. 세계 역사에서 미국은 이제 유럽의 식민지나 변방 국가가 아니라 세계 자본주의의 중심 국가의 위치에 올라섰습니다.

2. 2차 산업혁명 107)

증기기관과 기계화 혁명으로 대표되는 1차 산업혁명(1760~1840)의 뒤를 이은 2차 산업혁명(1870~1914)은 전기와 내연기관의 발전을 바탕으로 전체 산업분야에서 '대량생산의 혁명'을 일으켰습니다.

파급영향의 측면에서 1차 산업혁명의 경제적 혜택은 영국과 유럽의 일부 국가들에 제한되었지만, 2차 산업혁명의 결과물은 유럽과 미국을 포함해

범세계적으로 전파되었습니다.

2차 산업혁명의 위대한 변화는 전기의 상용화였습니다. 에디슨은 1879년 백열전구를 최초로 상업화했고, 1892년에 최초의 상업발전소인 뉴욕발전소가 세워졌습니다. 이로써 전기는 모든 산업분야에서 대량생산의 강력한 원동력이 되었습니다.

또 다른 큰 변화로 2차 산업혁명은 내연기관의 혁신을 낳아 에너지원을 석탄에서 석유로 전환했습니다. 내연기관의 발전은 1900년대부터 미국의 자동차 산업의 발전을 견인했고, 산업 전반의 핵심 엔진으로 부각했습니다. 다른 동력원으로 건전지와 전동기도 2차 산업혁명의 결과물이었습니다.

2차 산업혁명은 중화학공업의 발전뿐만 아니라 경공업 분야에서도 혁신을 낳았습니다. 강철의 대량생산, 냉장고, 냉동고, 플라스틱, 전화기, 라디오, 텔레비전, 합성고무, 스테인리스 스틸, 에어컨, 세탁기 등은 오늘날의 기계, 장비, 물품, 소비재들의 원형들이었습니다.

3. 제1차 세계대전 [108]

제1차 세계대전(World War I, 1914~1918)은 신제국주의(new imperialism)의 군사적 충돌이었습니다. 오스트리아 황태자 부부가 세르비아 민족주의 단체의 청년에게 암살된 '사라예보 사건'은 1914년 오스트리아-헝가리 제국이 세르비아를 침공한 직접적인 이유가 되었습니다.

유럽의 화약고였던 발칸반도를 두고 발발한 이 유럽 전쟁은 결국 독일, 오스트리아-헝가리 제국, 오스만 제국 등의 동맹국과 영국, 프랑스, 러시아, 일본, 미국 등 연합국 간의 세계전쟁으로 확전되었습니다.

제1차 세계대전의 발발 요인들은 사실 오랜 과거에서부터 누적되었습니다. 역사적으로 절대왕정의 유럽 열강들은 식민지 쟁탈전으로 세계 곳곳에서 격하게 부딪쳤습니다. 1차 산업혁명 이후 영국과 프랑스보다 경제발전에 뒤처졌던 독일 등의 신흥 강대국들은 식민지 쟁탈전에서 영국과 프랑스에 밀렸고, 그들의 일방적인 외교에 강한 불만을 품게 되었습니다.

특히 러시아와 프랑스를 견제하기 위해 1882년 완성된 독일, 오스트리아-헝가리 제국, 이탈리아 간의 삼국동맹(Triple Alliance)과 이에 대항하기 위해 1907년 프랑스, 영국, 러시아가 맺은 삼국협상(Triple Entente)의 격한 대립과 충돌은 제1차 세계대전이 발발한 결정적인 이유가 되었습니다.

전쟁은 독일의 항복으로 1918년에 종결되었습니다. 종전 결과, 오스트리아-헝가리 제국은 해체되었고 국제연맹이 탄생했으며 패전국들은 엄청난 배상을 해야 했습니다. 종전 후 형성된 베르사유 체제의 불안전성과 패전국들의 식지 않았던 불만은 제2차 세계대전 발발의 꺼지지 않은 불씨로 남았습니다.

4. 대공황 [109]

제1차 세계대전 이후 유럽 패전국들이 전쟁 채무와 무너진 사회·경제 시스템의 재건에 허덕이고 있는 동안 미국은 경제적 황금기를 누렸습니다. 그러나 이 번영은 오래가지 못했습니다. 1929년 발발한 대공황(The Great Depression, 1929~1933)은 미국경제를 지옥의 나락으로 떨어뜨렸습니다.

미국경제의 거품이 갑자기 터지자 주식시장은 대폭락했고, 세계 경제는 장기 침체에 빠졌습니다. 무분별한 과잉투자, 경제구조의 불안정성, 일부 상품의 공급과잉, 지나친 경기 낙관의 심리는 대공황 발발의 직접적 원인이었습니다.

대공황 이후 미국 GDP의 30~40%가 증발했고 노동인구의 44%가 실업자가 되었으며 3년간 미국 주식시장의 시가총액의 80% 이상이 증발했습니다. 대공황은 은행들의 파산으로 이어져 세계 금융시장의 대혼란을 초래했습니다. 또한 대량의 실업자로 시장경제와 자본주의에 대한 회의론까지 떠올랐습니다.

대공황을 극복하기 위해 미국은 공공사업들을 통한 일자리 창출과 실업자 구제를 목표로 뉴딜 정책(New Deal, 1933~1936)을 실행했습니다. 또한 민간 경제의 활성화를 위해 금주법(1919~1933)이 폐지되었습니다.

대공황은 단순한 경제적인 문제가 아니었습니다. 실업자 숫자가 폭증해 국민의 경제적 삶이 근본적으로 무너졌고, 그 여파로 억제되었던 사회적 갈등들이 폭발했습니다. 노동자의 열악한 삶과 자본가의 풍요로운 삶의 차이만큼 노동자의 분노는 하늘을 찔렀습니다. 또한 지속된 인종차별과 여성의 성(性) 및 노동자의 착취 문제도 뒤섞여 대중의 불만이 거대해졌습니다.

한편, 대공황은 막대한 배상금을 물어야 하였던 독일 등 패전국들을 재정 파탄으로 내몰았습니다. 경제적 어려움은 유럽 국가들이 국민 불만을 잠재우고 내부적 단속을 위해 국가주의, 민족주의, 전체주의, 배타주의를 채택한 배경이 되었습니다.

5. 제2차 세계대전 [110]

제2차 세계대전(World War II, 1939~1945)은 30개국 이상이 참전한 인류 최악의 전쟁이었습니다. 1939년 히틀러의 나치 독일이 폴란드 침공으로 발발한 이 전쟁은 나치즘의 독일, 파시즘의 이탈리아, 군국주의의 일본이 중심이 된 추축국(樞軸國)과 영국, 프랑스, 미국, 소련, 중국 등을 중심으로 결합한 연합국 간의 세계전쟁으로 확전되었습니다.

국제관계의 대립, 유럽 국가들의 복잡한 내부 사정, 승자와 패자의 구분이 불분명했던 베르사유 체제, 엎친 데 덮친 격으로 발발한 대공황은 유럽 독재자들이 경제적, 사회적 불만을 외부로 돌리기 위해 전쟁을 선택한 원인이 되었습니다.

제2차 세계대전은 중국과 일본의 중일전쟁(1937~1945)으로 그 끝을 알 수 없었으나, 히로시마와 나가사키에 연이은 원자폭탄의 투하로 일본이 항복하자 1945년 8월에 종전되었습니다. 전쟁 결과, 유럽 경제 인프라의 약 70% 이상이 파괴되었습니다. 유럽 국가들은 한동안 회복하기 어려울 정도로 국가 재정과 국가 시스템이 또다시 무너졌습니다.

그렇지만 승전국이었던 미국과 소련은 유럽의 처참한 상황과 전혀 달랐습니다. 종전 후 세계를 주도하는 초강대국으로 성장한 두 나라는 자본주의와 사회주의를 대표하게 되었고, 그 결과 국제사회는 냉전 시대(The Cold War Era)에 돌입했습니다.

대공황과 두 번의 세계전쟁은 인류에게 커다란 고통을 안겨 주었습니다. 이 끔찍한 시간은 소수의 자본가와 지배층을 제외하고 세계 모든 사람에게 엄청난 희생과 슬픔을 강요했습니다.

제11장
공공(公共) 서비스 프랜차이즈

현대 프랜차이즈 역사의 시작점인 19세기 중반부터 프랜차이즈 개념에 매우 중대한 변화가 일어났습니다. 바로 '공공 서비스 프랜차이즈와 공공 유틸리티 프랜차이즈'의 출현 때문이었습니다.

19세기 전후 미국과 유럽의 근대 정부가 들어서면서 프랜차이즈의 혜택과 이익이 특정 세력이나 특정인에게 집중되는 것이 아니라 사회적 공공이익에 귀속되어야 한다는 사회적 인식이 널리 퍼지기 시작했습니다.

Ⅰ. 정부가 프랜차이징의 전면에 나서다

유럽 열강들의 지배를 받던 미국은 독립전쟁(1775~1783)의 승리로 근대적인 연방정부를 수립했습니다. 1800년 직후 유럽 국가들도 과거와 다른 새로운 형태의 근대 정부를 수립했습니다. 그리고 산업화와 근대화의 영향으로 미국 연방정부의 구성과 성격이 중세와 절대왕정의 '세습제'와 달리 '선출제'를 기반으로 바뀌었습니다. 이는 정치적인 큰 변화였습니다.

이러한 시대적 변화에 발맞추어 프랜차이즈 개념도 사회경제적 변화를 반영해 이전과 전혀 다른 양상으로 나타났습니다.

선출직 공무원들로 조직된 미국 및 유럽의 근대 정부와 지방조직은 특정 세력이 사회적, 경제적 이익을 독점하는 시대를 종결시켰습니다. 이제 왕이 아니라 근대의 정부와 지방조직이 국민을 위한 공공 서비스를 수행할 권리를 소유하게 되었습니다.

이로써 정부와 공공 기관들이 프랜차이징 방식을 통해 국가의 '공공 서비스'를 국민에게 제공하고 이를 관리하는 시대가 열린 것입니다. 이 책은 이를 공공 서비스 프랜차이즈(public service franchise)라고 하겠습니다.

II. 이제 공공 서비스 제공이 프랜차이징이다

당시 미국 연방대법원의 판결은 근대에서 현대로 넘어가는 시점에 프랜차이즈 개념이 어떻게 바뀌었고, 사람들이 어떻게 프랜차이즈를 인식하기 시작했는지를 잘 보여 주었습니다.

19세기 미국 California vs Central Pacific Railway Co 소송에서 법원은 "프랜차이즈는 과거의 봉건적 전통에서 벗어나 개인의 목적과 이익에 따라 행사해서는 안 된다. 공공의 관심사(public concerns)는 공공의 이익을 위해 보호되어야 한다. 이에 특정인 또는 특정 세력이 입법부의 승인 없이 공공 고속도로, 공공 여객선, 철도를 설립하고 그 이용에 대해 통행료를 부과할 수 없다"라고 판결했습니다.

미국 일리노이주 대법원은 Lasher vs People 소송에서 "시민에게 부여된 권리는 특정인이 아니라 정부에 속하는 권리로서 공공이익을 위한 프랜차이즈의 대상에 해당한다"라고 판시했습니다.

특정 세력이나 개인이 프랜차이즈에 대한 권리를 소유 및 독점하는 것을 전면적으로 부정했던 이 판결문들은 프랜차이즈적 권리 또는 권한이 사회의 공동이익과 공공 서비스의 제공에 사용되어야 하고, 정부와 공공 조직이 이를 소유하고 관리해야 한다는 사실을 세상에 공표했습니다.

이것은 프랜차이즈의 개념과 사회적 인식이 중세나 근세와 비교해 볼 때

180도 달라졌음을 뜻했습니다. 예컨대, 중세에는 특권을 부여받은 자가 도로·다리·부두와 같은 공공장소의 통행료를 부과하거나 사냥터, 수렵장, 어장의 운영으로 수익활동을 할 수 있었지만, 이제는 이것이 원천적으로 불가능해졌습니다.

마침내 프랜차이즈 개념이 중세의 그림자에서 벗어나 국민과 다수의 공익 보호를 위해 국가와 지방 자치정부의 서비스(municipal service) 제공의 차원으로 진화했습니다.[111]

III. 공공 서비스 프랜차이즈

선출제 기반의 정부 구성의 특징과 프랜차이징에 대한 사회적 인식의 변화는 19세기 중반부터 프랜차이즈의 개념을 '공공 서비스의 개인적 수행'에 대한 보상의 개념으로 발전시켰습니다.

달리 말해, 프랜차이즈의 개념은 자기 자본과 투자로 공공 서비스 사업을 진행하는 자(가맹점)에게 정부 등(가맹본부)이 그것에 맞는 사후 보상을 하는 개념으로 변화한 것입니다.

공공 서비스 프랜차이즈는 공공 서비스의 사업권을 정부가 특정 기업에 부여하고, 해당 기업이 사업의 시작, 운영, 관리의 책임을 갖도록 했습니다. 사업시행에 대한 대가로 기업은 사업운영에서 발생하는 독점적인 이익을 보장받았습니다.

따라서 19세기 중반부터 20세기 중반의 공공 프랜차이즈 개념은 공공 서비스를 매개로 정부 조직이 민간 기업과 맺었던 공공 계약(public contract)의 개념으로 발전한 것입니다.[112]

역사적으로 중세는 토지를 매개로 그리고 절대왕정의 근세는 식민지 개척의 대가로 프랜차이징 개념이 성립되었다면, 19세기 중반부터 프랜차이징 개념은 공공 서비스를 매개로 한 정부와 민간 기업 간의 계약관계의 차원으로 진화했습니다.

IV. 공공 유틸리티 프랜차이즈
1. 개념과 지향점

공공 유틸리티 프랜차이즈(public utility franchise)는 국가나 지방조직이 전기, 수도, 통신, 하수처리, 도로, 공원, 그리고 기타 공공시설의 구축과 운영을 민간 사업자에게 맡기는 방식으로 사회적인 인프라 개발을 촉진한 정책이었습니다.

공공 유틸리티 프랜차이즈는 공공 서비스 프랜차이즈의 일부로서 프랜차이징 방식에 기반해 20세기 전후 미국사회의 발전에 크게 이바지했습니다. 19세기 중반부터 20세기 중반에 걸쳐 미국은 사회 기반시설의 구축과 도시발전의 정책적 수단으로 공공 유틸리티 프랜차이징을 적극적으로 활용했던 것입니다.

연방정부, 지자체 기관들, 도시 정책기관들은 공공 유틸리티 프랜차이즈 방식으로 민간 영역으로부터 지역개발에 필요한 자본과 역량을 유치했습니다. 그들은 민간 기업들의 효율적 운용과 관리법을 적용해 사회 인프라를 신속히 구축했습니다.[113]

2. 사회적 인프라의 구축

증기선 프랜차이즈는 공공 서비스를 매개로 한 프랜차이징의 대표적인 초기 사례였습니다. 공공 서비스 프랜차이즈는 세상이 근대화의 허물을 벗고 현대화되어 가는 과정에서 공공 유틸리티 프랜차이즈 형태로 구체화되었습니다. 공공 서비스의 차원에서 교통수단의 포괄적인 제공이었던 증기선 프랜차이즈 사업이 전기, 수도, 가스와 같은 세부적 영역으로 발전한 것이 공공 유틸리티 프랜차이즈였습니다.

공공 유틸리티 프랜차이즈는 공공 서비스의 권리를 소유한 정부나 지방의 자치조직들이 지역의 전기, 수도, 가스 등의 건설에 대한 개발 및 운영의 독점권을 민간 기업에 부여했던 방식이었습니다. 독점권을 부여받은 기업은 다른 하위기업에게 이를 재판매할 수 있었고, 그 건설과 설치를 통합적으로 관리해 미국의 사회적 인프라의 건설을 빠르게 수행했습니다.

예를 들어, 1880년대부터 미국 도시들은 물, 하수, 가스, 전기에 대한 독점적인 프랜차이즈 사업권을 유틸리티 회사들에게 부여했습니다. 개별 도시는 자기 지역의 수도, 전기, 가스와 같은 도시기반 시설의 신속한 구축을 위해 자본과 기술 역량이 뛰어난 특정 기업들을 선정했습니다.

그런 후 도시기관들은 그들에게 건설투자를 먼저 하게 하고, 그 대가로 장기적인 운영의 독점권을 승인했습니다. 기업들은 해당 사업에 대한 도입과 운영권에 대한 독점권을 부여받고 운영과정에서 집행한 투자자금을 회수했습니다.[114]

3. 공통적인 계약조항

지방 자치조직들은 지역의 공공 유틸리티의 개발권과 운영권을 사업자에게 부여하는 과정에서 특정 사업자와 아래와 같은 기본적 계약조항을 포함하는 프랜차이즈 계약을 체결했습니다.

첫째, 프랜차이즈 기간의 측면입니다. 특권 부여의 계약기간은 일반적으로 20년, 30년, 50년 등 해당 유틸리티 계약의 성격, 투자금, 그리고 지자체의 상황에 따라 달랐습니다.

둘째, 공급가격은 보통 계약과정에서 제한되고 통제되었습니다.

예컨대, 1882년 천연가스 프랜차이즈는 다른 도시의 평균 요금을 기준으로 공급의 최고가격이 사전에 제한되었습니다. 1888년 전기 프랜차이즈는 소비자에게 불합리하거나 과도한 요금을 청구하는 것이 지방 정부에 의해 금지되었습니다. 1906년 전기 프랜차이즈는 5년 단위로 25센트, 27센트, 30센트로 부과할 수 있도록 미래의 요금이 사전에 약정되었습니다.

셋째, 품질의 준수조항입니다. 뉴욕의 가스 프랜차이즈는 계약에 따라 런던시가 공공 램프에 사용했던 동일한 품질의 가스를 사용해야만 했습니다.

넷째, 시간 경과에 따른 계약조항의 조정 및 변경입니다. 일반적으로 시의회는 5년마다 개별 프랜차이즈들의 공급가격을 검토했고, 갱신과정에서 프랜차이즈 계약조항을 수정 및 변경할 수 있는 권리를 가졌습니다.

다섯째, 독점과 경쟁의 조항이 사업 또는 지역마다 달랐습니다. 계약서는 특정 지역에 독점적 사업권을 부여하는 내용을 기재했지만, 모든 사업에 이 기준이 적용된 것은 아니었습니다. 일부 지역에서는 배타적인 독점권을 승인하지 않아 해당 사업자는 다른 사업자와 경쟁해야 했습니다.

그 예로, 뉴욕 가스회사는 독점적 사업권이 보장되었습니다. 그러나 맨해튼 가스회사는 그렇지 않아 시 의회는 다른 사업자에게 프랜차이즈 운영권을 추가적으로 부여할 수 있었습니다.

여섯째, 교차 보조금(cross subsidization) 조항은 중요한 협의 사항이었습니다. 교차 보조금은 수익성이 높은 곳의 이익을 수익성이 낮은 곳에 보조금 형태로 지원해 대상별 격차를 상쇄시키는 정책적 방법이었습니다.

교차 보조금은 일부 공공 서비스에서 무료 혜택으로 나타났습니다. 일부 시 의회는 특정 사업권을 부여하기 전에 지역의 도서관, 공원, 공공 기관에 전기와 수도 등을 무료로 제공하는 것에 대해 프랜차이즈 사업자와 긴밀히

협상했습니다.[115]

4. 공공 유틸리티 프랜차이즈의 규제와 갈등

1) 규제의 역사

　미국의 공공 유틸리티 프랜차이즈에 대한 규제의 역사는 시기별로 차이가 있었습니다. 공공 유틸리티 프랜차이즈가 시작된 시점이었던 19세기 중후반은 사회적 인프라의 신속한 구축을 위해 전반적으로 규제가 약했습니다.

　그러나 20세기에 들어서서 사회적 공공이익의 보호를 위해 공공 유틸리티 사업에 대한 지자체와 연방정부의 관리와 통제가 강화되었습니다. 이렇게 규제가 강화된 이유는 시간이 흐르면서 공공 유틸리티 프랜차이징의 어두운 면들이 하나둘씩 외부로 드러났기 때문이었습니다.

　일부 정치인과 공무원은 가맹점들(유틸리티 사업권을 부여받는 자)과 유착해 사리사욕을 채웠습니다. 사업의 입찰과 운영과정에서 노골적인 정치적 기부와 뇌물이 공공연히 오갔습니다. 이로 인해 입찰의 방식의 신뢰성과 경쟁력이 무너졌습니다.

　이와 같은 부정·부패의 고리는 전기, 수도, 가스의 공급가격 상승과 약속한 수준보다 낮은 품질의 공공 서비스의 제공을 초래하여 큰 사회적 문제로 번졌습니다.[116]

2) 갈등과 분쟁

　20세기 중반에 가까워지자, 과거에 볼 수 없었던 가맹본부(지자체)와 가맹점(기업) 간의 갈등과 분쟁이 공공 유틸리티 프랜차이즈 시장에서 나타났습니다.

　공공 유틸리티 프랜차이즈 계약서의 해석, 갱신, 종료, 가격 인상, 서비스 품질에 대한 정부와 기업 간의 격한 의견충돌은 때때로 두 당사자 간의 분쟁이나 소송들로 번졌습니다. 이 대립은 특히 계약종료나 갱신의 시점에서 격렬해졌습니다.

예컨대, 계약 갱신과정에서 공급가격 인상의 사항은 갈등의 주요한 원인이었습니다. 가맹점(기업)은 공급가격과 franchisee fee라고 불렸던 운영수수료를 인상하기를 원했습니다. 그렇지만 공급가격과 수수료는 소비자의 주머니에서 나온 사용료였기에, 협상에 실패했을 때 지자체는 법적 소송까지 불사하면서 공공요금의 인상을 최대한 억제하려고 했습니다.

이러한 지자체와 지역 사업자 간의 끊이지 않던 분쟁들은 공공이익의 보호 차원에서 결국 연방정부가 개입하게 된 직접적인 원인이 되었습니다.[117]

제12장
현대 프랜차이즈의 시초, 기계 프랜차이즈

19세기 중반부터 라이선스에 기반한 프랜차이즈의 방식으로 전문적인 기계, 기구, 장비를 생산 및 유통했던 브랜드들을 이 책은 '기계 프랜차이즈(Machine Franchise)'라고 하겠습니다.

2차 산업혁명의 산물이었던 기계 프랜차이즈의 상품들은 전문상품이었습니다. 이 상품들은 당시 혁신적인 발명품으로 가격이 비쌌고 무게가 많이 나갔기에 운송도 쉽지 않았습니다. 무엇보다 소비자에게 생소했던 이 전문상품들은 조작법이 다소 복잡해서 '판매 후 사후 수리 서비스'가 무척 중요했습니다. 이들의 대표적인 브랜드가 현대 상업 프랜차이즈의 선구자였던 McCormick Co와 Singer였습니다.

Ⅰ. McCormick Co의 농기계 프랜차이즈

1. McCormick Co의 역사 개요

McCormick은 북미 버지니아주 라핀(Raphine)에 있는 농장의 이름이었습니다. 1831년 20대에 최초의 실용적인 수확 기계였던 Reaper를 발명한 사이러스 홀 맥코믹(Cyrus Hall McCormick, 1809~1884, 이하 '맥코믹')은 McCormick Deering Company를 설립하고 최초의 기계식 수확기를 생산하여 농업 기계 산업의 생산과 유통에 큰 혁신을 일으켰습니다.

맥코믹은 1834년 특수 쟁기와 기계 수확기에 대한 특허를 획득한 후, 시카고로 이주해 농기구와 농기계 전문 제조업체인 McCormick Harvesting Machine Company(이하, 'McCormick Co')를 설립하고 개선된 Reaper를 생산 및 유통하기 시작했습니다.[118]

McCormick Co의 사업모델은 근대 맥주 프랜차이즈처럼 라이선스 계약에 가까웠기에 엄격히 말해 현대 프랜차이즈의 전형(典型)이었다고 말하기는 힘듭니다. 그러나 McCormick Co는 다음에 설명할 Singer와 함께 현대 프랜차이즈의 첫머리가 되었습니다. 이 책은 McCormick Co의 사업을 '농기계 프랜차이즈'라고 부르겠습니다.

2. 라이선스 기반의 농기계 프랜차이즈

McCormick Co는 사업 초기였던 1840년대에 라이선스 계약에 기반한 생산 및 유통전략을 채택했습니다.

그 이유는 전문상품으로써 농기계의 운송비용, 전문적 판매지식, 사후 수리 서비스의 현실적 문제가 있었지만, 운영자금의 확보가 절실했던 McCormick Co의 어려운 재정 상황이 반영된 결과였습니다. McCormick Co는 혁신적인 농기계를 출시했지만, 1840년대 초반까지 사업성과는 좋지 못했습니다.[119]

1843년 McCormick Co는 제임스 하이트에 첫 번째 라이선스를 판매하면서 그에게 5년간 버지니아 지역에서 Reaper를 생산하고 판매할 수 있는 독점권을 부여했습니다.

1845년 회사는 아이오와주 4개 카운티의 사업권을 8년간 활용하는 대가로 카메론에게 1,000달러에 판매했고, 같은 해 세인트루이스의 헨리베어에게 판매된 농기계마다 20달러의 로열티를 지급받는 라이선스 계약을 체결했습니다.

라이선스 계약자들 가운데 McCormick Co에게 큰 성장을 가져다준 사람은 신시내티의 사업자 브라운이었습니다. 브라운은 1845년 오하이오주 16개 카운티에 대한 권리를 1,900달러에 4년 동안 사용하는 계약을 체결했는데, 계약 첫해에 그는 약 200대의 농기계를 제작해 판매했습니다.

이처럼 McCormick Co는 라이선스의 방법으로 농기계의 제조와 판매를 유능한 지역 사업가에게 사업권을 넘겼습니다. McCormick Co는 사업 초기 생산의 일부를 위탁하거나 판매계약의 라이선스 수수료를 바탕으로 성장했습니다.

1850년대에 들어서자 McCormick Co는 그동안 유지해 왔던 사업 초기의 확장전략을 자체 생산의 비중을 높이는 방식으로 전환했습니다. 지역의 사업자에게 제조를 위탁하는 것보다 거점도시에 공장을 직접 설립해 McCormick Co의 자체 제조능력을 키웠습니다.

농기계 제조의 부분에 대한 자사의 생산 비중을 높이고자 했던 McCormick Co의 전략은 찰스 그레이와 파트너십으로 설립된 시카고 공장에서 실현되었습니다. 그리고 합작투자의 형태로 거점도시 주변에 생산공장들을 건설해 McCormick Co의 자체 생산능력이 크게 향상되었습니다.

그 결과 1847년 450대의 농기계의 생산량이 2년 후에는 그 수가 1,500대로 늘어났고 1870년에 9,000대로 증가했습니다.[120]

3. 프랜차이즈적 요소

1) 프랜차이즈적 유통방식으로의 진화

이와 같은 사업전략의 변화로 McCormick Co는 거점도시에 지역 지사(branch office)와 보관창고를 두고 지역시장에 판매될 농기계의 유통을 직접 관리하기 시작했습니다.

지역 지사는 지역 유통업자의 교육과 관리의 책임을 맡았습니다. 지역 지사는 지역 유통업자에게 농기계 등의 조작법, 판매법, 고객 서비스 방법을 교육하고 이를 관리함으로써 McCormick Co는 상품 프랜차이즈의 원시적인 시스템을 갖추기 시작했습니다.[121]

2) 초기 유통형태의 개척자

생산 및 유통전략의 변화를 통해 한층 성장한 McCormick Co는 더 큰 사업성장을 위해 활용 가능한 모든 유통채널을 보유하고자 했습니다. 그 결과 직접 판매, 카탈로그 판매, 지역 지사, 지역 유통업자, 지역을 순회하는 판매원 등과 같이 다양한 채널을 통한 McCormick Co의 유통방식들은 20세기 미국 제조업체들의 대표적인 유통방식의 형태로 자리 잡았습니다.

이 전형적인 유통방식의 형태는 Singer, GM 및 Ford, Western Auto와 같은 전문상품에 기반한 미국의 상품 프랜차이즈 브랜드들의 전통적인 마케팅 방법과 유통의 형태로 계승되어 현대 유통형태의 교과서가 되었습니다.

II. Singer의 재봉틀 프랜차이즈

1. Singer의 역사 개요

아이작 메리트 싱어(Isaac Merritt Singer, 1811~1875, 이하 '아이작 싱어')는 1850년에 40달러를 들여 11일 만에 혁신적인 재봉틀의 초기 모델을 발명했을 정도로 뛰어난 발명가였습니다.

그는 변호사 Edward Clark과 함께 1851년 I. M. Singer & Co. 상호로 재봉틀 제조업체를 설립했습니다. 그 후 1854년 뉴욕에 공장과 사무실을 열고 상호를 Singer Manufacturing Company로 바꾼 후 첫 재봉틀을 100달러에 판매했습니다. 이후 Singer는 여러 특허권을 취득하고 혁신적인 상품들로 재봉틀 분야에 선두주자가 되었습니다. 이후 Singer는 미국을 넘어 자사의 재봉틀을 국제적으로 판매하기 시작했습니다.[122]

1860년대부터 세계 최대의 재봉틀 회사로 빠르게 성장한 Singer는 오늘날에도 전 세계 재봉틀 시장을 대표하는 브랜드로 남아 있습니다. 현대적인 재봉틀을 프랜차이즈적 사업방식으로 주목할 만한 성과를 낸 Singer의 사업내용과 특징을 이 책은 '재봉틀 프랜차이즈'라고 하겠습니다.

2. Singer의 재봉틀 프랜차이즈의 내용과 특징
1) 프랜차이즈 유통방식을 선택한 이유

공장의 설립과 운영자금의 부족도 원인이었지만, 현대적 재봉틀에 대한 구매자의 낯섦과 두려움, 높은 판매가격, 재봉틀 조작의 복잡성은 Singer가 사업 초기에 유통방식을 독립 에이전트(independent agent)에 집중했던 주요한 이유였습니다.

그런데 사업성장으로 생산 및 운영의 자금 문제가 해결되면서 Singer는 광범위한 유통망의 구축을 원했습니다. McCormick Co처럼 수동적인 라이선싱 방식이나 위탁 판매로 더 나은 사업성과를 기대하기 힘들다고 판단한 Singer는 이전과 다른 획기적인 유통방식이 필요했습니다.[123]

이에 Singer는 지역 판매의 독점적 계약을 맺고 재봉틀을 판매할 독점 에이전트(exclusive agent)를 구한다는 공식적인 광고를 송출해 독점 에이전트들과 유통계약을 체결했습니다. 지역의 독점 에이전트와의 계약으로 Singer는 현대 프랜차이즈 유통방식의 초기 형태를 구축했습니다.

독점 에이전트 기반의 프랜차이즈적 유통전략은 Singer의 연간 판매량을 1856년 약 2,500대, 1858년 약 3,000대, 1880년에 50만 대로 크게 끌어 올렸습니다. 마침내 1903년에는 연간 판매량이 100만 대를 넘어섰고, 1913년에는 매년 300만 대의 재봉틀이 가정으로 배달되었습니다.[124]

2) 생산 및 유통방식의 특징

Singer와 McCormick Co는 전문상품의 특성, 유통의 외부환경, 재정적 문제로 유사한 유통형태를 보였지만, 시간이 지나면서 두 회사의 유통방식은 상당히 달라졌습니다.[125]

Singer는 다른 상품들을 함께 취급했던 독립 에이전트보다는 자기 재봉틀의 유통에 모든 역량을 집중할 수 있는 독점 에이전트를 유통 파트너로 선호했습니다. 그리고 Singer는 McCormick Co와 달리 지역 파트너에게 재봉틀 생산을 위탁하는 방식에 거부감이 상당히 컸습니다.

사업이 안정화되자 Singer는 신속하게 핵심 도시에 자체 공급 채널을 구축하기 시작했습니다. 그 결과 1860년대부터는 회사 소유 매장을 통해 재봉틀을 판매하기 시작했습니다.[126]

구체적으로 Singer는 지역 판매업자들에 대한 의존도를 낮추기 위해 중요 지역에 Singer가 소유 및 운영했던 직영점(company-owned outlets)과 지역 지사(branch office)를 설립했습니다. Singer의 직원들이 파견된 지역 지사는 직영점과 지역의 유통업자들을 이중적으로 관리했습니다.[127]

3) 관리와 통제의 정도의 차이

Singer의 재봉틀 프랜차이즈는 전략적으로 지역 지사를 통해 직영점과 독점 에이전트의 관리와 통제를 강화했습니다. McCormick Co와 달리 매장의 모든 것을 표준적으로 관리하고 통제하기를 원했던 Singer는 이를 위해 '엄격한 중앙 통제(tight central control)'의 시스템을 구현했습니다.

이것은 섬세한 작동이 필요한 재봉틀의 상품 특징 때문이었지만 조립, 사소한 조정, 작동 방법, 수리 등의 고객 서비스를 조직적으로 제공해야 한다는 Singer의 경영철학 때문이었습니다. Singer는 장기적 성장을 위해 상품의 명성, 보증, 신뢰를 중요하게 생각했던 것으로 풀이됩니다.[128]

Singer는 자신의 통제에 따르는 정도에 따라 유통업체와의 계약관계를 달리했습니다. 가령 본사의 통제력이 약한 판매점이 기계의 수리를 원할 때 지역 지사는 현장 지원을 하지 않고 본사에 기계를 보내 수리하도록 하는 불편을 주었습니다.

한편, 일관성 있는 사업정책을 지향했던 Singer는 계약서를 점차 정교하게 작성했습니다. Singer는 관리와 통제에 잘 따르지 않은 지역 유통업자를 큰 구애 없이 거래를 종료할 수 있는 조항을 계약서에 추가했습니다.[129]

3. Singer 프랜차이즈의 역사적 의미와 공헌

1) Singer는 최초의 현대 프랜차이즈가 아니었다?

2000년대에 들어서자 국제프랜차이즈연합회(International Franchise Association, 이하 'IFA')와 일부 문헌들은 Singer가 최초의 현대 상업 프랜차이즈였다는 기존의 상식을 부정하는 다른 의견을 제시했습니다.[130]

IFA는 Singer가 설립된 1851년은 아이작 싱어의 아들이자 후계자였던 존 알버트 싱어(John Albert Singer)가 7~8세에 불과했고 Singer의 유통은 회사 소유의 지역 지사가 주도했기에, Singer의 사업방식이 현대 프랜차이즈의 시초라고 하기에는 프랜차이즈적 요소들이 명확하지 않다고 주장했습니다.[131]

2) 상품 프랜차이즈의 선구자

이 주장에도 불구하고, 프랜차이즈 역사에서 Singer의 사업방식이 현대 프랜차이즈의 초기 모델로서 프랜차이즈 역사발전에 밑알이 되었다는 사실

은 부인할 수 없을 것 같습니다.[132]

  그 이유는 Singer가 상표들과 특허권들을 바탕으로 유통업자들에게 재봉틀을 공급했고, 그들이 재봉틀을 판매하고 서비스할 판매시스템을 제공했기 때문입니다. 그 결과 Singer는 유통업자(가맹점)에게 지역 판매독점권을 부여하여 현대 프랜차이즈의 초기 계약관계를 성립했습니다.[133]

  근세의 인쇄·출판 프랜차이즈는 벤자민 개인의 능력과 라이선스 형태에 기반해 현대 프랜차이즈 계약서의 초안을 제시했습니다. 근대 맥주 프랜차이즈와 현대의 McCormick Co는 프랜차이즈 모델이었기보다는 라이선스에 기반한 사업적 특성이 강했습니다.

  이들과 비교해 볼 때, 가맹본부와 가맹점 간 또는 기업과 기업 간의 현대적인 상업 프랜차이즈의 실질적 거래관계는 Singer에서 그 형태와 내용이 갖추어졌다고 할 수 있습니다.

  회사 직원이 파견된 지역 지사의 역할이 있었더라도, Singer와 독점 에이전트 간의 계약관계는 현대 프랜차이즈 시스템의 수직적인 유통 또는 마케팅의 단면을 보여 주었습니다. 게다가 Singer의 재봉틀 프랜차이즈는 독보적 재봉틀을 자기 상호와 상표에 기반하여 유통업자에게 독점적 판매권을 부여하는 형태로 상품 프랜차이징의 초기 모델을 구현했습니다.

III. McCormick Co와 Singer의 비교

1. 누가 현대 프랜차이즈의 시초였는가?

  McCormick Co의 농기계 프랜차이즈가 Singer에 비해 시간적으로 한 발 앞섰기에, 현대 프랜차이즈의 시초는 McCormick Co였다는 의견이 있습니다. 그러나 McCormick Co보다 Singer를 현대 프랜차이즈의 시작점이라고 보는 것이 대부분의 의견입니다. 그 이유는 무엇 때문일까요?

아마도 McCormick Co는 Singer보다 라이선스 계약에 더 가까웠고, Singer의 재봉틀 프랜차이즈는 McCormick Co의 농기계 프랜차이즈보다 프랜차이즈적 관계의 실질적인 요소들을 훨씬 더 많이 포함하고 있었기 때문으로 풀이됩니다.

이 둘의 가장 큰 차이는 Singer가 상표권 및 생산 노하우의 보호와 함께 유통과정에서 본사의 통제력을 매우 중요하게 생각했던 것과 달리, McCormick Co는 어떻게 하면 농기계를 많이 팔 수 있느냐의 유통과 판매방식 자체에 사업적 역량을 집중했던 것에서 비롯되었습니다.

특히 McCormick Co는 생산 일부를 지역 사업자에게 위탁할 정도로 고유의 생산 노하우를 보호하는 것에 Singer만큼의 경영적 노력을 하지 않았습니다. 반면에 Singer는 생산 노하우 등의 방어와 자기 상표로 본사의 통제하에 재봉틀이 판매되는 것에 상당히 집중했습니다.

따라서 McCormick Co는 라이선스에 기반한 농기계 프랜차이즈로써 현대 프랜차이즈 역사의 개척자였다고 말할 수 있겠지만, 프랜차이즈 시스템의 완성도 측면에서 Singer의 역사적 위상과 공헌에는 못 미치는 것으로 평가됩니다.

2. 목표고객과 상품특성의 차이

McCormick Co의 유통전략은 거의 모든 형태를 취했던 전방위적 혼합방식이었습니다. 그러나 Singer는 달랐습니다. 이 차이의 주요 요인은 재봉틀이 농기계보다 훨씬 더 많은 고객을 상대해야 했기 때문으로 추정됩니다. 마케팅적으로 목표고객과 그 수가 달랐던 것입니다.

농기구는 농민과 같은 소수집단에 판매되었지만, Singer의 재봉틀은 일반 소비자에게 판매된 대중적인 상품이었습니다. 재봉틀은 농기계보다 판매 후 고장 수리의 빈도수가 훨씬 많아 계속적인 고객 서비스가 아주 중요했습니다. 이에 Singer는 지역 유통업자, 직영점, 지역 지사에게 고객에게 판매한 재봉틀의 고장 수리를 맡겼고, 원활한 고객 서비스를 위해 사후 관리법을 그들에게 계속 교육했습니다.[134]

3. 관리와 통제력의 차이

McCormick Co는 유통업체의 표준적 운영과 영업활동에 일상적인 관리와 통제를 하지 않았습니다. 이에 반해 Singer는 직영점과 독점 에이전트를 육성했고, 지역 지사를 통해 유통업체에 대한 관리와 통제력 유지에 많은 신경을 썼습니다.

Singer는 본사 공장에서 생산과 공급이 이루어지도록 했습니다. 또한 Singer는 직영점을 확대했고, 지역 지사를 통해 지역 판매자들의 영향력을 최소화했습니다.[135] 본사의 경영방침과 운영방식에 따른 관리와 통제력의 차이는 결국 두 회사의 사업방식이 달라졌던 주된 이유가 된 것입니다.

제13장
최초의 체인 레스토랑,
Harvey House

Ⅰ. Harvey House의 역사 개요

1. 기차역 레스토랑 사업의 제안

프레딕 헨리 하비(Frederick Henry Harvey, 1835~1901, 이하 '프레딕 하비')는 1876년 The Fred Harvey Company를 설립하고, 애치슨(Atchison), 토피카(Topeka), 산타페(Santa Fe) 기차역을 잇는 레스토랑 운영의 사업 아이디어를 철도회사(이하, 'ATSF')에 제안했습니다. 승객의 유치를 위해 참신한 아이디어를 찾던 ATSF는 그의 제안을 흔쾌히 받아들였습니다.

프레딕 하비는 토피카역의 건물에서 레스토랑을 시도했는데, 이 실험은 성공적이었습니다. 이 성공으로 1878년 프레딕 하비는 ATSF로부터 철도 노선들을 따라 식당, 매점, 숙박 시설을 운영할 수 있는 독점적 사업권을 부여받았습니다.[136]

2. 체인의 시작과 성과

철도 외식사업의 독점권을 따낸 프레딕 하비는 철도 노선을 따라 외식과 숙박을 연계한 Harvey House Restaurant(이하, 'Harvey House')이라는 최초의 외식 체인(chain)을 열었습니다.

Harvey House 사업은 ATSF와 파트너십의 계약을 체결하고 12,000

마일에 달하는 애치슨, 토피카, 산타페의 노선을 따라 약 100마일 단위로 기차역에 레스토랑을 운영하는 것이었습니다. 이 모험적 사업은 성공해 다른 노선에 복제되었습니다.[137]

프레딕 하비가 세상을 떠난 1901년에 Harvey House는 12개 주에 45개의 레스토랑과 20개의 식당차를 운영하고 있었습니다. 1950년대까지 번창한 Harvey House는 기차역을 따라 광범위한 레스토랑 체인을 구축하여 연간 1,500만 명의 식사를 제공했던 외식기업으로 성장했습니다.[138]

3. 쇠퇴: 외부환경의 변화

20세기 초중반 자동차의 대중화는 미국의 외식산업이 획기적으로 발전하는 데 원동력이 되었지만, Harvey House 사업에는 정반대의 효과로 작용했습니다.

자동차 여행객의 증가로 철도의 이용자가 줄면서 1930년대부터 소도시 기차역을 시작으로 Harvey House는 쇠퇴의 길에 들어서게 되었습니다. 대도시 기차역에서는 어느 정도 버틸 수 있었지만, 일정한 승객의 공급 없이 소도시 작은 역들의 레스토랑은 경영상 큰 어려움에 빠졌습니다.

Harvey House는 제2차 세계대전 중 기차가 군대 수송의 주요 수단으로 사용되면서 부흥기를 누렸지만, 그것도 잠시뿐이었습니다. 기차 식당차는 계속 운영되었지만, 열차 승객의 감소로 Harvey House의 사업성과는 예전만 못했습니다.

Harvey House는 본사를 시카고로 옮기고 경영 정상화를 노렸습니다. 그러나 속도가 빠른 기차의 도입으로 정차 시간이 단축되자 Harvey House는 충분한 영업시간을 확보하는 것이 어려워졌습니다. 설상가상으로 잦은 철도 노선의 조정과 변경은 기차역 레스토랑 사업을 예측하기 어렵

게 만들었습니다.[139]

II. 발전적인 파트너십 계약

기차가 정차하는 동안 양질의 음식과 서비스를 제공하려면, Harvey House는 그 상황에 적합한 공간, 시설, 안정적인 재료공급이 필요했습니다. 다행히도, 파트너였던 ATSF의 아낌없는 지원은 이 문제를 원만히 해결했습니다. 가령 레스토랑의 재료와 물품들은 기차를 통해 무료로 운송되어 Harvey House의 비용부담을 상당히 덜어 주었습니다.

1888년 기차에 식당차를 추가했을 때도 마찬가지였습니다. ATSF는 Harvey House에 식당차 운영에 대한 사업 독점권을 부여했고, 그 결과 최초의 식당 객차 서비스(dining car service)가 탄생했습니다. 이로써 기차역의 레스토랑과 함께 기차 안에서도 승객은 품질 높은 음식을 즐길 수 있었습니다.[140]

이에 Harvey House와 ATSF와 체결한 계약은 서로의 필요와 요구를 충족 및 보완했던 파트너십 계약의 모범이었다고 평가될 수 있습니다.

III. Harvey House 시스템의 내용과 그 특징

1. Just-In-Time Mode

Harvey House는 주문과 동시에 음식을 준비했습니다. 이러한 온 디멘드(on demand)에 기반한 적시 공급(just-in-time)의 생산방식은 예약 주문의 방식으로 구현되었습니다.

이전까지 열차 승객들은 자신이 준비한 음식이나 정차역의 매점에서 형편없는 식품으로 허기를 달래야 했는데, Harvey House의 기차역 레스토랑 서비스는 그러한 승객의 불편과 고통을 확실하게 해결했습니다.

철도회사는 기차가 출발하기 전에 승객으로부터 메뉴 주문을 받은 후 전보(telegraph)를 통해 주문된 메뉴 리스트를 다음 기차역에서 대기하고 있던 레스토랑에 통보했습니다. 기차역 사이 4시간의 평균 운행시간은 레스토랑이 음식 준비를 위해 주어진 시간이었습니다. 기차가 역으로 달려오는 동안 레스토랑은 예약 메뉴들을 준비했습니다.

열차가 기차역에 도착하면 징이 크게 울렸습니다. 직원들은 일사불란하게 음료와 식사를 테이블에 놓았고, 승객은 바로 음식을 즐길 수 있었습니다. 영리하게도, Harvey House는 주문되지 않은 음식 요청에 대비해 과거 데이터나 계절 데이터를 바탕으로 여분의 재료를 미리 준비했습니다.[141]

2. 속도 경영의 창시자

고객 만족을 위한 음식 품질의 유지와 훌륭한 고객 서비스가 Harvey House의 미션(mission)이었다면, 매장운영의 대원칙은 무엇보다 속도(speed)였습니다.

프레딕 하비는 음식 서비스를 정차시간 안에 제공하기 위해 매장의 운영 속도를 최대한 높여야 했습니다. 그렇다고 해서 빠른 서비스를 위해 그는 음식의 품질을 희생하지는 않았습니다.

기차는 정차역에서 약 30분간 머물렀습니다. 이는 모든 고객 서비스가 최대 30분 내로 마무리되어야 함을 의미했습니다. Harvey House는 제한된 시간에 품질 높은 음식을 일관성 있게 제공하기 위해 원재료 공급, 주문, 조리, 고객 서비스의 과정을 표준화했습니다. 이 모든 것은 제한된 시간 안에 승객에게 만족스러운 서비스를 제공하기 위한 속도 경영의 결과물이었습니다.[142]

3. 품질 경영의 선구자

Harvey House의 음식은 식당차와 정차역에서 짧은 시간 내에 제공되었음에도, 그 품질과 맛은 매우 뛰어났습니다.

프레딕 하비가 철도 레스토랑 사업을 시작한 이유는 열악한 수준의 음식이 기차 승객에게 제공되는 현실을 개선하기 위해서였습니다.[143] 그리고 주 이용고객이 품격을 중시하고 경제적 여력이 있는 중산층이었기에 Harvey House는 목표고객에 맞게 수준 높은 음식을 제공하고자 했습니다.

예를 들어, 미국 오대호(Great Lakes)에서 잡은 신선한 생선으로 조리된 메뉴처럼 Harvey House의 메뉴들은 기본적으로 지역의 신선한 원재료들이 사용되었습니다. 커피는 유명한 브랜드 것이 사용되었고, 최고의 커피 맛을 위해 일부러 좋은 물을 가져와서 사용했습니다. Harvey House는 최고 품질의 우유, 버터, 달걀을 확보하기 위해 자체 농장을 운영해 식자재의 공급망을 수직적으로 통합했습니다.[144]

4. 일관성과 표준 운영

Harvey House 메뉴의 지향점은 일관성(consistency)이었습니다. 모든 재료는 엄격한 기준에 의해 선별되었고, 사전에 규격화되어 준비되었습니다. 그 결과 승객은 어느 기차역에서 식사하든 유사한 메뉴의 재료, 양, 맛을 기대할 수 있었습니다.

Harvey House의 표준 운영(standard operations)은 모든 메뉴의 제공이 음료로 시작해 일관된 순서에 따라 식탁에 놓이는 것을 지향했습니다. 가령 디저트 파이는 4등분이 되어 테이블에 놓였고, 테이블의 세팅과 각종 소품은 표준적인 절차와 정해진 방법에 따라 다루어졌습니다.

이러한 표준 운영의 경영적 노력은 식자재 준비와 메뉴 조리법의 혁신을 낳았습니다. 기차역 레스토랑에 배송된 식자재들은 규격화되었고, 각 메뉴의 조리법은 자체적으로 매뉴얼화되었습니다. 고객 서비스는 사전에 교육 및 훈련된 Harvey Girls에 의해 일관성 있게 제공되었습니다.[145]

5. Harvey Girls

Harvey House에 고용된 여직원들은 웨이트리스가 아니라 Harvey Girls(하비 걸즈)라고 특별하게 불렸습니다. Harvey Girls는 표준화되고 일관된 고객 서비스와 체계적인 직원 관리에 대한 Harvey House의 혁신적인 시스템을 상징했습니다.

프레딕 하비는 외식사업의 성공을 위해 훌륭한 직원들이 꼭 필요하다고 판단했습니다. 그는 이를 잘 실현할 여성 노동자를 구인하기 위해 '서부에 있는 하비 식당에서 일할 18세에서 30세의 매력적이고 지적인 젊은 여성을 구함'이라는 여성 구직(girls wanted) 공고를 신문에 광고했습니다.

프레딕 하비는 주 고객층이었던 미국 중산층의 눈높이에 맞추려면 직원의 수준이 높아야 한다고 생각했습니다. 유능한 직원의 고용을 위해 면접자에게 교통비를 지급할 정도로 그는 직원 채용에 상당한 정성을 쏟았습니다.

Harvey Girls는 유능하고 전문적인 고객 서비스를 위해 필요한 교육과 훈련을 사전에 받았습니다. Harvey House에 지원한 여성들은 '존경할 만한(respectable)' 전문 직업인이 될 수 있다는 꿈을 갖고 전국 각지에서 모여들었습니다.[146]

현대 외식경영의 뿌리가 된 Harvey House는 브랜드 특성에 최적화된 Harvey Girls를 운영하여 현대 외식 및 프랜차이즈 브랜드들의 서비스 경영(service management)에 역사적인 교과서가 되었습니다. 이에 Harvey Girls는 현대 외식 서비스의 역사적 상징이었습니다.

6. 놀라운 아이디어, 미스터리 쇼퍼

"어떤 것을 원하면, 측정해라(If you want something, measure it)"라는 말처럼, Harvey House는 매장 사업성과의 향상과 체계적인 인사 관리를 위해 매장과 직원의 상태, 성과, 근무 태도, 서비스 수준 등을 일상적으로 측정했습니다.

매장의 경영상태, 음식의 품질과 서비스 제공의 수준, 직원의 근무 태도를 평가하는 방법은 당시 직접 눈으로 확인하는 방법밖에 없었습니다. 이에 Harvey House가 선택한 것은 두 가지 방법이었습니다.

하나는 회사의 목표, 비전, 고객 서비스에 대한 중요성을 직원들에게 꾸준히 전달하고 교육하는 것이었습니다. 다른 하나는 오늘날 미스터리 쇼퍼(mystery shopper)의 개념처럼 점검자가 아무도 모르게 변장한 후, 음식 품질과 종업원의 서비스 수준을 불시에 점검하는 방법이었습니다.

후자의 잠행 결과는 회사로 통보되었고, 매장과 직원의 서비스 평가에 반영되었습니다. 미스터리 쇼퍼를 통한 주방, 음식, 청결, 종업원 태도에 대한 불시 점검의 방법은 이후 팀 조직의 단위로 확대되었습니다.[147]

IV. Harvey House의 역사적 의미와 공헌

Harvey House 외식 체인사업의 내용과 특징은 앞서 설명한 것처럼 적시 공급시스템, 속도 경영, 품질 경영, 일관성과 표준 운영, 혁신적인 서비스 경영, 그리고 매장과 직원의 체계적인 평가 등으로 요약될 수 있습니다.

이 특징과 연계하여 Harvey House가 현대 외식사업과 외식 프랜차이즈 사업의 발전에 끼친 영향과 역사적 공헌을 살펴보면 아래와 같습니다.

1. 외식 체인의 선구자

현대 유통에서 체인사업(chain business)은 레귤러 체인(regular, 직영점형), 볼런터리 체인(voluntary, 임의가맹점형), 프랜차이즈(franchise, 프랜차이즈형), 그리고 협동조합 형태의 조합형으로 나뉩니다.

레귤러 체인은 하나의 상호로 여러 곳에 동일한 매장을 직접 소유해 규모 경제의 실현과 일관성 있는 유통시스템을 구현하는 방식입니다. 체인은 매장들을 직접 소유 및 운영하기에 모회사가 매장운영에 일관된 통제와 균일성을 유지하고 경영, 운영, 재정적 손익을 모두 책임집니다. 국내 유통산업 발전법에 근거하자면, Harvey House의 사업은 직영점 형태의 '레귤러 체인'에 해당합니다.[148]

Harvey House는 독립 사업자를 모집해 기차역에서 가맹점의 형태로 프랜차이즈 사업을 전개하지 않았습니다. 이에 Harvey House 사업의 가장 큰 특징은 프랜차이즈의 상위 개념인 체인 형태로 본사가 레스토랑들을 직접 소유하고 중앙집중식으로 경영관리했던 레귤러 체인이었다는 점이었습니다.[149] Harvey House 레귤러 체인의 사업 개념은 1920년대 최초의 햄버거 체인이었던 White Castle로 이어졌습니다.

2. 현대 외식 프랜차이즈 시스템의 모체

Harvey House는 레귤러 체인의 창시자였지만, 20세기 초중반 현대 외식 프랜차이즈 브랜드들에게 혁신적인 사업적 아이디어와 체계적인 시스템적인 요소들을 소개했습니다.

그러하기에 Harvey House는 현대 외식 프랜차이즈 시스템의 부모(parent)이자 모체(matrix)였습니다. 다만, 매장들의 소유와 운영의 형태가 전형적인 프랜차이즈의 방법과 달랐을 뿐입니다.

현대 패스트푸드(fast food)의 대명사인 맥도날드의 품질, 서비스, 청결의 경영철학은 이미 19세기 후반 Harvey House에 의해 그 초기 모습이 실현되었다고 해도 과언이 아닙니다.

부연하자면, Harvey House의 일관된 품질 경영과 속도 경영은 20세기 초중반 출현한 외식 및 패스트푸드 프랜차이즈 브랜드들의 사업적 본바탕이 되었습니다. 그리고 Harvey Girls와 미스터리 쇼퍼의 운영은 매장운영과 직원 관리의 측면에서 고객 서비스의 중요성을 시장에 일깨웠고, 지금의 가맹점 슈퍼바이징 시스템(supervising system)의 기원이 됩니다.

그러므로 Harvey House는 20세기 초중반 성장한 미국의 외식 프랜차이즈 사업과 그 시스템의 밑그림을 처음으로 도화지에 그린 화가이자 초기 외식 프랜차이즈 시스템의 원형을 창조한 시조(始祖)였습니다.

3. 표준화와 속도 경영의 창시자

Harvey House의 표준 운영과 속도 경영은 가히 혁신적이었습니다. Harvey House의 신선한 재료의 공급과 위생적인 관리, 신속한 고객 서비스, 일관된 품질, 표준적 운영시스템은 20세기 생산 및 경영의 방식을 크게 바꾼 프레데릭 윈즐로 테일러(Frederick Winslow Taylor)의 과학적 관리(scientific management)보다 선행했던 경영관리 체계였기 때문입니다.

문헌을 통해 확인되지 않지만, Harvey House의 표준화되고 빠른 운영시스템은 아마도 현대 비즈니스 포맷의 선구자였던 Harper Method와 20세기 초중반 외식 프랜차이즈 브랜드들에게 위대한 선생님의 역할을 했을 것으로 추정됩니다. 이들이 만약 당시 기차 여행을 했다면, 분명히 Harvey House로부터 사업적 영감과 충격을 받았을 가능성이 큽니다.

4. 고객 서비스의 이정표

Harvey Girls는 Harvey House의 브랜드 차별성을 대표했던 강력한 사업적 무기였습니다. Harvey Girls로 상징되었던 일관되고 표준화된 고객 서비스는 오늘날 외식 프랜차이즈의 시스템의 핵심 요소입니다.

현대 외식 프랜차이즈에서 음식은 상품이고, 종업원은 고객에게 음식을 서비스합니다. 상품인 음식만큼 고객 서비스의 중요성이 강조될 만큼 오늘날 프랜차이즈 사업에서 고객 서비스는 사업성공의 열쇠이자 브랜드의 차별성과 역량을 나타내는 지표입니다.

Harvey House는 외식사업에서 고객 만족의 향상을 위해 매장 종업원의 용모, 복장, 위생, 대인 서비스에 대한 체계화와 표준화를 구현했습니다. 게다가 통일적인 매장 관리에 기반해 전체적인 고객 서비스의 품질 수준을 높였습니다.

바꾸어 말해, 외식사업에서 음식의 수준만큼이나 품질이 높고 일관성이 있는 서비스를 Harvey House는 19세기 후반부터 이미 Harvey Girls를 통해 제공했던 것입니다.

Harvey Girls의 존재성은 뒤에서 설명할 미용 서비스 프랜차이즈였던 Harper Method의 서비스 시스템과 유사했습니다. 직원의 채용과 교육, 용모와 복장의 통일적 관리, 표준화된 고객 서비스의 실천 수준은 두 브랜드가 거의 같습니다. 이들은 표준화된 서비스로 현대 비즈니스 영역에서 체계적인 고객 서비스 시스템에 대한 기념비적인 이정표를 세웠습니다.

FRANCHISE

제7부
상품 프랜차이즈와 비즈니스 포맷 프랜차이즈

세계 최대의 음료 프랜차이즈인 Coca-Cola와 최초의 미용 서비스 프랜차이즈였던 Harper Method를 통해 상품 프랜차이즈와 비즈니스 포맷 프랜차이즈의 내용 및 특징과 두 유형의 차이점을 비교해 살펴볼 것입니다.

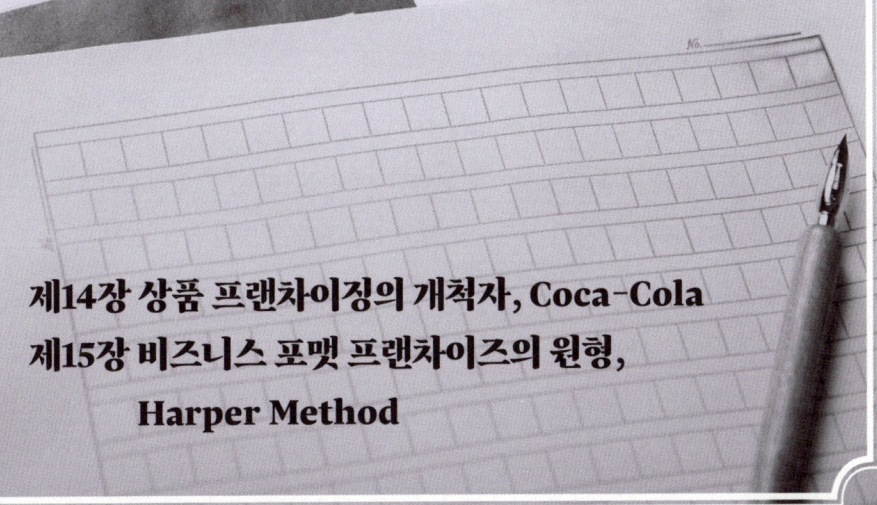

제14장 상품 프랜차이징의 개척자, Coca-Cola
제15장 비즈니스 포맷 프랜차이즈의 원형, Harper Method

제14장
상품 프랜차이징의 개척자,
Coca-Cola

Ⅰ. 청량음료 프랜차이즈

2차 산업혁명 이후 대량생산의 토대가 마련되고 철도 등 교통이 발전하면서 상품의 장거리 운송이 원활해졌습니다. 운송과정의 경제성과 안정성의 문제가 점차 해결되면서 그동안 청량음료 산업의 성장을 가로막았던 운송에 대한 물리적인 장벽과 한계가 무너지기 시작했습니다.[150]

세계 청량음료 산업은 20세기부터 Coca-Cola를 선두주자로 해서 Pepsi(1898, 'PepsiCo') 등이 경쟁하면서 성장했습니다. 1886년에 탄생한 Coca-Cola는 1899년부터 보틀링 시스템(bottling system)으로 청량음료 프랜차이즈의 서막을 열고 청량음료 산업과 상품 프랜차이즈 시장의 성장을 견인했습니다.[151]

Ⅱ. Coca-Cola 사업의 개요

1. 세계 최대 음료 프랜차이즈 회사

Coca-Cola는 국내 소비자에게 친숙한 브랜드입니다. 그런데 Coca-Cola가 프랜차이즈 회사라는 사실을 알고 있는 사람은 많지 않습니다.

코카콜라, 스프라이트, 환타, 써니텐, 파워에이드, 씨그램 등을 공급하는 The Coca-Cola Company(이하, 'TCCC')는 약 130년 이상 세계 음료시장을 주도하고 있는 세계 최대 음료 프랜차이즈 회사입니다.[152] Coca-Cola는 팍스 아메리카나(Pax Americana)의 상징으로 미국 자본주의의 세계화 과정(globalization)에서 첨병의 역할을 해 온 미국 최대의 수출상품입니다.

2. Coca-Cola 사업방식의 특징

TCCC가 오늘날 세계 최대 글로벌 프랜차이즈 기업이 될 수 있었던 원천은 1900년대 직후 본격화된 Coca-Cola만의 보틀링 시스템에 있습니다.

Coca-Cola는 지역의 보틀러(bottler, 병 제조업체)에게 콜라를 생산하고 유통할 수 있는 사업권을 프랜차이즈화했습니다. 그 대신에 콜라의 생산과 유통에 대한 자금의 투자와 그것에 동반된 사업적 위험을 보틀러의 몫으로 이전했습니다.[153]

구체적으로 말해, TCCC는 지역의 보틀러에게 음료 생산에 필요한 핵심 원재료인 농축액(concentrates), 음료 베이스(beverage bases), 그리고 시럽(syrups)을 공급하고, 마케팅 및 브랜딩 프로그램을 기획 및 통제했습니다.

반면에 지역 보틀러는 TCCC의 청량음료들을 생산과 유통을 했습니다. 보틀러는 식료품점, 레스토랑, 편의점, 영화관, 놀이공원, 자판기 등 다양한 유통채널에 음료들을 공급해 왔는데, 이 방식은 오늘날에도 거의 그대로 유지되고 있습니다.

따라서 Coca-Cola는 TCCC, 제조 및 유통업체인 보틀러, 판매처가 하나로 연결된 '기업 네트워크 시스템'입니다. TCCC는 상품의 생산과 유통을 위한 유형적 공급시스템과 보틀러들의 운영을 통제할 수 있는 무형적 관리 시스템을 바탕으로 글로벌 프랜차이즈 기업으로 성장했습니다.[154]

3. 제조와 유통을 위탁한 B2B 상품 프랜차이즈

TCCC는 청량음료들의 생산과 유통을 지역 보틀러에게 맡겼습니다. 반면에 상표권 등의 지식재산권 유지와 브랜딩 및 마케팅 전략과 같은 무형자산은 TCCC에 중앙집중화되었습니다. TCCC는 사업, 브랜딩, 마케팅의 전략과 운영 매뉴얼을 통해 보틀러를 관리하고 통제했습니다.[155]

TCCC의 프랜차이즈 사업은 소매점과 거래를 하지 않아 판매역할을 한 소매점들을 직접 상대하지 않았습니다. TCCC는 제조와 유통의 계약관계에 있는 보틀러들과 B2B 형태의 상품 프랜차이즈로 발전해 온 것입니다.

III. Coca-Cola 역사의 시작과 발전

1. 펨버턴과 코카콜라의 탄생

코카콜라는 1886년 미국 애틀랜타의 약사였던 존 스티스 펨버턴(John Stith Pemberton, 1831~1888)이 코카 잎과 콜라 열매 등을 주원료로 끓인 안뜰에 있었던 놋 주전자에서 탄생했습니다.

남북전쟁에서 부상을 당한 펨버턴은 자기 고통을 줄이기 위해 신경 강장제, 두통 치료제, 활력제로 코카콜라의 독특한 원액을 개발했습니다. 이에 초기 Coca-Cola는 우리가 알고 있는 청량음료가 아니라 일종의 약(藥)으로 제조 및 판매되었습니다.

펨버턴의 차별적인 레시피 공식(formula)에 의해 탄생한 코카콜라는 애틀랜타의 제이콥스 약국(Jacobs' Pharmacy)에서 처음 판매되었습니다. 그러나 하루에 약 9인분밖에 판매되지 않아 첫해에는 손실이 더 컸습니다.[156]

2. 로빈슨과 Coca-Cola 이름

코카콜라를 화학적으로 제조한 사람이 펨버튼이었다면, 코카콜라에 미국적인 이미지를 심고 상품화를 성공시킨 사람은 프랭크 로빈슨(Frank M. Robinson, 1845~1923)이었습니다.

펨버튼을 만나 협업을 시작한 로빈슨은 1889년부터 새로운 소유주가 된 아사 캔들러를 도와 약 20년간 Coca-Cola의 판매와 광고 프로그램을 주도했습니다. 그는 Coca-Cola의 이름과 상표 디자인을 창조한 사람으로 유명합니다.

로빈슨은 코카(Coca)에서 C와 콜라(Kola)에서 K를 딴 후, 앞 두 글자를 통일하기 위해 뒤의 K를 C로 변경해 'Coca-Cola'라는 이름을 만들었습니다. 그러고 난 후, 그는 Coca-Cola 이름을 스펜서식 서체의 필기체로 디자인해 독특한 로고를 개발했습니다. 이 차별적인 디자인은 Coca-Cola가 청량음료의 상표로 등록되는 데 결정적인 역할을 했습니다.[157]

3. 사업의 초석을 다진 아사 캔들러

아사 캔들러(Asa G. Candler, 1851-1929)는 남북전쟁으로 고등교육을 받지 못했으나 사업적 역량이 매우 뛰어난 인물이었습니다. 처음에 그는 Coca-Cola의 상품적 가치를 인식하지 못했습니다. 일종의 약이라고 생각했기 때문입니다.

그러다가 두통과 소화불량에 시달렸던 캔들러는 우연히 코카콜라를 마신 후 그 불편함이 사라진 것을 느꼈습니다. 코카콜라의 상품성을 발견한 캔들러는 펨버튼과 여러 투자자에게 흩어져 있었던 Coca-Cola의 지분을 꾸준히 매입했습니다.

마침내 1889년 2,300달러에 모든 지분을 사들인 캔들러는 Coca-Cola

의 제조법과 사업권을 획득한 소유주가 되었습니다. 뛰어난 사업가였던 캔들러는 Coca-Cola의 이름과 디자인을 개발한 로빈슨과 함께 1892년에 TCCC를 설립했습니다.

캔들러의 사업적 꿈은 Coca-Cola를 미국에서 가장 대중적인 음료로 만드는 것이었습니다. 이를 위해 그는 펨버튼의 제조법을 개선하여 대중성과 상품성이 보완된 Coca-Cola의 새로운 제조 공식을 완성했습니다.

향상된 코카콜라의 상품성과 뛰어난 캔들러의 사업가적 기질로 Coca-Cola 시럽의 판매량은 1892년에 무려 10배가량이 늘었습니다. 그는 1893년에 Coca-Cola 상표를 등록했고, 1890년대 후반에 Coca-Cola의 원액 생산을 위한 공장을 시카고, 댈러스, 로스엔젤레스로 확장했습니다.

이처럼 캔들러는 상품성을 높이고 체계적인 사업 기틀을 구축해 Coca-Cola가 세계인들의 대표적인 청량음료로 발전할 수 있는 초석을 다졌습니다. 그는 보틀링 시스템의 사업방식 채택을 통해 Coca-Cola가 세계 최대의 청량음료 회사로 성장하는 데 중대한 전환점을 마련했습니다.

캔들러는 1916년에 애틀랜타 시장이 되면서 경영에서 물러났습니다. 그의 지분은 증여된 후 Coca-Cola의 CEO였던 로버트 우드러프의 아버지가 소유한 회사에 매각되었습니다.[158]

4. 로버트 우드러프, 성장의 화려한 꽃을 피우다

1923년 아버지로부터 Coca-Cola를 이어받은 로버트 우드러프(Robert W. Woodruff, 1889~1985)는 회사를 세계 최대의 음료회사로 성장시킨 신화적인 존재였습니다. 우드러프 시대에 Coca-Cola는 성장의 화려한 꽃을 피우며 세계적 기업으로 발돋움했습니다.

우드러프는 취임과 동시에 Coca-Cola의 조직개편을 통해 내부 결속력을 강화했고, 미국 및 해외 보틀러의 관리시스템을 체계적으로 정비했습니다. 이 조치로 우드러프는 표준화되고 일관된 상품 생산의 능력을 향상해 Coca-Cola가 전 세계인에게 가장 사랑받는 음료회사가 되는 데 튼튼한 기반을 다졌습니다.

우드러프는 군인을 포함한 모든 미국인이 어디에서 편하게 코카콜라를 마실 수 있어야 한다는 경영 신념을 가졌습니다. 이를 위해 우드러프는 소비자에게 친숙한 광고 프로그램들을 개발을 위해 상당한 투자를 했습니다.[159]

사업확장의 측면에서 우드러프의 큰 업적은 1926년에 수출 업무에 특화된 Coca-Cola Export Corporation(이하 'CCEC')의 설립에 있었습니다. Coca-Cola의 해외 보틀러들이 빠르게 확장하는 데 CCEC는 전략적 사령탑이 되었습니다.[160]

IV. 상품 프랜차이징의 근간, 보틀링 시스템

Coca-Cola가 프랜차이즈 사업으로 구분될 수 있는 근본적인 이유는 무엇일까요? 보틀링 시스템이 어떻게 상품 프랜차이즈의 대표적 사례로 거론될 수 있을까요? 결과적으로 Coca-Cola는 어떻게 보틀링 시스템으로 세계 최대의 글로벌 음료 프랜차이즈로 성장할 수 있었을까요?

1. 보틀링 시스템의 탄생

변호사였던 벤자민 토마스(Benjamin Thomas)와 조지프 화이트헤드(Joseph B. Whitehead)는 Coca-Cola의 유망한 사업성을 한눈에 알아보았습니다. 병에 담긴 코카콜라는 계절, 지역, 시간에 상관없이 꾸준히 판매될 수 있고, 이동과 보관의 편리성이 높아 소비자가 원하는 장소에서 언제든지 구매할 수 있다고 그들은 생각했습니다.

그러나 이들은 중요한 문제를 해결해야 했습니다. 본사가 직접 코카콜라를 생산하고 유통하면 운송과정에서 병이 깨지거나 탄산음료가 터질 수 있는 위험이 존재했고, 무엇보다 운송비용이 많이 드는 약점이 있었습니다. 이 문제를 전광석화처럼 해결한 것이 보틀링 시스템이었습니다.

두 사람은 보틀링 시스템의 사업제안서를 들고 1899년 본사를 찾아갔습니다. 결국 그들은 미시시피주, 뉴잉글랜드, 텍사스주 등을 제외한 미국 전역에 코카콜라 원액을 병에 담아 판매할 수 있는 독점적 권리를 취득했습니다. 보틀링 시스템에 대한 독점적 권리가 부여된 순간이었습니다.

계약 이후 토마스는 중서부 지역을 책임졌고, 화이트헤드는 남부지역을 맡았습니다. 토마스는 1899년 첫 번째 보틀링 공장을 채터누가에 건설하고 코카콜라 보틀링 회사(The Coca-Cola Bottling Company)를 설립했습니다. 화이트헤드는 1900년에 애틀랜타에 보틀링 공장을 건설했습니다.

특이한 사실은 캔들러가 토마스 등과 체결한 계약서에 적힌 금액이 단돈 1달러였다는 점입니다. 캔들러는 당시 그들의 제안을 반신반의하여 '해 볼 테면 해 봐라'라는 식으로 그들에게 보틀링 공장을 세울 권리를 승인한 것으로 추정됩니다. 캔들러는 기존의 유통사업을 방해하지 않는 선에서 보틀링 시스템의 사업적 책임을 넘기면서 그들의 사업제안을 받아들였습니다. 이 우연한 승인이 미래의 Coca-Cola 운명을 크게 바꿀 것이라고 캔들러는 처음에 몰랐을 가능성이 큽니다.[161]

2. 보틀링이 도입된 이유

토마스와 화이트헤드가 보틀링 시스템을 구상한 가장 큰 이유는 자본부족 때문이었습니다. 새로운 공장의 설립에 많은 돈이 필요했지만, 그들은 그럴 돈이 없었습니다. 그래서 고안한 사업적 아이디어가 보틀링 시스템이었는

데, 이 방법은 큰 투자 없이 지역의 병 제조업자와 투자자를 유용하게 활용할 수 있는 점이 매력적이었습니다.

그들은 Coca-Cola가 보틀러에게 원액 및 원재료를 공급하고, 지역의 병 제조업자는 원액과 탄산수를 섞어 완성한 음료를 병에 담아 유통하도록 했습니다. 그 대가로 보틀러에게 코카콜라에 대한 지역의 유통 및 판매독점권을 승인했습니다. 이 방식으로 Coca-Cola는 병 공장의 설립과 유통시스템 구축에 필요한 재정적 투자를 아낄 수 있었습니다.

둘째, 유통 문제가 컸습니다. 보틀링 시스템은 운송비용의 절감뿐만 아니라 상품의 안정성을 확보한 특특한 방법이었습니다. 먼 지역이나 해외에 코카콜라를 운송하는 것은 비용 때문에 수지타산에 맞지 않았고, 병의 파손 및 상품 변질로 인해 Coca-Cola의 명성에 악영향이 우려되었습니다.

셋째, 보틀링 시스템은 병 제조업자에게 투자비용을 분담함으로써 Coca-Cola의 사업적 위험을 낮추었습니다. 또한 물리적 거리가 먼 지역에 코카콜라를 유통하는 과정에서 발생할 수 있는 운영과 관리상의 문제를 명쾌하게 해결해 주었습니다.

이러한 Coca-Cola의 프랜차이즈적 생산과 유통의 보틀링 시스템은 1900년대 초 Pepsi와 같은 청량음료 회사들에게 전파되었습니다. 이로써 보틀링 시스템은 현대 음료시장의 생산과 유통의 독특한 사업모델에 표준이 되었습니다.[162]

이후 고속의 병입 기계의 개발과 운송시스템의 효율성 제고로 보틀링 방식에 기반한 청량음료의 생산성이 높아졌습니다. 보틀링 시스템의 확장성을 처음에 인식하지 못했던 캔들러는 재임했던 약 25년 동안 보틀링 공장이 폭발적으로 증가한 변화를 놀란 마음으로 목격했을 것입니다.[163]

3. 세포 분열한 보틀러들

토마스와 화이트헤드의 보틀링 시스템은 철저하게 '사업의 확장성'에 초점을 맞춘 독특한 방식이었습니다.

그들은 자기 회사를 모기업으로 해서 지분을 투자자에게 나누는 방법으로 지역의 병 제조업자를 Coca-Cola의 보틀링 공장으로 전환하거나 새로운 공장을 건설했습니다. 투자자들은 코카콜라의 상품성과 사업성을 눈으로 확인했기에 보틀링 시스템에 대한 투자제안을 흔쾌히 받아들였습니다.

그들의 확장방식은 이랬습니다. 그들은 마치 중세의 봉건 영주(갑)처럼 을과 병에게 지역을 할당하고, 을과 병은 또다시 다른 사람들에게 지역을 작게 쪼개어 나누어 주는 식으로 보틀링 공장을 미국 전역으로 확장했습니다. 그리면서 여러 투자자로부터 공장 설립의 자본을 충당했습니다.

그 결과 보틀러(가맹점)는 프랜차이즈 사업 방식을 통해 마치 세포 분열처럼 그 수가 단기간에 늘어났습니다. 사업시작 약 3년 만에 34곳의 보틀링 공장이 설립되었고, 1909년 379곳으로 그 수가 대폭 증가했습니다.[164]

4. 해외진출의 성과

해외지역은 Coca-Cola에게 설탕, 코카 잎 추출물, 콜라 열매와 같은 원재료의 주요 공급처였습니다. 그런데 20세기 초반부터 해외시장은 원재료의 단순한 공급처를 넘어서 Coca-Cola의 새로운 소비시장으로 변모했습니다. 이 전환이 가능했던 것은 보틀링 시스템이 효과적으로 작동했기 때문이었습니다.

1906년 쿠바와 파나마에 최초로 해외 보틀링 공장이 세워졌고, 이후 푸에르토리코, 하와이, 필리핀, 괌으로 뻗어 나갔습니다. Coca-Cola는 1912년 아시아의 필리핀과 1919년 프랑스의 파리 및 보로도에 보틀링 공장을 건설했습니다. 해외 보틀링 공장은 점차 늘어나 1920년대에 중국, 홍콩, 중앙아메리카를 포함하여 약 1,200곳으로 확대되었습니다.

이로써 해외에서도 보틀러가 프랜차이즈 계약을 통해 자기 지역에서 Coca-Cola 상품들을 독점적으로 생산하고 유통할 수 있는 전방위적인 네트워크가 구축되었습니다. 청량음료에 기반한 국제 프랜차이즈 자본주의의가 탄생한 것입니다.[165]

한편, 1950년대에 주한 미군 부대를 통해 국내에 처음 소개된 코카콜라는 1968년 한양식품이 Coca-Cola의 첫 번째 보틀러가 되었습니다.[166]

5. 아웃소싱, 선택, 통제

1) 생산 및 유통의 외재화 VS 운영의 통제

생산과 유통을 아웃소싱한 보틀링 시스템은 Coca-Cola의 생산 및 유통의 외재화(externalization)를 상징했습니다. 이것은 Coca-Cola가 거리적, 물리적 한계를 극복하여 상품 프랜차이즈의 형태로 성장할 수 있었던 원동력이 되었습니다. 그러나 본질적으로 생산 및 유통의 외재화에 기반한 아웃소싱 전략은 지역 보틀러에게 생산과 유통의 '사업 위험과 투자 및 운영의 비용을 분담'하는 경영전략이었습니다.[167]

Coca-Cola는 상품 및 유통의 외재화로 발생할 수 있는 문제를 보완하기 위해 보틀러의 운영방식, 브랜딩, 마케팅을 철저하게 관리하고 통제했는데, 그 결과 지역 보틀러들은 Coca-Cola의 관리와 통제의 울타리를 벗어나기 힘들었습니다. 어떤 이유로든 프랜차이즈 계약이 해지된다면 막대한 자금을 투자한 지역 보틀러들에게 큰 타격이 되었기 때문입니다.

2) 유능한 지역 기업을 선호하다

Coca-Cola의 지역 보틀러의 선정기준은 매우 까다로웠습니다. 시간이 지날수록 기준의 수위는 높아졌습니다. Coca-Cola의 파트너 선정의 대원칙은 프랜차이즈 사업운영권을 부여받을 수 있을 정도로 상대방이 충분한 자본, 규모, 역량, 지역 네트워크를 갖추고 있느냐에 있었습니다.

Coca-Cola는 해외 파트너의 명성과 자본력을 중요하게 따졌고, 해당 국가에서 정치적, 사회적 영향력이 큰 기업을 선호했습니다. 또한 해외 파트너가 유통채널을 보유하고 있는지와 마케팅 비용을 지급할 여력이 충분한지도 함께 점검했습니다. 반대로 말해, Coca-Cola는 빠른 사업의 확장을 위해 규모가 영세하거나 검증되지 않은 지역 기업과 프랜차이즈 계약을 무분별하게 체결하는 것을 멀리했습니다.[168]

3) 강력한 통제력과 사업성

Coca-Cola 상품 프랜차이징의 높은 효율성과 사업성과들이 시장에서 입증되자, 새로운 사업자가 Coca-Cola 파트너가 될 수 있는 문턱이 높아졌습니다. 신규 파트너가 되고자 했던 예비 보틀러들은 자기의 사업규모, 자본력, 지역사회의 유명도를 Coca-Cola에 직접 설득해야 했습니다.

이렇게 Coca-Cola의 사업적 유명세가 커지자 Coca-Cola는 그 힘을 바탕으로 미국 및 해외 보틀러들에 대한 관리와 통제력을 점차 강화했습니다. 완제품의 균일한 품질이 가장 중요했기에, 비밀 원액과 시럽들을 공급한 Coca-Cola는 보틀러들이 생산과 유통의 표준을 준수하고 본사의 운영지침에 잘 따르는지를 상시적으로 점검했습니다.[169]

높은 관리와 통제에도 불구하고 사업에 참여하려는 예비 보틀러들이 더 많아졌습니다. 이는 Coca-Cola로부터 기대되는 사업성과와 독점 판매권의 프리미엄이 워낙 높았기 때문입니다.

Ⅴ. 프랜차이즈적 의미와 역사적 공헌

1. 상품 프랜차이즈의 결정체

　McComick Co와 Singer로부터 시작된 상품 프랜차이즈의 역사는 프랜차이즈 사업의 유형 중에서 가장 먼저 싹텄습니다. 이를 이어받아 청량음료 사업을 프랜차이즈화하여 20세기 초반부터 상품 프랜차이즈의 선두주자가 된 Coca-Cola는 이후 자동차 프랜차이즈와 주유소 프랜차이즈에 큰 영향을 주었습니다.[170]

　Coca-Cola는 가맹본부로써 뛰어난 상품과 인지도 높은 상표권을 소유하는 대신에 생산과 유통을 보틀러에 분담하는 방식으로 상품 프랜차이징 시스템의 장점과 체계성을 한층 높였고, 사업성장의 과정에서 시스템 품질의 완성도를 높여 상품 프랜차이즈 모델의 표본이 되었습니다.

2. 확장성의 확인

　Coca-Cola는 코카콜라의 단일한 상호, 단일한 상표, 단일한 상품으로 전 세계에 성공적으로 진출했습니다. 그 성장은 지금까지 계속 이어져 오늘날 Coca-Cola는 코카콜라 이외에 환타, 스프라이트 등 다양한 청량음료를 공급하는 세계 최대 음료 프랜차이즈 회사가 되었습니다.

　이 사실은 상품, 상표, 공급 및 유통시스템이 잘 갖추어진 브랜드라면, 상품 프랜차이징의 방법으로 글로벌 기업이 될 수 있다는 사업적 희망을 현대 기업들에 전달합니다. 물론 지금은 20세기 초보다 경쟁이 심해 실제 상품 프랜차이즈 방식으로 국제적 브랜드로 성장하는 것이 쉽게 않겠지만, 그렇다고 그럴 가능성이 매우 낮다고 말할 수 없습니다.

3. 지식재산권의 토대 마련

  Coca-Cola는 많았을 때 상표권 침해의 이유로 일주일에 평균 한 건의 고소를 진행했습니다. 이 엄청난 지식재산권 보호의 노력으로 Coca-Cola는 1926년까지 소송 등을 통해 약 7,000개의 크고 작은 상표 침해자들을 무너뜨렸습니다.[171]

  상표권 보호와 함께 Coca-Cola의 지식재산권에 대한 유의미한 투쟁은 모방상품이 따라오기 힘들게 만든 코카콜라의 차별적이고 통일적인 병 디자인의 구현과 사용에 있었습니다.

  20세기 초반까지 지역 보틀러들은 편의상 자신이 생산한 병을 개별적으로 사용했기에 보틀러마다 사용했던 코카콜라의 병의 형태가 달랐습니다. 이를 개선하기 위해 Coca-Cola는 차별적이고 통일적인 병의 디자인을 위해 상당한 투자를 했고, 이와 함께 보틀러들에 통일적인 병의 사용이 왜 중요한지를 계속 설득하였습니다. 마침내 1920년대부터 병 디자인의 통일화가 실현되었습니다.[172]

  이 사례에서 추론할 수 있듯이 Coca-Cola가 현대 프랜차이즈에 전하는 가장 큰 공헌을 뽑자면, 지식재산권 보호의 투쟁 역사일 것입니다. Coca-Cola는 모방 브랜드들의 상표권 침해를 방어하고 상표, 특허, 디자인 등의 지식재산권 보호를 위해 그 어떤 소송도 마다하지 않았습니다.

  이 역사적 사실은 보틀링 시스템 때문이었습니다. 상표, 특허, 디자인의 사업적 보호가 없다면 그 어떤 보틀러(가맹점)도 존재할 수 없다고 Coca-Cola는 판단했기 때문이었습니다.

  Coca-Cola의 지식재산권 보호를 위한 노력과 그에 따른 소송의 판결문들은 상표의 정의 및 범위를 구체화했습니다. Coca-Cola의 지식재산권 보호의 투쟁 역사는 현대사회에 지식재산권의 중요성을 널리 환기했고, 미국이 세계 경제의 중심이 되는데 주춧돌이 되었습니다. 지식재산권은 오늘날 미국 기업들에게 가장 중요한 전략적 자산입니다.

4. 가맹본부 영업비밀의 가치

코카콜라 원액의 비밀은 아마도 영업비밀에 대한 기업교육에서 가장 많이 인용되는 내용일 것입니다. 'Merchandise 7X'라고 불리는 이 비밀 공식은 소수의 임원만 알고 있고, 현재 애틀랜타에 있는 은행 금고에 보관되어 있다고 합니다.

그 비법을 아는 사람들은 비밀 유지의 협약을 맺었고 같은 비행기를 탈 수 없다고 합니다. 원액 제조의 영업비밀은 지금까지 베일에 가려져 있고, Cola-Cola는 이 신비주의를 마케팅적으로 계속 강화하고 있습니다.[173]

Coca-Cola는 누구도 알 수 없는 비밀 원액을 공급하는 방식으로 해외에 분산되어 있던 보틀러들이 자신의 사업모델의 테두리 밖으로 벗어나지 않도록 자연스럽게 통제했습니다.

5. 표준화와 전문화의 뿌리

Coca-Cola의 성장은 상품 표준화를 위한 총체적 품질 관리(Total Quality Management, 이하 'TQM') 시스템에 바탕을 두었습니다. 상품 생산의 표준화를 향한 TQM 시스템은 각 작업단계의 문제점을 찾아 예방책을 마련해 전 과정의 균질성과 효율성을 높이는 혁신적 관리방식입니다.

TQM으로 생산된 코카콜라는 장소에 상관없이 동일한 맛과 품질을 보증했습니다. Coca-Cola의 TQM은 생산의 비용과 시간을 줄여 코카콜라의 가격 경쟁력을 유지할 수 있게 했고, 불량률을 개선하여 정상품의 생산성을 크게 높였습니다.[174]

다른 측면에서 Coca-Cola 프랜차이즈의 전문화는 보틀링 시스템으로 완벽히 실현되었습니다. 바로 전문적인 '역할 분담'을 통해 프랜차이즈 전문화의 수준이 강화된 것입니다.

본사는 상표, 특허, 디자인 등의 지식재산권을 소유하고 보틀러의 브랜딩과 마케팅 프로그램을 조정하고 관리했습니다. 이에 코카콜라의 모든 광고 메시지들은 본사에서 기획하고 실행한 것입니다. 반면에 가맹점인 보틀러는 사업방침에 맞게 상품을 생산하고 유통하면서 고객인 소매점들에게 최선의 판매 서비스를 실천했습니다.

상품 프랜차이징의 테두리 안에서 두 당사자의 전문적인 역할이 명확하게 분담되었고, 그들은 파트너십에 기반하여 자기 역할에 충실하면서 사업성공에 가까워질 수 있었습니다. Coca-Cola는 상품 프랜차이즈로써 20세기 초중반 이러한 3S의 원리를 적용해 사업 시스템을 고도화했습니다.

6. 거래관계의 수직적 통합

1930년대 전후 해외 보틀러들이 본사와 체결한 프랜차이즈 계약서에 따르면, 이들은 Coca-Cola의 상품만을 생산 및 유통하고 다른 음료들을 취급할 수 없었습니다.

해외 보틀러들은 만족할 수준의 생산 및 유통시설의 투자를 본사에 약속해야 했고, 이를 계획대로 실행해야 했습니다. 이들은 본사가 정한 운영방침을 따라야 했고, 본사가 승인한 공급업체를 통해 원재료를 공급받았으며, 지역 광고와 판촉 등 마케팅 계획도 사전에 승인받아야 했습니다.

사업 초반, 내부적으로 보틀링 시스템에 대한 반대의 목소리가 컸습니다. 보틀링 시스템 방식으로 해외에 진출할 경우 Coca-Cola의 일관된 품질과 브랜드 통일성의 훼손이 염려되었기 때문이었습니다. 이 우려에 대한 해결책은 강력한 지식재산권을 바탕으로 위계질서가 있는 수직적 거래관계를 구축하여 보틀러의 관리와 통제를 강화하는 것이었습니다.

만약 보틀러가 수직적 통합의 거래관계와 표준적 운영에서 벗어나거나 마케팅 전략에 따르지 않는 경우, Coca-Cola는 프랜차이즈 계약을 해지할 수 있는 조항을 가지고 있었습니다.

7. 프랜차이즈는 수직적 마케팅 시스템이다

Coca-Cola는 프랜차이즈뿐만 아니라 현대 비즈니스에서 마케팅의 선구자이자 교과서라고 칭송받고 있습니다. Coca-Cola의 마케팅 시스템은 사업성장의 엔진이자 중심축이었습니다.

Coca-Cola의 사업확장은 경쟁자들이 따라올 수 없는 강력한 마케팅 전략에 기반했습니다. 시간이 지나면서 Coca-Cola는 코카콜라 자본주의(Coca-Cola capitalism)로 불릴 만큼 대량 마케팅 거인(mass marketing giant)으로 성장했습니다.[175]

Coca-Cola의 마케팅 역사에서 가장 두드러진 업적은 뛰어난 광고 메시지일 것입니다. Coca-Cola의 광고는 창의성, 참신함, 통찰력이 풍부했고, 갈등과 대립을 넘어선 대통합의 빛나는 메시지로 가득 차 있었습니다. 이로 인해 Coca-Cola는 지금까지 광고계의 진정한 아이콘으로 군림해 왔습니다.

예를 들어, 코카콜라가 현재까지 일관성 있게 유지해 오고 있는 언제나(always), 상쾌한(refreshing), 즐기자(enjoy), 행복(happiness)과 같은 광고 키워드들의 영향력은 시대가 바뀌었음에도 그 울림이 여전합니다.[176]

그러하기에 역사적 관점에서 현대 프랜차이즈의 가장 큰 특징을 '수직적 마케팅 시스템(vertical marketing system)'이라고 부르는 이유가 Coca-Cola

의 광고 시스템에서 유래했다고 말해도 과언이 아닐 것입니다.

가맹본부가 거래관계의 측면에서 가맹점들을 수직적으로 통합한 후 브랜드만의 차별적이고 통일적인 마케팅 활동을 통해 성장을 추구하는 방법은 현대 프랜차이즈 사업의 주요한 특성입니다. 프랜차이즈 브랜드만의 통합 마케팅 시스템(integrated marketing system)은 다른 브랜드와의 경쟁에서 승리하고 시장점유율을 높일 수 있는 가맹본부의 핵심적 사업 무기입니다.

8. 현지화 전략

Coca-Cola는 해외에 적극적으로 진출해 국제 상품 프랜차이징의 선두주자가 되었습니다. Coca-Cola의 선도적인 해외진출의 성과는 상품 표준화를 바탕에 두었지만, 그것보다 의미가 있었던 것은 현지화 전략(localization strategy)이었습니다. 현지화 전략이 없었다면, Coca-Cola의 국제 프랜차이징의 성공은 불가능했을 것입니다.

해외 현지화는 각 나라의 소비자 특성과 고유한 문화특성에 맞게 마케팅 전략을 수정 또는 조정하는 작업을 의미합니다. 상품 본연의 품질과 특징은 그대로 유지하면서 현지화 전략을 통해 Coca-Cola는 해외시장의 수용성을 높였습니다.

각 나라의 여건과 사정에 맞게 조정된 Coca-Cola의 현지화 전략은 현지에 적합한 마케팅 광고 프로그램을 생산했습니다. Coca-Cola의 해외시장의 마케팅 전략은 브랜드의 핵심 가치와 상품만을 제외하고 국가마다 조금씩 달랐습니다.[177]

이러한 상품 프랜차이징의 국제화 전략을 글로벌과 로컬의 합성어인 글로컬(glocal) 전략이라고 합니다. Coca-Cola의 글로컬 전략은 현재 국제 상품 프랜차이징뿐만 아니라 비즈니스 포맷 프랜차이징에서도 유용하게 적용되고 있습니다. 상품 표준화를 바탕으로 해외시장의 수용성을 높이기 위한 현지화 전략과 글로컬 전략은 프랜차이즈 기업이 해외진출의 과정에서 반드시 사전에 마련해야 할 전략적 과제입니다.[178]

9. 체계적인 교육과 훈련 시스템

1926년 Coca-Cola는 해외진출의 촉진과 해외 보틀링 공장의 효율적인 운영 및 통일적 관리를 위해 Coca-Cola Export Coperation(CCEC)을 설립했습니다. CCEC는 수출 업무를 전담했던 조직으로 원액의 공급 및 관리와 보틀링 공장의 체계적인 통제에 관한 업무를 했습니다. 운영 측면에서 CCEC는 현지 시장에 맞는 적합한 브랜딩과 마케팅 프로그램을 개발하거나 이를 시장에 맞게 조정했습니다.

이곳에서 일하는 Coca-Cola '필드맨'은 대부분이 Coca-Cola의 본사나 보틀링 공장에서 생산과 유통의 모든 과정을 경험했거나 조직적인 훈련을 받았던 직원들이었습니다. 필드맨은 지역 보틀러가 창업과정에서 궁금해하는 공장부지 선정, 장비 및 시설의 구입과 배치, 품질 점검, 판매방법, 광고 방법에 관한 정보들을 제공했습니다. 보틀링 업체의 직원들은 일정 기간의 프로그램에 참여해 Coca-Cola의 사업전략과 운영방침에 대해 체계적인 교육과 훈련을 받았습니다.[179]

제15장
비즈니스 포맷 프랜차이즈의 원형, Harper Method

Ⅰ. Martha와 Harper Method

이 장은 프랜차이즈 역사에서 위대한 경영자였던 마사 마틸다 하퍼(Martha Matilda Harper, 1857~1950, 이하 'Martha')와 그녀의 프랜차이즈였던 Harper Method의 행적, 사업성과, 그리고 현대 프랜차이즈에 미친 영향 및 공헌에 관한 이야기입니다.

Martha와 Harper Method를 별도로 비중 있게 다루는 이유는 이들의 흥미진진하고 파란만장한 이야기가 국내시장에 거의 알려지지 않고 있기 때문입니다. 현대 프랜차이즈 사업에 대한 그들의 역사적 의미와 공헌은 오늘날의 그 어떤 프랜차이즈 브랜드들보다 훨씬 컸습니다.

다행히도 2019년 미국 학자 Jane. R. Plitt가 출간한 《Martha Matilda Harper and The Amercian Dream》은 Martha와 Harper Method의 자세한 역사를 우리가 접할 수 있는 기회를 주었습니다. 이 장은 이들의 이야기를 Jane의 이야기를 바탕으로 다른 문헌들의 기록들을 보충하여 책의 목적에 맞게 재구성되었습니다.

2000년대에 들어와서 IFA는 현대 프랜차이즈의 시작은 Singer가 아니라 Harper Method라고 밝혔습니다. 이것은 지금까지 국내에 알려진 상식을 무너뜨린 발표로, IFA는 Martha의 Hair & Beauty 프랜차이즈(이하, 미용 서비스 프랜차이즈)였던 Harper Method를 현대 프랜차이즈의 원형으로 보는 것이 적절하다는 의견을 게재했습니다.

Harper Method는 19세기 후반에 탄생한 두피, 얼굴, 피부의 미용 상품과 미용 서비스를 제공한 미용 서비스 프랜차이즈 브랜드였습니다. Harper Method는 가맹점의 사업적 동기 부여, 체계적인 교육과 훈련, 브랜드만의 차별적인 상품과 서비스, 일상적인 가맹점 관리, 그리고 광고 시스템 등과 같이 현대 상업 프랜차이즈가 갖추고 있어야 할 거의 모든 요소를 자신의 프랜차이즈 시스템에 담았습니다.

Harper Method는 상품 프랜차이즈처럼 생산과 유통 중심의 제한된 시스템이 아니라 차별적인 아이템, 사업전략, 그리고 운영방식이 중요한 비즈니스 포맷 프랜차이즈 시스템을 높은 수준으로 실현했습니다. 그 결과 Harper Method의 체계성과 완성도 높은 비즈니스 포맷 프랜차이즈 시스템은 20세기 프랜차이즈 브랜드들에게 유의미한 사업적 영감과 현대 프랜차이즈 사업이 걸어가야 할 방향성을 안내하는 좌표가 되었습니다.[180]

II. Martha Matilda Harper 생애 [181]

1857년 캐나다에서 가난한 시골 여성으로 태어난 Martha는 어려운 생활 형편 때문에 불과 7살의 나이에 어느 집의 하녀로 보내졌습니다. 남성 중심의 가부장적인 사회였던 당시에 여성의 대부분은 사회적 차별로 인해 주로 가사 노동이나 단순 노동에 시달렸습니다. 이 때문에 여성들은 경제적 자립과 부의 축적을 꿈꿀 수가 없었습니다.

1882년 그녀는 열악한 하녀의 삶의 굴레에 벗어나기 위해 새로운 꿈을 품고 뉴욕의 로체스터(Rochester)로 향했습니다. 이민자가 된 Martha는 미국에서도 똑같은 하녀였습니다. 그렇지만 자립과 성공의 열망이 컸던 그녀는 오랜 하녀의 경험을 바탕으로 미용 사업에 눈을 뜨게 되었습니다.

Martha는 주변의 도움을 받아 건강하고 아름다운 모발의 유지를 위한 자신만의 모발 관리법과 두피 마사지 서비스를 개발했습니다. 그리고 미용 관리에 관련된 자신만의 독특한 화장수(tonic), 샴푸, 마사지 크림 등의 제조법도 고안했습니다.

20년이 넘는 하녀(가정부) 일의 경험을 바탕으로 독창적인 미용 상품과 마사지 방법을 고안한 Martha는 마침내 1988년 대형 쇼핑센터였던 Powers Building의 516호에서 최초의 미용실이자 Hair Salon이었던 'Harper Method'를 개업했습니다. Harper Method는 미용 서비스 프랜차이즈 브랜드의 이름이자 가맹점의 상호였으며 미용 상품들의 상표가 되었습니다.

Martha의 프랜차이즈 사업은 1891년 뉴욕을 기점으로 보스턴, 시카고, 버팔로, 클리블랜드, 로스앤젤레스 등 미국 주요 도시들로 확장했고, 캐나다는 물론 해외 여러 곳에도 진출했습니다.

Harper Method의 가맹점은 1920년에 175곳에 도달했고, 1930년대에 해외 주요 도시들로 확장하여 그 수가 500곳이 넘었습니다. 그 결과 대공황 이전까지 Harper Method는 유일한 미용 국제 프랜차이즈 브랜드로 성장해 미국을 넘어 전 세계 뷰티산업의 최강자가 되었습니다.

그러나 대공황으로 뷰티시장이 침체기에 들어서면서 Harper Method의 사업은 정체했습니다. 게다가 Harper Method의 성공 사례로 뷰티시장의 성장 잠재력을 확인한 대형 기업들이 1930년대 중반부터 화장품과 미용 관련 상품들을 쏟아 내자 뷰티시장의 경쟁이 치열해졌습니다. 이로 인해 Harper Method의 사업은 쇠퇴의 길에 들어섰습니다.

설상가상으로 사업이 정체된 1930년대부터 창립자이자 강력한 정신적

리더였던 Martha의 건강이 점차 나빠졌습니다. 1950년 93세의 나이로 Martha가 세상을 떠나자 Harper Method의 찬란하게 눈부셨던 역사는 서서히 막을 내렸습니다. Harper Method는 공식적으로 1970년 초반까지 운영되었습니다.

III. Harper Method의 미용 서비스 프랜차이즈

19세기 후반부터 20세 중반까지 Harper Method의 미용 서비스 프랜차이즈는 비즈니스 포맷 프랜차이즈의 역사적인 본바탕이 되었습니다. 사업내용과 특징을 바탕으로 Harper Method의 프랜차이즈적 요소와 그 관계를 살펴보면 다음과 같습니다.

1. Harper Laboratory [182)]
1) 브랜드만의 차별적인 상품의 개발

Martha의 경영철학은 1921년에 완공된 'Harper Laboratory(이하 '연구소')의 활동과 성과에서 잘 드러났습니다. 이 연구소는 미용 서비스 프랜차이즈 사업을 위해 기계, 시설, 장비 등이 조직적으로 배치된 상당한 규모의 R&D 및 제조시설이었습니다.

연구소는 화학물질을 사용하지 않고 유기농 천연재료를 사용해 자연 친화적이고 건강한 미용 상품들을 개발했습니다. 천연 유기농 재료를 활용한 샴푸, 크림, 화장수, 마사지 크림, 획기적인 염색약은 다른 경쟁자들의 상품과 다른 차별적인 Harper Method만의 상품들이었습니다. 이들은 Harper Method 프랜차이즈 사업을 든든히 지탱해 준 핵심 자산이었습니다.[183)]

이에 연구소의 자연 친화적인 상품들은 건강한 아름다움을 추구했던 Martha의 경영철학을 실현한 구체적 증거로써 Harper Method 프랜차이즈 사업의 필수품목을 구성했습니다.

2) 조직적인 공급시스템의 구축

Harper Laboratory는 가맹점에 공급했던 상품, 장비, 시설들의 개발, 생산, 교육을 담당했기에 Harper Method의 통일적인 프랜차이즈 시스템의 유지에 중추적 역할을 했습니다. 연구소의 결과물들은 다른 브랜드와의 경쟁에서 Harper Method 상품의 차별성과 우월성을 부각하고, 프랜차이즈 사업의 지속성을 확보하기 위한 경영전략의 산물이었습니다.

연구소를 통한 브랜드만의 상품과 장비들에 대한 공급시스템의 확보는 미용시장에서 Harper Method의 차별성을 강화하고, 필수품목의 공급가격과 품질을 경쟁력 있게 유지했습니다. 이뿐만 아니라 연구소에서 개발된 상품, 장비, 시설들은 고객에게 차별적인 서비스 제공의 밑받침이 되었고, 고객의 재방문을 촉진해 가맹점의 수익을 높였던 원천이 되었습니다.

2. Harper Equipment

사업 초기 Martha의 개인적 역량과 본사 조직체가 갖추어진 이후 설립된 Harper Laboratory에서 개발된 Harper Equipment는 미용 상품 자체가 아니라 미용 서비스를 편리하고 효과적으로 제공하기 위한 도구, 기구, 장비였습니다.

차별적인 미용 서비스를 제공하기 위해 Harper Method는 자체적으로 제작한 Harper Equipment를 다른 미용 유통업체들을 배제하고 오직 Harper Method의 가맹점에만 공급했습니다. 가맹점은 모발 및 두피 관리, 염색, 샴푸 및 마사지 서비스를 제공하는 과정에서 Harper Equipment를 활용하여 브랜드만의 차별적인 서비스를 제공할 수 있었습니다.[184]

Harper Equipment의 놀랄 만한 대표적인 발명품은 19세기 후반 개발된 '목 받침이 있는 세면대'와 '등받이가 뒤로 움직이는 안락의자(reclining chair)'였습니다.

전자는 빠르고 효율적인 머리 감기에 아주 유용했고, 후자는 두피, 얼굴, 상반신 마사지의 서비스를 편리하게 제공하는 데 효과적인 미용 제작물이었습니다. 이 전문적인 발명품들은 이후 미용 관련 도구, 기구, 장비의 혁신을 가져왔습니다.[185]

한편, 머리 감기용 샴푸 바울(bowl)도 뛰어난 발명품이었습니다. 샴푸 바울로 직원이 머리를 감겨 주는 동안 고객은 아주 편한 자세로 있을 수 있었습니다. 또한 직접 제작한 화장대도 가맹점에 배치되었습니다.[186]

이와 같은 목 받침 세면대, 안락의자, 샴푸 바울, 화장대 등의 Harper Equipment는 오늘날 모든 미용실에서 사용하고 있는 미용의 도구, 기구, 장비의 원형이었습니다. Harper Equipment는 직원이 미용 서비스를 일관성 있고 편리하게 제공하는 데 유용한 기구 및 장비였고, 고객은 이를 통해 편안한 자세에서 미용 서비스를 받을 수 있었습니다.[187]

3. 중앙집중 시스템의 실현

외부로 드러난 Harper Method의 프랜차이즈 시스템의 가장 중요한 특징은 중앙집중의 프랜차이즈 시스템(centralized franchise system)의 실현에 있었습니다.

Harper Method는 프랜차이즈 사업의 통일성과 일관성을 유지하기 위해 미용 상품, 인테리어, 기계, 장비, 시설 등을 가맹점에 일률적으로 공급하고 설치했습니다. 이들은 가맹점의 표준적 운영을 관리할 수 있는 기능적인 토대였습니다.[188]

Harper Laboratory의 미용 상품들과 Harper Equipment의 기구 및 장비는 Harper Method의 중앙집중화된 프랜차이즈 시스템의 상징물들이었습니다. 독특한 미용 상품과 혁신적인 Harper Equipment의 기구 및 장비는 Harper Method 프랜차이즈 사업만의 '필수품목'이자 '필수장비'였습니다.[189]

4. 강력한 지지자 Harperites

1) Harper Method 브랜드의 팬덤

Martha는 가맹점들의 주변에 수천 명의 'Harperites'를 보유했습니다. Harperites는 누구였고, 이들은 Harper Method의 프랜차이즈 사업에 어떤 의미가 있었을까요?

좁은 의미에서의 Harperites는 Harper Method의 가맹점을 소유하거나 운영했던 가맹점사업자, 매장 운영책임자, 직원들을 지칭했습니다. 넓은 의미에서의 Harperites는 Harper Method의 교육기관에서 훈련받은 사람들과 Martha의 사업철학과 사업방식을 지지하는 주변의 지지자들도 포함했습니다.

따라서 Harper Method 프랜차이즈 사업의 참여자이자 강력한 지지자들이 Harperites였고, 지역의 흩어져 있던 Harperites의 연결 그룹이 'Harper Network'였습니다.

Harperites는 현재의 팬덤(fandom)과 유사했습니다. 어찌 보면, 유명인 등을 추종하는 지금의 팬덤보다 Harperites는 더 강력한 조직이었습니다. 이들은 Martha와 Harper Method의 경영철학과 공동의 사업목표에 자신의 인생을 걸 정도로 철학적으로 굳건히 묶여 있었기 때문입니다.[190]

따라서 Harperites는 사업의 공통목표로 무장한 정신적, 실천적 결사체

(association)로 Harper Method 프랜차이즈 사업의 주력 부대이자 든든한 사업적 지원군이었습니다.

2) 공동의 목표인식과 공동체 의식

Harperites는 사회적 차별과 불평등에 신음했던 하인, 가사 노동자, 임금 노동자 등의 여성들로 구성되었습니다.

그러했기에 Harperites가 된다는 것은 Martha의 프랜차이즈 사업에 참여한다는 사실을 초월해 Harper Method의 가족이 되는 것으로 여겨졌습니다. 그들에게 Harperites는 경제적 자립뿐만 아니라 사회의 불평등에서 벗어날 수 있는 유일하면서 유망한 희망의 통로였습니다.[191]

Harperites는 Martha의 경영철학과 사업방식을 철저히 공유했고 강력한 결속력으로 무장했습니다. 과거의 처참한 인생 경험과 불우한 현실이 유사하다 보니, Martha와 Harperites의 공동의 목표인식과 공동체 의식은 Harper Network로 강력하게 연결되었습니다.[192]

이 강한 결속력은 프랜차이즈 사업이 성장하는 과정에서 Harper Method만의 독특한 조직문화로 발전했습니다. 그 특유의 조직문화는 Harper Method가 사업적 어려움에 빠졌을 때 위기 극복의 큰 힘이 되었고, 브랜드가 지속적으로 성장하는 데 튼튼한 나무줄기가 되어 주었습니다.

5. 교육 및 훈련 시스템

Martha는 가맹점사업자와 매장운영자의 전문적인 고객 서비스 수준이 프랜차이즈 시스템의 높은 성과를 생산하고, 브랜드의 우호적 이미지와 명성을 창출하는 핵심 요소로 규정했습니다.

이에 그녀는 미용 상품들의 사용법과 미용 서비스의 통일성을 유지하기 위해 가맹점사업자와 직원들에 대한 교육과 훈련 프로그램을 철저히 실행했습니다. 체계적인 교육과 훈련 시스템이 Harper Method 프랜차이즈의 성공 열쇠가 된다고 그녀는 굳게 믿었던 것입니다.[193]

처음에 Martha는 직영점이었던 로체스터의 Hair Salon에서 창업자들을 교육했습니다. 그러나 공간 부족의 문제가 발생하자 1921년에 독립된 자체 교육·훈련시설을 설립했습니다. 이곳에서 본격적으로 Harperites가 조직적으로 양성되었습니다.

교육·훈련시설은 이후 로체스터, 위스콘신주 매디슨, 애틀랜타, 캐나다 밴쿠버, 위니펙 등과 같은 지역의 거점도시로 확대되었습니다. 주요 지역에 분산된 교육·훈련시설들은 교육생들의 접근성을 높여 예비 Harperties가 거주지와 가까운 곳에서 교육받을 수 있는 근거지가 되었습니다.

교육·훈련시설의 과정은 보통 6개월이었습니다. 특히 Harper Method는 가난 때문에 교육비가 없거나 부족한 사람들에게 먼저 교육을 이수토록 한 후 나중에 매장에서 일하면서 그 채무를 갚도록 했습니다. 이와 같은 교육비 지원의 정책은 가난한 여성들이 Harperties가 될 수 있는 실질적인 기회의 문을 활짝 열었습니다.[194]

이 시스템으로 가맹점들은 거점도시에 있었던 교육·훈련시설로부터 훈련된 직원들을 계속 채용할 수 있어서 가맹본부가 요구했던 고객 서비스의 수준을 일정하게 유지할 수 있었습니다.

6. 여성 중심의 개설 원칙

Harper Method의 가맹점 출점을 위한 목표고객은 돈이 많은 투자자나 역량이 있는 사업가가 아니었습니다. 사회적 약자이자 경제적 독립성이 취약한 여성들이 개설의 첫 번째 목표고객이었습니다.

이에 따라 가맹점 개설에서 남성은 원칙적으로 배제되었습니다. 하물며 부유한 여성 투자자도 가맹점사업자의 고려대상이 아니었습니다.

Martha는 불우한 삶을 살았던 여성의 경제적 자립과 사회적인 신분 상승을 위해 모든 것을 투자한 여성 사업가였습니다. Martha는 프랜차이즈 사업으로 단결하여 창출한 이익을 함께 나눈다면, 경제적 궁핍과 사회적 차별에서 벗어날 수 있다는 공생의 철학을 여성들에게 피력했습니다.[195]

이처럼 Martha는 사회경제적으로 핍박받고 차별받던 여성들이 자신과 함께 같은 꿈을 꾸고 서로를 이해하면서 함께 성장할 수 있다고 굳게 믿었습니다. 이것이 Harper Method의 가맹점사업자 선정의 철학이자 제1의 원칙이었습니다.[196]

7. Branch Office

오늘날 현대 기업이 프랜차이즈 사업방식을 선택하는 최대의 매력은 광범위한 지역으로의 확장성에 있을 것입니다.

Martha는 사업확장을 위해 버팔로 지역을 시작으로 대도시 주변에 지역지사(Branch Office)를 설립했습니다. 지역 지사는 전략적으로 유망한 지역의 개점을 촉진하고, 출점한 가맹점의 주변에서 매장을 체계적으로 관리하는 근거지였습니다.[197]

20세기 초반 미국은 교통이 아직 발전하지 못해 가맹본부가 먼 지역에 가서 신규 가맹점을 개설하고, 이를 통일적으로 관리하는 것이 현실적으로 불가능했습니다. 지역 지사는 가맹본부의 일을 대신했던 지역 사무소의 형태로 오늘날 국내시장의 가맹지역본부의 초기 형태라고 볼 수 있습니다.

Harper Method가 미국과 캐나다를 중심으로 영국, 스코틀랜드, 프랑스, 이탈리아 등에 가맹점을 개설한 사실에 비추어 볼 때, 지역 지사는 꽤 많은 지역에 진출했고 그 성과도 아주 높았던 것으로 추정됩니다.

8. Harper Method Textbook

Martha는 상품과 서비스의 사용법뿐만 아니라 매장운영 및 고객 서비스의 모든 과정을 매뉴얼화했습니다. 그녀는 매뉴얼을 통해 교육·훈련시설에서 Harperites를 꾸준히 양성했습니다. 이렇게 체계적인 교육과 훈련에 사용된 메뉴얼 책자가 The Harper Method Textbook(이하, Textbook)이었습니다.

그러므로 Textbook은 비즈니스 포맷 프랜차이즈 매뉴얼의 원형이자 서비스 프랜차이즈의 교과서였으며 미용 서비스 사업의 경전이었습니다. Textbook은 해외에서도 가맹점이 균일하고 통일적인 미용 서비스를 제공할 수 있게 도왔습니다.

Textbook은 직원이 고객의 얼굴을 포함해 어깨, 목, 머리 전체를 마사지 하는 순서 및 방법과 단계별 과정을 상세히 설명했습니다. 또한 Textbook 은 미용 상품의 활용법과 각종 크림을 바르는 표준적인 방법도 자세히 안내했습니다.

예를 들어, 얼굴 및 상반신 마사지를 위한 말을 타는 모습의 안장 동작의 자세(saddle maneuver), 따뜻한 수건과 차가운 수건을 번갈아 사용하는 피부의 이완과 수축의 작업, 손가락을 활용하는 턱 마사지 동작(chucking motion), 그리고 입 주변 마사지 동작(peach movement)과 같은 서비스 과정을 Textbook은 세부적으로 설명했습니다.[198]

이 동작들은 현대의 마사지 기본 동작을 구성하고 있습니다. 오늘날 '구강 관리 마사지 서비스'와 같은 특수 마사지 기술도 어쩌면 이 Textbook의 아이디어가 기원이었을 수도 있습니다. Textbook대로 약 2시간의 걸쳐 피부 마사지를 받은 고객들은 온몸에 피로가 풀리면서 탱탱하게 반짝이는 피부를 보고 젊어졌다는 느낌을 받았습니다.

Textbook은 표면적으로는 고객 서비스의 기술적 절차와 방법을 안내했지만, 궁극적으로 고객의 편안함과 만족감을 향상하는 것을 지향했습니다. Textbook에 기반한 가맹점의 표준적인 미용 서비스에 대한 고객의 우호적인 평가는 입소문을 통해 잠재 고객에게 전달되었습니다.[199]

9. The Harper Method Progress [200]

1923년에 발간된 The Harper Method Progress(이하, 'Progress')는 Harper Method와 Harperites 간의 중요한 소통의 통로였습니다.

이 Progress는 20세기 현대 프랜차이즈 브랜드들의 소통방식의 역사적 참고서가 되었습니다. 역사적 관점에서 Progress는 아래와 같은 이유로 가맹본부와 가맹점 간의 전형적인 커뮤니케이션 수단으로 평가될 수 있습니다.

첫째, Progress는 Martha의 경영철학과 Harper Method의 사업정책에 대한 공식적인 전달자였습니다. Progress는 사업의 성과, 주요 현안, 운영방침에 대한 알림창으로써 가맹점과의 공식적인 의사소통의 도구이자 소통의 창구였습니다.

둘째, Progress는 프랜차이즈 사업의 홍보 창구이자 가맹점사업자의 결속력을 높이는 효과적인 도구였습니다.

Progress는 Martha의 연설문뿐만 아니라 본사의 사업방침을 잘 이행해 탁월한 성과를 낸 가맹점의 성공 사례를 게재했습니다. 이를 통해 Progress는 Harperites의 유대감을 강화해 가맹점이 그녀의 경영철학과 본사의 사업방침을 충실히 따라 줄 것을 북돋는 나팔수 역할을 했습니다.

셋째, Progress는 Harper Method의 표준적 운영의 중요성을 강조하는 전달자였습니다. Martha는 Progress를 통해 필수품목을 왜 그리고 어떻게 사용해야 하고, Textbook에 기반한 표준적 운영이 얼마나 중요한지를 피력했습니다.

넷째, Progress는 본사와 가맹점의 사업활동이나 주요 이벤트에 관한 흥미진진한 소식지였습니다. 가맹본부와 가맹점의 새로운 뉴스, 우수 가맹점의 소개, 새로운 상품과 사용법의 소개, 현안과 질문에 대한 답변을 Progress는 담고 있습니다.

IV. Harper Method의 시스템적 공헌

1. Q, S, C System의 도입자

프랜차이즈 Q, S, C System의 도입자이자 최초 구현자는 일반적으로 맥도날드라고 알려져 있습니다. 맥도날드의 역사적 공헌과 상징성 때문입니다. 그러나 그렇지 않습니다.

현대 프랜차이즈 사업의 핵심 원리인 Q(quality), S(service), C(cleanliness)의 Q, S, C 시스템은 이미 1800년대 후반 Harvey House의 레귤러 체인 방식으로, 그리고 20세기 초반에 Harper Method의 프랜차이즈 시스템에서 실행되었습니다.

이 맥락에서 볼 때 프랜차이즈 역사에서 Q, S, C 시스템의 초기 형태를 프랜차이즈 사업에 체계적으로 구현한 최초의 브랜드는 Harper Method였습니다. 그것도 외식사업이 아니라 서비스 업종이었던 미용 서비스 프랜차이즈에서 말입니다.

1) Q의 차원

Harper Laboratory가 생산한 화장수, 향수, 크림 등의 미용 상품들은 대부분 완제품 형태로 공급되었기에, Harper Method 가맹점은 일정한 품질의 상품들을 매장에서 사용하거나 고객에게 판매할 수 있었습니다.

미용 상품뿐만 아니라 무형의 미용 서비스의 부분에서도 안락의자, 목 받침 세면대, 샴푸 바울, 화장대와 같은 Harper Equipment는 가맹점이 무형의 미용 서비스를 균일하게 제공할 수 있게 지원해 주었습니다.

실무적으로, Textbook은 화장수, 크림, 염색약, 샴푸와 같은 미용 상품들의 사용과 제공법을 균일화했고, 마사지와 같은 무형의 서비스를 고객에게 일관성 있게 제공할 수 있는 전문기술의 교과서 역할을 했습니다.

2) S의 차원

Harper Method는 자신만의 미용 서비스를 고객에게 균일하고 일관성 있게 제공하기 위해 가맹점사업자와 직원들을 엄격히 교육하고 훈련했습니다. Textbook에 기반한 표준적 절차에 따른 고객 서비스는 어느 매장에 가도 똑같은 미용 서비스를 받을 수 있다는 믿음을 고객에게 인식시켜 주었습니다.

주요 거점에 설립된 교육·훈련시설을 통해 체계적으로 교육과 훈련을 이수한 Harperites가 매장에 배치되었습니다. 교육·훈련시설을 통해 훈련된 Harperites는 전문적이고 통일적인 미용 서비스를 제공하여 다른 경쟁 브랜드들이 따라올 수 없는 고객 만족을 선사했습니다.

3) C의 차원

매장관리의 측면에서 Harper Method의 놀라운 혁신은 위생과 청결에 있었습니다. 위생과 청결의 개념은 어쩌면 Harper Method가 Harvey Girls에서 영감을 얻었을 수도 있습니다.

Harper Method의 가맹점은 사용 또는 판매하는 미용 상품들을 벽 쪽에 설치된 선반에 보기 좋게 진열했습니다. 그리고 매장은 티끌 하나 없을 정도로 깨끗한 상태를 유지했습니다.

모든 가맹점의 직원들은 마치 병원의 간호사처럼 하얀 모자를 쓰고 앞치마를 했습니다. 직원들이 청결한 유니폼을 입었기에, 방문고객들은 매장이 진실로 위생적이고 높은 수준의 미용 서비스를 제공할 것이라고 신뢰했습니다. 고객은 이와 같은 청결한 매장에서 모발, 두피, 미용, 피부 관리를 받는다면, 자신의 피부 미용에도 매우 유익하고 무엇인가 특별한 대우를 받고 있다는 느낌을 받았습니다.

고객은 위생적이고 청결한 매장에서 자연 친화적인 미용 크림들로 전문적인 미용 서비스를 받는 동안 마치 휴양소에 온 것처럼 편안한 휴식을 취할 수 있었습니다. 이 서비스 경험은 고객의 재방문뿐만 아니라 브랜드의 긍정적인 입소문도 촉진했습니다.

2. 슈퍼바이징의 구축자

Harper Method는 가맹점들이 미용 상품들과 미용 도구 및 기구를 적절하게 사용하는지와 고객 서비스를 Textbook에 기반해 매뉴얼대로 수행하고 있는지를 직접 또는 지역 지사를 통해 정기적으로 점검했습니다. 운영의 측면에서도 Harper Method는 가맹점이 공급된 상품과 미용 기구 및 장비를 임의대로 변형하여 사용하는 것을 엄격히 통제했습니다.[201]

아울러 Martha는 정기적으로 일부 가맹점을 방문해 가맹점의 운영상태를 직접 점검하면서 가맹점의 현장 이야기를 경청했습니다. 그녀는 방문 현장에서 가맹점의 현안들을 직접 해결하거나 지역 지사를 통해 문제를 조속히 개선하도록 지시했습니다.

이것은 현대 비즈니스 포맷 프랜차이즈에서 매우 중요한 사업활동인 가맹본부의 슈퍼바이징(supervising) 시스템에 해당합니다. Harper Method는

Textbook이라는 매뉴얼에 근거해 오늘날의 슈퍼바이징 개념처럼 가맹점의 표준적이고 통일적인 운영에 대해 지속적인 관리와 통제를 했습니다.

V. Harper Method의 역사적 의미와 공헌
1. 소매 프랜차이즈의 선구자

1888년 Martha가 Powers Building에 개점한 Harper Method는 오프라인 기반 최초의 Hair Salon이자 프랜차이즈 직영점이었습니다. 이 매장은 프랜차이즈 역사에서 소매 서비스 프랜차이즈 사업의 발원지였습니다. 이 이유로 Martha는 소매 프랜차이징의 어머니(mother of retail franchising)라고 불립니다.[202]

19세기 중반부터 20세기 초중반까지 상품 프랜차이즈가 주도했던 초창기 현대 프랜차이즈 시장은 주로 제조업체(가맹본부)와 도매업체(가맹점) 간의 거래관계였습니다. 가맹본부였던 McCormick Co, Singer, Ford, Coca-Cola 등은 지역의 위탁 제조업자 또는 도매업자와 거래했습니다. 위탁 제조업자 또는 도매업자들이 그들의 가맹점이었던 것입니다.

반면에 Harper Method의 가맹점은 상품 프랜차이즈와 다르게 소매점의 형태였습니다. Harper Method는 직영점에서 구현한 Hair Salon의 원형을 다른 지역에 가맹점 형태로 복제했고, 분산된 가맹점은 작은 미용실에서 Harper Method의 상품과 서비스를 고객에게 제공했습니다.

1891년에 프랜차이즈 사업을 시작한 Harper Method는 무형의 미용 서비스를 미용실에서 실현한 '순수 소매 프랜차이즈'의 개척자였습니다. 이와 비교해, 뒤에서 설명할 약국 프랜차이즈였던 Rexall은 상품 프랜차이즈로써 20세기 초반 판매 중심의 소매 프랜차이즈의 출발점이었습니다.

2. 비즈니스 포맷 프랜차이즈의 원형

Harper Method는 미용실 형태였던 가맹점이 가맹본부가 제공한 프랜차이즈 시스템에 기반해 동일한 상호 및 상표를 사용하도록 승인했습니다. 가맹점이 동일한 상호를 사용하면서 여성의 건강한 모발, 두피, 피부 관리를 위한 차별적인 상품과 서비스를 제공하게 하여 Harper Method는 최초의 비즈니스 포맷 프랜차이즈 브랜드가 되었습니다.

Martha는 19세기 중반의 기계 프랜차이즈 브랜드들과 달리, 가맹점은 오직 Harper Method만의 상품과 서비스만을 취급하도록 했습니다. 더불어 영업활동, 고객 서비스, 매장 유지에 대해 모든 가맹점은 표준적 기준과 절차를 따르도록 했습니다.

Martha의 굳건한 경영철학, 사업정책, 운영방식은 비즈니스 포맷 프랜차이즈 시스템의 기업가 정신이자 프로토타입이었습니다. 동일한 미용 상품과 일관된 고객 서비스를 제공하는 가맹점을 여러 지역에 복제하는 방식으로 Martha는 비즈니스 포맷 프랜차이즈 사업의 네트워크를 광범위하게 구축했습니다.

Harper Method는 상호뿐만 아니라 차별적 상품, 일정한 영업방식, 필수품목, 필수장비, 교육과 훈련, 통일적인 운영 등과 같은 체계적인 프랜차이즈 시스템을 강조하여 현대 비즈니스 포맷 프랜차이즈의 청사진(blueprint)을 제시했습니다.[203]

3. 프랜차이즈 시스템의 창시자

Martha가 꿈꾸고 실현했던 프랜차이즈 사업의 방향성과 사업전략 및 정책은 아래와 같이 체계적이면서 명확했습니다.

첫째, 자기 브랜드만의 차별적인 상품과 서비스를 개발해, 둘째, 이를 구현한 직영점을 통해, 셋째, 성공한 직영점의 모델을 다른 장소에 복제해 가맹점들을 출점하고, 넷째, 동일한 상품과 서비스가 제공할 수 있도록, 다섯째, 표준적 매뉴얼을 만들어, 여섯째, 이를 고객에게 일관성 있게 서비스할 수 있는 훈련된 가맹점사업자와 직원들을 양성하는 것이었습니다.

이처럼 Martha는 현대 프랜차이즈 사업모델의 프로토타입을 설계하고 이를 프랜차이즈 시스템에 실현했습니다. 이것은 현대 프랜차이즈 시스템, 특히 오늘날 비즈니스 포맷 프랜차이즈가 사업전략의 차원에서 실현해야 할 시스템적 과제입니다.

20세기 중반 외식 프랜차이즈 브랜드들이 구현했던 시스템과 비교해 봐도 Harper Method의 프랜차이즈 시스템은 구조, 내용, 질서, 품질 등의 측면에서 전체적인 수준과 완성도가 결코 떨어지지 않았습니다.

4. 현대 소셜 프랜차이즈의 설립자

Martha는 사회적 차별을 받던 여성을 자립할 수 있게 만든 성공의 사례를 생산했습니다. 이에 사회적 약자였던 여성을 향한 Martha의 미용 서비스 프랜차이즈는 현대사회의 소셜 프랜차이즈(social franchise)의 기원 또는 유래가 됩니다.

그러므로 오늘날 소셜 프랜차이즈의 사회적 기업(social enterprise)은 자신이 지향할 사업방향과 유용한 아이디어를 Martha와 Harper Method로부터 얻을 수 있을 것입니다.

사회적 기업이 가맹본부를 설립하고 프랜차이즈 사업을 통해 사회적 약자에게 고용의 기회를 창출하고 재정적 수익을 사회에 환원하는 현대의 소셜 프랜차이즈는 Martha와 Harper Method의 철학, 사업 지향점, 사업적 행적, 그리고 역사적 교훈을 차분히 되짚어 볼 필요가 있습니다.[204]

5. 국제 소매 프랜차이징의 개척자

Harper Method는 사업의 최절정 시기에 세계 주요 도시에 500곳 이상의 가맹점을 보유했습니다. 당시 교통과 통신이 발전하지 못한 20세기 초중반을 고려한다면, 해외에서 이러한 성과를 냈었다는 사실은 정말 놀라운 일입니다.

이 사실에 입각하자면, Harper Method는 오늘날 국제 프랜차이징의 사업모델을 시장에서 성공시킨 최초의 '국제 소매 프랜차이즈 브랜드'였다고 할 수 있습니다.

그 시대 즈음에 Coca-Cola가 해외 보틀러를 활용해 상품 기반의 국제 프랜차이즈로 성장했지만, 역사적으로 그 어떤 브랜드도 소매 형태와 서비스업에 기반해 프랜차이즈 사업을 Harper Method처럼 성공시킨 브랜드는 없었습니다.

제8부
20세기 초중반 성장한 주요 업종과 브랜드

제16장 20세기 초중반 미국 프랜차이즈 시장의 변화
제17장 자동차 프랜차이즈
제18장 주유소 프랜차이즈
제19장 자동차 부품과 수리 서비스, Western Auto
제20장 최초의 약국 프랜차이즈, Rexall Drugs
제21장 최초의 패스트푸드 프랜차이즈, A&W
제22장 최초의 레스토랑 프랜차이즈, Howard Johnson's

현대

제16장
20세기 초중반 미국 프랜차이즈 시장의 변화

I. 사회와 시장의 변화

20세기 초중반 미국 프랜차이즈 시장은 현대적 시스템에 기반한 다수의 혁신적인 브랜드들이 출현하면서 1950년대부터 미국 프랜차이즈 시장이 폭발적으로 성장하는 데 경제적, 사회적 발판을 마련했습니다.

그 성장의 시간이었던 1900년부터 1950년대 이전까지 미국 프랜차이즈 시장의 발전에 영향을 미친 사회·경제적 요인들과 역사적 변화들에 대한 주요 내용을 정리하면 아래와 같습니다.

1. 소비의 사회로

1920~30년대 미국은 세계에서 가장 먼저 '소비가 미덕인 사회'에 들어섰습니다. 2차 산업혁명의 결과 다양한 생필품들이 시장에 공급되었고, 자동차의 보급이 시작되자 미국은 대량 소비사회에 접어들었습니다.

소비사회로의 전환은 미국 인구수의 급증 덕택이었습니다. 1890년부터 1920년까지 30년 동안 미국 인구는 약 6천 3백만 명에서 1억 2천만 명으로 거의 두 배가 늘어났습니다. 이민자들은 도시 노동자가 되어 생산활동의 주체이자 소비사회의 중심이 되었습니다.

미국은 1차 세계대전으로 주춤했던 경제적 성장과 번영을 되찾았습니다.

과거에 볼 수 없었던 물질적인 풍요 속에서 미국은 농촌 중심에서 도시 중심의 경제로, 생산 중심에서 소비 중심으로, 절약보다는 소비가 미덕인 사회로 점차 변해 갔습니다.

한편, 상거래 시장에서 생필품의 대량생산과 자동차의 대중화는 그동안 인근 지역의 고정고객에게만 의존했던 지역의 기업과 상권이 이제는 광범위하고 특정할 수 없는 잠재 고객을 향해 마케팅해야 하는 시대로 이끌었습니다. 이에 부응하여 정부도 경제발전을 위해 미국인이 풍요를 맘껏 누리도록 소비를 자극하는 정책을 계속 내놓았습니다.[205]

2. 미국 소매업의 형성과 발전

1910년대부터 1950년대 사이에 미국 소매업의 대표적 업종들이 현대적인 프랜차이즈의 가맹점의 형태로 시장에 나타났습니다. 이에 따라 미국의 전통적인 소매업의 주요 업종과 업태가 역사적으로 이 시기부터 의미 있게 형성되기 시작했습니다.

자동차, 주유소, 약국, 외식, 패스트푸드 등 다양한 분야에서 프랜차이즈 브랜드들의 가맹점들이 도로와 거리를 채우기 시작했습니다. 특히나 외식 사업을 기반으로 체인 레스토랑, 햄버거, 음료, 아이스크림의 프랜차이즈 브랜드들은 서로 경쟁하듯이 시장에 봇물처럼 쏟아졌습니다.[206]

II. 20세기 초중반의 프랜차이즈 시장 변화

프랜차이즈 역사의 관점에서 접근하여 20세기 초중반 미국 프랜차이즈 시장에서 나타난 주요 특징과 역사적 의미를 살펴보면 아래와 같습니다.

1. 시장 성장의 초석 마련

대공황과 제2차 세계대전으로 미국 프랜차이즈 시장은 경제불황과 수요의 급감으로 한동안 침체기를 겪었습니다. 그렇지만 제2차 세계대전의 종결 이후 미국 프랜차이즈 시장은 외식, 주유소, 판매점을 중심으로 빠른 회복력을 보였습니다. 다시 성장의 씨앗이 뿌려진 미국 프랜차이즈 시장은 경제의 급격한 회복과 함께 진정한 성장을 맞이했습니다.

제2차 세계대전 이전까지를 '현대 프랜차이즈 시장의 형성기'라고 규정한다면, 전쟁 이후부터 1950년대 중반까지는 미국 프랜차이즈 시장이 장기적인 큰 성장을 하는 데 필요한 에너지를 축적했던 '폭발적인 성장의 진입기'에 해당합니다.

이 시기 동안 프랜차이즈 사업방식은 거의 모든 비즈니스 분야에 확대되어 미국 소매업의 주요한 형태로 성장할 수 있는 실용적인 사업모델을 갖추었습니다.[207]

2. 비즈니스 포맷 프랜차이즈의 확장기

1920~30년대에 들어서자 상품 프랜차이즈의 영향력이 점차 줄어들고 현대 프랜차이즈의 주요한 유형인 비즈니스 포맷 프랜차이즈의 꽃이 드디어 활짝 피기 시작했습니다.[208] 비즈니스 포맷 프랜차이즈는 1891년 미용 서비스 프랜차이즈였던 Harper Method에서 발현했습니다. 이후 1920년대부터 외식 프랜차이즈 브랜드들이 이를 계승·발전했습니다.

1926년 최초의 패스트푸드 프랜차이즈 A&W와 1935년 최초의 레스토랑 기반 프랜차이즈 Howard Johnson's에 적용된 비즈니스 포맷 프랜차이즈는 1950~60년대 출현한 맥도날드 등의 대형 외식 프랜차이즈 브랜드들에 이식되었습니다. 1930년대 이전까지는 Singer, GM과 Ford의 자동차, Rexall의 의약품, 주유소, Coca-Cola의 상품 프랜차이즈가 미국 시장을 이끌었다면, 그 이후부터는 비즈니스 포맷 프랜차이즈가 시장의 주도권을 이어받았습니다.[209]

3. 외식 프랜차이즈에 큰 영향을 준 변화
1) 카홉 서비스와 테이크아웃

미국의 패스트푸드 시스템에서 드라이브 인 서비스(drive-in service)는 카홉 서비스(carhop service)와 포장 형태인 테이크아웃(take-out) 서비스를 발전시켰습니다.

1920년대부터 시작된 카홉 서비스는 자동차 대중화의 과정에서 나타난 미국 외식문화의 독특한 현상이었습니다. 롤러스케이트를 탄 젊은 종업원들이 고객의 자동차에 음식을 가져다준 카홉 서비스는 20세기 초중반 젊은 세대의 자유로운 문화와 미국 외식시장의 변화를 상징했습니다.

그런데 카홉 서비스는 여러 문제점이 있었습니다. 여성 종업원을 향한 성적 희롱과 잘못된 주문 처리가 자주 발생했습니다. 또한 과도한 인건비의 지출은 큰 문제였습니다. 매장의 매출이 높더라도 고객과 종업원의 잦은 다툼과 인건비의 많은 지출은 경영주에게 큰 부담이었습니다.

드라이브 인 서비스의 다른 유형인 테이크아웃 서비스는 카홉 서비스의 문제를 확실히 해결했습니다. 이로 인해 고객이 음식을 직접 포장해 가는 혁신적인 포장 판매방식을 채택한 외식 매장들이 점차 늘어났습니다.

드라이브 인 서비스는 1950년대 고객이 매장과 떨어진 거리에서 스피커폰을 이용해 주문하고 음식을 받았던 콜박스(call box) 시스템으로 진화했습니다. 하지만 대형 패스트푸드 브랜드들이 매장 영업, 포장, 드라이브 스루(drive-through)의 주문방식을 개선 또는 병행하면서 콜박스 시스템은 오래가

지 못하고 사라졌습니다.[210]

2) 멀리했던 10대 vs 가족 단위 마케팅

도시 외곽의 매장은 영업상 큰 골칫거리를 가지고 있었습니다. 10대의 차량 이동성이 높아지면서 외곽의 음식점들은 10대의 데이트 장소나 그들이 그냥 시간을 보내려고 모이는 장소가 되었습니다. 이로 인해 매장을 방문한 자동차들이 많았으나 매출은 적었고, 술에 취했거나 행동이 바르지 못한 10대로 가족 단위 고객의 방문이 점차 줄었습니다.

이 이유로 맥도날드의 레이 크록은 주크박스, 자판기, 전화를 가맹점에 설치하는 것에 반대했고, 사업 초기에 여성 직원의 채용을 권하지 않았습니다. 이는 가맹점이 10대들의 소굴(teen hangout)이 되는 것을 방지하기 위해서였습니다.

10대의 매장 방문이 많을수록 매출은 형편이 없었고, 매장 주변은 시끄럽고 지저분해졌습니다. 그 때문에 어린이와 함께 매장을 방문하는 가족 단위 고객이 줄어들었습니다. 이유야 어떻든 10대 청소년들의 방문이 많은 매장보다 가족 단위의 방문이 많았던 매장의 매출이 상대적으로 높았습니다.[211]

미국의 외식 브랜드들이 공통적으로 가족 단위 마케팅에 집중해 왔던 이유가 20세기 초중반 외식 매장에서 나타났던 10대의 문제에서 비롯되었다고 해도 설득력이 높을 것 같습니다.

세상은 바뀌어, 오늘날 10대 청소년을 목표고객으로 설정한 국내 외식 프랜차이즈 브랜드들이 많아졌고, 지금의 10대는 부모의 지출과 연계해 가맹본부에게 매우 중요한 잠재 고객입니다.

제17장
자동차 프랜차이즈

Ⅰ. 통신, 도로, 자동차 산업의 발전

1. 통신의 발전과 영향

20세기 들어서자 2차 산업혁명의 여파로 우편, 전신, 전화 등이 획기적으로 발전했습니다. 기업들은 다양한 정보를 빠르게 획득하고, 멀리 떨어진 사업체들의 운영상황을 실시간으로 보고 받을 수 있어 효율적인 의사결정이 가능해졌습니다.

그 예로, 1910년대부터 Ford 등과 같은 기업들은 전국 각지의 딜러, 지사, 매장, 유통업체들로부터 매일 판매현황과 경영상태에 대한 보고를 받을 수 있었습니다. 이를 바탕으로 본사는 신속하고 정확한 경영적 지시를 내릴 수 있게 되었습니다.[212]

2. 도로의 확장과 교통의 혁명

1880년대 미국은 철도 시스템의 기본구조가 어느 정도 구축되었고, 지역 거점도시들의 인구가 급증했습니다. 상품 운송의 면에서도 철도와 도심을 잇는 트럭의 수가 1910년 1만 대에서 10년 후 100만대로 100배 증가했습니다. 포장된 도로는 1904년 15만 마일에서 1935년에 100만 마일을 돌파했습니다.[213]

신설된 포장도로를 달렸던 자동차는 교통 및 운송의 혁명을 가져왔습니다. 자동차를 통해 사람들은 빠르게 미국 전역을 구석구석 이동할 수 있게 되었습니다. 이뿐만 아니라 자동차로 인해 철도와 선박에 의존했던 화물의 단위가 소형화되면서 기업과 소비자 간의 상품 운송이 빈번해지고 활발해졌습니다.

3. 자동차 산업의 발전과 영향

통신과 도로의 발전과 함께 현대 프랜차이즈의 발전에 결정적인 역할을 한 것은 미국의 자동차 산업의 발전이었습니다. 20세기 초중반 자동차의 대중화는 미국의 상품경제와 소비문화를 크게 확장했고, 현대 프랜차이즈 사업이 외식 및 소매업 중심으로 발전하는 데 원동력이 되었습니다.[214]

도로에 자동차들이 폭증하자, 주유소, 숙박, 식당, 판매점, 약국과 같이 소비자의 일상생활과 관련성이 높은 매장들이 빠르게 늘어났습니다. 이로 인해 지역 거점도시들의 소매업은 하루가 다르게 발전했습니다. 자동차의 대중화로 거리를 채우기 시작한 소매점들은 지역의 상가권을 형성했습니다.

II. 최초의 자동차 프랜차이즈 GM

미국 자동차 회사 제너럴 모터스(General Motors Corporation, '이하 GM')는 미시간주 디트로이트에서 최초의 자동차 제조와 판매의 프랜차이즈 기업이 되었습니다. 1898년 윌리엄 메츠거(William E. Metzger)는 GM의 공식 판매자가 되어 자동차 프랜차이즈의 최초 가맹점사업자가 되었습니다.

자동차 딜러들은 프랜차이즈 계약을 위해 지역의 토지를 매입하고 판매장을 지었습니다. 그렇게 개점한 딜러들의 매장은 GM 자동차의 유통과 판매를 책임지는 가맹점이 되었습니다. 그 대가로 가맹점들은 GM으로부터 할

인된 가격에 자동차를 구매할 수 있었고, 본사로부터 여러 판매지원을 받았습니다.[215]

III. 자동차 대중화를 실현한 Ford 프랜차이즈

1. Ford의 역사 개요

헨리 포드(Henry Ford, 1863~1947)는 1903년 그의 나이 40세에 자동차 회사인 포드(Ford)를 미시간주에 설립했습니다. 헨리 포드는 3S 기반의 생산방법인 포디즘(Fordism)을 창안하여 컨베이어 벨트 방식에 의한 '대량생산 시스템'으로 미국 자동차 산업의 혁명을 일으켰습니다.[216]

Ford는 부유층의 상징이었던 자동차의 가격을 획기적으로 낮추기 위해 1908년에 미국의 최초의 국민차라고 할 수 있는 'Model T'를 출시했습니다. Model T는 자동차 대량생산의 아이콘이자 포디즘의 상징물이었습니다. Model T가 저렴한 가격에 대량생산이 되자 자동차의 수요가 폭증했습니다.

Ford의 대량생산 체제가 강화되면서 Model T의 판매가격은 계속 하락했습니다. 1908년만 해도 850달러였던 Model T는 1920년에 400달러로, 1925년에는 290달러로 가격이 내려갔습니다. 그 결과 Ford는 1908년에 약 6천 대의 자동차를 생산했지만, 1916년경에는 Model T를 기반으로 약 60만 대를 출고해 8년 만에 생산량이 약 100배가량 증가했습니다. 저렴한 가격이 폭발적인 수요를 창출한 것입니다.

하지만 대공황과 연속된 제2차 세계대전이라는 돌발변수로 자동차 시장의 성장은 잠시 멈추었습니다. 종전 후 1950년대부터 자동차의 상용화는 재가동되었고, 경기회복의 훈풍을 타고 미국 소비문화의 상징으로 완전한 꽃을 피웠습니다.[217]

2. Model T와 프랜차이즈 유통방식

Model T의 출시 후 미국 자동차 시장이 완전히 바뀌었습니다. Model T로 자동차 시장의 선두주자가 된 Ford는 1908년부터 1923년까지 미국에서 생산된 자동차의 절반 이상을 판매했습니다. 1910년에 약 2만 대, 1914년에 약 25만 대, 1917년에 약 70만 대로 Ford의 판매량이 급증하면서 Ford는 미국 자동차 시장의 독보적인 존재가 되었습니다.[218]

이제 Ford의 사업전략은 대량생산 된 자동차의 재고부담을 줄이고, 어떻게 하면 빠르게 미국 곳곳에 자동차를 판매할 수 있느냐로 초점이 맞추어졌습니다. 이를 위해 Ford는 기존의 지역 유통업자와 독립 에이전트에 대한 의존성을 벗어나기 위해 지역 딜러의 숫자를 대폭 늘렸습니다.

Ford는 지역 딜러를 통해 곳곳에, 먼 곳까지 자동차를 유통할 수 있는 프랜차이즈의 판매방식이 최적의 마케팅 시스템이라고 판단했습니다. Model T의 대량생산이 Ford가 사업전략으로 프랜차이즈 유통방식을 선택한 결정적인 원인이 된 것입니다.

3. 프랜차이즈 딜러의 육성

Ford는 전국적 영업망의 확대, 표준적인 판매시스템의 구축, 부품 교체 및 수리의 고객 서비스 품질의 제고를 위해 현대 프랜차이즈의 가맹점의 전신이었던 지역 딜러들을 적극 육성했습니다. 지역 딜러들은 Ford의 차를 전문적으로 취급하면서 부품의 교체 및 수리 서비스를 하위 업체들과 연계했습니다.

Ford는 1913년에 약 7,000곳의 딜러, 1924년 약 9,500곳의 딜러와 8,500개의 하위 업체, 1928년에 8,800개 이상의 딜러와 20,000개의 하위 업체를 보유했습니다. 이와 함께 Ford는 자동차 판매 후 고객 서비스를 위해 연계한 파트너들이 있었는데, 이들은 포드 공인 부품 및 서비스(Ford authorized Parts and Service)라고 불렸습니다.[219]

4. 표준 계약서의 도입과 내용

1908년에 도입한 Ford의 표준 계약서는 자동차의 판매가격 책정, 할당 수량의 강제, 판매지역 보호의 계약조항이 들어 있었습니다. 이 계약서는 경제적 거래관계의 계약서로 오늘날 프랜차이즈 계약서의 핵심적 내용을 일부 담고 있었습니다.

가맹점이었던 딜러들은 이 계약서를 바탕으로 매달 정해진 수의 자동차를 15~25% 할인된 가격으로 구매했고, Ford가 정한 가격으로 자동차를 판매할 수 있었으며, 자동차의 부품과 수리의 목록에 대한 보관 의무가 있었습니다. 그리고 딜러들은 Ford로부터 할당받은 판매지역 밖에서 자동차를 판매하는 영업행위가 금지되었고, 이 판매방침을 어기는 경우 벌금이 부과되거나 제재를 감수해야 했습니다.[220]

Ford의 계약서는 1940년대 전후 업데이트되었습니다. 중요한 변화는 보유 자동차 대수 제한(전년도 판매량의 8~12%), 계약해지 시 60일 전 통보, 계약해지 시 재고 차량에 대한 재구매 보장, 그리고 판매 리베이트 제공 등이었습니다.[221]

IV. 자동차 프랜차이즈의 특징과 발전

1. 초기 유통방식

자동차의 대중화를 상징했던 Model T가 시장에서 양산되기 전까지 자동차는 소비자에게 낯설고 고가의 상품이었습니다. 이에 따라 1900년대 초반까지 자동차 브랜드들은 당시 존재했던 거의 모든 형태의 유통방식을 그

대로 채택했습니다.

공장 매장을 통한 직접 판매, 통신 판매, 우편 카탈로그 판매, 위탁 판매, 도매점 판매, 소매점 판매, 순회 판매원을 통한 판매가 그것이었습니다. 이렇게 다양하고 복잡했던 마케팅 통로는 McCormick Co와 Singer와 같은 기계 프랜차이즈의 혼합된 유통방식의 유산을 답습한 것이었습니다.

1898년 GM은 William에게 자동차를 전문적으로 취급하는 전문 딜러의 자격을 승인했지만, GM은 1910년대 이전까지 McCormick Co와 Singer의 기계 프랜차이즈가 활용했던 다양한 채널의 혼합형 유통방식을 거의 그대로 사용했습니다.

Ford도 마찬가지였습니다. 자본부족으로 생존이 급했던 Ford는 기계 프랜차이즈 브랜드들처럼 당시 존재했던 모든 마케팅 채널을 활용했습니다. 이로 인해 사업 초기 Ford는 도매업자와 독립 에이전트들에 대한 판매 의존도가 높았습니다.

이 방식으로 Ford는 계약금과 보증금 등의 형태로 차량 대금의 일부를 먼저 받아 부족한 운영자금을 해결했고, 완성차의 재고부담을 지역 판매자들에게 분담시켰습니다.[222] 자동차 브랜드가 프랜차이즈라는 특정한 유통전략 방법을 전략적으로 선택한 시점은 Model T가 양산된 이후였습니다.

2. 자동차 프랜차이즈의 발전단계

자동차 프랜차이즈 시스템은 다음의 세 단계의 발전단계를 거친 후 1950년대 중반에 돼서 안정화되었습니다.

1단계는 20세기 직후까지 자동차 제조사들이 도매업자, 독립 에이전트, 우편, 카탈로그, 판매사원을 포함해 전방위적으로 혼합된 유통방법을 활용했던 시기였습니다.

1907년부터 1937년까지의 2단계는 육성된 지역 딜러들이 오늘날 프랜차이즈 계약서의 초기 형태에 기반해 자동차 제조사의 관리와 통제에 편입되었던 시기였습니다. 2단계에서 제조사의 지역 딜러들에 대한 감독과 통제가 크게 강화되었습니다.

마지막 3단계는 1940년대 이후 딜러들이 가맹본부의 숨 막힌 감독과 통제에서 다소 벗어나게 된 시기였습니다. 자동차 제조사들의 딜러들에 대한 지배력은 여전했으나 거래관계의 심각한 불공정성이 사회적 문제로 대두되면서 딜러들의 영업활동에 대한 자율성이 어느 정도 생겼습니다.

이에 따라 딜러들은 이전처럼 본사로부터 관리와 통제만을 받은 것이 아니라 할부 금융, 사후 서비스 교육, 고객과의 분쟁 해결 등에 대해 시스템적인 지원을 받기 시작했습니다.[223]

V. Franchised Dealer
1. 독점 에이전트의 진화

Model T의 대량생산이 안착한 이후 Ford 등의 제조사들은 프랜차이즈적 거래 성격이 강했던 프랜차이즈 딜러(franchised dealer)를 중심으로 자동차 유통구조를 재편했습니다.

기계 프랜차이즈의 거래상대방은 도매업자와 대리점의 성격이 강했지만, 프랜차이즈 딜러들은 독점 에이전트가 한 단계 진화한 소매점에 가까웠습니다. 프랜차이즈 딜러들은 도매업체 성격이었던 독점 에이전트보다 대면 판매와 현장의 고객 서비스에 강했습니다. 독점적 영업지역과 판매권을 획득한 그들은 규모가 큰 곳도 있었지만, 상당수는 소규모 사업체였습니다.

그들은 본사와 독점 판매계약서를 체결하고 미국 곳곳에 분산하여 광범위한 영업망을 구축했습니다. 특정 자동차의 독점 판매권을 부여받은 지역의 프랜차이즈 딜러들은 제조사의 경영방법의 도움과 지원을 받으면서 핵심 유통망으로 떠올랐습니다.

2. 관리와 통제의 시작

독점 판매권과 영업 지원의 대가로 프랜차이즈 딜러들은 제조사로부터 높은 수준의 관리와 통제를 받게 되었습니다. 이렇게 되면서 자동차 제조업체와 딜러들 간의 거래관계에 기본적인 평등이 점차 사라졌습니다. 게다가 정교해진 계약서에 의해 딜러들에 대한 영업방침의 통제력이 강화되었습니다.[224]

프랜차이즈 역사에서 바라볼 때, 20세기 초중반 프랜차이즈 딜러의 등장, 육성, 발전의 과정은 현대 가맹점의 시작과 형성의 역사적 발자취이자 가맹본부와 가맹점의 거래관계에서 관리와 통제가 나타난 실질적인 역사적 사례가 됩니다.

3. 국내 자동차 판매점과의 차이

당시의 자동차 프랜차이징은 오늘날 국내 자동차 브랜드들의 유통방식과 다릅니다. 이 부분에 오해가 있을 수 있습니다.

지금의 국내 자동차 브랜드들의 유통방식은 프랜차이징이 아니라 보편적으로 직영점, 독점 에이전트(독점 대리점) 형태, 그리고 수정된 복합적 형태를 취하고 있습니다. 이에 국내 자동차 딜러들은 프랜차이즈 가맹점이 아니라 직원, 프리랜서, 제휴 매장, 직영점, 독점 대리점, 판매대리인으로 다양합니다.

다른 측면에서 국내 자동차의 유통 및 판매시장은 수리 및 판매 후 고객 서비스의 시장과 다른 형태를 취하고 있습니다. 예를 들어, 현대자동차와 기아자동차 등의 판매점들은 프랜차이즈 가맹점으로 구분되지 않습니다. 하지만 현대자동차의 자동차 정비와 수리 브랜드인 블루핸즈(bluehands)는

2023년 말 기준 가맹점 1,249곳 내외를 보유한 자동차 수리 및 판매 후 고객 서비스 분야의 대형 프랜차이즈 브랜드입니다.[225]

VI. 표준 계약서와 판매시스템의 발전 [226]

1. 표준 계약서의 진화

초기의 자동차 표준 계약서는 간결했습니다. 계약기간은 보통 1년이었고, 30일 전에 통지하여 계약을 종료할 수 있는 한 페이지의 단순한 계약이었습니다.

그런데 상황이 달라졌습니다. 지역 딜러들이 성장하고 그들의 역할이 커졌습니다. 대형 딜러들은 보상판매, 자동차 검사, 가격 협상권을 가졌고, 판매 이외에도 지역의 자동차 수리점들을 관리하면서 고객에게 보증 서비스를 제공했습니다. 이처럼 지역 딜러들이 유통의 핵심 주체로 떠오르자 자동차 제조사들은 딜러들을 체계적으로 관리하기 위해 표준 계약서를 정교한 내용으로 수정 및 보완했습니다.

2. 표준 판매시스템의 개발

딜러들의 수가 늘어나자 제조사들은 체계적 관리를 위해 판매 및 영업을 위한 표준적인 프로세스를 구축하고, 딜러들의 판매실적 보고 등의 의무를 늘렸습니다. 이와 함께 제조사들은 딜러들이 판매정책과 영업 프로세스를 준수하도록 감시하거나 인센티브 제공을 통해 그들의 자발적 협조를 유도했습니다.

이 표준화 프로세스 과정에서 제조사와 딜러 간에 역할 분담이 분명해졌습니다. 제조사는 자동차의 안정적 공급을 책임졌고 중앙집중화된 판매 프로세스를 관리하는 주체가 되었습니다. 반면에 지역 딜러들은 자동차 판매와 고객과의 소통 및 고객 서비스 제공의 창구가 되었습니다.

따라서 미국 자동차 시장의 발전은 프랜차이즈 역사발전의 관점에서 가맹본부와 가맹점 간의 거래관계 표준화와 표준적인 판매관리시스템의 성장 및 대면 중심의 고객 서비스 향상에 크게 이바지했다고 평가됩니다.

VII. 현대 프랜차이즈에 미친 영향과 공헌

1. 대량생산과 자동차 프랜차이즈

앞서 설명한 것처럼, 자동차 프랜차이즈 시장의 성장은 자동차 제조사의 의도적인 전략적 선택에서 비롯된 것이 아니었습니다. 이것은 Model T의 대량생산 때문이었습니다.

제조사는 자동차가 대량생산이 되자 어떻게든 신속하고 효율적으로 자동차를 유통할 수 있는 혁신적인 마케팅 방법이 필요했습니다. 게다가 낮은 판매가격의 유지를 위해 유통비용을 줄여야 했고, 자동차 자체에 생소했던 소비자에게 자동차의 사용과 유지를 위한 전문적 지식을 알려 줄 필요가 있었습니다.

결국 자동차의 대량생산과 제조사의 사업적 고민이 프랜차이즈화된 자동차 딜러를 탄생시켰습니다. 지역 딜러들은 현장의 대면 판매와 고객 서비스의 역량이 도매업체 성격이었던 지역 유통업체보다 훨씬 뛰어났습니다. 무엇보다 그들은 소규모 사업체의 승인된 판매원 자격으로 유통업체의 영업력이 미치지 못한 외딴 지역까지 빠르게 이동할 수 있었습니다.

2. 현대적 프랜차이즈 계약관계의 성립

Ford 등 회사들은 자동차의 대중화가 시작되자 전략적인 유통형태로 프랜차이징 방식을 채택했습니다. 이 방식으로 제조사는 지역 딜러들에게 독점적 판매지역과 판매권을 부여하고, 많은 양의 차를 한 번에 판매할 수 있었습니다. 또한 그들은 지역 딜러들을 통해 먼 지역에 있는 소비자에게 효과적으로 자동차를 전달할 수 있었습니다.[227]

자동차 프랜차이징은 자동차 제조사(가맹본부)가 지역 프랜차이즈 딜러(가맹점)에게 독점적 판매특권을 부여하고 안정적이고 높은 수준의 판매이익을 보장하는 데 그 뿌리를 두었습니다.

대신에 그 대가로 지역 딜러들은 영업활동의 제한을 받았습니다. 그들은 자동차 판매를 위한 매장 보유, 적정한 차량 재고 확보, 판매 후 고객 서비스 제공의 운영방침을 준수해야 했습니다. 또한 딜러들은 매장 및 인프라를 자기 돈으로 설치해야 했고, 계약된 자동차만 판매하는 것이 강제되었으며, 제조사가 요구한 판매 및 고객 서비스의 표준을 지켜야 했습니다.[228]

가맹본부(제조사)와 가맹점(딜러) 간에 매장의 설치, 독점적 영업지역과 판매권, 표준적 판매활동, 영업활동의 제한 및 운영통제의 역사가 자동차 시장의 역사에서 발전한 것입니다.

따라서 제조사(가맹본부)와 딜러(가맹점) 간의 구체적인 권리와 의무가 명시된 계약서의 진보 역사는 자동차 프랜차이즈가 현대 프랜차이즈 계약관계의 발전에 크게 이바지한 점입니다.

3. 폭발적 성장의 밑거름

미국 자동차 산업의 발전은 1950~60년대 현대 프랜차이즈의 폭발적 성장의 시작에 가장 든든한 지원군이었습니다. 결정적으로 자동차로 인해 고객의 매장 접근이 편리해졌습니다. 원하는 시간에 그리고 여행 중에 고객은 자동차를 이용해 프랜차이즈 매장을 쉽게 방문할 수 있게 되었습니다.

자동차의 이용이 일상생활에서 늘어나자 외식업 등 다양한 분야에서 프랜차이즈 가맹점들이 자동차의 이동선을 따라 크게 증가했습니다. 다양한 소비재 상품들이 프랜차이징의 방식으로 미국 전역에 유통되기 시작한 것입니다.[229]

이처럼 미국의 자동차 산업의 발전은 미국의 프랜차이즈 사업 발전의 역사와 함께했습니다. 20세기 중반 내외에 자동차 시장이 폭발적으로 커진 만큼 미국 프랜차이즈 시장도 하루가 다르게 성장했습니다.

제18장
주유소 프랜차이즈

Ⅰ. 가솔린과 주유소의 역사 개요

1. 핵심 에너지원이 된 가솔린

석유(Petroleum, Oil)는 탄소와 수소 등으로 구성된 액체 탄화수소의 혼합물입니다. 산출된 천연의 상태를 원유(原油, Crude Oil)라 하고, 정제된 것을 석유상품(Petroleum Products)이라고 합니다. 석유상품은 용도에 따라 LPG, 나프타, 휘발유, 등유, 경유, 중유, 윤활유 등으로 분류됩니다.

20세기 전까지 석유는 램프, 난방용, 취사용, 기계 등을 작동했던 등유의 형태로 주로 사용되었습니다. 내연기관의 자동차를 움직이는 가솔린(gasoline, 휘발유)은 자동차가 시장에 나오기 전까지 대부분이 등유의 폐기물로 버려졌습니다.[230] 가솔린 판매량은 1919년이 되어서야 등유 판매량을 앞지르기 시작했습니다. 이것은 자동차 산업의 발전 덕택이었습니다.

이후 가솔린은 20세기부터 소비자의 일상생활을 포함해 모든 산업에서 가장 중요한 에너지원이 되었습니다. 또한 제1차와 제2차 세계대전을 거치면서 가솔린은 모든 나라의 가장 중요한 군사적 자산이 되었습니다.[231]

2. 주유소의 역사

세계 최초의 주유소(gas station)는 1888년 독일 비스로흐(Wiesloch)의 어느 약국에서 등장했습니다. 1885년 벤츠(Benz)가 최초의 세 바퀴가 달린 가솔린 자동차를 개발한 후 1888년 새 모델 Patent-Motorwagen의 시연 과정에서 연료가 바닥났는데, 이때 약국에서 벤젠(benzene)을 구해다 쓴 것이 주유소 역사의 시작이었습니다. 약국들은 부업으로 벤젠 형태의 연료를 판매해 잠시 주유소 역할을 했습니다.[232]

미국 최초의 자동차 전용 주유소는 1905년 세인트루이스에서 출현했습니다. 그러나 이 주유소는 탱크의 연료를 주유 기계 없이 고무호수로 강하게 빨아들이는 원시적 방식이어서 사람이 연료를 마시는 경우가 때때로 발생했습니다.[233] 주유 방식의 혁신은 우연으로 이루어졌습니다. 1906년 뉴욕의 레스토랑 주인이 맥주를 퍼 올리는 펌프로부터 주유기 원리를 착안해 자신의 레스토랑 앞에 펌프식 주유대를 설치했습니다.

1907년 Standard Oil은 지붕이 있는 넓은 현대식 주유소를 최초로 시애틀에서 열었습니다. 1912년 맴피스의 주유소는 13개의 급유 펌프대와 화장실까지 갖춘 전문 주유소였고, 1913년 걸프 석유회사는 운전자들이 직접 주유하는 셀프 주유소를 처음 열었습니다.[234]

II. 주유소 프랜차이즈의 내용과 특징

1. 자동차 대중화와 주유소

디젤과 가솔린을 사용하는 내연기관의 발전은 20세기 초반부터 자동차 산업이 미국 산업을 주도하는 엔진 역할을 했습니다. Model T의 대량생산은 가솔린의 폭발적 수요를 불러왔고, 거리마다 새로운 주유소들이 열리는 데 주요한 요인이 되었습니다.

늘어나는 자동차 수에 비례해 주유소의 수가 급격히 증가했습니다. 증가한 주유소의 수는 미국 자동차의 대중화를 나타낸 객관적 지표였습니다.[235]

2. 주유소 프랜차이즈, 자동차와 함께 달리다

교통의 발달과 소비재의 대량생산으로 자동차는 미국의 산업시장과 소비시장에서 없어서는 안 될 존재가 되었습니다. 이 때문에 수많은 자동차를 움직일 주유소의 산업이 급성장했는데, 이들은 20세기 초중반 현대 프랜차이즈 성장의 물리적 또는 유형적 토대가 되었습니다.

자동차 대중화의 숨은 공신은 주유소 프랜차이즈였습니다. 넓은 지역을 이동하기 위해 자동차는 적절한 시점에 연료를 주유해야 했기 때문입니다. 자동차를 중심축으로 한 교통의 발전은 도심과 외곽을 가리지 않고 주유소 프랜차이즈가 성장하는 데 중요한 사회적 배경이었습니다.[236]

3. 주유소 프랜차이즈가 생긴 이유

더 멀리, 더 오래 자동차들이 이동하기 위해 많은 주유소들이 필요했기에, 이 시대적 변화는 석유회사에게 큰 사업적 기회를 제공했습니다.[237]

그렇지만 창출된 시장과 주유(注油) 방식의 변화는 석유회사에 고무적인 외부환경이었지만, 그들은 난처한 상황에 빠졌습니다. 공급망 확대를 위해 직영점 형태의 주유소를 건립하려면 많은 현금과 관리자원이 필요했기 때문이었습니다.

그 결과 자본과 인력의 부족 문제를 해결하기 위해 석유 공급업체들은 프랜차이즈 유통방식에 관심을 가지게 되었습니다. 그들은 주유소 건립에 직접적인 투자를 하는 것보다는 자동차 이동이 많은 유망한 지역에 있었던 기존 주유소들을 가맹점으로 전환하거나 프랜차이즈 가맹점의 형태로 새로운 주유소를 개발하는 것이 훨씬 효율적이라고 판단했습니다.[238]

특히 석유회사는 신규 주유소의 개설과 함께 지역의 독립 주유소들을 설득하여 가맹점으로 변경하려고 상당한 노력을 했는데, 독립 주유소들도 그

제안을 환영했습니다. 독립 주유소들이 주유소 프랜차이즈로의 전환에 우호적이었던 이유는 연료의 품질과 안전의 문제 때문이었습니다.

그들은 프랜차이즈의 상호를 사용하면 '안정성'과 '신뢰감'이 강화되어 많은 고객을 유인할 수 있다고 생각했습니다. 20세기 초중반 미국의 밤은 아직 어둡고 안전하지 못한 곳이었습니다.

4. 대공황이 경영전략을 바꾸다

본격적인 성장의 큰 발을 내디딘 주유소 프랜차이즈는 예상하지 못한 큰 암초를 만났습니다. 대공황의 충격으로 인한 급격한 경기 침체로 석유회사의 실적이 급락했습니다.

그런데 대공황이라는 고통의 시간은 다행히도 석유회사에게 유통방식의 중요한 교훈을 전달했습니다. 대공황으로 유가가 하루가 다르게 급변했을 때, 석유회사는 직영점 체제로 주유소를 운영하는 것보다 프랜차이즈 형태로 지역의 독립 사업자에게 연료 판매를 맡기는 방식이 유리하다는 사실을 깨닫게 되었습니다. 이것은 경영 위험의 회피 차원이었습니다.

다른 측면에서 독립 주유소들은 지역 상황에 맞게 판매가격을 책정하고 운영을 유연하게 할 수 있었습니다. 직영 주유소는 중앙에서 관리와 통제를 했기에 지역에 적합한 운영전략을 탄력적으로 펼 수가 없었습니다.[239]

5. 독점기업의 주유소 프랜차이즈

당시 미국의 대표적인 석유회사들은 공공 서비스와 공공 유틸리티 프랜차이즈 사업을 바탕으로 일정 부분 국가정책의 지원을 받아 단기간에 성장한 독점기업이었습니다.

1870년 석유왕 루이스 존 데이비슨 록펠러(Lewis John Davison Rockefeller, 1839~1937)가 설립한 Standard Oil Company는 대형 정유소들을 운영

하면서 경쟁사를 제거 또는 합병하여 몸집을 키웠습니다. 미국 석유 공급시장의 형성에 뿌리가 된 이 회사는 1890년경 석유의 90~95%를 정유하여 미국 석유 유통시장을 지배했습니다.[240]

그러나 록펠러의 회사는 석유의 생산, 정제, 유통을 독점해 왔다는 이유로 1911년 미국 대법원의 반독점 판결에 따라 여러 개별 회사로 분할되었습니다. 그 여파로 공급시장에 셰브론, 액손이 탄생했고, 세계 곳곳에서 석유 시추들이 성공하면서 석유 공급망은 경쟁시장으로 돌입했습니다.[241]

1914년 Standard Oil은 통일적인 상호와 간판을 사용하여 주유소의 식별성을 높였습니다. 이와 같은 현대적 주유소들이 매년 1,000곳 이상의 속도로 열려 1920년에 주유소의 수가 약 15,000곳에 이르렀습니다.[242]

III. 전략적 선택으로서의 프랜차이징

20세기 초반까지 석유회사들은 주로 도매업자 위치에 있었던 유통업자나 독립 에이전트 등과 공급계약을 체결했습니다. 석유회사와 공급계약을 체결한 유통업자는 지역의 주유소들과 하위 판매처들에게 가솔린 등 석유상품을 공급했습니다.[243]

그런데 자동차의 대중화로 가솔린 수요가 폭발하자 기존의 도매에 의존한 유통방식만으로 새롭게 열린 수요를 감당할 수 없었습니다. 이에 석유회사들은 광범위한 유통망 구축을 위해 프랜차이즈 방식에 기반한 사업확장을 전략적으로 채택했습니다.

이것은 경영전략의 측면도 컸습니다. 프랜차이즈 방식은 직영점 투자의 부담을 제거했고, 경영상의 위험을 주유소 가맹점에 '분담'해 사업적 위험을 '회피'할 수 있었습니다. 대공황 같은 외부의 악재에 프랜차이즈 사업방식은 직영점 체제보다 사업 안정성이 훨씬 매력적이었습니다.

이에 따라 석유회사(가맹본부)는 직영점 또는 도매업자였던 지역 유통업체에서 벗어나 소매점의 형태인 지역 주유소(가맹점)를 통해 광범위하게 연료를 판매할 수 있는 상품 프랜차이즈의 형태로 사업전략을 변경하였습니다.

IV. 주유소 프랜차이즈의 역사적 의미와 공헌

1. 상품 프랜차이즈의 선두주자

HD현대오일뱅크, GS 칼텍스와 같은 국내 주유소 브랜드들은 사업적 특징으로 인해 현재 프랜차이즈로 구분되지 않습니다. 그러나 미국에서 주유소 프랜차이즈는 현대 프랜차이즈의 역사발전에 가장 중요한 위치를 차지했습니다. 주유소 프랜차이즈는 자동차와 청량음료와 함께 20세기부터 미국의 전통적인 상품 프랜차이즈를 대표했습니다.

주유소 가맹본부는 상호 또는 상표가 있는 석유상품에 기반해 주로 라이선스 계약의 형태로 주유소 가맹점과 프랜차이즈 계약을 맺었습니다. 주유소 가맹본부는 상품 매출이익을 주요한 수익으로 취했고, 비즈니스 포맷 프랜차이즈와 달리 보편적으로 로열티를 받지 않았습니다.[244]

20세기 초중반 주유소 프랜차이즈는 거침없이 성장했습니다. 그 결과 주유소 프랜차이즈는 매출액 및 가맹점 수와 같은 사업규모에서 미국 프랜차이즈 시장의 선두주자가 되었습니다. 그 예로, 1970년에 181,000곳의 프랜차이즈 주유소의 수는 미국 상품 프랜차이즈의 82%, 전체 프랜차이즈 사업체의 약 55%를 차지했습니다. 엄청난 숫자였습니다.

1973년 1차 석유파동으로 아랍권의 석유 금수 조치가 발발하자 공급부족으로 약 32,000곳의 프랜차이즈 주유소가 폐점했지만, 이후 빠른 회복력을 보이며 상품 프랜차이즈의 선두자리를 계속 지켜 나갔습니다.[245]

2. 주유소 가맹점의 변화

시간이 지남에 따라 주유소 가맹점이 취급하는 상품과 서비스의 범위가 매우 넓어졌습니다. 주유소 브랜드들은 시장점유율을 높이기 위해 고객에게 깨끗한 화장실과 무료 로드맵과 같은 부가 서비스를 제공했습니다.

주유소 프랜차이즈는 이후 더욱 진화하여 1920~30년대부터 가솔린 판매뿐만 아니라 타이어와 배터리 교체, 세차, 그리고 간단한 정비까지 가능한 풀 서비스 스테이션(full service station)의 형태로 발전했습니다.

생필품과 관련해서도 주유소 프랜차이즈는 운전자의 편의를 위해 음료, 편의품, 공산품, 소모품을 판매하는 상점 또는 마트의 역할을 했습니다. 이러한 주유소 상점은 1957년부터 편의점(convenience store)의 형태를 추가했습니다. 이에 주유소 가맹점은 미국 편의점 발전의 첨병이었습니다.[246]

이처럼 취급 상품과 고객 서비스를 확장한 주유소 가맹점은 단지 연료만 판매한 것이 아니라 생필품과 간편한 메뉴들도 판매하는 지역의 친근한 장소로 발전했습니다. 이는 미국의 광활한 지리적 특성에 기인한 것으로, 주유소는 운전자 및 지역 거주자에게 상품의 구매와 이용의 편리성을 제공하면서 지역 상가권의 형성에 긍정적인 역할을 했습니다.

제19장
자동차 부품과 수리 서비스,
Western Auto

Ⅰ. Western Auto의 역사 개요

Western Auto Supply Company(이하, Western Auto)는 자동차 부품, 공구, 수리 서비스를 전문적으로 취급했던 브랜드였습니다. 100년의 역사가 흐른 2004년에 공식적으로 서비스를 종료하기 전까지 Western Auto는 직영점, 프랜차이즈 가맹점, 제휴된 독립 매장들과의 혼합된 유통방식으로 자동차 부품의 교체와 수리 서비스를 미국 전역에 제공했습니다.

Western Auto는 1909년 조지 페퍼다인(George Pepperdine)과 돈 애브너 데이비스(Don Abnor Davis)에 의해 캔자스시티에서 설립되었습니다.

Western Auto는 사업 초기 주로 카탈로그를 사용해 통신과 우편의 방식으로 영업을 했습니다. 그러다가 1921년에 매장을 개점한 이후 Western Auto는 자동차 대중화의 시대적 조류를 타고 직영점, 프랜차이즈 가맹점, 독립 매장들과의 전략적 제휴를 통해 사업의 규모를 확대했습니다. 한때 Western Auto는 미국에 약 1,200곳의 매장들을 보유했습니다.

'연계와 제휴'는 Western Auto의 독특한 사업전략이었습니다. 직영점과 프랜차이즈 가맹점과 별개로 연계 매장 프로그램(associate store program)을 활용해 독립 매장과 자동차 딜러들과 제휴했습니다. 그렇게 연계되고 제휴된 매장 수가 약 4,000곳에 이를 정도로 Western Auto는 자동차 부품

교체와 수리 분야에 거대한 네트워크를 구축했습니다.[247]

II. 자동차 공구와 수리 서비스의 선구자

20세기 초반의 미국은 교통과 통신이 발달하지 못했고, 아직 자동차 부품과 공구의 시장이 유효하게 형성되지 않아 Western Auto의 초기 유통방식은 카탈로그 및 우편의 판매에 크게 의존했습니다. 고객은 보통 카탈로그의 상품명과 번호로 주문하고, 우편으로 필요한 부품을 받았습니다.

그런데 미국 자동차 시장의 성장은 Western Auto에게 엄청난 사업적 기회를 제공했습니다. 자동차의 대중화는 고객과 가까운 곳에서 자동차의 유지 관리와 수리의 전문점을 요구했습니다. 그리고 자동차의 간단한 부품 교체와 수리를 할 수 있는 창고가 집마다 생겨났습니다.

시대적 변화와 자동차의 부품 교체 및 수리를 위한 전문적 공구의 수요가 폭증하자 Western Auto는 1931년 'Chromium Vanadium' 브랜드로 혁신적인 합금 공구강(alloy steel tools) 상품을 출시하여 자동차 공구시장을 선점했습니다. 육각 모양의 렌치와 공구들이 담긴 공구박스는 공구의 보관과 사용 편리성을 높여 Western Auto가 자동차 공구와 수리 서비스의 개척자가 되는 데 중요한 역할을 했습니다.[248]

III. Western Auto의 프랜차이즈적 의미와 공헌

1. 최초의 자동차 부품, 공구, 수리 프랜차이즈

20세기 초중반 자동차와 주유소와 같은 상품 프랜차이즈 브랜드들의 대부분은 자기 상품들의 공급 이외에는 지역 가맹점에게 다른 서비스를 별도로 제공하지 않았습니다.

반면에 Western Auto는 프랜차이즈 시스템에 기반해 출점과 운영에 관한 세부적인 정보들을 가맹점에 제공했습니다. Western Auto는 매장의 개발, 자동차 부품의 교체, 자동차용품의 판매 교육, 마케팅의 지원, 고객 서비스의 교육과 훈련을 가맹점에게 시스템적으로 지원했습니다.

따라서 Western Auto는 기본적으로 자동차 부품과 공구의 상품 프랜차이즈의 성격이 있었으나, 가맹점에 대한 시스템적인 교육과 지원으로 인해 비즈니스 포맷 프랜차이즈와의 교집합의 범위도 상당히 넓었습니다. 또한 자동차 부품과 공구뿐만 아니라 수리 서비스도 주요 사업내용이었기에 Western Auto는 서비스 프랜차이즈의 내용도 일부 포함했습니다.

이처럼 Western Auto는 자동차에 관한 자신만의 독특한 프랜차이즈 시스템을 개발하여 최초의 자동차 부품, 공구, 수리의 전문 프랜차이즈 브랜드가 되었습니다.[249]

2. 서비스 프랜차이즈에 대한 공헌

제조업자-도매업자-소매업자의 관계적 특징은 유통의 형태와 내용을 규정합니다. 현대적 의미에서 서비스 회사가 후원하는 프랜차이즈 시스템(service-firm sponsored franchise system)은 본사가 상품 제조사가 아니라 서비스업이 주요 업종이라는 점이 가장 큰 특징입니다. 이는 서비스 가맹본부와 소매업자(service sponsor-retailer) 간의 프랜차이징인데, 오늘날 렌터카, 호텔, 자동차 수리의 분야에서 그 형태가 일부 존재합니다.[250]

서비스 가맹본부와 소매 가맹점 간의 프랜차이즈의 특징은 가맹점에 공급되는 핵심품목이 유형적 상품이 아니거나 상품이더라도 차별적인 무형의 서비스가 더 중요한 점에 있습니다. 무형의 서비스가 핵심이기에, 표준화되고 일관성이 있는 서비스 제공이 해당 프랜차이즈 사업의 성공 열쇠입니다.

Western Auto의 서비스 프랜차이즈는 자동차 부품과 공구라는 유형적인 상품을 바탕으로 자동차 수리라는 서비스 프랜차이즈를 창의적으로 융합하여 발전했습니다. 따라서 Western Auto는 Harper Method에 이어서 소매 형태로 현대적 서비스 프랜차이즈를 발전시킨 선구자라고 평가될 수 있습니다.

3. 서비스 센터 프랜차이즈의 개척자

Western Auto는 자동차 관련 상품과 사후 서비스를 통합적으로 제공하여 서비스 센터 프랜차이즈(Service Centre Franchise)의 개척자가 되었습니다. 정체성은 다르지만, 이것은 지금의 삼성전자 등 전자제품의 고객 서비스 센터를 떠올리게 합니다.

서비스 센터 프랜차이즈는 과거 Singer나 Ford에서 그 발자취를 찾을 수 있습니다. 이들은 어떻게 하면 상품을 많이 판매할 수 있을까의 질문만큼이나 판매한 상품에 대한 '사후 고객 서비스'가 가장 중요한 사업적 고민이었습니다.[251]

Western Auto는 이 사업적 고민을 직영점, 프랜차이즈 가맹점, 하위 제휴업체와의 '연계와 제휴 서비스'를 통해 해결했습니다. 상품 판매 후 부품을 교체하거나 제품을 수리하는 전문적인 서비스 센터 프랜차이즈가 Western Auto에 의해 그 초기의 시스템과 유형이 형성된 것입니다.

제20장
최초의 약국 프랜차이즈, Rexall Drugs

Ⅰ. Rexall의 역사와 사업 개요

Rexall Drugs(이하, 'Rexall')는 의약품의 상품 프랜차이즈로써 '소매업체 협동조합'의 형태로 시작하여 미국의 대표적인 약국 브랜드로 성장했습니다. Rexall은 '모든 것의 왕(king of all)'이라는 뜻으로 공식 처방전에 Rx 기호를 사용했습니다.

창업자 루이스 콜 리겟(Louis Kroh Liggett, 1875~1946)은 1903년 약품, 건강 보조제, 의약 소품(이하 '의약품 등)의 '소매업체 협동조합'인 Rexall을 설립했습니다. Rexall은 1920년대부터 이 협동조합을 프랜차이즈 사업조직으로 전환해 약국과 독립 소매점들을 프랜차이즈화했습니다.

1940년대 초 Rexall은 회사명을 'Rexall Drugs'로 변경하고 사업 다각화를 시도했습니다. 그 결과 1960년대 후반 주황색 바탕에 파란색 글씨의 상징적 간판이 미국 전역에 가득할 정도로, Rexall은 약 12,000개의 매장을 보유한 미국 최대의 약국 프랜차이즈로 성장했습니다.

1980년대 들어서자 Rexall은 경영권의 혼란과 약국 프랜차이즈의 사업권 및 의약품 사업권을 처분하면서 서서히 종말을 알렸습니다.[252]

II. 시작은 소매업체 협동조합 체인

사업초기, Rexall이 공급했던 의약품 등은 직접 제조한 상품들이 아니었습니다. Rexall의 설립목표는 직접 생산한 의약품 등을 유통하는 것이 아니라 제조사들로부터 의약품 등을 공동구매하여 지역 약국들에게 경쟁력 있는 가격에 공급하는 것이었습니다. 이를 위해 Rexall은 공동의 구매와 유통을 위한 소매업체 협동조합을 설립한 것입니다.[253]

그러나 Rexall은 사업확장을 위해 협동조합의 형태를 프랜차이즈 사업으로 변경했습니다. Rexall은 필수 의약품을 자신과 파트너 공장에서 생산하여 Rexall 상표를 붙여서 유통했습니다. Rexall의 의약품 등이 인기를 얻자 자체 상표를 부착한 상품들의 범위가 넓어졌습니다.[254]

III. Rexall 프랜차이즈의 역사적 의미와 공헌

1. 최초의 소매업체 협동조합 프랜차이즈

현대의 소매업체 협동조합(Retailers' Cooperative)은 다수의 독립 회원들이 조직을 구성하여 대량구매의 힘(buying power)으로 여러 제조업체로부터 상품들의 매입비용을 할인받고, 비용절감을 위해 마케팅 및 판매 프로그램을 공유합니다. 이에 오늘날 편의품과 식료품점 등의 소매업체 협동조합은 상품 구매비용을 낮추고 공동 마케팅을 통해 운영비용의 절감과 효율적 마케팅의 실현을 목표로 설립된 공동조직입니다.[255]

사업 초기 소매업체 협동조합의 형태였던 Rexall은 공급자 중심의 거래조건에서 벗어나 공동구매의 형태로 의약품 등의 구매비용과 유통비용을 크게 줄였습니다. 그 과정에서 Rexall은 Western Auto와 유사하게 직영점, 프랜차이즈 가맹점, 그리고 지역의 독립 약국들과의 제휴 판매를 통해 괄목할 만한 성장을 이룩했습니다.

2. 현대 소매점 프랜차이즈의 기원

Rexall은 사업이 성장하자 제조사의 특징을 일부 포함한 도매업체-소매업체(wholesaler-retailer) 형태의 상품 프랜차이즈로 발전했습니다.[256]

이 방식으로 Rexall은 지역 약국들과 독립 소매점들을 적극적으로 설득해 매장 수를 늘리면서 20세기 초중반 미국의 의약품 판매시장을 지배한 최초의 약국 프랜차이즈 브랜드가 되었습니다. 따라서 Rexall은 상품 프랜차이즈의 형태로 약국이라는 소매점에서 의약품 등을 전문적으로 판매했기에 '최초의 판매 기반 소매점 프랜차이즈'였다고 볼 수 있습니다.

3. 가격 경쟁력을 중시했던 프랜차이즈

Rexall은 상품 프랜차이즈 형태였지만, Coca-Cola 등의 상품 프랜차이즈 브랜드들과 사업방식이 달랐습니다. 상품 프랜차이즈는 독점적 판매권을 부여하는 대신에 가맹점이 자기 상품만을 판매하도록 제한했습니다. 이에 반해 Rexall은 경쟁력 있는 가격 유지를 위해 특정 제조사의 의약품 등에 의존하지 않고 여러 제조사로부터 다양한 의약품들을 공급받았습니다. Rexall은 사업에서 가격을 가장 중요하게 생각했던 것입니다.

오늘날 PB 상품(private brand product)처럼 Rexall이 필수 의약품을 직접 또는 파트너사를 통해 유통한 이유도 가격 경쟁력 확보 때문이었습니다.

4. 판매지향 프랜차이즈의 창시자

역사적 관점에서 보면, Rexall의 사업방식은 오늘날 편의점 프랜차이즈의 사업방식과 유사했습니다. 주요 취급 상품은 달랐지만, Rexall은 현재의 편의점처럼 제조가 아닌 유통 및 판매 시스템이 중요했습니다.

이에 Rexall은 '판매지향 프랜차이즈(sales oriented franchise)'의 창시자였습니다. 국내시장에서 특정 제조사의 상품에만 의존하지 않고 다수의 제조사로부터 다양한 상품을 매입하는 판매지향 프랜차이즈는 편의점을 중심으로 발전해 왔습니다. 판매지향 프랜차이즈는 오늘날 레귤러 체인 또는 그것의 변형된 형태로 신발, 의류, 화장품 브랜드 등에서 일부 존재합니다.

5. 프랜차이징을 통한 의약품 유통의 혁신자

Rexall은 설립과정에서 40곳의 지역 약국들에게 경쟁력 있는 가격으로 의약품 등을 공급하겠다는 창업자 루이스 리겟의 약속을 정확히 이행했습니다. 그 후 Rexall은 제조 및 도매업체의 특성을 모두 가진 판매지향 프랜차이즈로 성장했습니다.

현대 유통의 관점에서 보면, Rexall의 가장 큰 역사적 공헌은 의약품 등의 유통혁신에 있다고 볼 수 있습니다. Rexall은 기존의 '의약품 제조업자-도매상-약국-소비자'의 유통구조에서 의약품 도매상을 유통경로에서 제거했습니다. 그러고 난 후, Rexall은 '의약품 제조업자-Rexall(제조 및 유통)-소비자'로 유통길이를 단축하여 의약품의 유통과정을 혁신했습니다.

Rexall의 유통길이의 단축과 유통구조의 단순화는 약국 가맹점이 저렴한 가격에 의약품 등을 매입해 매출이익을 창출할 수 있는 수익구조를 만들었습니다. 가맹점들은 짧아지고 단순화된 유통구조의 효과성을 최대한 누렸습니다. 따라서 Rexall의 유통혁신은 상품 자체가 아니라 유통경로의 단순화와 최적화로 새로운 사업적 기회를 발견할 수 있다는 성공 사례를 현대 프랜차이즈 시장에 건네고 있습니다.

제21장
최초의 패스트푸드 프랜차이즈, A&W

I. A&W의 역사와 사업 개요

 루트비어(Root beer)는 일반적으로 열매 과즙이나 식물의 뿌리에서 추출한 원액과 향유를 탄산수와 설탕 등과 섞어서 만든 음료를 말합니다. 이름 때문에 술로 오해할 수 있으나, 루트비어는 미국의 대중적인 탄산음료들 가운데 하나입니다.[257]

 A&W Restaurants(이하 'A&W')의 창업자 로이 앨런(Roy W. Allen)은 어느 약사로부터 루트비어의 레시피를 얻은 후 허브, 향신료, 나무껍질, 열매를 혼합해 자기 방식으로 루트비어를 재창조했습니다.

 로이 앨런은 이렇게 개발된 루트비어를 1919년부터 캘리포니아주 로디(Lodi)의 길가 가판대에서 판매해 소비자에게 큰 호응을 얻었습니다. 이후 비밀 레시피로 만들어진 루트비어 원액은 A&W의 프랜차이즈 사업의 원천이 되었습니다.[258]

 가판대 판매가 성공하자, 로이 앨런은 1923년에 프랭크 라이트(Frank Wright)와 파트너가 되어 새크라멘토에서 두 명의 이름의 이니셜을 딴 A&W(Allen & Wright Restaurants)라는 음식점을 창업했습니다.[259] 그는 1924년에 라이트의 지분을 사들인 후 1950년에 은퇴 전까지 프랜차이즈 사업에 전념했습니다.

음료 자회사인 A&W Beverages Inc는 Coca-Cola와 같은 청량음료 프랜차이즈처럼 병에 담긴 A&W 루트비어를 1971년부터 식료품 매장과 마트 등에 공급하기 시작했습니다.[260]

II. A&W 프랜차이즈의 사업성과

1926년 프랜차이즈 사업을 시작한 A&W는 약 100년의 역사를 자랑합니다. 흥미로운 사실은 훗날 Marriott 호텔 체인의 설립자였던 Sherman과 Willard Marriot가 A&W의 매장을 운영했다는 사실입니다.[261]

A&W의 프랜차이즈 사업성과는 1930년대부터 빛을 보았습니다. A&W의 가맹점은 1933년 171곳, 1941년 260곳, 1960년대 전후 2,000곳, 1972년 2,400곳으로 거침없이 늘어났습니다.

A&W는 해외진출에 꽤 적극적이었습니다. 특히 일본과 동남아 지역은 A&W가 대중적으로 잘 알려진 지역으로 현재에도 A&W에게 우호적인 시장입니다. 오늘날 A&W는 미국을 포함해 일본, 말레이시아, 인도네시아, 필리핀, 괌, 일본, 멕시코 등 전 세계에 걸쳐 약 900곳이 넘는 매장을 보유하고 있습니다. 1972년 분리되어 별도로 운영되고 있는 캐나다 법인은 미국보다 뛰어난 사업성과를 창출하는 것으로 알려져 있습니다.[262]

III. A&W 프랜차이즈의 주요 내용과 특징

1. 혁신적인 frosty mugs

A&W의 상징은 프로스티 머그(frosty mugs)였습니다. 단어 그대로 '서리가 낀 잔'은 그만큼 차갑고 시원하다는 것을 의미했습니다.

냉장고에 보관한 차가운 잔에 루트비어와 다양한 음료들을 제공했던 A&W의 독특한 음료 서비스 방식은 당시로서는 혁신이었고, A&W만의 최대 강점이었습니다. A&W는 어린이에게도 시원한 음료를 제공하기 위해 1920년대에 작고 가벼운 머그(baby mugs)도 개발했습니다.263)

시원한 음료들 이외의 A&W의 주요한 메뉴는 햄버거, 샌드위치, 핫도그, 스낵들이었습니다. 차가운 프로스티 머그에 담긴 음료들과 잘 어울렸던 간소한 패스트푸드 메뉴들은 방문고객의 만족도를 높였습니다.

2. 레스토랑의 경쟁력 강화

1950년대 들어서자 A&W는 기존의 간소한 메뉴들을 보완해 메뉴의 경쟁력을 강화했습니다. 1961년 베이컨 치즈버거와 1963년에 파파, 마마, 틴, 베이비 버거(Papa, Mama, Teen, Baby Burger)라는 네 가지의 패밀리 버거(family burger)는 A&W의 대표적인 버거 메뉴였습니다.

이처럼 A&W가 햄버거 메뉴 라인을 강화한 이유는 패스트푸드의 경쟁점들이 증가한 외부환경 변화에 대한 사업적 대응이었습니다. 맥도날드 등과 같은 새로운 프랜차이즈 브랜드들과의 메뉴 경쟁에서 밀리지 않기 위해서 A&W는 메뉴의 종류와 다양성을 보강했습니다.

1978년에 샐러드 바와 아이스크림이 추가된 가족 레스토랑 콘셉트의 'A&W 그레이트 푸드 레스토랑'이 출시되었습니다. A&W의 'Rooty'라는 곰 캐릭터는 어린이와 가족 단위의 고객을 유인하기 위한 전략적 마케팅의 산물이었습니다.264)

IV. A&W의 프랜차이즈의 역사적 의미와 공헌

1. 최초의 패스트푸드 프랜차이즈

A&W는 미국 외식산업 발전 역사에 큰 획을 그었습니다. 1919년에 설립되어 1923년에 브랜드를 정식으로 시작한 A&W는 White Castle과 함께

미국에서 가장 오래된 패스트푸드 브랜드로 현재 인정받고 있습니다.

White Castle은 1921년 레귤러 체인 형태로 패스트푸드 사업을 시작했습니다. 이와 비교해 A&W는 1926년부터 프랜차이즈 사업을 시작했습니다. 시간적으로 White Castle이 분명히 빨랐지만, 사업 형태 때문에 '최초의 패스트푸드 프랜차이즈 브랜드'의 자리는 A&W가 차지했습니다.

덧붙여 A&W는 햄버거 등이 아니라 프로스티 머그에 담긴 루트비어와 다양한 음료들이 핵심 상품이었기에, A&W는 소매점에 기반한 '최초의 음료 프랜차이즈 브랜드'의 지위도 가지고 있습니다.

2. 카홉 서비스의 적용

A&W의 루트비어와 간소한 음식들은 길가의 소규모 매장에서 제공되었습니다. A&W는 소도시의 지역민과 여행자를 고객으로 작은 규모의 가맹점 형태로 프랜차이즈 사업을 확장했습니다. 가맹점은 롤러스케이트를 탄 트레이 보이와 걸(tray boys and girls)을 통해 A&W의 메뉴를 고객에게 제공했습니다.[265]

카홉 서비스 형태는 당시 A&W 이외에도 다른 레스토랑에서도 제공되었지만, 이를 프랜차이즈 방식으로 유효하게 실현한 최초의 공식적인 브랜드는 A&W였습니다.[266] 따라서 전체 가맹점에게 적용된 것은 아니었지만, A&W는 소규모 매장과 카홉 서비스를 결합한 최초의 프랜차이즈 브랜드였습니다.

도로에 접한 작은 매장에서 시원한 음료와 간소한 패스트푸드 메뉴를 카홉 서비스를 통해 제공했던 A&W 매장의 운영방식은 이후 미국 외식사업과 미국 패스트푸드 프랜차이즈의 사업모델과 서비스 제공방식에 상당한 영향을 미쳤습니다.[267]

3. 사업규모의 최소화

프랜차이즈의 사업성 관점에서 A&W의 가장 큰 기여는 도시 밖에서 소규모 매장으로 프랜차이즈 사업방식이 성공할 수 있다는 사업적 가능성을 실증했다는 점에 있을 것입니다.

도심 외곽에서 작은 규모로 외식사업에 성공했다는 A&W 가맹점의 성공 사례들은 20세기 초중반 미국 외식사업의 규모와 형태를 바꾸는 데 타당한 근거가 되었습니다. 도시 밖의 마을 도로를 따라 세워진 A&W의 가맹점은 도심에서 규모가 큰 레스토랑이 아니어도 소규모 창업으로 외식사업이 성공할 수 있다는 가능성을 입증하여 소자본 창업자들의 환호를 받았습니다.

가맹점 규모의 최소화(minimization)를 실천한 A&W는 후속 외식 프랜차이즈 브랜드들에게 가맹점의 규모, 위치, 형태에 대한 사업 계획서 작성에 중요한 아이디어를 제공했습니다.[268]

4. 영업방식의 중요성

A&W는 외식 프랜차이즈의 역사에서 상징적 메뉴와 차별적인 운영방식의 노하우가 얼마나 중요한지 일깨워 줬습니다.

A&W의 프로스티 머그는 특별한 상품의 발명이 아니었습니다. 단지 상품의 제공방식이 창의적이었던 것입니다. 프로스티 머그를 통해 음료들을 시원하게 제공했던 A&W만의 서비스 방식은 상품 가치와 고객 만족을 한층 높였습니다.

그 결과 프로스티 머그에 담긴 시원한 음료들은 A&W의 강력한 브랜드 콘셉트를 구축했고, 경쟁 브랜드들이 쉽게 따라올 수 없는 A&W만의 차별적인 영업 노하우를 창조했습니다.

A&W의 상징인 프로스티 머그는 오늘날 얼음잔 기반의 국내 주점 프랜차

이즈 브랜드들의 모태가 된다고 할 수 있습니다. 냉장고에 미리 보관된 서리가 낀 차가운 얼음잔이 청량감과 시원함을 배가시키는 효과는 과거나 현재가 같습니다.

한편, A&W의 프로스티 머그는 20세기 초중반 미국 외식산업의 발전을 이끈 혁신적인 기계, 보관 장치, 믹서기, 조리기구의 발명에 중요한 자극제가 되었을 것으로 추정됩니다.

냉동고 등 저장장치가 중요했던 아이스크림 산업, 맥도날드 형제의 주방시설, Burger King의 전신이었던 Insta-Burger King의 패티 기계처럼 20세기 초중반 외식 브랜드들은 자기만의 메뉴와 서비스 방법을 창출하기 위해 독창적인 기계, 장비, 기구, 도구 등을 개발했습니다.

이렇게 개발된 뛰어난 발명품과 제작물들은 19세기 중반 Singer 등의 전문적인 기계 프랜차이즈의 개념이 진화하여 20세기 외식사업의 영역에 확대·적용된 것입니다. 그 결과 이들은 위생적인 원재료의 보관, 독창적인 조리법, 효율적인 매장설계, 차별적인 고객 서비스 제공의 방식에 혁신을 창출하여 현대 외식 프랜차이즈의 성장에 기능적인 토대가 되었습니다.

제22장
최초의 레스토랑 프랜차이즈, Howard Johnson's

Ⅰ. Howard Johnson's의 역사와 개요

Howard Johnson's는 1930년대부터 1970년대까지 레스토랑, 숙박업, 아이스크림, 매점, 냉동식품 등 거의 모든 분야에서 외식산업 발전에 지대한 업적을 남겼습니다. 프랜차이즈 역사적 관점에서 보면, Howard Johnson's는 사업방식과 매장의 형태 면에서 '최초의 현대적 레스토랑 프랜차이즈'로 평가됩니다.

하워드 디어링 존슨(Howard Deering Johnson, 1897~1972, 이하 'Johnson')은 1925년에 매사추세츠주 퀸시(Quincy)에 있었던 약국을 인수해 직접 개발한 28가지 맛의 아이스크림, 탄산음료, 프랑크푸르트 소시지, 핫도그, 잡화를 판매하는 가게로 변경했습니다.[269]

사업적 자신감을 얻은 Johnson은 1929년에 매점 형태가 아닌 요리가 중심이 되었던 레스토랑 형태의 두 번째 매장을 개점했으나 대공황의 여파로 실패했습니다. 그는 이 실패에 굴하지 않고, 1935년 사업가인 Reginald Sprague와 협력해 현대식 레스토랑 기반의 Howard Johnson's 프랜차이즈의 첫 번째 가맹점을 열었습니다.

이후 Howard Johnson's는 여행객들이 많은 대서양 연안의 지역을 중심으로 도로를 따라 급성장했습니다. 그 결과 Howard Johnson's

의 가맹점의 수는 1936년 40곳, 1941년에 150곳, 1951년 255곳, 1959년 650곳, 1979년 870곳에 이르렀습니다. 1954년에 시작된 Howard Johnson's Motor Lodges(이하 'Motor Lodges')는 Howard Johnson's의 레스토랑, 매점, 숙박업들이 결합된 독특한 사업모델이었습니다.

1961년 주식시장에서 상장되었을 때 600개 이상의 매장 중 약 40%는 회사 소유였고, 나머지 약 60%는 프랜차이즈 가맹점이었으며, 추가적으로 88개의 Motor Lodges가 있었습니다. 1970년 후반에는 약 1,040개 이상의 직영점과 가맹점을 보유할 정도로 Howard Johnson's는 외식과 숙박을 결합한 독특한 프랜차이즈 브랜드로 크게 성장했습니다.

그러나 1960~70년대에 변화된 외식시장의 환경적응 실패와 경쟁자들의 출현에 적절히 대응하지 못한 결과 Howard Johnson's는 결국 쇠퇴의 문턱에 들어섰습니다.[270]

II. Howard Johnson's 프랜차이즈적 특징

Howard Johnson's가 현대 외식 프랜차이즈의 발전에 미친 영향이 매우 큼에도, 국내에 이 브랜드에 대한 이야기와 프랜차이즈 역사의 업적은 거의 알려지지 않고 있습니다. Howard Johnson's의 사업의 행적과 성과에 기반해 프랜차이즈적 특징과 역사적 영향력을 살펴보면 아래와 같습니다.

1. 표준화와 일관성

Howard Johnson's의 가장 대표적인 특징은 '간소화된 메뉴에 기반한 간결한 조리법'이었습니다. 이 특징은 신속한 음식 조리와 서비스 제공방식의 표준화와 일관성을 구현하여 대중적인 레스토랑의 확산에 시금석이 되었습니다. Howard Johnson's의 표준화된 조리와 효율적인 공급시스템은 미국의 넓은 지역에 분산된 매장들이 균일한 품질의 메뉴 제공과 매장운영의 통일성을 유지하는 데 밑받침이 되었습니다.[271]

 안정적인 공급시스템의 구축을 위해 Howard Johnson's는 매사추세츠주 월라스턴(Wollaston)에 제조시설을 설립한 후 원재료를 표준화된 포장단위로 매장에 공급했습니다. 이로 인해 가맹점은 단순한 조리로 빠르게 메뉴를 완성한 후 판매만 했던 '규모가 큰 매점'과 같았습니다.[272]

2. 소량 포장의 매점식 공급시스템

 Howard Johnson's의 중앙집중식 공급과 유통시스템은 현대 외식 프랜차이즈에 혁신적인 사업 아이디어를 전달했습니다. Howard Johnson's의 간소화된 공급 품목, 표준화된 포장방법, 그리고 작은 부피의 포장단위 시스템은 후발 프랜차이즈 브랜드들의 효율적인 공급 및 물류시스템의 사업적 구상에 가치 있는 실마리를 제공했습니다.

 이것이 가능했던 것은 첫 번째 매장이 매점의 형태였고, 제2차 세계대전 동안 영업의 침체와 재정적 위기를 타개하기 위해 시작한 군대 납품과 학교 매점들에 대한 사업 경험들 때문으로 풀이됩니다. Howard Johnson's는 이 사업적 경험을 바탕으로 프랜차이즈 사업의 필수품목의 공급체계를 매점 접근(commissary approach)의 개념으로 해결했습니다.

 간소한 메뉴들과 작은 부피 및 소량으로 포장된 원재료들은 효율적인 공급체계를 낳아 유통비용을 대폭 절감했습니다. 규격화되고 소포장된 Howard Johnson's의 공급방법은 원재료 사용의 빠른 회전율과 낮은 재고부담을 낳아 가맹점의 효과적인 운영에 큰 도움이 되었습니다.[273]

3. Howard Johnson Bible

메뉴들의 조리법과 매장운영의 규정 및 절차가 기재된 'Howard Johnson Bible'은 현대 외식 프랜차이즈의 매뉴얼 책자의 표준이자 본보기였습니다.

Howard Johnson's는 Howard Johnson Bible을 바탕으로 분산된 직영점과 가맹점을 통일적으로 운영하고 통제할 수 있었습니다. 각 매장에서 제공되었던 메뉴들과 종업원의 고객 서비스는 Howard Johnson Bible에 의해 관리되었고, 신규로 출점하는 매장은 이 매뉴얼에 의해 사전에 교육되었습니다. 표준화된 메뉴 조리법과 매점식 공급시스템에 더해진 Howard Johnson Bible은 어디서나 고객이 동일한 메뉴, 동일한 맛, 동일한 서비스를 제공받을 수 있는 주춧돌이었습니다.

Dunkin Donuts(1950)의 창립자인 윌리엄 로젠버그(William Rosenburg)는 Howard Johnson's의 아이디어를 사업모델의 원동력으로 삼았다고 말했고, Howard Johnson's의 아이스크림의 상품과 관리시스템은 Baskin-Robbins(1948)의 사업전략에 큰 영향을 미친 것으로 알려져 있습니다.[274]

4. 매장 외관과 통일적 레이아웃

Howard Johnson's는 매장의 표준화와 일관성이 있는 운영을 위해 통일적인 매장의 레이아웃을 중시했습니다. 이것은 브랜드의 정체성과 차별성을 뚜렷이 부각하기 위해 Howard Johnson's가 가장 많이 신경을 쓴 부분으로 현대 프랜차이즈 브랜드들에게 매장 배치의 효율성과 디자인 차별성의 중요성을 알려 준 역사적 사례가 되었습니다.

매장 배치의 측면에서 Howard Johnson의 매장은 별도의 계산대와 고정식 탁자 및 좌석이 있었고, 필요에 따라 대기공간과 단체고객을 위한 다이닝 공간도 마련되어 있었습니다. 매장의 한쪽에 매점과 같은 판매대가 배치되어 음료와 디저트가 제공되었고, 다른 한쪽은 주방에서 조리된 메뉴들이 제공되는 식당 공간이 분리되어 있었습니다.

이와 같은 Howard Johnson's의 매장 배치도는 현대 레스토랑의 매장 구성에 완성도가 높은 아이디어로 평가되었습니다.[275)]

한편, 매장의 디자인 차원에서 Howard Johnson's는 현대 프랜차이즈에서 중요한 요소로 고려되고 있는 매장의 독특하고 일관성 있는 외관과 간판을 전략적으로 실현했습니다.

주황색 지붕과 하얀색이 칠해진 매장은 파란색 바탕의 흰색 상호의 간판과 함께 멀리서도 잘 보였습니다. 매장 입구는 심플 사이먼과 파이맨 로고(Simple Simon and the Pie man logo)가 장식돼 매장 외관의 현저성이 뚜렷하게 부각되었습니다. 차별성이 현저한 매장의 외관과 디자인은 여행자가 운전하면서 쉽게 알아차릴 수 있는 '매장 마케팅'의 핵심 요소로써 Howard Johnson's가 도로에 설치된 대형 철판 광고판을 따라 성장하는 데 유용한 마케팅의 도구였습니다.[276)]

III. Howard Johnson's의 역사적 공헌

1. 최초의 현대적 레스토랑 프랜차이즈

카홉 서비스나 포장 중심의 영업형태가 아니라 고정된 테이블과 의자를 갖춘 아늑하고 편안한 매장에서 유니폼을 입은 종업원들이 고객 서비스를 제공했기에, Howard Johnson's는 '최초의 현대적인 레스토랑 프랜차이즈'로 평가되고 있습니다. Howard Johnson's는 현대적 레스토랑의 물리적 시설과 분위기를 바탕으로 미국 중산층에게 친숙한 식당이자 어린이 생

일 파티와 가족 모임의 중심지가 되었습니다.[277]

그러했기에 Howard Johnson's의 현대 프랜차이즈에 대한 역사적 공헌은 전형적인 레스토랑의 공간에서 표준화된 조리법과 통일적인 매장운영의 방법을 통해 메뉴의 품질과 고객 서비스의 신뢰도를 한층 높였다는 점에 있습니다.[278]

A&W는 최초의 패스트푸드 프랜차이즈였지만, 작은 매장 규모와 카홉 서비스 기반의 사업모델이었습니다. White Castle이 QSR 개념을 먼저 구현했지만, 프랜차이즈 사업방식이 아니었습니다.

따라서 프랜차이즈 역사에서 전통적인 레스토랑의 형태로 일정 정도의 매장 규모를 갖추고 표준화된 빠른 서비스를 실현했던 최초의 브랜드는 Howard Johnson's였습니다.

2. 외식 패스트푸드 프랜차이즈의 스승

Howard Johnson's의 프랜차이즈 사업의 정체성은 간편한 메뉴와 독자적인 아이스크림 등을 여행자와 지역 고객에게 청결하고 편안한 매장에서 제공하는 것이었습니다. Howard Johnson's는 이러한 브랜드 정체성을 바탕으로 도로를 따라 직영점과 가맹점들을 계속 복제했습니다.[279]

Howard Johnson's의 성공적인 사업모델은 후속 외식 브랜드들이 주저하지 않고 프랜차이즈 사업방식을 선택하게 된 이유가 되었고, 그들의 비즈니스 모델의 나침반이 되었습니다.

20세기 중반 이후 레스토랑 기반의 새로운 패스트푸드 프랜차이즈 브랜드들은 Howard Johnson's의 외식 시스템과 확장방식을 자기 브랜드에 맞게 개선하고 고도화하여 사업적 성공을 이룩한 것입니다. 따라서 Howard Johnson's의 비즈니스 모델은 후속 외식 프랜차이즈 브랜드들의 스승이자 교과서였다고 할 수 있습니다.

아쉽게도 1970년대에 들어서면서 Howard Johnson's는 제자 브랜드들과의 경쟁에서 밀리면서 외식시장의 원로(elder)가 되어 갔습니다. Howard Johnson's의 자리는 새로운 외식 프랜차이즈 브랜드들이 채우기 시작했습니다.[280]

3. 외식과 숙박이 결합한 프랜차이즈

Howard Johnson's의 Motor Lodges는 외식과 숙박을 결합해 1954년 조지아주 서배너(Savannah)에서 시작되었습니다. 직영점과 가맹점의 혼합 형태로 성장한 Motor Lodges는 프랜차이즈 시장에서 숙박, 매점, 음식점을 융합한 새로운 사업모델의 성공 가능성을 입증했습니다.

한발 더 나아가, Motor Lodges가 더 크고 고급화된 형태가 호텔이었기에 Motor Lodges는 미국의 호텔 또는 호텔 프랜차이즈 산업의 발전에 숨은 공신이었다고 할 수 있습니다. Howard Johnson's가 외식 브랜드를 넘어서 호텔 등의 환대산업(hospitality industry)의 선구자로 평가될 수 있는 이유는 바로 Motor Lodges의 성공 때문이었습니다.[281]

레스토랑과 숙박의 결합 모델은 19세기 후반 Harvey House에서 처음 이루어졌습니다. Harvey House가 기차역 중심으로 성장했다면, Motor Lodges와 결합한 Howard Johnson's는 도로와 자동차의 이동선을 따라 확장했습니다.[282] 사업의 정체로 Howard Johnson's는 결국 1980년 영국의 The Imperial Group에 매각되었는데, 이때 약 1,040곳의 Howard Johnson's와 520곳의 Motor Lodges가 있었습니다. 이 숫자는 30년의 짧은 기간에 Motor Lodges가 상당히 많은 지역에서 영업하고 있었던 사실을 보여 주었습니다.[283]

제9부
성장의 역사: 아이스크림 프랜차이즈 시장

미국 아이스크림 프랜차이즈 시장의 형성과 발전의 역사적 사례를 통해 20세기 초중반 상품별 시장과 업종별 시장의 발전이 미국 프랜차이즈 시장과 연관산업에 어떠한 영향을 미쳤고 어떠한 성과를 창출했는지를 구체적으로 살펴볼 것입니다.

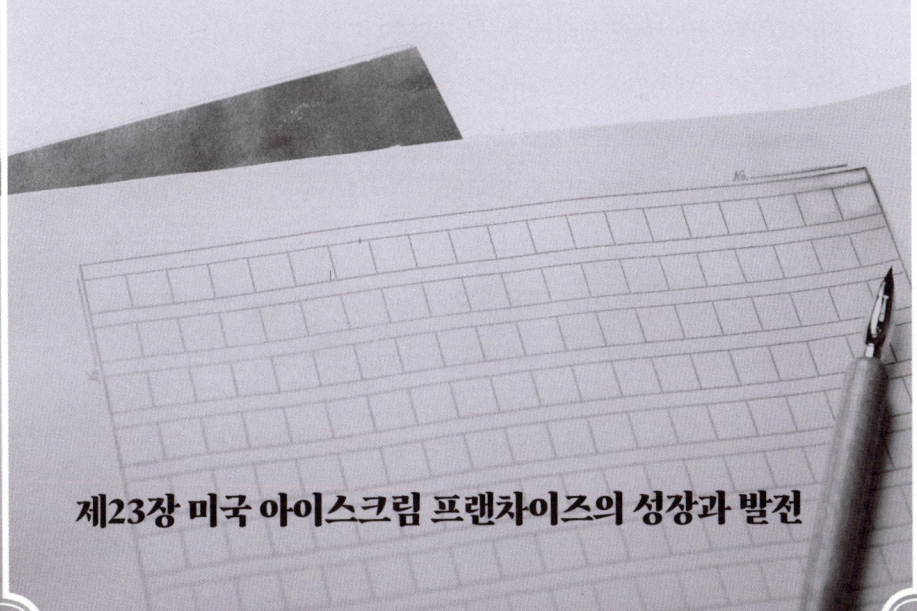

제23장 미국 아이스크림 프랜차이즈의 성장과 발전

제23장
미국 아이스크림 프랜차이즈의 성장과 발전

Ⅰ. 아이스크림 역사의 개요

　아이스크림은 18세기 이전까지 동서양을 가리지 않고 부유층과 귀족들이 주로 먹었던 비싼 디저트였습니다. 그러나 현재 아이스크림은 일상에서 친숙한 대중 음식이면서 디저트 시장에서 가장 중요한 위치를 차지하고 있습니다.

　일반적으로 아이스크림은 우유, 설탕, 감미료 등이 혼합된 냉동 디저트로 크게 소프트아이스크림(soft), 빙수처럼 얼음이 갈린 셔벗(Sherbet), 단단한 얼음과자인 바(bar)로 구분됩니다.

　아이스크림의 역사는 꽤 오래전에 시작되었습니다. BC 400년경 고대 페르시아 지역의 지배층이 미리 보관해 놓았던 눈(snow)에 장미수, 과일, 향료 등을 얹어 먹었던 차가운 음식에서 아이스크림이 유래했습니다.

　알렉산더 대왕과 로마 황제들은 만년설에서 가져온 눈에 우유, 꿀, 과일, 땅콩을 섞어 먹었고, 마르코 폴로는 13세기 중국의 냉동 유제품의 제조법을 유럽에 소개했습니다. 15~16세기 와서 유럽의 지배층은 우유와 과일 등을 첨가해서 즐기면서 아이스크림은 귀족의 디저트가 되었습니다.[284]

II. 미국 아이스크림 시장의 태동과 발전

설탕이 부족하고 냉동기술이 발전하지 않아 미국에서도 아이스크림은 유럽과 마찬가지로 사회 지도자층과 부유한 가정에서 먹었던 사치품 성격의 음식이었습니다.

그런데 1689년부터 1840년까지 미국에 40개 이상의 설탕 정제소가 생기면서 아이스크림은 부유층 음식에서 대중 디저트로 변모했습니다. 설탕의 대량생산은 청량음료 산업뿐만 아니라 아이스크림 시장의 발전에 전환점이 된 것입니다.

미국 아이스크림 산업의 아버지로 불리는 제이콥 푸셀(Jacob Fussell, 1819~1912)은 1851년 볼티모어에서 아이스크림을 상업적으로 제조 및 유통한 최초의 전문업자였습니다.

제이콥 푸셀이 아이스크림에 관심을 가진 이유는 가공과정에서 남겨진 유제품의 손실 때문이었습니다. 유제품 손실의 처리를 위한 사업적 해결책이 미국 아이스크림 산업의 발전을 낳은 것입니다. 사람의 손으로 직접 만들었던 이전의 아이스크림과 비교해 3분의 1의 가격밖에 되지 않았던 그의 아이스크림은 미국 아이스크림의 대중화에 선구적인 상품이 되었습니다.

오늘날 아이스크림의 대형 브랜드의 하나인 'Breyer'는 1866년 윌리엄 브레이어(William A. Breyer, 1828~1882)가 필라델피아에서 마차를 타고 거리에서 아이스크림을 판매하면서 시작되었습니다. 1882년 그의 첫 번째 아이스크림 가게가 열렸고, 이후 가족들이 몇 곳의 매장들을 개점했습니다.

Breyer는 1896년 제조 및 도매 센터를 설립한 후 20세기부터 크게 성장해 미국의 아이스크림 시장을 선도했습니다. 그의 회사는 이후 Good Humor-Breyers로 상호가 바뀌었습니다.

한편, 19세기 중반 아이스크림 제조기, 1900년대 직후 냉동기계, 1926년 연속 공정 냉동기가 발명되면서 아이스크림은 상업적으로 대량생산 되어 대중적인 디저트의 길로 들어섰습니다. 그리고 제2차 세계대전은 Coca-Cola와 함께 아이스크림이 미국의 대중적 음식이 되는 데 중요한 계기로 작용했습니다.

전쟁 이후 Dairy Queen, Carvel, Tastee-Freez, Baskin-Robbins, Häagen-Dazs와 같은 아이스크림 전문 브랜드들의 성장으로 아이스크림 산업은 미국 소매산업에 매우 중요한 위치를 차지하게 되었습니다.[285]

III. 아이스크림의 여왕, Dairy Queen [286]

1. Dairy Queen의 역사 개요

Dairy Queen은 경쟁력 있는 가격과 독특한 상품력을 바탕으로 프랜차이즈 사업방식을 통해 미국 아이스크림 시장의 혁신을 가져왔습니다. Dairy Queen은 그 뜻처럼 '유제품 또는 낙농제품의 여왕'을 의미합니다.

Dairy Queen의 창업자 존 프리먼트 맥컬러(John Fremont McCullough, 1871~1963, 이하 맥컬러)는 낙농업자로 1938년 그의 아들 알렉스(Alex)와 함께 자신만의 독특한 아이스크림 제조법을 개발했습니다. 맥컬러는 이 새로운 제조법으로 1,600인분의 아이스크림을 만들어 친구인 셰브 노블(Sherb Noble)의 가게에서 판매했는데, 몇 시간 만에 다 팔릴 정도로 그의 상품은 인기가 많았습니다.

이 성공에 고무된 맥컬러와 노블은 1940년 일리노이주 졸리엣(Joliet)에서 최초의 Dairy Queen의 매장을 열었습니다. 그들은 사업 초기부터 주저 없이 프랜차이즈를 통해 아이스크림 사업을 적극 확장했습니다. 전국적인 대형 아이스크림 프랜차이즈 브랜드가 미국에서 탄생한 순간이었습니다.

2. 단기간에 급성장한 Dairy Queen

1941년 10곳이었던 Dairy Queen의 가맹점 수는 1947년 약 100곳, 1950년 1,446곳, 1955년 2,600곳으로 폭발적으로 증가했고, 1953년에 캐나다에도 첫 매장이 열렸습니다.

Dairy Queen은 1962년 해외사업의 확장을 위해 International Dairy Queen(IDQ)으로 상호를 변경하여 국제 프랜차이즈 브랜드로의 도약을 시도했습니다. 이후 이 회사는 워렌 버핏의 버크셔 해서웨이에게 1998년에 5.8억 달러에 인수되었습니다. Dairy Queen은 현재 전 세계적으로 약 7,500곳의 매장을 둔 프랜차이즈 브랜드입니다.

한편, Dairy Queen은 국내시장에 진출을 시도했었지만, 그 결과는 좋지 못했습니다. 1985년 첫 진출에 실패한 후, Dairy Queen은 1990년대와 2017년에 대형마트, 지하철역, 대학가 등에 재진출했습니다. 하지만 예상하지 못한 코로나19의 여파로 2023년경 사업을 철수한 것으로 알려져 있습니다.

3. Dairy Queen의 사업 특징과 핵심 상품

1) 패스트푸드 사업으로의 확장

Dairy Queen은 아이스크림 전문 브랜드였지만 성장과정에서 패스트푸드 메뉴들로 상품의 범위를 넓혔습니다. 이에 따라 Dairy Queen는 1956년경 바나나 스플릿, 선데이(sundae), 샌드위치 등으로 메뉴를 확장했습니다.

패스트푸드 레스토랑으로 성장하기 위한 Dairy Queen의 경영노력은 여기에 그치지 않았습니다. Dairy Queen는 '제한된 화로(Limited Brazier)'의 콘셉트와 '뜨거운 음식, 차가운 간식(Hot Eats, Cool Treats)'의 마케팅 메시지로 햄버거, 치킨, 감자튀김 등을 메뉴에 추가했습니다.

2001년 Dairy Queen은 그릴 앤 칠(Grill & Chill)이라는 매장 콘셉트를 개발했습니다. 그릴 앤 칠은 규모가 크고 새롭게 디자인된 매장으로 조식, 햄버거, 샌드위치 등의 확장된 메뉴와 포장 및 배달의 판매방식이 장착된 복합 모델이었습니다.

2) 쏟아지지 않는 아이스크림, 블리자드

Dairy Queen의 대표적 메뉴는 블리자드(Blizzard)입니다. 눈보라 같은 시원함을 의미한 블리자드 아이스크림은 1985년 탄생해 지금까지 Dairy Queen의 상징적 메뉴가 되었습니다. 블리자드는 쿠키, 브라우니, 캔디 등을 섞은 소프트아이스크림의 일종입니다. 블리자드는 거꾸로 들어도 쏟아지지 않는 특징이 있어 '무중력 아이스크림'이라는 별명을 얻었습니다.

Dairy Queen은 한국진출의 과정에서 블리자드의 상품 특성을 최대한 알리기 위해 'upside down'이라는 광고 메시지를 활용했습니다. 이 광고 메시지는 아이스크림을 담은 컵을 뒤집어도 아이스크림이 쏟아지지 않는다는 상품 특징을 고객에게 시각적으로 잘 보여 주었습니다.

IV. 소프트아이스크림 창시자, Carvel

1. Carvel 역사의 개요와 상징적 메뉴 [287)]

Carvel은 역사적으로 상업적인 소프트아이스크림의 기원으로 알려져 있습니다. Carvel의 소프트아이스크림은 아이스크림 판매 트레일러의 갑작스러운 고장으로 냉동 커스터드가 녹으면서 우연히 발명된 것으로 유명합니다.

Carvel의 창업자 톰 카벨(Tom Carvel, 1906~1990)은 그리스 이민자로 냉

동 커스터드 트레일러로 아이스크림을 판매했던 인물이었습니다. 그는 1934년 첫 번째 소프트아이스크림 매장을 개점한 후, 1936년 Carvel Co를 설립했습니다. 1949년 프랜차이즈 사업을 시작한 Carvel은 1951년 상징적인 메뉴인 'Flying Saucer'를 시장에 선보였습니다.

Flying Saucer는 말 그대로 '하늘을 나는 비행접시' 모양을 한 동그란 아이스크림 과자 샌드위치였습니다. 마치 UFO 우주선을 연상시키는 이 아이스크림은 초콜릿 웨이퍼(쿠키) 사이에 바닐라 등 다양한 맛의 아이스크림이 끼어 있었습니다.

Carvel은 아이스크림 케이크로도 유명합니다. 1977년 고래 모양의 '퍼지 더 웨일(Fudgie the Whale)'은 Carvel의 대표적 아이스크림 케이크였습니다. Carvel의 케이크들은 가맹점뿐만 아니라 슈퍼마켓에 등에 공급되어 Carvel이 어린이와 가족 단위 고객에게 친숙해지는 데 큰 역할을 했습니다.

현재 Carvel은 약 340곳의 매장을 보유하고 있는 것으로 알려져 있습니다. Carvel은 Dairy Queen보다 매장의 수가 훨씬 적습니다. 그렇지만 Carvel은 가맹점뿐만 아니라 슈퍼마켓과 마트 등에 상품을 공급하는 유통 사업이 성공한 덕택으로 소비자의 인지도는 현재에도 꽤 높습니다.

Carvel은 직영점, 가맹점, 그리고 다른 유통채널을 통해 상품을 공급하는 복합적 유통체계를 가지고 있습니다. 현재 Carvel은 약 10,000곳의 슈퍼마켓 등에 아이스크림 상품과 냉동 케이크 등을 공급하고 있다고 알려져 있습니다.

2. Carvel 프랜차이즈 [288]

1) 프랜차이즈 사업에 뛰어든 사업적 배경

Carvel은 1936년 초저온 무공기 펌프(no air pump) 장치를 발명해 자신만의 batch freezer 모델의 특허를 취득했습니다. 1947년 Carvel은 커스터드 킹(Custard King)이라는 상호로 71대의 냉동고를 개당 2,900달러에 판매했습니다. 그리고 아이스크림 사업의 경쟁우위를 확보하기 위해 전문적인 냉동기계와 장비의 개발에 대한 Carvel의 노력은 계속되었습니다.

그렇지만 비즈니스 모델의 불안정 때문에 Carvel의 초기 사업은 순탄하지 않았습니다. 기계와 냉동고를 구매한 일부 업주들이 결제 대금을 연체했고, 냉동고의 적절한 사용과 청결 및 위생의 문제는 Carvel을 괴롭혔습니다. 또한 거래처들의 잘못된 영업장소의 선정은 Carvel의 사업에 부정적이었습니다.

거래처들의 좋지 않은 사업성과는 결과적으로 Carvel이 공급한 기계와 장비의 평판에 악영향을 미쳤습니다. 그렇게 관리되어 판매된 아이스크림 상품들은 Carvel의 브랜드 이미지에 좋을 것이 전혀 없었습니다.

이 문제를 극복하기 위해 Carvel은 결국 거래처들의 출점과 운영방법을 직접 관리하기로 결정했습니다. 이것이 1949년에 Carvel이 'Carvel Dari-Freez'라는 상호로 아이스크림 프랜차이즈 사업에 본격적으로 뛰어든 사업적 배경이었습니다.

2) Carvel 프랜차이즈의 사업방식과 특징

Carvel 프랜차이즈 시스템의 가장 중요한 것은 아이스크림 기계와 장비의 공급이었습니다. Carvel은 아이스크림, 아이스크림을 만드는 기계, 특허권이 있는 냉동고, 저장 장비, 소모품을 가맹점에 공급했습니다. Carvel은 가맹점에게 기계와 냉동고의 청결한 유지와 관리를 요구하고 이를 관리했습니다.

냉동고와 장비 등은 Carvel 프랜차이즈 사업에서 일종의 필수품목들이었습니다. 이러한 기계와 장비를 공급한 대가로 Carvel은 매장의 위치선정과 장비의 사용 및 매장운영의 방법을 가맹점에 교육했습니다.

가맹점사업자는 창업 전에 'Carvel College'에서 매장운영, 기계 사용법, 지역 광고 및 홍보, 아이스크림 케이크 만들기 및 냉동 방법에 대해 사전 교육과 훈련을 받았습니다. 그리고 가맹점은 'The Shopper's Road'라는 잡지를 통해 매장운영에 관한 다양한 주제들을 Carvel로부터 공유받았습니다.

1950년대에 미국 전역에 Dairy Queen은 2,600곳, Tastee-Freez(1950)는 1,500곳의 가맹점이 있었습니다. Carvel은 1949년에 돼서야 프랜차이즈 사업을 시작했기에 1954년까지 약 180개의 매장을 보유했습니다. 후발 주자였던 Carvel은 20세기 중반 이후에도 매장의 수 면에서 경쟁 브랜드와 비교해 많이 뒤처져 있었습니다.

V. Baskin-Robbins 프랜차이즈

1. Baskin-Robbins의 역사 개요 [289]

캐나다에서 태어난 어바인 라빈슨(Irvine Issac Robbins, 1917~2008, 이하 'Irvine')은 10대 시절 미국 워싱턴주 Tacoma에서 Olympic Store라는 유제품 가게를 운영했던 아버지(Aaron Robbins)의 사업을 평소에 도왔습니다.

Irvine은 군 제대 후 21가지의 새로운 맛의 아이스크림으로 1945년에 캘리포니아 Glendale에 Snowbird Ice Cream 매장을 열었습니다. 그는 자신의 달콤한 아이스크림으로 사람들이 기분이 좋아지고 행복해질 수 있다고 믿었습니다. 유년기 경험은 Irvine이 아이스크림에 대한 깊은 애정과 애착을 갖게 된 배경이자 사업적 동기가 된 것입니다.

버튼 라빈슨(Burton Leo Baskin, 1913~1967, 이하 'Burton')은 Irvine과 함

께 Baskin-Robbins를 창업한 인물입니다. 일리노이주에서 태어난 Burton은 1942년 Irvine의 여동생과 결혼해 Robbins 가족의 일원이 되었습니다.

Burton은 아버지가 운영했던 의류매장과의 인연으로 제2차 세계대전 때 해군 복무를 마치고 남성복 매장을 시작했습니다. 하지만 그 생활에 만족하지 못한 Burton은 아이스크림 사업을 하고 싶어서 LA 지역의 Pasadena에서 Burton's Ice Cream을 개점했습니다.

더 큰 성과를 위해 사업적 결합에 동의했던 Irvine과 Burton은 사업적 갈등을 걱정했던 로빈스 아버지의 조언에 따라 처음에는 자신의 매장 이름을 그대로 유지했습니다. 그러다가 1948년, 두 사람은 자신들의 매장들을 합쳐 마침내 Baskin-Robbins라는 하나의 회사를 만들었습니다.

2. 프랜차이즈 사업의 발전

Baskin-Robbins는 세계적인 다국적 아이스크림 프랜차이즈입니다. Baskin-Robbins는 다양한 소비자의 선택을 위해 월 기준 매일 다른 맛을 상징하는 '31가지 맛'의 상품 콘셉트로 세계적인 아이스크림 전문 브랜드로 성장했습니다.[290)]

Baskin-Robbins는 1954년 로스앤젤레스 카운티 박람회의 아이스크림 분야에서 첫 번째 금메달을 획득했고, 그 후에도 여러 박람회에 참여해 좋은 성과를 거두었습니다.[291)] 또한 1950~60년대부터 Baskin-Robbins는 사회적 관심과 소비자의 흥미를 자극한 창의적인 새로운 상품들로 아이스크림 시장에 큰 반향을 일으켰습니다.

1957년 브루클린 다저스 야구팀이 로스앤젤레스로 이전했을 때 출시한 'Baseball Nut', 1964년 비틀즈 매니아를 겨냥한 'Beatle Nut', 1969년

암스트롱의 역사적인 달 착륙을 기념한 'Lunar Cheese Cake'가 대표적인 예입니다. 이 시의적절한 독창적인 상품들로 Baskin-Robbins의 전국적인 인지도는 매우 높아졌습니다.[292]

이러한 독특한 상품의 개발과 마케팅 노력으로 1960년대 중반 미국에 400곳이 넘는 매장을 보유하게 된 Baskin-Robbins는 마스터 프랜차이즈 형태로 UAE, 바레인, 카타르, 오만, 요르단 등의 진출을 시도했습니다. 이를 발판으로 세계시장 진출의 불을 지핀 Baskin-Robbins는 1970년대부터 일본, 사우디아라비아, 호주 등으로 사업을 확장했습니다.

창립 이래 약 1,500가지 이상의 아이스크림 맛을 선보여 왔던 Baskin-Robbins는 현재 약 50개국에서 8,000개 이상의 매장을 보유하고 있습니다. 2014년부터 미국 슈퍼마켓 등에 다른 유통방식으로 일부 냉동상품도 판매하기 시작했습니다.[293]

한편, 1986년 명동에 직영점을 열고 한국에 진출한 Baskin-Robbins는 던킨도너츠를 소유한 ㈜비알코리아의 소속으로 2023년 말 기준 65곳의 직영점과 1,752곳의 가맹점을 보유한 국내 최대의 아이스크림 프랜차이즈 브랜드입니다.[294]

3. 프랜차이즈 사업의 시작 이유

Irvine과 Burton은 매장의 효율적인 관리를 위해 상당한 고민을 했습니다. 1948년 합병으로 매장들이 늘었고, 새로운 매장들의 직접적인 관리방법이 한계에 부딪혔기 때문이었습니다.

고민 끝에 그들은 먼 곳에 떨어진 매장에서 통일적이고 일관성 있게 매장을 운영하려면 해당 매장을 전적으로 책임지는 '매니저(manager)'가 필요하다는 사실을 깨닫게 되었습니다.[295]

이 사업적 고민은 Irvine과 Burton이 자연스럽게 프랜차이즈 사업방식에 눈을 뜨게 된 계기가 되었습니다. 매니저가 곧 가맹점사업자였던 것입니다. 두 사람은 자신의 사업모델을 다른 지역에 복제하면서 매장을 책임성 있게 운영할 매니저가 필요했는데, 그 확실한 해결책이 간접적 운영형태인 프랜차이즈 사업방식이었습니다.

이 사업적 결정으로 첫 번째 가맹점은 1948년 캘리포니아 Glendale에서 빠르게 실행되었고, 이에 기반한 Baskin-Robbins의 프랜차이즈 사업확장이 본격화되었습니다.[296]

4. 생산 및 공급시스템의 구축

Baskin-Robbins가 1950년대부터 다른 브랜드보다 훨씬 빠른 사업확장을 이룰 수 있었던 힘은 생산 및 공급시스템에 대한 적극적인 투자에 있었습니다.

두 사람은 사업 경쟁력의 확보를 위해 효과적인 생산과 공급 모델이 절실했습니다. 냉동상품이라는 아이스크림의 특성을 고려할 때 안정적인 생산, 공급, 관리의 체계가 사업에서 가장 중요한 사업적 요소라는 사실을 그들은 깨달았습니다.

이에 Baskin-Robbins는 1949년 Burbank 지역의 유제품 농장을 매입해 서부 해안에 있는 40개 매장에 우유 등 관련 원재료를 직접 공급할 수 있는 공급체계를 구축했습니다. 원재료 공급처인 농장을 소유한 Baskin-Robbins는 비로써 아이스크림 상품의 생산, 상품 개발, 공급을 수직적으로 통제할 수 있게 되었습니다. 이 유형적인 공급시스템의 모델은 이후 프랜차이즈 사업 성장의 든든한 버팀목이 되었습니다.[297]

Baskin-Robbins는 아이스크림 브랜드들 가운데 가장 전형적인 프랜차이즈의 확장방식을 통해 성장한 브랜드로 손꼽히고 있습니다. Baskin-Robbins는 아이스크림의 품질 유지와 표준화된 운영을 위해 처음부터 전략적으로 프랜차이즈 확장방식을 선택한 후 사업확장을 위해 주체적인 생산 및 유통시스템을 구축한 것입니다.

VI. 브랜드 고급화를 시도한 하겐다즈 [298]

1960년에 탄생한 하겐다즈(Häagen-Dazs)는 대형 식품 회사인 General Mills가 소유한 아이스크림 프랜차이즈 브랜드입니다.

하겐다즈 창업자는 루벤 매터스(Reuben Mattus, 1912~1994)와 그의 아내 로즈 매터스(Rose Mattus)였습니다. 루벤 매터스는 1929년 Senator Frozen Products라는 이름을 가진 초콜릿으로 덮인 아이스크림 바를 만들어 마차를 타고 샌드위치와 함께 동네 상점들에 배달했습니다.

이 상품은 잘 팔렸고 수익성도 좋았습니다. 그러나 1940년대부터 아이스크림 대량생산 업체가 공격적으로 가격 전쟁을 시작했고, Dairy Queen 및 Carvel과 같은 아이스크림 브랜드들이 시장에 출현하자 그는 사업적으로 큰 곤경에 빠졌습니다.

이에 루벤 매터스는 대량생산 된 아이스크림과 비교해 차별성이 분명한 자신만의 아이스크림을 개발하기로 결심했습니다. 그는 인공 향료를 사용하지 않고 천연재료를 활용한 바닐라, 초콜릿, 커피의 세 가지 맛의 초기 상품으로 1960년 뉴욕 브롱크스에서 하겐다즈를 설립했습니다.

그의 아이스크림은 지방의 함량이 높으면서 공기가 덜 함유된 고급 아이스크림이었습니다. 하겐다즈는 이 고품질의 독특한 아이스크림으로 가격이 저렴한 대중적인 아이스크림 시장과 다른 새로운 시장에 도전장을 내밀었습니다. 저지방 아이스크림과 아이스크림 케이크 등의 상품들은 이후 보강

되었습니다.

시간이 흐른 후, 1976년 루벤 매터스의 딸 Doris는 뉴욕 브루클린에서 첫 번째 하겐다즈 매장을 공식적으로 열었습니다. 이 매장은 하겐다즈가 체인 형태와 프랜차이즈 방식을 융합한 소매 형태의 사업방식을 시작한 출발선이었습니다.

현재 하겐다즈는 직영점, 프랜차이즈 가맹점, 제휴 매장 등을 혼합하여 운영하고 있습니다. 오늘날 하겐다즈의 매장은 미국, 유럽, 중국, 일본 등에 약 800곳 내외가 있습니다. 국내 소비자는 하겐다즈의 아이스크림 상품들을 주로 온라인, 대형마트, 쇼핑몰, 편의점 등에서 만나 볼 수 있습니다.

Ⅶ. 아이스크림 프랜차이즈 발전의 사회적 영향

아이스크림의 시장의 괄목할 성장은 미국의 외식 프랜차이즈의 성장과 발전에 추진체와 같은 역할을 했습니다. 이에 아이스크림 시장의 성장 역사는 미국 프랜차이즈 시장에서 상품별 시장과 업종별 시장의 형성과 발전을 대변합니다.

Dairy Queen, Carvel, Baskin-Robbins, Haagen-Dazs와 같은 대형 브랜드들은 아이스크림 대중화의 선봉장이었고, 냉동차 기반의 소규모 아이스크림 프랜차이즈 브랜드들은 미국 전역을 누비며 아이스크림을 지역 곳곳에 전달했습니다.

1940년대부터 대부분의 레스토랑들은 아이스크림을 햄버거 및 음료와 함께 판매했습니다. 1950년대 전후 시장에 진출한 다수의 외식 및 패스트푸드 프랜차이즈 브랜드들은 아이스크림을 마치 필수 메뉴처럼 부차적으로 메뉴 항목에 포함했습니다. 또한 미국 아이스크림 시장의 성장은 외식업뿐만 아니라 냉장고, 냉동고, 냉동차 등 기계의 발명과 종이컵 및 포장재 등의 연관산업 발전도 촉진했습니다.

상품의 발전 측면에서, 1960년대부터 기능성과 건강이 고려된 냉동 요거트, 과일 바, 아이스밀크, 저지방 아이스크림 상품들이 출시되었습니다. 이에 아이스크림 시장은 미국 상품시장이 소비자의 필요와 목표시장의 차이를 반영하여 전문화되고 세분화되어 발전하는 데 큰 자극제가 되었습니다.[299)]

햄버거와 콜라와 함께 패스트푸드의 트로이카(troika)가 된 아이스크림은 미국 프랜차이즈 영역에서 브랜드 기획자와 사업가가 포함해야 할 유망 아이템이 되었고, 외식 프랜차이즈 브랜드들에게 사업성공과 수익의 창출에 중요한 메뉴가 되었습니다.

FRANCHISE

제10부
경쟁의 역사:
햄버거 전쟁

20세기 중반부터 미국 프랜차이즈 시장에서
동일한 또는 유사한 업종에 속한
브랜드들 간의 경쟁이 매우 치열해졌습니다.

제10부는
미국 프랜차이즈 성장기에 나타난
브랜드들 간의 경쟁 역사를
햄버거 업종의 역사적 사례를 통해
구체적으로 살펴보고자 합니다.

제24장 최초의 햄버거 레귤러 체인, White Castle
제25장 레시피가 근간이 된 KFC
제26장 와퍼의 제국, Burger King
제27장 외식 프랜차이즈 시스템의 완성자, 맥도날드

현대

제24장
최초의 햄버거 레귤러 체인,
White Castle

Ⅰ. 100년 역사의 White Castle

최초의 햄버거 패스트푸드 체인인 White Castle은 유능한 사업가였던 빌리 잉그램(Billy A. Ingram. 1880~1966, 이하 '잉그램')과 햄버거의 독특한 조리법을 개발한 왈트 앤더슨(Walt A. Anderson, 1880~1963, 이하 '앤더슨')의 만남으로 1921년 미국 캔자스주 위치타(Wichita)에서 탄생했습니다. White Castle은 시장진출과 함께 소비자에게 폭발적인 호응을 얻어 미국 햄버거 역사에 거대한 기념비를 세웠습니다.[300]

역사상 가장 영향력 있는 햄버거로 알려진 슬라이더(Slider)는 White Castle의 상징 메뉴입니다. 슬라이더는 매장뿐만 아니라 1987년부터 전자레인지에 데워서 먹을 수 있는 냉동식품으로 개발되어 대형마트 등에 유통되고 있습니다.[301]

슬라이더라는 강력한 메뉴로 성장한 White Castle은 아쉽게도 1960년대부터 새로운 패스트푸드 브랜드들의 공격적인 마케팅과 사업확장에 밀려 성장이 둔화하기 시작했습니다.[302] 그렇지만 100년이 넘는 역사를 보유한 White Castle은 현재 미국 중서부와 대도시를 중심으로 약 350곳의 매장들을 보유하고 있을 정도로 그 명성은 여전합니다.[303]

White Castle은 국내 외식시장에서 생각보다 익숙한 브랜드입니다.

1990년대 초반 White Castle은 국내 외식시장에 첫발을 내디뎠으나 실패했습니다. 2005년 개봉한 영화 〈해롤드와 쿠마(Harold & Kumar Go to White Castle)〉는 White Castle의 존재를 국내 팬에게 널리 알렸습니다. White Castle의 햄버거는 현재 매장에서 즐길 수는 없지만, 쿠키 등의 일부 상품은 온라인과 다이소에서 구매할 수 있어 우리 가까이에 있습니다.

II. 역사적 햄버거 Slider

1. 혁신적인 '한입 햄버거'

햄버거 역사의 한 페이지를 장식한 슬라이더는 한입에 쏙 들어갈 수 있을 만큼 작았습니다. 슬라이더는 약 5cm(2인치) 크기의 정사각형 모양의 소고기 패티가 들어 있는 '한입 햄버거'로 White Castle의 상징적 메뉴입니다.

1920년대 5센트 가격에 출시된 슬라이더는 시장에 큰 충격을 주었습니다. 잉그램이 햄버거 가격을 낮추기 위해 작은 햄버거를 만들었다는 이야기가 있지만, 무엇보다 중요한 사실은 이 작은 햄버거가 미국 햄버거 시장의 표준적인 조리법과 판매방식의 혁신을 창출했다는 점입니다.

햄버거의 패티는 작아서 빨리 익었고, 그만큼 포장 형태로 신속하게 판매할 수 있었습니다. 이 간소하고 효율적인 조리법과 판매방법은 혁신적인 포장 시스템을 장착해 햄버거 대중화의 튼튼한 초석이 되었습니다.[304]

2. 사업전략의 근간, Slider

슬라이더는 100년 이상을 지탱하고 있는 White Castle 사업전략의 결정체였습니다. White Castle은 슬라이더를 바탕으로 작은 상점이, 단순한 메뉴로, 저렴한 가격에, 햄버거를 최대한 많이 팔 수 있는 소규모 전략(small strategy)을 펼쳤습니다. 매장운영의 측면에서 슬라이더는 주방설계와 조리과정의 단순화와 표준화를 낳았습니다. 이 혁신적 구상은 White Castle만의 매장 설계, 메뉴 조리, 공급시스템을 탄생시켰습니다.

슬라이더의 간결하고 표준화된 조리법은 특별한 조리기술을 필요로 하지 않았습니다. 또한 이것은 매장이 외부 공급업체로부터 원재료를 의존하지 않게 하여 White Castle이 본사와 멀리 떨어진 곳에서 매장을 운영할 수 있는 기반이 되었습니다.[305]

III. 햄버거 대중화의 신호탄
1. 조리법, 매장 콘셉트, 판매방식

당시 햄버거는 노동자나 가난한 사람들이 저렴한 비용에 점심 등을 해결했던 음식이었습니다. 현금과 식사시간이 부족했던 노동자들은 작업장 근처 가판대 등에서 신속하게 배고픔을 채울 수 있는 음식이 필요했는데, 그것이 햄버거였습니다.[306]

White Castle이 창의적인 햄버거 조리법에 기반해 슬라이더를 개발한 이유는 햄버거 판매 단위당 가격을 낮추기 위해서였을 수도 있습니다. 이유야 어떻든 저렴한 가격에 햄버거를 팔았지만, White Castle의 사업방식은 가판대나 카트에서 햄버거를 판매했던 기존 방식과 전혀 달랐습니다.

1921년 캔자스주 위치타에 문을 연 White Castle의 첫 매장은 그전에 볼 수 없었던 획기적인 매장의 콘셉트를 선보였습니다. White Castle의 새로운 매장 콘셉트는 햄버거를 가판대가 아니라 위생적인 스테인리스 스틸(stainless steel)로 설치된 매장에서 고객을 맞이하는 것이었습니다.[307]

White Castle은 깨끗한 유니폼을 입은 직원들이 표준화된 조리법, 운영 과정, 서비스의 절차에 따라 동일한 맛과 품질의 햄버거를 고객에게 제공할 수 있는 시스템을 구현했습니다. 여기에 신속한 서비스를 위한 창조적인 포장 시스템이 장착되어 혁신적인 햄버거 판매방식이 완성되었습니다.

White Castle의 표준화되고 위생적인 매장운영과 신속한 포장 서비스는 햄버거가 싸구려 음식의 이미지를 벗고, 미국인이 일상적으로 즐기는 대중적인 메뉴의 범위에 포함되는 데 유형적인 토대가 되었습니다.[308]

2. 1차 햄버거 전쟁

1930~40년대부터 미국 전역에 White Castle을 닮은 수많은 햄버거 브랜드들이 나타났습니다. White Castle의 혁신적인 매장의 콘셉트, 메뉴의 강력함, 가시적인 사업성공의 결과는 White Castle의 상호와 메뉴를 거의 그대로 모방한 햄버거 브랜드들의 대규모 출현을 낳았습니다. 시장에 봇물처럼 쏟아진 모방 브랜드들의 출현으로 햄버거 브랜드의 상호, 상표권, 메뉴에 대한 분쟁이 격렬해졌습니다.[309]

다른 시각에서 보면, 모방 브랜드들의 출현은 미국에서 거대한 햄버거 시장이 구축되는 데 결정적 계기가 되었습니다. 1930~40년대에 White Castle과 그 모방 브랜드들이 경쟁하면서 촉발된 1차 햄버거 전쟁(Burger War I)은 미국의 초기 햄버거 시장의 형성에 큰 역할을 했습니다.

이후 자동차의 대중화와 함께 KFC, Burger King, 맥도날드와 같은 차별적인 상품과 시스템으로 무장한 햄버거 브랜드들이 20세기 중반 시장에 나타나면서 미국 햄버거의 시장규모는 훨씬 더 커졌습니다.

IV. 최초의 햄버거 패스트푸드 체인

1. 정체성은 레귤러 체인

현대 외식산업의 역사적 흐름에서 보면, 최초의 햄버거 패스트푸드 체인이었던 White Castle은 Harvey House의 사업적 아이디어를 계승 및 발전시킨 것으로 추정됩니다.

1876년 최초의 외식 레귤러 체인이었던 Harvey House가 달리는 기차의 식당차와 기차역 중심의 레스토랑 비즈니스였다면, White Castle은 지역 소비자와 자동차 운전자를 목표로 운영된 비즈니스 모델이었습니다.

White Castle은 Harvey House처럼 매장의 소유권과 운영권을 가맹점에 넘기지 않고 직접 소유했습니다. 이에 White Castle은 100년이 넘는 역사 동안 프랜차이즈 방식이 아닌 레귤러 체인 형태로 성장한 것으로 알려져 있습니다.

그렇지만 White Castle이 역사적으로 프랜차이즈 사업을 전혀 진행하지 않았다고 단언할 수는 없습니다. 특정 시점, 특정 지역, 또는 일시적인 계약의 형태로 프랜차이즈 매장을 열었을 수 있고, 해외진출의 과정에서 프랜차이즈 방식을 일부 사용했을 수도 있습니다.

그러나 분명한 사실은 White Castle이 역사적으로 레귤러 체인의 사업모델에 집중해 왔고, 현재에도 White Castle은 프랜차이즈 가맹점을 승인하지 않고 있는 것으로 알려져 있습니다.

2. 프랜차이즈 사업방식에 소극적이었던 이유

창업자 잉그램은 분산된 매장들의 통일적 운영을 위해 White Castle이 원재료 구매, 매장 시설과 디자인, 그리고 직원 복장과 고객 서비스 방식을 직접 관리해야 한다고 생각했습니다.

그러했기에 White Castle은 매장을 직접 소유하고 운영하는 방식으로 직영점의 원본(original)을 다른 지역에 그대로 복제하기를 원했습니다. 그 결과 White Castle의 운영은 직영점들로 구성된 중앙집중식 사업방식으로 표준화되었습니다.

이에 따라 매장을 직접 소유하고 운영했던 White Castle은 하나의 큰 문제를 안고 있습니다. 프랜차이즈 사업방식이 아니었기에 매장에 대한 직접적인 재정투자의 문제가 White Castle을 항상 따라다녔습니다.

그렇지만 White Castle은 이 방식을 고수했습니다. 프랜차이즈 방식이 궁극적으로 브랜드의 지속적 성장에 도움이 안 된다고 믿었고, 프랜차이즈 방식으로 고유한 맛과 품질을 지키기 힘들다고 판단했습니다. 이처럼 White Castle이 사업방식으로서 레귤러 체인을 선택한 이유는 창업자였던 잉그램의 경영철학과 특유의 가족주의 기업문화 때문이었습니다.

잉그램 이후의 White Castle 경영진은 프랜차이즈화를 고려했지만, 사업운영의 통제권을 잃고 싶지 않아 그 방식을 포기했습니다. 이 결정은 프랜차이즈 사업화를 추구하면 통일적이고 일관성 있는 운영에 실패할 것이라는 걱정과 우려 때문이었습니다.

2020년에 포브스(Forbes)가 프랜차이즈를 하지 않는 이유를 물었을 때, White Castle은 맹목적인 사업확장보다는 가족기업으로써 지금 할 수 있는 일에 집중하여 내실 경영을 이루고자 한다고 답변했습니다. 그리고 White Castle은 프랜차이즈 회사가 되었을 때 투자자와 가맹점으로부터 받을 수 있는 성장에 대한 '외부압력(external pressure)'에 구속받는 것을 꺼렸습니다. 이것들이 100년 정도 지난 지금까지도 White Castle이 레귤러 체인 형태의 가족 소유의 기업(family-owned company)으로 남아 있는 주요한 이유였습니다.[310]

3. 성장의 원인이 결국 성장의 한계가 되다

1930년대부터 성장한 White Castle은 경쟁 패스트푸드 프랜차이즈 브랜드들과 비교해 다른 길을 걸었습니다. 1950년대부터 본격화된 패스트푸드 프랜차이즈 브랜드들의 폭발적인 성장 시기에서도 흔들리지 않고, White Castle은 레귤러 체인이라는 사업방식을 고수했습니다. 이 전략은 1950년대까지는 경쟁력이 있어서 사업도 꾸준하게 성장했습니다.

그런데 1960년대부터 상황이 급변했습니다. 맥도날드, Burger King, KFC 등과 같은 신생 브랜드의 시장침투와 사업확장으로 인해 1960년대부터 White Castle의 성장력은 둔화했고, 시장점유율은 하락하기 시작했습니다. 경쟁 패스트푸드 프랜차이즈 브랜드들의 급성장과 확장성으로 White Castle은 그들에게 결국 햄버거 시장의 선두자리를 내줘야 했습니다. 점차 그 격차가 벌어졌고, 규모의 면에서 White Castle은 이제 그들을 따라잡을 수 없게 되었습니다.

V. 외식 프랜차이즈 사업에 대한 역사적 공헌

햄버거 대중화의 신호탄을 쏘아 올린 White Castle이 현대의 외식사업 및 외식 프랜차이즈 사업에 미친 유의미한 영향과 역사적 공헌을 정리하자면 아래와 같습니다.

1. QSR 시스템의 창시자

White Castle이 혁신적 햄버거 조리법과 매장운영의 표준화를 통해 창조적인 사업모델을 구축한 1차 목표는 햄버거의 품질과 위생에 대한 대중의 불신과 불안감을 극복하기 위함이었습니다.

White Castle은 햄버거 품질에 대한 소비자 신뢰를 얻기 위해 일관된 품질의 소고기로 패티로 만들었고, 햄버거용 빵을 균일한 방식으로 구웠으며, 메뉴의 위생적인 조리를 실현했습니다. 이와 함께 매장운영의 통일성 유지를 위해 매장의 외관, 내외부 인테리어, 주방시설 및 장비들도 동일하게 설계했습니다. 그 결과 White Castle은 현대 외식산업의 QSR System(Quick Service Restaurant system)의 창시자가 되었습니다.[311]

당시 레스토랑들은 메뉴 제공까지 고객을 보통 평균적으로 30분 이상 기다리게 했습니다. 이에 반해 White Castle은 조리법의 표준화로 고객의 대기시간을 획기적으로 단축했습니다.

햄버거 조리에 필요한 속도, 절차, 품질의 규정을 체계화한 White Castle의 사업성과는 현대적인 QSR 시스템의 초기 형태를 완성했습니다. White Castle의 QSR 시스템은 후속 외식 프랜차이즈 브랜드들의 표준화된 조리법과 통일적인 매장운영의 방식에 교과서가 되었습니다.[312]

2. 혁신적인 주방의 실현

White Castle의 표준화와 신속한 고객 서비스에 기반한 QSR 시스템은 현대 외식사업에서 주방설계, 매장의 운영방법, 그리고 종업원의 채용기준까지 송두리째 바꾸었습니다.

한입 햄버거인 슬라이더에 기반한 White Castle의 QSR 시스템은 주방에서 전문 조리사를 필요로 하지 않았습니다. White Castle의 단순한 조리법과 간소한 주방설계는 경력이 풍부한 전문 요리사를 대체 가능한 기술자(replaceable technician)로 만들었습니다.[313] 마치 Ford의 자동차 조립 작업자처럼, 직원이 한두 가지 작업만 배우면 주방을 운영할 수 있는 시대가 열린 것입니다.

이 큰 변화는 미국 외식시장의 고용문화 전체를 바꾸었습니다. 음식점은 높은 임금을 주면서 경험이 풍부하거나 전문적 기술이 있는 요리사를 채용할 이유가 없어졌기 때문이었습니다. 긍정적인 측면에서 QSR 시스템은 주방의 인건비를 절감하고 영업이익을 극대화할 수 있는 영업환경을 조성하여 외식 매장의 경쟁력을 높였습니다.

이와 반대로, 부정적인 측면에서 White Castle의 주방혁신은 전문 조리사의 자리를 빼앗고 직원의 임금 수준을 끌어내렸습니다. 이것은 현대 외식 브랜드들이 경력에 구애받지 않고 조리사를 채용하고, 시간제에 따라 임금을 지급하는 방식으로 채용방법을 전환하는 시발점이 되었습니다.[314]

3. 중앙집중식 공급체계

White Castle은 양질의 음식을 저렴한 가격에 제공하기 위해 주요 매장들 근처에 필수품목에 대한 자체 공급시스템을 구축했습니다. 육류, 빵, 농산물을 공급하는 제조 및 유통시설들은 매장들이 모여 있던 주변에 전략적으로 배치되었습니다.

매장의 주방, 홀, 외관의 통일적인 구축도 마찬가지였습니다. White Castle은 자체 제작한 스테인리스 스틸을 활용해 주방시설, 인테리어, 관련 설비를 직접 공급 및 시공했습니다. 게다가 직원이 쓰는 종이 모자와 종이 냅킨도 외식업계 최초로 상용화해 자체적으로 제작 및 공급했습니다.

이와 더불어 White Castle은 통일적인 매장 건설을 위해 건축 자재, 주방장비, 금속 제조, 의탁자, 매장 소품 등을 생산, 공급, 설치하는 자회사를 설립하거나 공급업체들의 거래관계를 수직적으로 통합했습니다.

그렇지만 이 방식에는 앞서 설명한 것처럼 결정적인 약점이 있었습니다. 많은 재정적 투자가 그것이었습니다. 자체 공급시스템은 원재료 비용과 운영비용을 줄였지만, 매장 건립의 투자 부담은 White Castle의 가장 큰 사업적 장해물이었습니다.[315]

4. 포장 시스템의 개척자

　White Castle은 햄버거 포장을 위한 최적의 봉투와 고객의 입을 닦는 용도로 기존의 천을 대체한 일회용 종이냅킨(paper napkin)을 개발했습니다. 또한 1931년에 햄버거가 볼품없는 음식이 아니라 귀중한 화물(precious cargo)의 개념으로 오늘날 치킨박스처럼 햄버거를 따뜻하게 보호할 수 있는 종이박스도 만들어 햄버거의 음식적인 가치를 높였습니다.

　이처럼 White Castle은 혁신적인 포장판매(take-out) 방식을 선보여 현대 외식사업의 발전에 크게 기여했습니다. 특히 1920년대 후반 White Castle이 사용한 포장 봉투(sack)는 QSR에 기반한 White Castle 사업 전략의 결정체였습니다.

　포장 봉투에 "Buy'em by the Sack(봉투째 구매하세요)"이라고 적힌 광고 메시지는 슬라이더라는 작은 햄버거를 판매한 White Castle의 브랜드 콘셉트를 매우 잘 드러낸 문구로, 역사적으로 가장 강력한 외식 마케팅 메시지가 되었습니다.[316]

5. 표준화된 직원 관리시스템

　여성의 취업 문이 좁았던 당시 상황 때문에, White Castle의 매장은 평균 3~4명의 남성 종업원으로 구성되었습니다. 남성 종업원들은 깨끗한 흰색 셔츠에 검은색 넥타이를 했고, 심지어 흰색 바지에 흰색 앞치마를 둘렀습니다. 그들은 시계나 장신구를 착용할 수 없었고, 개인위생에 철저해야 했으며, 고객에게 항상 상냥하고 예의가 있게 행동해야 했습니다.

　그러나 제2차 대전으로 1943년 남성 직원 700명 중 600명이 군에 입대하게 되자 White Castle은 여성에게 취업의 문을 열었습니다.

　이 변화에 적응하기 위해 White Castle이 마련한 'Look Yourself

Over' 매뉴얼은 여성 종업원의 유니폼 착용의 방법을 설명한 '외모와 복장의 규정'이었습니다. 이에 'Look Yourself Over'는 현대 외식사업에서 통일적이고 청결한 외모와 복장의 교과서가 되었습니다.[317]

엄격한 외모와 복장 규정은 White Castle이 지향했던 청결 및 위생의 가치와 표준화된 시각적 이미지를 외부로 매우 잘 드러냈습니다. White Castle의 뛰어난 종업원 관리체계가 Harvey House로부터 영향을 받았는지 확신할 수 없지만, Harvey Girls의 종업원 관리시스템이 연상되는 것은 당연합니다.

6. The Hot Hamburger

White Castle은 1925년부터 1980년대 초까지 회사 내 잡지(house organ)인 'The Hot Hamburger'를 발행했습니다. 이것은 회사와 관련된 주요 정보를 전국에 분산된 매장에 전달했고, 회사 직원들의 기고문, 사진, 승진, 은퇴, 기념일 등의 내용을 담고 있었습니다. 이 사보를 통해 White Castle은 사업현황을 알리고 소통을 활성화하여 직원의 애사심을 높였습니다.[318]

표면적으로 보면, The Hot Hamburger는 White Castle만의 가족주의 사내 문화를 대표하는 사보에 불과할 수 있습니다. 그러나 프랜차이즈 역사의 관점에서 보면 이 사보는 중요한 의미가 있습니다. 체인 또는 프랜차이즈의 형태에 상관없이 사업체의 유지와 조직의 결속 차원에서 이러한 정기물은 20세기 후반까지 조직 내의 유용한 커뮤니케이션의 수단이었습니다.

제25장
레시피가 근간이 된
KFC

Ⅰ. 주유소에서 시작된 KFC [319]

KFC(이전 Kentucky Fried Chicken)는 창업자인 할랜드 데이비드 샌더스(Harland David Sanders, 1890~1980, 이하 '샌더스')가 1930년 Shell Oil로부터 판매액의 일정 비율을 지급하는 조건으로 무료로 임대받은 주유소에서 시작되었습니다. 이에 KFC는 레스토랑이 아니라 주유소 한편의 창고를 개조한 작은 식당에서 브랜드의 역사가 싹텄습니다. [320]

샌더스는 어린 시절 토마토 공장을 다녔던 어머니를 대신해 형제들의 식사를 챙겨 주면서 요리의 애정이 생겼습니다. 그 경험은 샌더스가 주유소의 창고 식당에서 여행자를 상대로 닭고기 요리, 컨트리 햄, 스테이크를 요리해서 판매할 수 있었던 동기가 되었습니다. 그의 음식은 여행자에게 반응이 좋았고, 일부 잡지가 맛집으로 추천하면서 유명해졌습니다. [321]

사업의 자신감을 얻은 샌더스는 1939년 주유소, 숙박, 정식 레스토랑을 결합한 사업체를 열었는데, 그해에 불운하게 화재로 모든 것을 잃었습니다. 큰 곤경에도 불구하고 샌더스는 140석 규모의 레스토랑을 가진 모텔을 재건했습니다.

사업은 기대한 대로 잘되었습니다. 그런데 그에게 불운이 다시 찾아왔습니다. 1941년 미국이 2차 세계대전에 참전하며 비상 경제체제에 돌입하자

여행객들이 줄어 매출이 급락했습니다. 샌더스는 결국 1942년에 사업체를 매각했습니다.[322]

그렇지만 이 끔찍한 좌절의 시간은 그에게 인생 역전의 기회를 주었습니다. 1940년 50세가 된 샌더스는 각고의 노력 끝에 Sanders Court & Café에서 KFC의 역사적인 노하우였던 자신만의 비밀 레시피와 조리과정를 완성했기 때문입니다.

II. KFC 프랜차이즈의 근간과 차별성

1. 비밀 레시피와 조리과정 [323]

KFC의 성공요인은 다른 패스트푸드 프랜차이즈들과 다르게 햄버거가 아닌 전문적인 치킨 메뉴에 도전했다는 점과 창의적인 비밀 레시피 및 조리과정의 개발에 있었습니다.

치킨 메뉴와 독특한 조리과정에 기반한 상품 고유성(uniqueness)과 차별화(differentiation)는 메뉴의 '다름'과 이에 기반한 '경쟁우위'를 생산하여 KFC가 치킨 전문 브랜드로 성장하는 데 핵심적인 토대가 되었습니다.[324]

KFC의 독특한 레시피 창조는 1939년 개발된 상업용 압력솥(pressure cookers)에서 실현되었습니다. 이 혁신적인 조리기구는 원래 야채를 찌기 위해 설계되었는데, 샌더스는 이것을 새로운 치킨 조리를 위해 개조했습니다. 철제 프라이팬으로 치킨 요리를 하는 데 약 35분 걸리던 시간을 개조된 압력솥은 8~9분으로 크게 단축했습니다. 치킨 요리가 패스트푸드로 가능해진 역사적 순간이었습니다.[325]

그런데 이 창의적인 조리법보다 더 큰 사건이 일어났습니다. 1940년 11가지 허브와 향신료(11 herbs and spices)로 만들어진 KFC 오리지널 레시피(original recipe)의 탄생이었습니다.[326] 오리지널 레시피는 닭고기와 잘 어울려져 KFC의 독특한 맛을 창조했습니다.

KFC의 새롭고 독특한 치킨 맛은 고객의 입맛을 사로잡아 "손가락을 핥을 만큼 맛있어요(It's Finger Lickin' Good)"라는 광고 메시지로 세상에 널리 알려졌습니다. KFC 첫 가맹점이었던 Harman에 의해 우연히 사용된 이 메시지는 KFC 음식이 '정말 맛있다'라는 느낌을 고객에게 심어 주었고, 이후 KFC의 역사적인 Brand Slogan이 되었습니다.[327]

이 위대한 광고 메시지는 손가락을 핥는 모습이 위생적이지 않다고 해서 사라졌다가 최근 국내에서 부활했습니다.

2. 영업비밀이 된 레시피

KFC의 비밀 레시피는 Coca-Cola의 비밀 원액처럼 프랜차이즈 역사에서 '영업비밀'의 대표적 사례로 손꼽히고 있습니다. 샌더스는 레시피를 특허권이라는 지식재산권으로 등록하지 않고, 레시피 구성과 조리법을 영업비밀로 묶었습니다. 실제 샌더스는 레시피가 적힌 노트를 상대방이 베꼈다거나 훔쳤다는 이유로 소송을 시도한 적이 있었습니다. 이 레시피는 현재 KFC 본사 금고에 보관되어 있다고 알려져 있습니다.[328]

지금까지도 KFC 오리지널 레시피가 유출되었다는 뉴스나 소문이 종종 세간의 주목을 받는 이유는 당시 샌더스의 비밀 레시피의 차별성이 워낙 컸고 사업적 가치가 높았기 때문이었습니다. 이것은 Coca-Cola의 비밀 원액처럼 KFC의 지식재산권에 해당하는 영업비밀로서 현재에도 그 가치가 매우 큽니다.

III. 프랜차이즈 사업의 시작과 전개 [329]

1. 메뉴 판매의 대가

KFC 프랜차이즈의 첫 번째 가맹점은 1952년 유타주 South Salt Lake 의 피트 하먼(Pete Harman)에게 돌아갔습니다. Harman은 지역에서 큰 레스토랑을 운영했는데, 비밀 레시피와 조립법을 받는 대가로 샌더스에게 치킨 한 마리당 4센트(이후 5센트)의 판매 로열티를 지급했습니다.

이것은 KFC 프랜차이즈 시스템 전체를 받은 대가가 아니라 Harman이 다른 메뉴들을 팔면서 샌더스의 치킨 메뉴를 추가해 판매하고, 이를 매장 광고에 사용한 대가였습니다.[330]

2. 로드 투어의 영업방식

그러나 거기까지였습니다. 1호 가맹점이 열린 후에도 샌더스의 인생은 별로 나아지지 않았습니다. 그는 매달 사회보장금 105달러와 Harman의 로열티로 근근이 생계를 이어 갔습니다. 이대로 주저앉을 수 없었던 샌더스는 1955년 회사를 설립하고 아내와 함께 자동차를 타고 자신의 오리지널 레시피와 조리과정으로 만든 소스들을 지역 레스토랑에 판매했습니다.[331]

프랜차이즈 계약이 체결되면 오리지널 레시피와 압력솥 등이 레스토랑(가맹점)에 보내졌고, 샌더스는 초기 수수료와 메뉴 판매당 평균 5센트의 로열티를 지급받았습니다.[332]

샌더스는 레시피 영업 중에 지역 레스토랑들로부터 1,009번의 거절을 받았다고 합니다.[333] 물론 그 수는 과장되어 알려졌겠지만, 샌더스의 열정과 노력은 그만큼 대단했습니다. 그렇지만 이 사실은 생존을 위한 샌더스의 처절한 몸부림이었을 것입니다.

레시피 판매를 위한 로드 투어(road tour)의 영업방식은 KFC의 메뉴와 독특한 맛을 세상에 알리는 데 큰 홍보 역할을 하여 1960년대 이후 KFC의 성장에 밑거름이 되었습니다.

IV. KFC 프랜차이즈의 성장과 사업성과
1. 구원투수의 등장

1956년까지 10곳 미만의 매장을 보유했던 샌더스의 사업을 한 단계 성장시킨 인물은 Wendy's 창업자 렉스 데이비드 토마스(Rex David Thomas, 1932~2002, 이하 'Thomas')이었습니다. 흥미로운 사실은 로드 투어의 영업성과가 거의 없는 상태에서 자포자기의 심정으로 마지막 단계에서 샌더스가 레시피 사용을 제안한 주인공이 바로 Tomas였습니다.[334]

조리사였던 Tomas는 레시피의 독창성을 알아채고 샌더스의 사업에 합류했습니다. Tomas는 매장 위를 회전하는 KFC의 빨간 통 간판을 개발했고, 1호 가맹점이었던 Harman의 포장영업을 KFC 프랜차이즈 사업에 장착하는 것을 지지했습니다. 그리고 그는 매장들의 관리자로서 메뉴 통일성을 확립하고 표준적 회계양식을 KFC에 도입했습니다.

Tomas는 뛰어난 관리자의 역량으로 지역 레스토랑들이 KFC 메뉴를 추가하거나 KFC 매장으로 전환하는 데 큰 성과를 생산했습니다. 그는 1968년에 자신의 주식을 100만 달러에 KFC에 매각한 후 1969년에 Wendy's의 창립자가 되었습니다.[335]

2. 성장 궤도에 오르다

프랜차이즈 시스템이 점차 안정되자 KFC 사업은 폭발적으로 성장했습니다. 그런데 이 빠른 성장은 사업에는 좋았지만, 샌더스가 감당하기에 너무 버거웠습니다. 샌더스는 요리와 영업 능력이 탁월했지만, 급성장하는 회사를 경영할 능력은 그것에 미치지 못했습니다. 그리고 그의 나이가 너무 많았습니다.

73세였던 1964년에 샌더스는 KFC의 큰 성장을 위해 결국 200만 달러에 존 브라운(John Young Brown Jr)과 잭 매시(Jack C. Massey)가 결성한 투자그룹에게 KFC를 매각했습니다.

이때 두 가지의 매각조건이 있었는데, 하나는 매각대상에서 캐나다의 사업운영권을 제외하는 것과 다른 하나는 연봉 4만 달러를 받으면서 샌더스가 홍보대사와 조리관리 임원의 역할을 맡는 것이었습니다. 회사는 그 후 1966년 기업공개를 하고 1969년 뉴욕 증권거래소에 상장되었습니다.[336]

존 브라운과 잭 매시는 KFC를 인수 후 프랜차이즈 사업의 통일성과 체계성을 강화하기 위해 모든 역량을 투입했습니다.

그들은 Harman으로부터 영감을 얻어 가맹점들에 새로운 포장 판매시스템을 장착했고, 1967년 'KFC University'를 열어 창업자를 위한 교육·훈련 시스템을 갖추었습니다. 그리고 표준성과 일관성이 부족했던 KFC 매장의 외관을 하얀색과 빨간색 선으로 디자인을 통일해 매장의 일체성을 구현했습니다.

그들은 체계적인 프랜차이즈의 조직과 시스템을 서둘러 구축하지 않는다면, Church's Chicken과 같은 새로운 경쟁사들로 인해 KFC가 도태될 수 있다고 판단했습니다.[337]

3. 해외진출을 통한 성장

이처럼 1950~60년대 초반까지의 KFC 사업성과는 샌더스의 개인적 노력, 1호 가맹점이었던 Harman의 사업성과와 아이디어, 그리고 Tomas의 관리역량이 합쳐진 결과물이었습니다.

존 브라운과 잭 매시가 프랜차이즈 브랜드로써 통일성과 체계성을 구축하면서 성장의 초석을 다진 KFC는 1960년 중반부터 크게 성장했습니다. 그 결과 1960년 약 200곳, 1963년 약 600곳, 1968년 약 863곳이었던 매장 수가 1970년대 초반에 약 3,000곳으로 빠르게 증가했습니다.[338]

성장의 탄력을 받은 KFC는 1970년대부터 해외진출을 본격화해 유럽뿐만 아니라 자메이카와 멕시코에 진출했고, 인도네시아와 말레이시아 등의 아시아 주요국에도 뻗어 나갔습니다.

특히나 KFC는 1987년에 중국에서 최초의 서양 패스트푸드 레스토랑 브랜드가 된 후 현지화 전략을 통해 대대적인 성공을 거두었습니다. 이때부터 중국 진출을 포함한 아시아 진출의 성과는 미국의 사업성과를 능가하기 시작했습니다.[339]

4. 국내 프랜차이즈 사업의 특징

KFC는 치킨 전문의 글로벌 패스트푸드 프랜차이즈로 성장해 현재 약 150개국에 30,000개 이상의 매장을 보유하고 있습니다. KFC는 1986년 PepsiCo와 분리되어 현재 Pizza Hut과 Taco Bell을 소유한 Yum! Brands의 자회사입니다.[340]

KFC는 1984년 종로에 직영점을 열고 한국에 진출했습니다. 그 후 1995년 목동에 100호점을 개설했고, 2023년 말 기준 약 200개의 매장을 보유하고 있습니다.[341]

그런데 놀라운 사실은 200개 내외의 매장이 모두 직영점이라는 사실입니다. ㈜케이에프씨코리아는 한국진출 40년이 된 2023년 하반기에 프랜차이즈 사업에 진출한다고 공식 발표했습니다. 이에 정보공개서의 최초 등록일은 2024년 2월 1일로 적혀 있습니다.[342]

Ⅴ. KFC 프랜차이즈의 역사적 의미와 공헌

1. 세계화에 성공한 브랜드

KFC는 사업 초기부터 해외시장에 눈을 돌려 세계 여러 나라에 매우 적극적으로 매장을 확장했습니다. KFC는 1965년 영국 랭커셔에 매장을 열었고, 그 후 자메이카, 독일, 호주에도 KFC의 깃발을 꽂았습니다.[343)]

KFC는 해외시장에서 다른 그 어떤 외식 프랜차이즈 브랜드들보다 단기간에 빠르게 성장했습니다. 이것은 '세계화를 위한 현지화 노력'에 따른 KFC만의 가시적인 성과였습니다.

KFC는 해외진출, 특히 아시아 시장에 진출할 때 많이 신경 쓴 요소는 현지화(localization)였습니다. KFC는 미국에서처럼 제한된 메뉴, 저렴한 가격, 포장 중심의 영업방식이 아니라 지역에 맞게 매장의 규모, 메뉴, 운영방식을 새롭게 재설계했습니다.

예를 들어, KFC는 중국 진출전략으로 미국보다 매장 규모를 크게 했고, 메뉴 재창조를 통해 메뉴의 선택 폭을 넓혔습니다. 심지어 중국 소비자를 위해 지역별로 메뉴를 다양화했고, 향신료 수준도 지역별로 달리했습니다. 이 현지화의 노력은 중국 내에서 KFC의 차별성과 경쟁우위의 장벽을 아주 높게 구축했습니다.[344)]

한편, 인도네시아 등 이슬람 국가의 진출할 때도 KFC의 현지화 전략은 주효했습니다. '할랄 인증'에 대한 전략적 투자로 KFC는 그 효과를 톡톡히 보았습니다. 이슬람 규율에 따라 도축된 육류만을 사용하는 할랄(HALAL) 식품에 대한 '할랄 인증'은 이슬람 국가의 진출에 필수적 요소입니다. 다른 패스트푸드 브랜드들도 이 부분에 대한 투자 노력을 했지만, KFC의 투자와 성과에는 미치지 못했습니다.

그 결과 KFC는 1978년 인도네시아에서 최초의 패스트푸드 프랜차이즈

가 되었고, 현재에도 인도네시아 및 말레이시아 등에서 우월한 브랜드의 지위를 유지하고 있습니다.[345]

2. 샌더스의 재정적 상황에 갇혔던 사업 초기

KFC의 프랜차이즈 시스템은 경쟁 브랜드들보다 뒤늦게 안정화되었습니다. 이것은 사업 초기 KFC 프랜차이즈의 독특한 사업적인 상황 때문이었습니다.

1930년 샌더스는 주유소를 운영하면서 이미 프랜차이즈 사업에 눈을 떴지만, 그는 1952년이 되어야 첫 번째 가맹점을 열었습니다. 이에 KFC 프랜차이즈의 초기 성과는 미약했습니다.

그랬던 이유는 1940~50년대에 샌더스의 재정상태가 매우 열악했기 때문이었습니다. 이로 인해 KFC 프랜차이즈 사업은 샌더스의 개인적인 재정적 상황에 갇혀서 1950년대 중반까지 특별한 사업적 진척이 일어나지 않았습니다.

당시 샌더스가 레시피 판매를 위한 로드 투어의 방식으로 지역 레스토랑들에 직접 영업했던 실질적 이유는 KFC를 큰 프랜차이즈 기업을 만들어 보겠다는 전략적 의지보다는 경제적 문제를 해결하고 노후를 대비하자는 그의 소박한 꿈에 있었습니다.

3. KFC는 메뉴 기반 프랜차이즈였다?

샌더스의 개인적 상황과 역량에 의존한 KFC 프랜차이즈의 초기 역사는 프랜차이즈 시스템 자체가 아니라 차별적인 레시피와 독창적인 조리과정에 기반했습니다. 이 책은 이를 '메뉴 기반 프랜차이즈(menu-based franchise)'라고 하겠습니다.

사실적으로 Herman의 첫 가맹점도 샌더스의 메뉴 이외에 다른 메뉴들을 자유롭게 판매했습니다. 다만, Herman은 샌더스의 치킨 메뉴를 판 이후 매출이 약 3배 늘었고 그 매출액의 75%가 샌더스의 메뉴에서 발생했기에, 그는 샌더스에게 4~5센트의 로열티를 지급했던 것입니다.[346]

이처럼 1950년대까지 KFC는 시스템에 기반한 프랜차이즈 사업이 아니라 독특한 치킨 메뉴와 레시피 판매가 중심이었습니다. 1960년대가 돼서야 KFC는 프랜차이즈 사업을 조직적으로 실행했습니다.

이를 근거로 사업 초기 KFC 프랜차이즈의 대표적 특징을 메뉴 기반 프랜차이즈라고 한다면, 이 주장이 과한 것일까요?

메뉴 기반 프랜차이즈라는 공식적 용어는 없습니다. 메뉴 기반 프랜차이즈는 신생 가맹본부가 프랜차이즈 시스템을 제대로 갖추지 못한 상태에서 차별적인 메뉴에 기반해 프랜차이즈 사업을 개시 및 전개하는 사업의 형태와 특징을 설명하기 위해 이 책에서 만든 용어입니다.

프랜차이즈 조직체와 시스템의 구축이 충분하지 못한 상태에서 메뉴 기반 프랜차이즈의 형태를 띤 신생 가맹본부의 모습은 국내 프랜차이즈 시장에서 어렵지 않게 찾을 수 있습니다.

제26장
와퍼의 제국,
Burger King

Ⅰ. Burger King 사업의 개요

1. 프리미엄 QSR의 선두주자

Burger King은 현재 100개국 이상에서 약 19,000개의 매장을 보유한 미국의 글로벌 패스트푸드 프랜차이즈 브랜드입니다. Burger King은 20세기 중반 획기적인 외식 서비스 형태였던 QSR 시스템과 드라이브 인 서비스를 융합해 미국 외식문화에 큰 파란을 일으켰습니다.

Burger King은 자기만의 독특한 직화구이 조리법과 와퍼(Whopper)를 통해 세상에서 가장 맛있는 햄버거를 제공하는 '프리미엄 QSR 브랜드'를 지향했고, 대표적인 메뉴인 와퍼는 QSR 시스템의 상징이 되었습니다.[347]

1984년 종로에서 시작된 한국의 Burger King은 2013년 정보공개서를 등록하고, 2015년 매장 수가 200개를 돌파했습니다. 한국 버거킹은 2023년 말 기준 354곳의 직영점과 130곳의 가맹점 수를 합해 484곳의 매장을 보유하고 있습니다.[348]

2. 활발한 해외진출

Burger King은 해외에서도 프랜차이즈 사업방식으로 빠르게 확장했습니다. 1963년 푸에르토리코 진출을 필두로 1969년 캐나다, 1975년 유럽의 마드리드, 1980년대부터 일본, 대만, 싱가포르, 한국을 포함한 아시아 국가들에서 매장을 확대했습니다. 중남미 지역은 1970년대 후반 멕시코를 시작으로 1980년대에 베네수엘라, 칠레 등에 진출했습니다.

한편, 호주는 버거킹의 이름으로 운영되지 않는 나라입니다. 호주 진출 당시 애들레이드에 있었던 한 음식점이 이미 Burger King의 상표를 등록 및 사용하고 있었기 때문이었습니다.

이 때문에 당시 모회사였던 Pillsbury는 자신의 팬케이크 믹스 제품의 하나였던 '헝그리 잭'에 'S'를 붙여 Hungry Jack's이라는 상호로 파트너였던 잭 코윈(Jack Cowin)과 함께 1971년 호주에 첫발을 디뎠습니다.

이후 호주의 Hungry Jack's는 Burger King과 상표권 및 계약에 관한 분쟁에서 승소해 2003년부터 Burger King의 실질적 영향력에서 벗어났습니다.[349]

II. 인스타 버거킹에서 Burger King으로

Burger King은 1953년 플로리다 잭슨빌(Jacksonville)에서 인스타 버거킹(Instar-Burger King)이라는 상호로 출발했습니다. 키스 크레이머(Keith G. Cramer)와 매튜 번스(Matthew Burns)는 맥도날드 형제의 스피디 시스템에서 얻은 사업적 아이디어와 새로운 주방기계였던 인스타 기계(instar-machine)들을 접목하여 새로운 콘셉트의 햄버거 매장을 구성했습니다.

Insta-Broiler는 버거에 사용되는 패티 12개를 양쪽에서 동시에 조리하는 것을 가능하게 했던 전문전인 패티 조리기구였습니다. 인스타 셰이크 기계는 진한 바닐라와 초코 맛의 밀크셰이크를 빠르게 뽑아낼 수 있는 효율적 기계였습니다.[350]

맥도날드의 스피디 시스템과 인스타 기계의 혁신적인 조리기계를 융합한 인스타 버거킹은 지역시장에서 성공했으나 지속적인 확장에 실패해 결국 사업적 어려움에 빠졌습니다.

재정적 난관에 부딪힌 인스타 버거킹은 결국 인스타 버거킹 매장들을 운영하고 있었던 데이비드 에저튼(David Russell Edgerton Jr, 1927~2018)과 제임스 맥라모어(James Whitman McLamore, 1926~1996)에 의해 1959년 인수되었습니다. 이 두 사람은 Burger King의 공식적인 창업자였습니다.[351]

호텔경영학을 전공한 에저튼은 창업 전에 Howard Johnson's의 관리자였습니다. 원래 그는 Dairy Queen의 아이스크림 창업을 계획하고 있었습니다. 그런데 에저튼은 우연히 키스 크레이머와 매튜 번스를 만난 후 인스타 버거킹의 사업이 유망하다고 느꼈습니다. 그는 학교 동문이었던 맥라모어를 합류시키고, 1954년 인스타 버거킹의 가맹점을 창업했습니다.

사업의 결과는 기대한 것보다 좋지 못했습니다. 추가로 매장들을 열었으나 성과는 나아지지 않았습니다. 재정적 곤경에 빠진 그들은 이러지도 저러지도 못한 처지에 빠졌습니다.[352]

사업적 어려움에 허우적대고 있었던 그들을 구원한 것은 직화구이 기계의 발명과 세기의 메뉴인 와퍼의 탄생이었습니다. 그들은 잦은 고장으로 애를 먹였던 Insta-Broiler를 개선해 Burger King의 차별적인 주방기계인 '직화구이 기계(flame-grilled)'를 개발했습니다. 이 기계에 와퍼를 결합한 그들은 Burger King만의 상품력과 차별성을 생산할 수 있는 든든한 기틀을 마련했습니다.[353]

III. 세기의 메뉴, 와퍼의 탄생

 1957년 어느 날, 에저튼과 맥라모어는 새로운 매장을 준비하던 중에 플로리다주에 손님이 붐비는 햄버거 가게가 있다는 풍문을 듣고 현장을 방문했습니다. 이 우연한 계기로 그들은 자신의 사업에서 무엇이 가장 큰 문제인지를 깨닫게 되었습니다.

 그 가게는 허름하고 청결하지 못했지만, 큰 햄버거 빵 사이에 들어간 소고기 패티, 토마토, 마요네즈, 피클, 양파의 맛의 조화는 환상적이었습니다. 그들은 큰 충격에 빠졌습니다.

 인스타 버거킹은 혁신적인 주방기계와 스피드 시스템을 가지고 있었지만, 이 햄버거처럼 경쟁력 있는 메뉴가 없었습니다. 매출이 부진한 이유가 고객이 환호할 만한 메뉴가 없었다는 사실을 인정한 이들의 사업적 반성은 결국 '엄청나게 크다'라는 뜻과 어감을 가진 와퍼(whopper)의 개발로 이어졌습니다.

 마침내 그들은 성능이 개선된 직화구이 기계와 효율적인 셰이크 기계에 새로운 메뉴인 와퍼를 장착했습니다. 그리고 상호에서 Instar를 지우고 기존 매장들의 상호를 Burger King으로 바꾸었습니다. 이로써 1950년대 후반부터 Burger King의 모든 것은 와퍼와 직화구이 주방기계를 중심으로 재편되었습니다.[354]

IV. 2차 햄버거 전쟁

1. 와퍼 vs 빅맥

 맥도날드 형제의 매장 시스템이 Burger King 사업계획서의 초안이 되었지만, Burger King은 설립 이후 미국 패스트푸드 시장을 주도하면서 거꾸로 맥도날드와 Wendy's(1969)와 같은 후속 패스트푸드 프랜차이즈 브랜드들에게 의미 있는 영향을 미쳤습니다. 세상의 일들이 돌고 돌듯이, 20

세기 중후반 패스트푸드 브랜드들은 이렇게 경쟁하면서 성장했습니다.

와퍼가 세상에 선보인 1957년은 빅맥의 등장보다 약 10년이나 앞선 해였습니다. 와퍼는 1/4파운드짜리의 큰 쇠고기 햄버거로 당시 가격이 37센트로 비쌌습니다. 맥도날드는 1960년대 불어닥친 햄버거 크기 경쟁에서 와퍼 및 경쟁 브랜드들의 햄버거 크기에 대응하기 위해 1967년 빅맥을 출시했습니다.

와퍼는 역사적으로 맥도날드의 빅맥보다 가격이 비쌌지만, 직화구이 콘셉트로 더 맛있다라는 프리미엄 햄버거의 통념을 만들었습니다. 이러한 가격 대비 상품 포지셔닝(product positioning)은 전통처럼 오늘날에도 유지되고 있습니다.[355]

2. 경쟁의 햄버거 시장

와퍼와 빅맥의 경쟁은 시간이 지날수록 맥도날드의 우위로 나타났습니다. 근본적 이유는 사업 초기 Burger King의 불안전한 사업모델과 이에 따른 재정적 상황 때문이었습니다.

Burger King은 사업 초기 지역의 독점적 사업권을 가지고 있었던 지역개발업자들과의 마찰로 시스템적으로, 재정적으로 안정적이지 못했습니다. 이에 반해 맥도날드는 중앙집중식 프랜차이즈 시스템을 바탕으로 성장하여 내부 결속력과 재정적 상황이 Burger King보다 훨씬 좋았습니다.

1970~80년대 맥도날드는 우월한 내부와 재정적 상황을 100% 활용해 마케팅에 엄청난 비용을 쏟아부었습니다. 그 결과 매장 수와 사업성과에서 맥도날드는 Burger King과 Wendy's 등 여러 경쟁 브랜드들을 제치고 선두로 치고 나갔습니다.[356]

그렇지만 20세기 후반 사업성장의 규모와 속도의 면에서 맥도날드가

Burger King을 앞질렀음에 불구하고, 세기의 메뉴인 와퍼의 대표성과 상징성은 무너지지 않았습니다. 맥도날드의 히트 상품이 많아서인지 맥도날드의 대표적 메뉴는 빅맥을 포함해 다양하게 거론되지만, Burger King은 지금도 와퍼 하나로 집결되기에 와퍼의 영향력은 여전히 막강합니다.

3. 2차 햄버거 전쟁의 발발과 전개

앞서 설명한 것처럼, 1차 햄버거 전쟁은 1930~40년대에 발발했습니다. 햄버거 시장의 선두주자로 사업적으로 큰 성공을 거둔 White Castle을 거의 그대로 따라 한 모방 햄버거 브랜드들이 시장에 쏟아지면서 1차 햄버거 전쟁이 시작되었습니다.[357]

상표권 분쟁으로 촉발된 1차 햄버거 전쟁은 White Castle과 모방 브랜드들이 생존을 위해 싸웠던 바람직하지 못한 경쟁이었지만, 그래도 미국에서 햄버거 메뉴의 대중화와 햄버거 초기 시장의 형성에 큰 역할을 했습니다.

이에 비해 2차 햄버거 전쟁은 Burger King과 맥도날드와 같은 20세기 중반 내외에 출현한 새로운 햄버거 브랜드들 사이에서 벌어진 주력 상품과 마케팅 경쟁이었습니다.

예컨대, Burger King과 맥도날드의 핵심 메뉴가 같았기에 마케팅 영역에서 이 둘의 경쟁은 치열했습니다. 햄버거의 크기 경쟁에서 촉발하여 맛과 품질의 싸움으로 확장된 와퍼와 빅맥의 경쟁에 KFC와 Wendy's뿐만 아니라 신생 햄버거 브랜드들도 가세함에 따라 2차 햄버거 전쟁(Burger War II)의 범위와 규모가 커졌습니다.

2차 햄버거 전쟁의 확전은 단지 햄버거 크기나 상품력의 문제가 아니라 브랜드의 생존과 시장점유율 확대를 위한 치열한 싸움으로 번졌습니다.

2차 햄버거 전쟁은 Burger King의 와퍼와 맥도날드 빅맥의 경쟁처럼 브랜드 간의 또는 핵심 상품 간의 경쟁으로 나타나다가 1970년대부터 TV 등의 광고 전쟁으로 확전되었습니다.

V. 하위 가맹본부 기반의 확장방식

1959년 프랜차이즈 사업을 시작한 Burger King은 사업확장의 전략과 방법에서 맥도날드와 큰 차이를 보였습니다.

맥도날드가 소규모 가맹점 판매에 주력했다면, Burger King은 오늘날 마스터 프랜차이즈처럼 미국과 해외의 지역을 나눠 하위 지역 개발업자에게 프랜차이즈 사업권을 판매했습니다. 사업 독점권을 획득한 지역의 하위 가맹본부(sub-franchisor)는 국내의 가맹지역본부의 형태였다고 볼 수 있습니다.

Burger King의 하위 가맹본부는 할당된 지역에서 가맹점의 개발과 운영의 관리자였습니다. 이들은 가맹점의 개발과 개점과정을 지원하고, 매장이 표준적으로 운영하도록 관리했습니다. 지역 매장의 개발과 관리의 대가로 하위 가맹본부는 Burger King으로부터 시스템과 공통 마케팅을 지원받았습니다.

이 확장전략은 높은 생산성을 보여 1960~70년대 초반까지 Burger King이 미국과 해외시장에 빠르게 확장하는 데 효과적인 성장의 지렛대 역할을 했습니다.[358]

그러나 여기에 큰 사업적 결함이 있었습니다. 지역의 하위 가맹본부에 기반한 확장방식은 1960~70년대까지 Burger King에게 빠른 성장의 기회를 안겼지만, 반대급부로 Burger King의 지속적 성장에 거대한 장벽이 되었습니다. 이 숨겨진 문제가 1970년대부터 갈등과 분쟁으로 터지기 시작했습니다.

Burger King의 확장방식은 '지역 분권적'이었습니다. 하위 가맹본부와의 복잡한 계약관계는 Burger King이 프랜차이즈 사업을 운영하는 과정에서 주도권을 갖지 못했던 원인이 되었습니다. 배타적인 영업지역 분쟁과 모호한 계약조항에 대한 다툼으로 매장의 통일적인 디자인과 운영뿐만 아니라 메뉴의 맛과 품질의 표준화에도 많은 차질이 발생했습니다.[359]

　결국 Burger King은 하위 가맹본부들과 잦은 마찰과 사업적 갈등으로 여러 소송에 휩싸였습니다. 이 어지러운 상황은 Burger King의 성장 발목을 잡았습니다. 사업성장의 중요한 시기를 놓친 Burger King은 그 여파로 1970년대부터 햄버거 시장의 주도권을 맥도날드 등에게 내주게 되었습니다.

제27장
외식 프랜차이즈 시스템의
완성자, 맥도날드

I. 세계 최대 패스트푸드 프랜차이즈

맥도날드(McDonald's)는 세계의 외식과 패스트푸드 시장의 대표주자이면서 외식 시스템의 혁신자입니다. 또한 맥도날드는 현대 프랜차이즈 역사에서 외식사업의 본바탕이자 패스트푸드 브랜드들이 필수적으로 참조하는 표준적인 모델입니다.

1940년 맥도날드 형제의 McDonald's Bar-B-Q 매장이 맥도날드의 시작이었습니다. 레이 크록(Raymond Albert Kroc, 1902~1984)은 지역 개발자의 형태로 1955년 첫 번째 맥도날드 매장을 개점한 후, 1961년 270만 달러에 맥도날드 전체 운영권을 사들여 맥도날드의 창업자가 되었습니다.

맥도날드는 1959년에 100번째 그리고 1963년에 500곳이 넘는 매장을 열었습니다. 1965년 주식시장에 상장한 맥도날드는 해외진출을 본격화해 1967년 캐나다와 푸에르토리코에 진출했고, 1978년 일본에서 5,000번째 매장을 열었습니다.

맥도날드는 현재 약 120여 개국에 약 40,000곳 이상의 매장을 보유하고 있고, 매일 약 6,900만 명의 고객에게 상품과 서비스를 제공하고 있으며, 약 20만 명 이상을 임직원으로 고용하고 있는 세계 최대의 패스트푸드 프랜차이즈 브랜드입니다.[360]

II. 국내시장의 진출 역사

1988년 압구정점을 시작으로 국내에 진출한 맥도날드는 1992년 외식업계 처음으로 해운대점에서 드라이브 스루(Drive-Thru)의 매장인 맥드라이브(McDrive)를 도입했습니다.

1997년 불고기 버거, 2005년 이태원점에서 시작한 24시간 매장 서비스, 2007년 맥딜리버리(McDelivery) 서비스, 2021년 2대 차량이 동시에 이용이 가능한 탠덤 드라이브 스루(Tandem DT) 등과 같은 창조적인 현지화 전략은 국내 패스트푸드 시장의 발전에 큰 이정표를 세웠습니다.[361]

1970년대 맥도날드는 시장조사 결과 반미(反美) 감정과 신토불이(身土不二) 사상에 따른 외국 음식에 대한 거부감이 크다는 이유로 한국진출을 포기했습니다. 그런데 1988년 서울 올림픽의 개최를 계기로 한국 정부가 세계화와 국제화를 표방하면서 시대적 상황이 바뀌었습니다.

이 분위기를 타고 맥도날드는 부유층이 거주하고 서구 문화가 융합된 압구정동에 직영점을 출점했습니다. 그곳은 젊은 세대의 명소가 되었고, 맥도날드 사업의 근거지가 되었습니다.[362]

1984년 한국에 진출한 KFC와 Burger King보다 늦었지만, 맥도날드의 진출은 글로벌 외식 브랜드들의 본격적인 국내 진출의 서막을 올린 역사적 순간이 되었습니다. 맥도날드 진출로 해외 외식 브랜드들의 국내 진출이 본격화되었고, 젊은 세대를 중심으로 외국의 음식과 외식문화가 국내 외식업에 확산하는 데 중요한 계기가 되었기 때문입니다.

한국 맥도날드는 현재 약 14,000명의 직원과 약 400곳의 매장을 보유하고 있습니다. 이 중 직영점이 약 320곳으로 가맹점보다는 직영점의 비율이 훨씬 높습니다.[363]

III. 원형의 창시자, 맥도날드 형제 [364]

1. 맥도날드 형제의 꿈

젊은 날, 맥도날드 형제(Richard James McDonald와 Maurice James McDonald)는 영화 제작자와 같은 영화 관련 일로 성공하고 싶었습니다. 그들은 꿈의 실현을 위해 1920년대 중반 캘리포니아의 한 영화 스튜디오에서 무대 장비와 조명을 설치하거나 영화 소품들을 운반하는 일을 했습니다.

두 사람은 영화 관련 경험을 쌓은 후 글렌도라(Glendora)에 있는 낡은 영화관을 매입해 영화사업에 직접 뛰어들었습니다. 초기에 사업성과가 좋았지만, 갑작스러운 대공황의 발발과 그 여파로 그들은 재정적 곤경에 빠지며 결국 파산했습니다.

2. 생계를 위한 선택

극장 폐업 후 생계를 걱정하던 형제는 과거 자신의 극장 인근에 성업했던 핫도그 가게를 떠올렸습니다. 대공황 같은 불경기가 오더라도 음식점은 문을 닫지 않고 계속 유지될 수 있다고 생각해 그들은 1937년 아케이디아(Arcadia)에 핫도그와 음료를 파는 가판대를 열었습니다. 생계를 위한 결정이었습니다.

핫도그 가게는 기대한 대로 무척 잘되었습니다. 하지만 주변 인구가 적어 매출의 한계가 있었습니다. 사업적 자신감을 얻은 형제는 메뉴를 보강하고 자동차 통행량과 거주자가 많은 샌버나디노(San Bernardino)로 가게를 옮겼습니다. 카홉 서비스에 기반한 드라이브 인 시스템의 '맥도날드 바비큐(McDonald's Bar-B-Q)'가 1940년에 탄생한 순간이었습니다.

3. 맥도날드 매장의 기획 이유

바비큐 식당은 매우 성공적이었습니다. 그렇지만 성공 뒤에 큰 문제가 있었습니다. 너무 많은 메뉴의 수와 매장운영의 비효율성 때문이었습니다.

27가지의 많은 메뉴의 수는 고객을 오래 기다리게 했습니다. 게다가 카홉 서비스로 인한 잘못된 주문 처리는 고객 불만의 원인이 되었습니다. 특히 카홉 종업원들로 발생하는 많은 인건비로 매장운영의 비용 문제가 심각했습니다.

장사는 성공적이었지만, 매장운영의 스트레스가 컸고 높은 운영비용으로 주차장에 차가 많은 만큼 실제 이익이 증가하지 않았습니다. 겉으로 보기엔 좋았지만, 실속이 없었습니다. 맥도날드 형제는 이렇게 해서는 사업이 오래 지속될 수 없다고 판단해 전체의 운영상황을 다시 점검했습니다.

점검 결과, 그들은 전체 매출 중에 87%가 27가지 메뉴들 가운데 햄버거, 감자튀김, 탄산음료에서 발생한다는 사실을 발견했습니다. 그리고 카홉 서비스는 잦은 주문 실수, 성희롱, 높은 인건비 지출을 유발했기에 사업의 안정성 차원에서 이를 그대로 방치할 수 없다는 결론에 도달했습니다.

4. 맥도날드 매장의 원형 탄생

분석 결과에 따라, 그들은 매장을 잠시 휴업하고 매장의 메뉴와 운영방식을 바꾸었습니다. 1948년 이렇게 개선되어 탄생한 매장이 맥도날드 프랜차이즈 매장의 프로토타입이었습니다.

새로운 매장은 주문 후 빠르면 30초 안에 햄버거와 음료가 제공될 수 있도록 설계되었습니다. 또한 주문 후 창구에서 고객이 음식을 직접 받아 가는 셀프서비스(self-service)의 도입으로 카홉 서비스가 불필요해졌습니다.

마침내 햄버거(15센트), 치즈버거(19센트), 프렌치프라이(10센트, 이하 '감자튀김'), 밀크셰이크(20센트), 커피와 콜라(10센트)의 간소한 대중적 메뉴들을 시스템적으로 경쟁력 있는 가격에 빠르게 제공할 수 있는 QSR 시스템이 완성되었습니다.[365]

맥도날드 형제가 가장 원했던 것은 메뉴와 조리의 간소화를 통한 '속도 경영'이였습니다. 27가지 메뉴와 카홉 서비스로부터 배운 '실속 없는 경영'의 교훈은 메뉴 제공과 고객 서비스의 속도 경영으로 개선되어 매장 생산성을 크게 높였습니다.

이렇게 탄생한 것이 맥도날드의 스피디 서비스 시스템(Speedee Service System)이었습니다. 그들의 스피디 서비스 시스템은 맥도날드만의 기구, 기계, 장비, 시설, 주방 및 홀 동선의 최적화된 설계를 동반했습니다.

직접 설계한 매장의 인프라와 시설은 햄버거의 패티 굽기, 빵 작업, 포장, 주문, 메뉴 전달을 분업화했고, 주문 처리는 셀프서비스로 완성됐습니다. 그 결과 고객은 음식 주문과 동시에 따뜻한 햄버거와 바삭한 감자튀김을 받을 수 있었습니다.[366]

5. 새로운 교회의 상징물, Golden Arches

맥도날드의 상징인 노란색 아치와 빨간색 및 흰색 타일 줄무늬의 골든 아치(Golden Arches) 심벌은 레이 크록이 아니라 맥도날드 형제의 아이디어였습니다. 형제는 건축가 Stanley에게 맥도날드만의 스피디 서비스 시스템을 외부로 드러낼 수 있는 독특한 매장 디자인을 의뢰했습니다. 이렇게 탄생한 것이 'Red and White'로 디자인된 골든 아치의 초기 콘셉트였습니다.

골든 아치는 1953년 피닉스 매장에서 처음 구현된 후 1955년 레이 크록이 첫 매장을 개점하기 전까지 이미 7곳의 매장에 적용되었습니다.

이 디자인은 1953년부터 사용되어 레이 크록에 의해 1960년대 후반 맥사드 지붕(mansard roof)으로 보완되었습니다. 그 후 먼 거리에서도 한눈에 띌 수 있게 노란색의 대형 레온이 추가되어 골든 아치가 완성되었습니다.

골든 아치는 1960년대부터 남부 해안을 따라 폭발적으로 증가했던 맥도날드의 독특하고 차별적인 매장 외관으로 굳어지면서 고속도로를 따라 운전하는 여행자들은 배가 고플 때 가장 먼저 골든 아치를 찾았습니다.[367]

레이 크록은 골든 아치로 단장된 맥도날드 형제의 매장을 처음 본 순간 미국의 '새로운 교회'와 '새로운 십자가'를 떠올렸습니다. 교회는 주말에 가지만, 맥도날드 매장은 언제든지 가족과 함께 방문할 수 있는 미국의 새로운 교회가 될 것이라고 상상하면서 레이 크록의 가슴은 뛰었습니다.[368]

IV. 레이 크록과 맥도날드의 역사 개요

1. 생계가 중요했던 레이 크록

1902년 일리노이주 시카고의 가난한 집에서 태어난 레이 크록은 처음부터 유능하고 뛰어난 사업가가 아니었습니다. 제1차 세계대전 적십자 구급차 운전사로 입대하기 위해 고등학교를 중퇴한 그는 전쟁 후 생계를 위해 밴드 연주자, 음반 가게, 공예품 가게를 운영하는 등 다양한 직업들을 전전했습니다.

1922년 결혼해 1924년에 딸 매릴린(Marilyn)을 얻은 그는 아내와 어린 딸의 부양을 위해 아르바이트로 피아노 연주까지 했습니다. 이후 Lily Tulip Cup Company에서 종이컵을 판매했고, 마침내 영업조직 사다리의 높은 곳에 올랐습니다.

레이 크록은 이에 만족하지 않고 멀티믹서기(multi-mixer)의 판매사였던 Prince Castle에서 새로운 영업에 도전했습니다. 멀티믹서기는 판매가격이 약 150달러였고, 1대에서 5잔의 셰이크를 동시에 생산했던 획기적인 기

계셨습니다.[369]

2. 멀티믹서기 사업에 뛰어든 이유

　미국의 전국적인 금주법(1919~1933)은 미국의 외식문화와 사람들의 삶의 방식을 바꾸었습니다. 금주법으로 호텔의 Bar와 라운지 등에서 주류를 팔 수 없었기에 호텔들은 매출 하락의 방어 차원에서 아이스크림을 판매했습니다. 이로 인해 1920~50년대에 아이스크림의 큰 시장이 열렸고, 수천 곳의 아이스크림 매장들이 거리의 불을 밝혔습니다.

　그가 판매했던 종이컵, 포장재, 멀티믹서기 시장이 커진 이유는 금주법에 따른 아이스크림과 셰이크 시장의 급성장 때문이었습니다. 이 사업들은 성능이 좋은 멀티믹서기와 다양한 종류의 종이컵 및 포장재를 필수적으로 사용했습니다.[370]

3. 카홉 서비스의 등장

　1930년대 후반부터 캘리포니아를 중심으로 외식업에 새로운 현상이 나타났습니다. 바로 도심의 레스토랑이 아닌 외곽지역에 드라이브 인 레스토랑이 생겨나기 시작했고, 미국 대공황 이후 할리우드 지역을 중심으로 젊은 층에서 나타난 자유분방한 생활방식이 그것이었습니다.

　드라이브 인 레스토랑들은 새로운 도로들을 따라 확장했는데, 이들은 소고기, 돼지고기, 닭고기들을 활용한 다양한 메뉴들로 취급했습니다. 자유분방한 문화를 추구했던 젊은이들은 드라이브 인 레스토랑에서 롤러스케이트를 타고 짧은 치마나 독특한 의상을 입고 직원으로 일하는 것에 주저하지 않았습니다.[371] 1920년대 시작된 카홉 서비스가 1940년대부터 미국 전역에 보편적인 고객 서비스 형태로 확산했습니다.

4. 맥도날드 형제를 만나다

레이 크록의 멀티믹서기 영업은 순탄치 않았습니다. 그러던 어느 날 8개의 멀티믹서기의 주문을 받았는데, 그 주문량이 사실인지 확인하기 위해 그는 샌버나디노로 향했습니다. 그 어떠한 식당도 지금까지 그렇게 많은 양의 멀티믹서기를 한 번에 주문한 적이 없었기 때문이었습니다.[372]

맥도날드 형제의 매장에 도착한 레이 크록은 차와 사람들로 가득 찬 광경에 큰 충격에 빠졌습니다. 맥도날드 형제의 매장이 햄버거, 감자튀김, 청량음료, 셰이크, 커피 등 한정된 메뉴만을 판매한다는 점, 빠른 음식의 제공, 외부에서 내부를 볼 수 있게 설계된 열린 주방 시스템, 그리고 매장운영의 단순함과 효율성은 레이 크록의 눈을 한 번에 매료시켰습니다.

매장을 방문한 고객들은 성별, 연령대, 직업이 폭넓었습니다. 어린이를 동반한 가족 손님들부터 노부부는 물론 젊은 연인들까지 다양했습니다. 방문 고객들은 점심식사로 차가운 샌드위치를 먹는 것보다 방금 조리된 따뜻한 햄버거를 저렴한 가격에 먹을 수 있는 것이 행복해 보였습니다. 또한 빠르게 제공되는 밀크셰이크 등의 음료는 매장 매출에 효과적으로 보였습니다.

레이 크록은 특히 감자튀김을 보고 놀랐습니다. 당시 대부분 음식점의 감자튀김은 고객에게 별다른 감흥을 주지 못하는 간식거리거나 햄버거와 셰이크에 함께 제공되는 구색 맞추기 메뉴였을 뿐이었습니다.

하지만 맥도날드의 감자튀김은 다른 차원의 메뉴였습니다. 눅눅하지 않고 바삭했습니다. 확인해 보니, 품질이 좋은 아이다호산 감자가 사용되었고, 감자는 철망으로 싸인 자루에 보관되었습니다. 이 보관법은 통풍이 잘되고 쥐와 같은 설치류 동물로부터 감자를 위생적으로 보호했습니다.

더 놀라운 사실은 햄버거 조리에서 사용한 기름을 감자튀김에 재사용하지 않아 감자튀김의 품질과 맛이 뛰어났습니다. 그러면서도 가격은 3온스(약

85g)에 10센트로 파격적이었습니다.

맥도날드의 혁신적 메뉴들, 빠른 서비스, 고객의 우호적인 반응을 현장에서 직접 목격한 레이 크록은 새로운 사업을 꿈꾸었습니다. 매장마다 8개의 멀티믹서기가 윙윙거리며 돌아가는 모습을 상상하며 그는 잠을 이룰 수가 없었습니다.[373]

5. 맥도날드를 인수하다 [374]
1) 꿈은 이루어졌으나

레이 크록은 원래 프랜차이즈 사업보다 멀티믹서기 사업에 관심이 더 컸습니다. 자신이 영향력이 있었던 멀티믹서기의 기계들과 외식 소품들의 독점적 판매권을 프랜차이즈 사업에 적용하면 큰 사업성과를 얻을 수 있다고 그는 판단했습니다.

1954년 레이 크록은 드디어 맥도날드 형제로부터 프랜차이즈 사업권을 획득하고, 1955년 일리노이주 데플레인스(Des Plaines)에서 첫 번째 맥도날드 매장을 개점했습니다. 그의 나이 52세가 된 해였습니다.

프랜차이즈 사업에 대한 계약조건은 개발의 특권이 부여된 지역에서 매장 개설을 위한 독점권을 승인받고, 신규 가맹점으로부터 950달러의 프랜차이즈 초기 수수료와 가맹점의 매출의 1.9%의 운영 로열티를 받는 것이었습니다.

2) 유리하지 못한 계약

그러나 이 계약은 맥도날드 형제가 레이 크록에게 프랜차이즈 사업권 전체를 이전한 계약이 아니었습니다. 형제는 애리조나 등 다른 지역에 이미 지역 사업권을 판매했고, 레이 크록도 이 사실을 알고 있었습니다.

다른 한편으로 그 계약내용은 레이 크록에게 결코 유리한 조건이 아니었습니다. 사업 시작의 열망과 흥분으로 계약서 검토를 꼼꼼하게 하지 않은 레이 크록의 불찰도 있었지만, 무엇보다 미래에 그 계약서가 가져다줄 형제와의 사업적 마찰과 생각의 차이를 그는 전혀 예상하지 못했습니다.

예를 들어, 계약서에 명시된 프랜차이즈 초기 수수료인 950달러는 신규 가맹점의 개설과정에서 쓸 수밖에 없는 비용이었기에 결과적으로 레이 크록에게 이익이 되지 않았습니다. 그리고 매출액의 1.9%의 로열티 가운데 0.5%는 맥도날드 형제에게 지급되는 조건이어서 개점 후 운영 수익도 크지 않았습니다.

레이 크록은 이 정도의 수익으로는 프랜차이즈 사업을 진행하기 힘들다고 판단했습니다. 이에 그는 로열티 인상을 요구했으나 형제는 가맹점에 부담이 된다는 이유로 거절했습니다.

더 본질적인 문제는 맥도날드 사업과정에서 대부분 사항을 형제로부터 사전 승인을 받거나 매장운영에 대해 상당한 통제를 받아야 했던 것에 있었습니다. 그렇지 않으면 계약 위반이 되었기에, 그 계약서는 레이 크록을 점차 숨 막히게 했습니다.

3) 마침내 완전히 인수하다

앞서 설명한 것처럼, 첫 계약은 레이 크록이 맥도날드 형제로부터 프랜차이즈 사업권을 완전한 형태로 포괄적으로 양수한 것이 아니었습니다. 오늘날 관점에서 보면, 그 계약은 프랜차이즈 사업의 확장방식의 유형인 지역·광역 개발권자(Area·Region Developer)에 가까웠습니다.

실제로 1961년 돼서야 레이 크록은 270만 달러에 맥도날드 형제로부터 완전한 경영권을 사들인 후 자신만의 프랜차이즈 사업을 본격화했습니다. 이 시점을 기준으로 맥도날드 프랜차이즈 사업은 단기간에 폭발적 성장을 했고, 1965년에 마침내 주당 22.50달러에 주식시장에 상장했습니다.

V. 맥도날드 프랜차이즈의 시스템적 공헌

현대 외식 또는 패스트푸드 프랜차이즈 역사에서 맥도날드의 역사적 공헌은 거론하기 힘들 정도로 너무나 많습니다. 그러한 이유로 이 책에서 그것들을 모두 설명하기는 어렵습니다. 아래의 내용은 프랜차이즈 시스템의 관점에 제한하여 프랜차이즈 역사의 관점에서 레이 크록과 맥도날드의 역사적 공헌과 그 교훈을 이 책의 목적에 맞게 정리한 것입니다.

1. 스피디 서비스 시스템의 완성자

사업가적으로 레이 크록의 뛰어난 역량을 뽑자면, 아마도 사업 및 운영에 대한 끝없는 개선의 노력과 실천일 것입니다. 레이 크록은 유통, 품질, 운영, 고객만족의 향상을 위해 끊임없이 고민했고, 직원과 가맹점으로부터 그러한 아이디어를 경청했습니다. 이 노력과 소통으로 맥도날드의 3S 기반의 스피디 서비스 시스템은 점차 완성도를 높여 갔습니다.[375]

1) 표준화의 완성자: 메뉴의 표준화

레이 크록의 사업적 아이디어는 상품의 균일성과 매장 서비스의 동질성을 바탕으로 가맹점의 통일적 운영을 관리하는 것에 있었는데, 그 시작과 중심에 메뉴의 표준화가 있었습니다. 가령 햄버거의 핵심인 패티(patty)의 관리와 조리법의 표준화는 그 노력으로 창출된 대표적 성과였습니다.[376]

레이 크록은 소고기 패티에 이물질이 들어가지 않고 최적의 맛을 낼 수 있도록 일정한 지방 함량 수준을 규정했습니다. 그러면서 육즙이 풍부하고 풍미가 있는 패티를 고객에게 제공하기 위한 창조적인 조리법을 반복적으로 실험했습니다.

그는 패티의 효율적 분쇄법, 적절한 패티 모양, 적합한 저장기술을 발굴하고 이를 매뉴얼화했습니다. 그리고 가맹점에 공급하는 패티가 서로 붙지 않도록 특수종이를 사용했고, 굽는 과정에서 패티가 철판에 눌어붙지 않는 조리법도 개발했습니다.

이로써 패티를 중심으로 원재료의 공급과 조리과정이 표준화되었습니다. 이 표준화를 바탕으로 맥도날드는 조리과정을 점검하는 체크리스트(checklist)를 작성하여 메뉴의 품질과 맛을 엄격히 관리했습니다. 이후 이 메뉴 체크리스트는 매장 운영의 전반적인 영역에 작성된 매뉴얼 작업의 기초가 되었습니다.[377]

맥도날드의 표준화에 기반한 조리 및 운영의 표준화와 이를 바탕으로 한 매뉴얼들은 가맹점이 지역에 상관없이 동일한 맛과 품질을 제공한다는 사실을 고객에게 보증했습니다. 이들은 현대 외식 브랜드들에게 표준적 조리법과 매뉴얼에 기반한 통일적인 매장 운영방식의 훌륭한 지침서가 되었습니다.[378]

2) 과정의 단순화: 원재료, 포장, 공급

사업 초기에 빵들은 4~6개씩 묶인 상태로 배송되었습니다. 이에 가맹점은 달라붙은 빵들을 손으로 분리해야 했습니다. 게다가 패티와 야채를 넣기 위한 빵의 커팅도 일부분만 되어 있어서 빵의 사용이 불편했습니다.

레이 크록은 관리자였던 프레드 터너(Frederick Leo Turner, 1933~2013, 직원 출신으로 맥도날드 2대 회장에 오른 인물)를 통해 가맹점의 빵의 관리와 사용과정을 단순화하도록 지시했습니다. 단순화의 과정은 세밀하고 표준화된 처리과정을 동반했습니다. 그 결과 매장에서 빵의 분리 작업이 제거되었고, 빵의 커팅도 개선되어 조리과정의 편리성이 배가되었습니다.

레이 크록은 매장운영의 단순화를 위해 포장법과 배송방법도 개선했습니다. 빵 공급업자와 포장지 제조업자와 협력해 포장방법의 간소화를 실현하여 운송비용도 상당히 절약했습니다. 단순화를 향한 변화는 메뉴의 조리와 고객 서비스의 공정단계를 짧게 만들었고, 그 결과 조리시간과 인건비를 상당히 줄여 주방운영의 효율성과 매장의 수익성을 크게 높였습니다.[379]

3) 전문화의 노력: 정교한 주방기계의 개발 등

맥도날드 R&D 연구소는 표준화된 조리법과 메뉴의 통일적인 품질 및 맛의 유지를 위해 설립되었습니다. 연구소의 대표적 성과는 정교한 주방기계와 전자기계들의 개발로 나타났습니다. 그 예로, 감자튀김용 전자기계는 튀김 시간의 사전 설정과 완료 시 알람기능이 장착되어 직원 실수를 최소화했습니다.

더 획기적인 것은 소고기 패티의 일정한 양과 품질을 정확하고 빠르게 측정할 수 있는 Fatilyzer의 개발에 있었습니다. Fatilyzer는 햄버거 패티의 통일적 사용 및 품질 유지와 정확한 원가관리의 유용한 도구였습니다. Fatilyzer는 패티의 정량사용과 지방 함량의 측정을 위해 일일이 샘플을 만들어서 측정해야 했던 번거로운 과정을 삭제했습니다. 그 결과 패티의 품질점검 시간이 줄었고 비용절감의 효과도 동반되었으며 조리의 정확성도 상당히 향상했습니다.

이 같은 R&D 연구소에서 개발한 감자튀김의 전자기계와 Fatilyzer와 같은 혁신적인 기계들은 맥도날드가 햄버거 전문 브랜드로서 성장하는 데 유형적 토대가 되었습니다.

오늘날 프랜차이즈 사업의 전문화는 차별적인 사업요소의 개발을 통해 사업 경쟁력을 확보하여 다른 경쟁자의 모방을 방어합니다. 이것은 프랜차이즈 사업성과의 증진을 위해 운영방식을 끊임없이 연구 및 개발하는 가맹본부의 전문적인 역할 수행의 대표적인 사례입니다.[380]

2. 핵심가치 Q, S, C and V

맥도날드의 고객 가치제안은 저렴한 가격에 맛있는 햄버거를 어느 매장에서나 동일한 맛과 품질로 제공하는 것이었습니다. 궁극적으로 소비자가 가장 좋아하는 식사의 장소와 방법(favorite place and way to eat)을 제공하는 패스트푸드 레스토랑이 되는 것이 맥도날드의 브랜드 사명이었습니다.[381]

레이 크록은 사업의 미션과 비전의 달성을 위해서는 매장의 모든 작업이 매뉴얼대로 작동되어야 한다고 믿었습니다. 또한 고객에게 제대로 된 서비스 쇼(service show)를 선보이려면 훈련된 직원들이 매장에 배치되어야 한다고 생각했습니다.

그는 모든 가맹점이 메뉴의 일정한 품질과 맛의 유지를 위해 표준적 절차를 지켜야 하고, 품질 높은 고객 서비스를 위해 직원들은 적절한 교육을 받아야 한다고 강조했습니다. 특히 새로운 매장이 문을 열 때 이 기본적인 사항들이 철저히 이행되어야 한다고 설파했습니다.

맥도날드의 Q, S, C and V는 현대사회에서 외식업뿐만 아니라 거의 모든 소매 및 서비스 사업에 전파되었을 정도로 매장운영의 역사적 교본이 되었고[382], 프랜차이즈 기업의 경영철학의 면에서 오늘날 맥도날드가 지향하는 가치(McDonald's Values)에 최우선으로 강조되고 있습니다.[383]

맥도날드의 Q(품질)는 계획된 재료와 표준적 조리법으로 일관된 맛과 음식 품질을, S(서비스)는 주문과 동시에 음식을 만들고 음식의 제공과정에서 빠르면서 친절한 고객 서비스를, C(청결)는 종업원의 위생은 물론 매장의 주방, 홀, 화장실, 주차장에 이르기까지 깨끗한 공간과 시설의 제공을, 마지막으로 V(가치)는 맥도날드만의 Q, S, C의 실현으로 이용고객에게 즐겁고 행복한 경험과 만족의 가치를 전달하는 것을 뜻합니다.

3. 데이터 기반의 과학적 외식경영의 선구자

외식경영의 측면에서 맥도날드가 프랜차이즈의 역사에 끼친 가장 실무적인 성과를 뽑으라면, 매장운영에 현대적인 경영관리의 개념을 도입했다는 점입니다. 맥도날드는 창의적인 경영 관리시스템을 바탕으로 가맹점의 운영상태와 사업성과를 사실적으로 분석해 브랜드의 전체 사업을 관리하고 통제했습니다.

"측정할 수 없으면 관리할 수 없다(If you can not measure, you can not manage)"라는 경영의 격언처럼, 맥도날드는 매장운영의 상태와 성과를 객관적인 수치의 분석자료로 생산하여 매장운영의 개선에 활용했습니다.

이 경영적 노력은 "측정할 수 없다면, 운영할 수 없다"라는 맥도날드의 사업방침으로 이어졌습니다. 그 결과 가맹점의 시간당 및 하루당 매출, 방문고객 수, 원재료 사용량 및 재고량, 종업원 수 및 이직률에 관한 분석자료들이 작성되어 가맹점의 경영개선을 위한 유용한 정보로 활용되었습니다.[384]

따라서 현대 외식경영의 관점에서 맥도날드는 매장의 운영상태와 성과의 객관적인 분석을 통해 '데이터 기반의 과학적 외식경영의 선구자'라고 평가될 수 있습니다.

VI. 맥도날드 프랜차이즈의 역사적 위치와 의미

맥도날드의 사업 역사와 프랜차이즈 시스템이 현대 외식 프랜차이즈에서 대표성을 띠는 이유가 무엇일까요?

그것은 아마도 맥도날드의 사업행적과 사업모델 그 자체보다는 프랜차이즈 역사에서 맥도날드의 역사적 위치에 따른 엄청난 영향력과 현대 외식 프랜차이즈의 영역을 초월하여 사회 전반에 끼쳤던 전방위적인 시스템적 공헌 때문일 것입니다.

1. 3S와 Q, S, C 시스템의 계승 및 발전자

우리는 맥도날드가 3S의 원리와 Q, S, C 시스템을 바탕으로 세계 최대의 패스트푸드 프랜차이즈 브랜드가 되었다는 사실을 잘 알고 있습니다. 그러나 앞에서 설명한 것처럼 3S와 Q, S, C 시스템은 맥도날드가 최초로 개발한 모델이 아닙니다.

모든 역사적 산물이 그러했듯이, 현대 외식 프랜차이즈 사업의 핵심 원리인 3S와 Q, S, C 시스템은 맥도날드에 의해 과거에 '없던 것이' 갑자기 세상 밖으로 나온 것이 아닙니다. 이들은 프랜차이즈 역사발전에서 작은 혁신들과 그로 인한 변화들이 누적되어 세상의 밝은 빛을 보게 된 '시간의 산물'이었습니다.

앞선 내용을 상기(想起)하자면, 20세기 직후 Ford는 3S 기반의 혁신적인 생산방법으로 상품 프랜차이즈의 선두주자가 되었고, 미용 프랜차이즈였던 Harper Method는 서비스 분야에서 3S와 Q, S, C 시스템의 초기 형태를 실현했습니다.

외식 영역에서 3S와 Q, S, C 시스템의 개념은 19세기 후반 Harvey House의 아이디어로 처음 구현되었고, 1920년대부터 White Castle에 의해 조직화되었습니다. A&W는 표준화와 속도에 집중하여 패스트푸드 프랜차이즈의 선구자가 되었고, Howard Johnson's는 1930년대부터 전형적인 레스토랑에서 Q, S, C 시스템을 구현했습니다.[385]

이러한 역사 흐름의 강줄기에서 맥도날드가 현대 외식 및 패스트푸드 프랜차이즈 시스템에서 위대하고 결정적인 공헌을 한 것은 3S와 Q, S, C 시스템의 체계적인 완성에 있었습니다. 맥도날드는 과거의 역사적 산물로부터 자신만의 스피디 시스템을 창조하여 3S와 Q, S, C 시스템에 기반한 현대 프랜차이즈 시스템을 완성했습니다. 그러나 그 완성은 끝이 아니라, 지금도 다른 브랜드들에 의해 조금씩 진화하고 있습니다.

2. 과거와 미래의 역사적 연결다리

과거, 현재, 미래라는 차원에서 볼 때, 맥도날드가 폭발적으로 성장했던 1960~70년대는 현대 프랜차이즈 역사에서 맥도날드의 역사적 영향력을 뚜렷하게 부각했습니다. 맥도날드는 과거의 외식 및 프랜차이즈 브랜드들이 생산한 역사적 성과물들을 계승·발전하여 창조적으로 외식 프랜차이즈의 표준적 모델과 비즈니스 포맷 프랜차이즈 시스템을 완성도 높게 실현했습니다.

이에 맥도날드 프랜차이즈 시스템은 20세기 중반까지 산출된 현대 프랜차이즈 초기의 역사적 결과물과 1960년대 이후 황금기에 들어선 미국 프랜차이즈 시장을 이어 준 연결다리의 역할을 했다고 평가될 수 있습니다.

다른 측면에서 맥도날드 시스템은 1960년대 이후 현대 프랜차이즈가 약국, 주유소, 자동차 부품의 판매업 영역에서 외식 업종기반으로 변화하는 데 큰 전환점이 되었습니다.

그러므로 프랜차이즈 역사에서 맥도날드는 1950년대 이전의 프랜차이즈 사업의 역사적 유산과 성과를 1960년대 이후 현대 프랜차이즈의 사업적 아이디어와 모델로 이어 준 연결고리이면서 현대 외식 프랜차이즈 시장이 크게 성장하고 데 맏형의 역할을 했다고 볼 수 있습니다.

3. Mcdonaldization

맥도날드의 영향력과 세계화는 단지 외식시장에만 영향을 미친 것이 아닙니다. 맥도날드의 신속하고 효율적인 서비스는 현대사회의 교육, 노동, 의료, 여행 등 거의 모든 영역에 엄청난 영향력을 행사해 왔습니다.

조지 리처(George Ritzer)는 그의 책(The Mcdonaldization of Society, 1996)에서 이 사회적 현상을 Mcdonaldization(맥도날드화)이라고 규정하고, "맥도날드의 패스트푸드 사업원리가 미국 사회와 그 밖의 세계의 많은 부분들을 지배하는 과정"을 '맥도날드화'라고 정의했습니다.[386]

역사적으로, 맥도날드라는 외식 프랜차이즈 시스템이 사업모델을 초월하여 전 세계의 경제, 사회, 문화에 큰 영향을 미치고 있다는 사실은 앞으로도 혁신적이거나 사업성과가 뛰어난 프랜차이즈 사업의 결과물이 사회와 경제의 발전에 상당한 영향력을 미칠 수 있다는 점을 암시하고 있습니다.

제11부
희망의 역사: 폭발적인 성장

제28장 황금기에 들어선 미국 프랜차이즈 시장
제29장 프랜차이즈 시장의 주역, 퇴역군인과 이민자

현대

제28장
황금기에 들어선
미국 프랜차이즈 시장

Ⅰ. 슈퍼사이클의 발판을 마련하다

제2차 세계대전이 종결된 후 미국경제는 승전국의 엄청난 혜택을 누리면서 빠른 경제회복을 보이며 세계 경제의 중심국가의 자리에 올라섰습니다. 1950년대부터 경제 활성화로 미국경제가 살아나자 미국 프랜차이즈 시장은 1960~70년대의 절정기 또는 황금기(golden age)를 맞이할 수 있는 경제적, 사회적 토대가 구축되었습니다.

전쟁 종결 후 상품 및 서비스의 소비가 폭발적으로 증가했고, 대량생산과 대량소비의 문화가 전역에 퍼져 미국은 소비자 공화국(consumer republic)의 문턱에 들어섰습니다. 전쟁으로 부족해진 상품은 대량생산으로 채워졌고, 경제침체 극복을 위한 연방정부의 전방위적인 경제 활성화 정책이 쏟아지면서 소비지출이 크게 장려되었습니다.

이 시대적 분위기는 현대 프랜차이즈 시장에게 엄청난 기회의 시간을 주었습니다. 전쟁에 억눌려 있던 소비심리가 폭발하면서 외식 브랜드를 중심으로 프랜차이즈의 가맹점들의 매출액이 폭증했기 때문입니다.[387]

20세기 중반 새로운 도로망이 거의 완성되면서 자동차는 미국인의 필수품이 되었습니다. 1950년대 2,500만 대가 넘는 차가 새로운 도로를 달렸고, 1960년대에 두 배로 늘어난 자동차의 수는 미국 소매시장의 발전에 결

정적인 공헌을 했습니다.[388]

한편, 민간 경제의 창업 측면에서 훌륭한 사업적 아이디어와 야망을 품은 자립형 소상공인들이 프랜차이즈 사업자가 되려고 바쁘게 움직였습니다. 또한 퇴역군인들의 자립을 지원한 GI 법안은 프랜차이즈 예비 창업자의 수를 획기적으로 늘려 프랜차이즈 시장규모를 크게 키웠습니다.

이처럼 종전 후 프랜차이즈 시장은 이전에 볼 수 없었던 양상을 나타냈습니다. 경제 활성화의 정책은 프랜차이즈 시장의 성장에 불을 지폈고, 프랜차이즈 창업에 참여하고자 했던 사업자와 예비 창업자의 수를 크게 늘렸습니다. 그 결과 1950년대 중반 미국 프랜차이즈 시장은 거의 모든 분야에서 장기 성장의 슈퍼사이클(super-cycle)의 문을 활짝 열었습니다.

II. 성공 방정식이 된 프랜차이즈 사업

종이에 포장된 따뜻한 햄버거와 짭짤한 감자튀김은 소비자를 흥분시켰습니다. 새롭고 다양한 메뉴로 무장한 외식 브랜드들은 마치 마법사처럼 소비자에게 신비롭게 다가섰습니다.

1960년대 시작된 프랜차이즈 슈퍼 붐(super boom)으로 사람들은 프랜차이즈를 뭔가 세련되고 일상에 없어서는 안 될 새로운 친구로 받아들였습니다. 시장에 진출한 프랜차이즈 브랜드들은 과거 시장에서 볼 수 없는 혁신적인 상품과 새로운 서비스를 선보이며 소비자의 마음을 설레게 했습니다.

프랜차이즈 매장은 잘되었기에 예비 창업자들은 프랜차이즈 사업을 통한 사업성공의 꿈을 부풀렸습니다. 소매업자, 자영업자, 퇴역군인 등은 가맹본부의 브랜드 인지도와 시스템을 잘 활용하면 성공적인 사업을 구가할 수 있다고 생각했습니다. 이처럼 프랜차이즈 브랜드에 대한 소비자의 선호도가 높아지자 프랜차이즈 사업은 창업자들에게 매우 매력적인 창업선택이 되었습니다. 프랜차이즈 사업은 이제 미국의 자립형 소규모 사업자들에게 손에 잡히는 유망한 '성공 방정식'이 된 것입니다.[389]

III. 사업적 타당성을 강화한 Lanham Act

프랜차이즈 사업은 2차 세계대전 이후 미국에서 가장 빠르게 성장했던 마케팅 방식이었습니다. 전쟁 이후 프랜차이즈 시장은 빠르게 성장해 1960년대에는 거의 모든 비즈니스 분야에 적용되었습니다. 그 결과 프랜차이즈 사업은 미국 소매시장에서 우세한 사업모델로 안착했습니다.[390]

이 시대적 분위기에 1946년에 제정된 미국 상표법의 근간인 랜햄법(Lanham Act)은 현대 프랜차이즈 시장의 성장과 발전에 날개를 달아 주었습니다. 랜햄법은 상표 및 서비스표 등의 지식재산권 보호가 목적이었는데, 이는 20세기 중반부터 프랜차이즈 사업이 사업적 타당성과 안정성을 굳건히 하는 데 든든한 지지대가 되었습니다.

프랜차이즈 사업과정에서 경쟁자로부터 상표 및 영업권 침해에 대한 법적 보호를 가능하게 만든 랜햄법은 프랜차이즈 시스템의 핵심 요소이자 가맹본부의 무형자산인 지식재산권의 가치를 한층 높였습니다.

랜햄법은 가맹본부가 지식재산권을 바탕으로 프랜차이즈를 팔 수 있는 합법적 근거를 제공했고, 가맹점은 상호, 상표, 영업노하우의 보호를 받으면서 안정적으로 사업을 진행할 수 있는 근거를 가졌습니다.[391]

IV. 우세해진 비즈니스 포맷 프랜차이즈

20세기 중반부터 비즈니스 포맷 프랜차이즈는 그동안 시장을 선도했던 상품 프랜차이즈를 제치고 현대 프랜차이즈의 핵심적 사업모델로 전면에 등장했습니다. 레스토랑, 아이스크림, 햄버거 등의 외식 브랜드들이 비즈니스 포맷 형태로 다양한 분야에 진출해 미국 프랜차이즈 시장을 주도하기 시작했습니다.

Singer, GM과 Ford의 자동차, Coca-Cola, 주유소 프랜차이즈, 약국 프랜차이즈 등에서 발전했던 전통적인 상품 프랜차이즈는 대량생산을 기반한 제조업자 기반의 사업모델이었습니다. 반면에 비즈니스 포맷 프랜차이즈는 소비자의 일상생활과 관련된 상품과 서비스의 제공을 목표로 지역시장을 기반한 소규모의 고객 지향적인 사업모델이었습니다.

상품형 프랜차이즈보다 창업자의 접근성이 좋고 시스템적 지원이 강력했던 비즈니스 포맷형은 1950년대 이후 중추적인 사업유형으로 미국 프랜차이즈 시장의 성장을 견인했습니다.

V. 경제 활성화를 위한 창업정책의 변화

전쟁 이후 경제재건을 위해 추진된 국가 주도의 경제정책이 한계에 도달하자 연방정부는 정책방향을 선회했습니다. 지역경제의 활성화의 주도권을 민간 경제주체에 넘긴 것이었습니다.

연방정부는 경기회복의 영향에서 소외된 도시들의 경제 활성화를 위해 지역의 민간 경제주체들의 창업을 독려했습니다. 연방정부와 주 정부들은 지역경제 활성화의 핵심 역할자로 프랜차이즈 시장을 주목했습니다. 이들은 소상공인의 창업을 장려하고 다양한 금융지원, 창업 교육, 창업 관련 프로그램들을 정책적으로 지원했습니다.

20세기 중반 이후 정부 기관들은 자립형 창업의 촉진을 위해 창업자들이 프랜차이즈 또는 독립형 창업을 할 수 있도록 대출심사를 완화하거나 창업에 필요한 금융지원을 가동했습니다. 마침내 미국에서 '자영업 창업의 시대'가 열린 것입니다.[392]

VI. 최절정기에 도달한 미국 프랜차이즈 시장
1. 숫자로 나타난 성장 지표

 1950년에 100곳 미만이었던 프랜차이즈 기업의 수가 1960년에는 900곳 이상으로 9배 넘게 늘어났고, 프랜차이즈 매장은 약 20만 개로 증가했습니다. 1964년부터 1969년 사이에 약 10만 개의 가맹점이 증가했고, 1970년대 직후 매장이 1,000곳을 넘어선 프랜차이즈 브랜드들의 수가 크게 늘었습니다.[393]

 1960년대부터 프랜차이즈 브랜드들의 주식시장 상장이 줄을 이었습니다. 그리고 미국 프랜차이즈 시장은 1955년부터 1970년까지 매출이 무려 3,600% 성장했다고 보고되었습니다.[394]

 1965년 Business Week은 프랜차이즈 소매 매출액이 650억 달러 이상이라고 추산했습니다. Time Magazine은 프랜차이즈 시장이 1969년에 900억 달러로 미국 산업생산량의 약 10%를 차지했고, 소매 매출의 28%에 육박했을 정도로 가장 빠르게 성장한 분야라고 보고했습니다.[395]

 다른 자료에 따르면, 프랜차이즈의 연간 소매 매출액은 1970년 950억 달러, 1975년 1,610억 달러, 1979년 2,740억 달러, 1985년 4,740억 달러, 1988년 5,430억 달러, 1990년 6,070억 달러, 2001년 6,246억 달러로 해마다 늘어났습니다. 프랜차이즈 관련 사업체도 1973년 374,000개에서 1차와 2차 오일쇼크(oil shock)의 여파로 1980년 356,000개로 주춤했다가 1988년에 416,000개로 회복세를 보였습니다.

 미국 상무부는 패스트푸드 프랜차이즈 사업의 매출액이 1977년에 200억 달러, 매장 수는 52,000곳, 외식업의 고용에 약 29%를 차지한다고 발표했습니다. 또한 1986년 프랜차이즈 매출액은 미국 전체 소매 매출의 약 3분의 1에 이르렀고, GDP의 13.4%를 차지했다고 보고했습니다.[396]

2. 프랜차이즈 시장의 영향력 확대

1960~70년대 황금기를 맞이 한 미국 프랜차이즈 시장은 다양한 분야로 확장해 미국경제 성장의 핵심 동력이 되었습니다.[397] 이 시기는 햄버거, 음료, 감자 요리, 팬케이크, 연료, 집 청소 등 거래할 수 있는 모든 것이 프랜차이즈 사업화되었습니다. 그 결과 프랜차이즈 시장은 평범한 창업자부터 월스트리트 금융가는 물론 거물 자본가까지 참여한 거대한 시장이 되었습니다.[398]

경제발전으로 소비자는 여유시간을 즐기면서 많은 돈을 쓸 수 있게 되었습니다. 미국사회의 소비력 증가, 엄청난 이동성, 지역 상권의 발전이라는 사회·경제적인 변화의 분위기를 타고 도로를 따라 개점한 프랜차이즈 브랜드들의 가맹점들은 새롭고 다양한 상품들을 소비자에게 전달하는 친숙한 얼굴(familiar face)이 되었습니다. 프랜차이즈 사업의 유망함이 세상에 공공연히 알려지면서 가맹본부들은 자기 사업을 선택하면 빠르게 경제적 부를 이룰 수 있다는 부품 꿈을 소규모 사업자들에게 심어 주었습니다.[399]

3. 모든 이들에게 희망이 된 프랜차이즈

마침내 프랜차이즈 시장은 1960년대부터 슈퍼사이클에 진입했습니다. 거침없이 성장한 미국 프랜차이즈 시장은 소상공인뿐만 아니라 소규모 사업체에게 큰 희망이 되었습니다.

프랜차이즈 사업은 가맹본부 또는 가맹점의 형태로 프랜차이즈 사업에 참여한 소규모 사업자에게 American Dream의 실현과 무엇인가 '현재보다 크게 만들겠다(make it bigger)'라는 사업적 기대감을 안겼습니다.

누구나 차별적인 상품이나 뛰어난 사업적 아이디어가 있다면, 프랜차이즈 사업으로 적은 자본을 투자하여 큰 사업성공을 이룰 수 있다는 기대감이 시장에 조성된 것입니다. 또한 창업자들은 성공한 가맹본부와 협력하면 빠르게 경제적인 자립과 부의 축적을 달성할 수 있다고 믿게 되었습니다.

이 시대적 분위기에 휩싸인 미국사회는 경제성장을 위해 프랜차이즈 시장이 창업자들한테 유망한 사업모델이라고 추켜세우며 장밋빛 기대감을 창업시장에 불어넣었습니다. 미국경제도 프랜차이즈 사업이 궁극적으로 개인, 사업자, 그리고 사회 모두에게 이익이 되는 것처럼 홍보했던 것입니다.

일부 전문가들은 프랜차이즈 창업이 독립 창업보다 실패율이 낮아 소규모 사업체의 성공에 유리하고, 사회적으로 대기업에 편향된 경제의 독점을 감소시킬 수 있다고 주장했습니다.

더 가치가 있는 사실은 프랜차이즈 사업이 당시 사회적 약자였던 흑인, 소수인종, 그리고 여성에게 더 많은 사회적, 경제적 참여의 기회를 제공했다는 점에 있었습니다. 그 결과 프랜차이즈 시장은 지역 고용시장의 긍정적인 역할을 하여 지역경제 활성화에도 크게 이바지했습니다.[400]

모든 것들이 다 좋아 보였습니다. 1960~70년대 프랜차이즈 사업은 소비자에게, 창업자에게, 미국사회에게, 미국경제에게 발전과 성공을 위한 유용한 '만능 약'인 것처럼 보였습니다.

제29장
프랜차이즈 시장의 주역, 퇴역군인과 이민자

Ⅰ. 강력한 창업 수요자, 퇴역군인
1. 퇴역군인이 창업에 뛰어든 이유

제2차 세계대전 이후 수많은 군인이 가족과 상봉을 그리며 집으로 복귀했습니다. 집으로 돌아온 그들은 새로운 삶을 위해 가정을 꾸리고 일자리를 찾았습니다. 그렇지만 그들이 돌아온 세상은 기대했던 것과 상당히 달랐습니다. 그들이 취업할 직장은 적었고, 사회는 생각처럼 그들을 따뜻하게 반기지 않았습니다. 퇴역군인들이 집으로 복귀하면서 꿈꾸어 왔던 행복의 희망은 머지않아 물거품이 되었습니다.

이 상황은 생계의 유지와 경제적 자립을 위해 퇴역군인들이 창업 전선에 뛰어든 사회적 배경이 되었습니다. 전쟁터에서 막 돌아온 퇴역군인들은 창업의 전쟁터 속으로 다시 내몰렸습니다.

그래도 다행히 복무기간에 저축한 돈이 있었던 퇴역군인들은 자신이 살던 지역에서 소자본 창업을 할 수 있었습니다. 이에 직업에 대한 전문적인 준비가 없었던 그들에게 프랜차이즈 사업은 매우 매력적이고 달콤한 제안이었습니다. 교육수준이 낮아도, 특별한 경력이 없어도, 마케팅의 전문적 지식이 없어도 창업자금과 사업의 열정만 가지고 있다면 프랜차이즈 창업을 통해 성공할 수 있다고 그들은 믿었습니다.[401]

2. 창업의 촉매제, GI Bill

1944년 루스벨트 대통령이 서명한 GI Bill(Government Issue Bill)은 일종의 미국 군인의 권리장전이자 사회적응 프로그램이었습니다. GI 법안은 제2차 세계대전 종결 후 퇴역군인들의 안정적인 사회적 복귀를 위해 시행된 국가정책으로 매우 성공적이었다고 평가되고 있습니다.

이 법안의 주요 내용은 퇴역군인들의 취업과 창업을 위한 직업 훈련비용의 지원, 사업자금의 대출, 주택담보의 대출, 자녀의 대학 등록금 지원, 생활비 지원 등이었습니다. 생계와 경제적 자립을 위해 창업을 할 수밖에 없었던 퇴역군인들에게 GI 법안이 지원하는 교육과 재정적 도움은 그들이 프랜차이즈 창업시장에 참여하는 데 촉매제 역할을 했습니다.[402]

3. 프랜차이즈 창업에 적합했던 퇴역군인들

제2차 세계대전, 한국 전쟁(1950-1953), 베트남 전쟁(1960~1975)의 퇴역군인은 1950~70년대 미국 프랜차이즈 시장을 이끈 주역이었습니다.

그들의 대부분은 가맹점사업자로써 유능한 창업자로 여겨졌습니다. 이로 인해 퇴역군인들은 가맹본부의 유력한 마케팅 대상이 되었습니다. 그러했던 이유는 퇴역군인들의 보편적 특징이 일반인보다 프랜차이즈 창업에 더 적합했기 때문이었습니다.

프랜차이즈 사업의 기술을 습득하고 프랜차이즈 시스템에 적응하는 데 수직적 명령체계의 군 복무 경험은 유용했습니다. 또한 퇴역군인들은 프랜차이즈 조직의 일원이 되는 것에 일반인보다 거부감이 적습니다. 그들은 본사에 조직적인 충성을 보였고, 개인보다 브랜드 조직을 중요시하는 경향을 보였습니다. 이로 인해 퇴역군인이었던 가맹점사업자는 군 복무 경험이 없는 가맹점사업자보다 높은 매장성과를 생산하는 경우들이 많았고, 대부분 프

랜차이즈 사업에 대한 만족도가 높았습니다.[403]

예컨대, 레이 크록은 처음에 가맹점사업자로 투자 여력이 높은 대상을 물색하다가 퇴역군인들을 유력한 가맹희망자로 변경했습니다. 그는 투자관점에서 가맹점을 개설한 사람은 돈과 자기 이익추구에 관심이 많기에 가맹본부가 그들의 본원적인 욕심을 통제하는 것이 어렵다고 판단했습니다.

이에 반해 퇴역군인은 사회복귀 후 생계유지와 경제적 자립에 진지했고, 일반인보다 가족에 대한 책임감과 성공의 열망이 컸습니다. 무엇보다 그들은 매장운영에 매우 성실했습니다.[404]

II. American Dream과 프랜차이즈

1. American Dream의 희망

미국의 독특한 American Dream의 정신은 대공황 때 제임스 트러슬로 애덤스(James Truslow Adams)가 1931년의 그의 책에서 이 단어를 사용하면서 확산했습니다. 원래 American Dream은 사회적 제약을 딛고 개인의 잠재력을 개발하여 사회적 기회를 얻는 진취적인 동기유발의 개념이었습니다. 이후 American Dream은 미국사회의 자유, 평등, 민주주의에 대한 열망을 담았고, 점차 경제적 자립과 부의 축적을 통한 사회적 신분의 상향적 이동의 개념이 강해졌습니다.[405]

"모든 미국인은 출신, 유산, 지위에 상관없이 꿈을 가지고 열심히 일하면 부의 축적뿐만 아니라 사회적 성공도 이룩할 수 있다"라는 American Dream의 메시지는 미국사회의 정신적 구심체이자 경제발전의 원동력이었습니다. American Dream은 미국을 '기회의 땅'으로 선전하며 자유, 경제적 부, 성공에 대한 이민자들의 간절한 소망을 품어 왔습니다.

2. 강력한 창업 수요자

제2차 세계대전부터 1950년대 중반까지 미국의 프랜차이즈 시장은 '빠르게 그러나 조용히 성장(grew rapidly but quietly)'한 시기였습니다.

이 시기에 American Dream의 실현을 열망했던 이민자들은 퇴역군인과 함께 미국 프랜차이즈 시장의 강력한 창업 수요층으로 대두했습니다. 이들을 바탕으로 미국 프랜차이즈 시장은 비즈니스 포맷 프랜차이즈의 사업형태로 1960년대부터 1970년대까지 거침없이 성장했습니다.[406]

프랜차이즈 브랜드들은 이민자에게 자기 사업을 창업하면 경제적 부와 성공을 달성할 수 있다고 광고했습니다. 이러한 광고에 자극을 받은 이민자들은 American dream을 실현해 줄 수 있는 가까운 곳에 프랜차이즈 사업이 있다고 느꼈습니다. 프랜차이즈 사업은 이민자들의 American dream의 실현에 있어 '손에 잡히는 성공의 방정식'이 된 것입니다.

3. 프랜차이즈 사업과의 절묘한 결합

전쟁이 끝나자 군인, 여성, 이민자들은 일자리를 찾아 경제활동을 재개할 수 있었습니다. 빠른 경제회복으로 소매업과 서비스업이 활성화되었고, 상점들의 매출이 좋아졌습니다. 시대적 분위기에 고무된 이민자들은 프랜차이즈 형태로 자기 사업을 소유하면 American Dream을 하루빨리 실현할 수 있다고 기대했습니다. 프랜차이즈 브랜드들은 이민자들의 선택을 받고자 경쟁하며 엄청난 양의 창업광고를 내보냈습니다.

경제적 자립이 필요했던 이민자들, 거리에 장사가 잘되는 프랜차이즈 가맹점들의 모습, 이민자를 자기 가맹점들로 유치하기 위한 가맹본부들의 마케팅 광고들이 결과적으로 American Dream이라는 이름으로 하나로 뭉쳐졌습니다. 프랜차이즈 사업은 이민자들의 American Dream과 절묘하게 결합해 가장 미국적인 성공의 아이디어로 인정받기 시작했습니다.

4. 이민자들의 선택 이유

브랜드 인지도와 명성이 높았던 프랜차이즈 사업은 이민자들이 사회적 신분의 차별과 한계를 극복하고 자기 사업을 안정적으로 소유할 수 있는 기회를 제공했습니다.[407]

유명 프랜차이즈의 간판은 인종차별의 '색안경'을 낀 백인 고객의 따가운 시선에서 벗어나 안정적인 영업활동을 할 수 있는 든든한 방어벽이 되었습니다. 정식교육이나 특별한 직업훈련을 받지 않은 이민자들은 프랜차이즈 브랜드의 명성과 시스템을 잘 활용하면 성공할 수 있다고 생각했습니다.

더불어, 가맹본부가 되고자 했던 이민자 출신자들이 설립한 소규모 기업들도 아이스크림과 햄버거 가게를 성공시키면 엄청난 사업적 성과를 달성할 수 있다는 부푼 기대감으로 프랜차이즈 시장에 적극 진출했습니다. 이 분위기는 가맹본부나 가맹점 모두가 열심히만 일한다면, 프랜차이즈 사업을 통해 적은 자본으로 빠른 성과를 얻을 수 있다는 경제적 기대감이 사회 전반에 퍼졌기 때문이었습니다.[408]

이처럼 프랜차이즈 사업은 이민자들이 미국사회의 일원이 되는데 확실한 통로가 되었습니다. 프랜차이즈 사업은 이민자들이 가맹본부와 '비즈니스 결혼(business marriage)'을 해 브랜드의 '가족'이 되어 미국사회의 정정당당한 경제적 주체가 될 수 있는 확실한 통로이자 유망한 투자처였습니다.

FRANCHISE

제12부
차별의 역사: 소수자와 여성

제30장 소수자와 여성에 차별적이었던 프랜차이즈 시장
제31장 변화의 시작: 소수자와 여성에게 희망이 되다

제30장
소수자와 여성에 차별적이었던 프랜차이즈 시장

Ⅰ. 민권법의 제정

　미국 민권법(Civil Rights Act of 1964)은 종교, 피부색, 성별, 출신국에 의한 모든 차별을 철폐할 목적으로 1964년 제정된 미국의 연방법입니다. 이 법은 공공장소, 교육, 취업, 금융의 영역에서 인종, 종교, 성별, 출신 국가 등을 이유로 차별하는 모든 행위를 근본적으로 금지했습니다.

　민권법은 "모든 사람은 차별 없이 상품, 서비스, 시설, 혜택, 편의시설을 평등하게 누릴 수 있도록 권리를 가진다"라는 원칙을 공표했습니다. 이 법안으로 사회·경제적으로 차별을 받아왔던 흑인과 소수인종(minority, 이하, '소수자') 및 여성의 민권이 법적·제도적으로 보호받게 되었습니다.

　민권법은 레스토랑, 호텔 등 영업장과 도서관, 학교 등의 공공장소에서 미국사회에 만연된 소수자 등에 대한 분리와 차별을 철폐했습니다. 이 법안은 모든 미국인이 어떠한 차별 없이 법 앞에 동등하게 기본권을 보장받을 수 있도록 한 기념비적 법안이었습니다.

　민권법의 제정은 미국 역사에서 뿌리박혀 있었던 사회적 차별들을 물리치고, 미국이 민주주의를 바탕으로 시민사회로 발전하는 데 중요한 계기를 마련했습니다.[409]

II. 흑인과 소수인종에 대한 차별

1. 사회적 외계인

1964년 민권법의 제정과 그러한 차별 철폐를 위한 사회적 운동이 없었다면, 미국 프랜차이즈 시장의 성장은 훨씬 뒤로 미루어졌을 것입니다. 이에 민권법은 미국의 현대 프랜차이즈 발전에 법적, 제도적 토대를 제공했다고 볼 수 있습니다.

민권법이 미국 프랜차이즈 시장에 미친 가장 큰 영향은 '수요의 창출'입니다. 소비 측면에서 소수자와 여성이 프랜차이즈 매장에서 소비활동을 하거나 창업의 측면에서 그들이 프랜차이즈 창업의 수요자가 되는 제도적, 사회적 토대를 민권법이 마련해 주었기 때문이었습니다. 이것은 소비시장과 창업시장에 매우 중대한 변화였습니다.

예를 들어, 민권법 제정으로 흑인이 차별 없이 패스트푸드 매장에서 평등하게 식사를 할 수 있는 'Fast Food Civil Rights'가 보장되어 외식 프랜차이즈 가맹점들의 이용 고객층이 넓어지고 두터워졌습니다.

민권법 제정 이전까지 미국사회는 레스토랑의 이용에서 소수자의 차별이 심했습니다. 출입 자체를 제한한 레스토랑들도 많았고, 때에 따라 소수자는 분리된 공간에서 식사하도록 유도되었습니다. 한마디로 흑인과 소수인종은 미국에서 '사회적 외계인(social aliens)'으로 취급받았습니다.[410]

당시 백인 소비자들은 흑인과 식사를 하거나 공공장소를 함께 이용하는 것을 꺼렸고, 반대로 흑인은 식당과 공공시설을 이용하는 과정에서 백인들의 따가운 눈총을 두려워해야 했습니다.

예컨대, 1960년대를 배경으로 흑인 피아니스트의 콘서트 여정을 담은 영화 〈그린 북(Green Book, 2018)〉은 당시 흑인 차별이 사회적으로 얼마나 심각했는지를 보여 주었습니다. 천재 음악가였어도 흑인이었기에, 그는 식사

뿐만 아니라 화장실도 백인이 사용한 공간을 함께 쓸 수가 없었습니다.[411]

고용의 측면에서도, 레스토랑과 프랜차이즈 브랜드들은 흑인과 소수인종을 채용하지 않았습니다. 흑인이 만든 음식은 지저분해서 먹을 수 없다는 것이 시대적 분위기여서 외식 사업자들이 소수자를 채용하고 싶어도 그 현실이 따라 주지 못했습니다.

2. 창업시장에서의 소수자 차별

창업시장에서도 마찬가지였습니다. 1970년대까지 가맹본부는 소수자를 가맹점사업자로 거의 받아들이지 않았습니다. 게다가 창업자금 측면에서 소수자가 은행에서 대출받는 것이 쉽지 않았습니다. 때로는 부당하게 대출이 제한되었고, 대출의 처리 속도가 늦었습니다. 또한 백인 사업자보다 상대적으로 대출한도가 낮거나 높은 대출이자를 감수해야 했습니다.

이러한 차별적인 금융은 소수자가 프랜차이즈 사업자가 되는 것을 원천적으로 봉쇄하는 거대한 장벽이 되었습니다. 가맹본부들은 사회적 분위기와 백인의 차가운 시선이 두려워서 소수자가 겪었던 차별적인 대출의 문제를 해결하는 데 소극적이었습니다.[412]

III. 소수자였던 여성 창업자

1. 창업시장에 들어선 여성

세상의 반은 여성이었지만, 1970년대까지 여성은 흑인과 소수인종처럼 미국사회의 소수자로 취급받았습니다. 여성은 소수자 창업그룹에 포함되어 창업시장에서 무시되었습니다. 여성은 소수자처럼 가맹본부나 가맹점사업자로써 프랜차이즈 사업에 뛰어드는 것이 어려웠습니다.

그런데 1970년대부터 사회적 분위기가 바뀌기 시작했습니다. 프랜차이즈 사업이 경제적 자립과 사업적 독립을 이루는 현실적 대안이라는 점이 여성 사업가(가맹본부)와 여성 창업자(가맹점)에게 확산하기 시작했습니다. 가맹본부들도 사업성장을 위해 여성을 잠재 가맹점사업자로 주목하기 시작하면서 여성의 창업시장의 진출을 위한 사회적 여건이 개선되었습니다.

그러했던 이유는 여성 창업자들이 프랜차이즈 창업을 독립 창업보다 '안전'하고 판단했기 때문이었습니다. 게다가 프랜차이즈 창업은 여성에게 특별한 자격을 요구하지 않았고, 기술이 필요한 일반 창업보다 접근이 쉬웠습니다. 여성 창업자들은 가사 노동으로 사회 경력이 단절되었더라도 프랜차이즈 창업으로 이를 충분히 극복할 수 있다고 생각했습니다.[413]

2. 여성이 무슨 사업을 한다고?

1970년대 여성 창업에 대한 사회적 인식이 개선되었음에도, 여성 사업가가 아이템을 발굴하여 가맹본부를 창업하거나 가맹점을 시작하는 것은 여전히 많은 제약이 있었습니다.

여성이 자립형 창업에서 부딪친 가장 큰 장해물은 창업자금의 확보와 왜곡된 사회적 편견의 문제였습니다. 여성 창업자들은 소수자와 마찬가지로 은행 대출의 문턱이 매우 높아 대출 과정에서 부당한 대우를 받았습니다.

충분한 사업적 역량을 갖추었더라도, 여성은 육체적으로 남성보다 체력이 약하고 기업가 정신과 역량도 부족하다는 삐뚤어진 사회적인 고정관념의 족쇄에 갇혀 있었습니다.[414] 당시 여성 창업자가 불공평한 대우를 받았기에, Martha처럼 가맹본부 대표로서 뛰어난 여성 기업가가 20세기 후반까지 거의 나타나지 않았던 이유가 여기에 있었는지 모르겠습니다.

현대

제31장
변화의 시작:
소수자와 여성에게 희망이 되다

Ⅰ. 소수자를 위한 창업 촉진 프로그램

1970년대부터 드디어 큰 변화가 일어났습니다. 시대적 변화에 따라 대형 외식 프랜차이즈 브랜드들을 중심으로 흑인과 소수인종의 사업참여를 독려하고, 소수자를 가맹점사업자로 받아들이기 위한 능동적인 움직임이 나타났습니다.

KFC는 1982년 소수자를 위한 창업 프로그램을 시작했습니다. KFC는 사업적 경험이 풍부하거나 개인적 역량이 뛰어난 창업자를 선발한 후 창업자금의 대출 보증을 통해 소수자 창업자들이 가맹점을 창업할 수 있도록 지원했습니다. 다른 예로, 일부 가맹본부들은 소수자 기업 사무국(Office of Minority Business Enterprise)과 협력하는 창업 프로그램에 참여했습니다.[415]

그렇지만 소수자를 위한 창업 촉진 프로그램의 가시적인 성과는 그렇게 빨리 나타나지 않았습니다. 예컨대, 1980년대 초반까지 약 8,000개의 맥도날드 매장 가운데 흑인 사업자는 150명밖에 되지 않았습니다. 흑인 사업자가 걸림돌 없이 맥도날드 가맹점사업자가 되는 데 아직 시간이 더 필요했습니다.[416]

II. 레드라이닝의 종결

1972년 맥도날드에 큰 변화가 일어났습니다. 최초의 흑인 가맹점사업자 단체였던 NBMOA(National Black McDonald's Operators Association)가 설립되어 흑인 소유의 맥도날드 가맹점들이 자기 목소리를 낼 수 있게 되었습니다. NBMOA의 구성원은 소수였으나 흑인 사업자의 정신적, 경제적 구심점 역할을 했고, 흑인 사업자가 맥도날드 가맹점을 확장하는 데 긍정적인 역할을 했습니다.[417]

이전까지만 해도 가맹본부는 백인 사업가와 백인 소비자의 반발이 두려워 소수자에게 가맹점을 승인하는 것을 꺼렸는데, 1970년대 이후 사회적 분위기는 확실히 개선되었습니다.

이는 미국경제의 발전으로 성공한 소수자의 일부가 미국 중산층에 편입되었고, 히스패닉과 아시아계의 일부가 하위 관리직 진출에 성공하면서 시장에서 작은 변화들이 누적된 결과였습니다.

이 시대적 분위기에 편승하여 가맹본부들은 지속적인 사업성장을 위해 창업자의 다양성을 확보하려고 했습니다. 전략적으로 소수자에게 동등한 사업참여를 부여하는 프로그램들을 통해 소수자를 잠재적인 가맹점의 풀(pool)에 포함했습니다.

그 결과 미국의 프랜차이즈 업체들은 가맹점사업자의 선별과정에서 수십 년 동안 유지해 왔던 인종 분리와 소수자 차별의 '선 긋기'와 같은 레드라이닝(redlining)을 마침내 멈췄습니다. 드디어 프랜차이즈 사업이 모든 창업자에게 차별 없이 공평하게 제안되는 평등한 사업모델이 되었습니다.[418]

III. 여성 창업과 비즈니스 포맷 프랜차이즈

2011년 IFA의 보고서에 따르면, 여성 프랜차이즈 소유주의 비율이 1995년 34%에서 2010년 42%로 꾸준히 증가했던 것으로 나타났습니다. 이 주요 원인은 비즈니스 포맷 프랜차이즈의 성장에 있었습니다.[419]

비즈니스 포맷 프랜차이즈는 상품형 프랜차이즈와 달리 소자본으로, 최소 인원으로, 거주 지역에서, 집이나 이동식 위치에서도 프랜차이즈 사업을 가능하게 했습니다. 가령 청소, 부동산, 교육, 시스템 지원, 중개 업무 등의 서비스 업종에서 비즈니스 포맷 프랜차이즈 형태의 여성 창업자들이 늘어났습니다.

비즈니스 포맷 프랜차이즈 사업은 여성의 재정적 상황, 전문기술의 부족, 그리고 사업적 두려움을 해결해 주었기 때문이었습니다. 개선된 사회적 분위기는 여성 사업자들이 프랜차이즈 시장에 뛰어들게 된 긍정적인 배경이 되었습니다.

이러한 사회적 분위기의 변화로 비즈니스 포맷 시스템을 보유한 가맹본부들은 전략적으로 여성을 목표고객으로 설정하고, 여성의 프랜차이즈 창업을 능동적으로 유인하기 시작했습니다. 그 결과 비즈니스 포맷 프랜차이즈는 여성 창업자에게 경제적·사회적 자립을 위한 현실적인 창업대안으로 안착했습니다.[420]

IV. 자립형 소상공인의 사업모델이 되다

20세기 후반에 가까워지자 소수자와 여성의 창업그룹은 프랜차이즈 창업을 독립 창업의 형태보다 매력적으로 여겼습니다. 앞서 설명한 것처럼 특별한 기술과 사업적 경험 없어도 가맹본부의 상표와 상품력을 이용해 고객에게 접근할 수 있고, 본사로부터 경영상의 조언과 지원을 받을 수 있기 때문

이었습니다.[421]

이로써 프랜차이즈 사업은 백인 창업자만의 소유물이 아니라 소수자인 흑인, 소수인종, 여성에게 경제적 자립과 American Dream을 실현할 수 있는 희망의 상징이 되었습니다.[422]

이에 따라 프랜차이즈 사업은 미국의 소매업에서 가장 두드러지고 우세한 사업모델이 되어 갔습니다. 그리고 가맹본부는 사회적 네트워크가 백인보다 훨씬 약한 소수자와 여성의 창업그룹에게 든든한 사업적 파트너가 되었습니다.

사회적으로도 프랜차이즈 기반 소매업은 소자본 및 소규모의 자립형 소상공인에게 경제적, 사회적 자립과 부의 축적에 대한 꿈을 선사했습니다. 또한 지역 경제의 측면에서 프랜차이즈 가맹점들은 지역사회의 고용을 창출하고, 지역경제의 활성화에 이바지해 시장과 사회에 큰 환영을 받았습니다.

V. 어떻게 소수자의 창업대안이 되었는가?

프랜차이즈 창업은 어떠한 이유로 소수자에게 유력한 창업대안이 되었을까요? 소수자가 프랜차이즈 창업을 선택한 이유가 경제적 자립과 부의 축적 이외에 다른 요인은 없었을까요?

결론부터 말하자면, 이것은 앞서 설명한 미국 이민자들이 프랜차이즈 사업을 선호한 사회적인 이유와 같습니다.

프랜차이즈 창업이 소수자의 자영업 창업에 선사한 가장 매력적인 혜택은 차별, 불신, 멸시와 같은 사회적 편견의 색안경을 벗겨 준 것에 있었습니다. 소수자는 프랜차이즈 창업으로 사회적 외계인이라는 문신과 낙인을 지울 수 있었습니다.

예컨대, 흑인이 독립 창업을 하는 경우 그 사업자는 백인들의 따가운 눈총과 멸시를 받을 수 있었습니다. 그러나 프랜차이즈 창업은 유명한 가맹본부의 상호와 상품에 기반했기에 흑인 사업자는 백인 소비자들의 신뢰를 얻을 수 있었습니다.

소수자의 가맹점은 프랜차이즈 브랜드의 명성을 통해 백인 소비자의 거부감을 최소화할 수 있었고, 사업적 역량이 부족했기에 본사의 마케팅 시스템은 유용했으며, 시스템의 사업적 방어와 보호를 활용해 안정적으로 사업을 영위할 수 있었습니다.

다른 측면에서 보면, 가맹본부의 상호, 명성, 교육, 시스템적 지원은 백인 사업자와 비교하여 차별적으로 적용되지 않았다는 점은 소수자에게 매력적이었습니다. 동등하게 제공된 프랜차이즈 시스템에 의지하여 소수자는 당당하게 미국사회의 일원이 되어 안정적으로 자기 사업을 운영할 수 있었습니다.[423)]

결과적으로 프랜차이즈 사업은 브랜드 상호, 명성, 시스템이 출신, 인종, 지위에 상관없이 창업자에게 '공평'하게 제공되어 '사회적 편견의 색안경 (colored glasses of social prejudice)'으로부터 소수자의 창업을 안전하게 보장 및 보호한 것입니다.

VI. 창업 수요의 공백을 메꾸다

1970년대부터 미국 프랜차이즈 시장의 화려한 성장의 꽃이 시들해지면서 1980년대부터 미국 프랜차이즈 시장의 창업 수요는 급감했습니다. 1970년대 중반부터 본격화된 미국 프랜차이즈 시장의 급격한 붕괴는 기존 창업 희망자의 대규모 이탈을 초래했고, 새로운 창업자의 유입도 원천적으로 봉쇄했습니다.

그러나 다행히도 1970~80년대 창업시장의 분위기의 변화로 소수자와 여성은 프랜차이즈 시장의 유력한 수요자가 되었습니다. 이에 따라 가맹본부들은 이민자와 퇴역군인들이 빠져나간 창업 수요를 대체할 수요자로 소수자와 여성을 전략적으로 받아들이면서 시장 부활을 위한 돌파구를 마련했습니다.

따라서 이러한 창업시장의 변화는 시대적 상황에 따른 측면도 있었지만, 공급자였던 가맹본부들이 살아남기 위한 어쩔 수 없는 선택이었습니다. 창업자의 지속적인 창출 없이 프랜차이즈 시장과 가맹본부가 존재할 수 없기 때문이었습니다.

결과적으로 1970년대 프랜차이즈 시장의 붕괴로 만들어진 '창업 수요의 공백'을 소수자와 여성이 메꾼 것이었습니다. 바꾸어 말해, 당시 소수자와 여성이 창업시장에 뛰어들지 않았다면 미국 프랜차이즈 시장의 성장은 1980년대부터 꽤 오랫동안 멈추어 있었을 것입니다.

FRANCHISE

제13부
몰락의 역사: 시장의 붕괴

제32장 프랜차이즈 시장의 거품이 터지다
제33장 깨져 버린 프랜차이즈 사업의 허상

제32장
프랜차이즈 시장의
거품이 터지다

Ⅰ. 시장의 급격한 변화

1. 식어 버린 시장

1970년대부터 프랜차이즈 시장은 사업적 결함과 가맹본부의 도덕성 및 신뢰성이 붕괴하면서 사회적 여론이 싸늘해졌습니다. 이로 인해 뜨거웠던 성장의 열기가 급격히 식으면서 고공행진을 했던 가맹본부들의 주가가 급락하기 시작했습니다.

이 상황을 반영해 1970년 초반 월스트리트 저널은 약 20년간 이어져 온 프랜차이즈 시장의 호황은 이제 막이 내리고 있다고 선언했습니다.[424]

상징적인 예로, Franchising Around the World, Modern Franchising, Franchise Journal이라는 프랜차이즈 잡지들은 1970년대 후반 모두 사라졌습니다. 사람들은 거짓된 희망만을 전했던 잡지들을 더 이상 찾지 않았습니다.[425]

따라서 1970년대 초반은 미국 프랜차이즈 시장의 황금기의 끝자락이면서 반대로 시장의 붕괴와 몰락의 출발선이었습니다. 약 20년 가까이 거침없이 질주하던 프랜차이즈 성장의 폭주 기관차가 1970년대 초반에 급정지한 것입니다.

2. 외부환경 변화에 취약한 사업모델

추락하는 것에 날개가 없었습니다. 그동안 미국 프랜차이즈를 견인했던 주유소 프랜차이즈는 1970년대 초반 추락하기 시작했던 미국 프랜차이즈 시장에 한 번 더 찬물을 끼얹었습니다.

미국 프랜차이즈 주유소의 수는 1970년에 약 18만 곳으로 프랜차이즈 사업체 수의 절반이 넘었을 정도로 활황기를 구가했습니다. 그러나 1973년 제4차 중동전쟁이 '1차 석유파동'으로 번지면서 석유 공급시장은 갑자기 얼어붙었습니다.

갑작스러운 오일쇼크로 미국은 약 3년간 전국적으로 휘발유 부족을 경험했는데, 이 기간에 약 32,000개의 프랜차이즈 주유소가 문을 닫았습니다. 1976년 이후 4년간 약 2만 곳의 주유소 가맹점이 새롭게 개점했지만, 석유파동에 따른 가맹점의 폐업 수를 상쇄하지 못했습니다.[426]

오일쇼크 결과, 창업자와 시장은 프랜차이즈 사업이 영원하지 않다는 사실과 사회적, 경제적 변화에 매우 취약한 사업모델이라는 사실을 깨달았습니다. 급격한 외부환경의 변화에 프랜차이즈 모델의 사업적인 취약성과 시스템적인 허점이 만천하에 드러났기 때문이었습니다.

그동안 유능하고 아름답게만 보였던 프랜차이즈 시장의 신뢰에 큰 구멍이 뚫린 것입니다. 이 사회적 인식의 변화는 미국 창업시장에 상당한 정책적 변화를 동반하게 되었습니다.

II. 만연한 사기 행각과 사업적 무책임

사실적으로 말해, 프랜차이즈 시장의 화려한 장미꽃들은 1960년대 후반부터 하나둘씩 떨어지기 시작했습니다.

시장 활황기의 뜨거운 분위기에 휩싸인 가맹본부들은 상품 개발과 프랜차이즈 시스템의 발전에 투자하거나 사업적 역량을 키우는 데 전념하지 않고 오직 가맹점 판매 자체에만 집중하면서 그 몰락의 징조가 서서히 나타났습니다.

그들은 가맹점의 영업 활성화에는 관심을 두지 않았습니다. 오직 신규 가맹점의 출점에만 목매었습니다. 가맹본부들은 더 많은 가맹점 유치를 위해 허위광고를 일삼기 시작했습니다.

일부는 유명인의 이름을 대대적으로 홍보하고 허울 좋은 사업성공의 약속을 남발하며 가맹점 판매에 열을 올렸습니다. 게다가 계약 시점에 제시했던 지원과 교육의 약속은 거의 지켜지지 않았습니다.[427]

더 충격적인 사실은 프랜차이즈 경력이 미천한 사업가들이 프랜차이즈 전문 기업가가 되었고, 전문성이 부족한 사람들이 곳곳에서 프랜차이즈 전문가의 행세를 해도 큰 문제가 없다는 점이었습니다. 그들의 경력과 전문성은 모두 조작되었습니다. 경력과 전문성을 조작한 그들은 프랜차이즈 관련 일로 그저 돈을 벌고자 했습니다. 그들의 개인적인 경험과 협소한 지식은 프랜차이즈 사업의 전문적인 지혜처럼 포장되었습니다.

심지어 프랜차이즈 사업에 대한 이해가 거의 없는 배관공과 전기 기술자 등이 개설 수수료를 벌기 위해 프랜차이즈 전문가로 둔갑해 현란한 말솜씨로 창업자들을 현혹했습니다. 그들은 평소 자기 일을 하다가 부업으로 가맹점 개설영업을 했습니다. 영업에는 전화기 한 대면 충분했습니다. 그들은 창업자에게 프랜차이즈 사업으로 큰돈을 벌 수 있다고 선전하며 오직 개설 수수료를 위해 프랜차이즈 패키지를 판매했습니다.[428]

미국의 프랜차이즈 업계와 가맹본부는 자격이 되지 않은 사업자와 전문가 행세를 했던 사기꾼들을 배척하거나 이들을 시장에서 퇴출하려는 노력하지 않았습니다. 법 규제와 업계의 자정 노력이 없다 보니, 일부 가맹본부는 이

상황을 알면서도 그런 사람들을 계속 영업 등에 활용했습니다.

III. 드러난 어두운 민낯

1960년대 후반부터 쇠퇴의 징후가 나타나더니, 1970년대 들어서자 한없이 성장만 했던 미국 프랜차이즈 시장은 몰락의 길에 들어섰습니다. 한없이 부풀려지기만 했던 시장의 거품이 갑자기 터지면서 그동안 꼭꼭 감추어졌던 프랜차이즈 시장의 어두운 민낯들이 한꺼번에 드러났습니다.

시장의 붕괴로 가맹본부에 대한 창업자의 신뢰와 믿음이 땅에 떨어졌습니다. 또한 프랜차이즈 사업이 근본적으로 믿을 수 있는 사업모델이냐에 대한 의구심과 불신이 시장에서 끝없이 증폭되었습니다.

한창 잘 달리던 프랜차이즈 사업의 폭주 기관차가 성장 레일에서 갑자기 이탈한 가장 큰 이유는 가맹본부의 끝없는 탐욕과 이를 스스로 개선하지 못했던 '왜곡된 저품질의 시장 문화' 때문이었습니다. 가맹본부들의 위법 행위들이 너무 심각해 피해자들이 계속 양산되었고, 이러한 프랜차이즈 시장의 병폐는 결국 미국의 경제와 사회의 건전성까지 뒤흔들기 시작했습니다.

IV. 시장과 창업자에 대한 배신과 그 여파

1. 정교하게 설계된 사기

뉴욕 법무장관은 1969년 프랜차이즈 업체들에게 보낸 설문지에서 프랜차이즈 사업은 '화려한 색상의 브로슈어(fancy multi-color brochures)'처럼 별다른 실체 없이 가맹점들을 밤낮으로 일하게 만들고, 창업자가 평생 모은 돈을 한꺼번에 잃게 하고 있다고 일침을 가했습니다. 또한 청산유수의 달변인 영업사원(glib salesmen)과 거짓으로 점철된 본사의 창업자료에 속아 창업자들은 계속 사기를 당하고 있다고 한탄했습니다.[429]

평생 번 돈을 프랜차이즈 사업에 투자했지만, 큰 손해를 본 것은 가맹점이었습니다. 결과적으로 프랜차이즈 사업은 American Dream을 실현하는 유망한 통로가 결코 아니었습니다.

심하게 말해, 프랜차이즈 사업은 우월적 지위에 기반한 가맹본부의 사업적 권리 남용과 사업성과에 대한 허위 진술 및 은폐(concealment)로 소규모 사업자의 꿈과 희망을 하루아침에 무참히 짓밟았던 매우 나쁜 것이었습니다.

일부 가맹본부의 정교하게 설계된 사기(sophisticated fraud)는 가맹점사업자의 부의 축적을 향한 '조급한 본원적 욕구'를 자극했습니다. 창업자들의 무모한 성공의 희망은 결국 백일몽(daydream)으로 끝나면서 그들은 모든 것을 잃었습니다.

이에 따라 가맹본부의 '사기의 만연함(prevalence of fraud)'의 사슬을 끊어 소규모 사업자의 피해를 줄이고, 선제적 차원에서 법률적, 제도적 관리시스템을 구축해 가맹점의 피해를 사전에 방지해야 한다는 사회적 여론이 들끓기 시작했습니다.[430]

2. Fly-by-night와 Fast buck Artist

1960~70년대의 미국 프랜차이즈 시장에서 허위광고와 기만적인 계약을 통해 프랜차이즈 패키지만 판매하고 가맹점의 돈을 빼앗은 후 의도적으로 사업을 폐업하는 약탈적 가맹본부(predatory franchisor)들이 늘어났습니다. 그들은 허위·과장된 정보와 부풀린 사업성공의 약속으로 창업자들을 속여 재빨리 한밑천 잡고(fast buck artist) 야반도주했던 사기꾼들(fly-by-night)이었습니다.

이들로 인해 사업성공의 부푼 꿈을 꾸었던 창업자들의 희망은 단 몇 개월 만에 허무하게 사라졌습니다. 어떤 이는 매장의 문조차 열지 못했습니다.

이 약탈적인 행각은 인생의 모든 것을 걸었던 부부 경영의 가맹점(mom-and-pop franchisee)을 파탄에 빠뜨리면서 미국 중산층의 몰락을 부채질했습니다.

프랜차이즈 사업에 투자한 소상공인들의 투자금이 fly-by-night로 하루아침에 허공에서 사라지자, 프랜차이즈 사업모델의 윤리성에 대한 시장의 신뢰는 처참히 무너졌습니다.[431]

3. 다단계 피라미드 사기

프랜차이즈 사업의 사기 행각의 결정판은 다단계 피라미드 사기극이었습니다. 프랜차이즈 사업을 빙자한 다단계 피라미드 사기는 당시 프랜차이즈 시장이 얼마나 병들었고 문제가 많았는지를 대변했습니다.

일부 회사는 혁신적이고 새로운 프랜차이즈 사업방식이라고 광고하면서 창업자가 한번 등록비(가입비)를 낸 후 다른 사람을 등록시키면 그 수익의 일부를 나누어 준다는 방식으로 소액 투자자를 모집했습니다.[432]

이 방식은 오늘날에도 존재하는 다단계 금융사기나 프랜차이즈 사업의 가면을 쓴 유사 수신행위와 비슷했습니다. 표면적으로 프랜차이즈 사업이라는 형태를 내세웠을 뿐, 본질적으로 실체가 없는 다단계 피라미드 방식의 사기극이었습니다.

4. 분쟁과 소송의 급격한 증가

프랜차이즈 시장의 사회·경제적 문제가 미국을 소송의 국가가 되는 데 일조했다는 평가가 있을 정도로 1970년대부터 크고 작은 프랜차이즈 관련 소송들이 줄을 이었습니다.

가맹본부가 제시한 성공이라는 '약속의 땅(promised land)'이 '재난의 땅'으로 판명이 나자 가맹점사업자들은 프랜차이즈 사업에 환멸(disillusionment)을 느꼈습니다. 이에 그들은 가맹본부를 상대로 집단소송을 포함한 여러 소송이 제기했습니다.

이러한 소송들로 인해 가맹본부의 허위·과장된 정보 제공, 불공정한 거래조건, 그리고 낮은 수익성과 같은 프랜차이즈 성공의 허상(illusion)과 성공의 가면(mask of success) 뒤에 감춰졌던 어두운 면들이 세상 밖으로 적나라하게 드러났습니다.

다른 측면에서 가맹본부가 무소불위(無所不爲)의 힘으로 행사했던 '불공정한 계약종료'의 사안은 주 정부와 연방정부가 더 이상 방치할 수 없는 사회적 이슈가 되었습니다.

프랜차이즈 산업의 본질적인 아킬레스건(Achilles heel)이 된 불공정한 계약종료에 대한 거센 사회적 반발은 프랜차이즈 사업의 법률적, 제도적 규제와 사업거래에 대한 공정한 규칙(fair practices)의 제정을 위한 사회적 논쟁에 불을 지폈습니다.[433]

5. 혼란에 빠진 프랜차이즈의 사업관계

영업지역 침해, 부당한 계약종료, 공급 원재료의 낮은 품질, 비싼 공급가격, 교육과 지원의 약속 파기, 수익과 이익의 허위 표시, 성공 사례를 조작한 사기적 행위들은 가맹본부가 가맹점의 사업적 신뢰감을 무너뜨린 대표적인 행동들이었습니다.

이에 대해 일부 가맹점들은 계약이행을 거부하는 차원에서 로열티 지급과 마케팅 계획의 참여를 의도적으로 거절했습니다. 그들은 매뉴얼을 기반해 가맹점을 운영하지 않고 마치 "할 테면 해 봐라"라는 식으로 가맹본부의 통제를 거부했습니다.

이로 인해 1970년대 중반부터 미국 프랜차이즈 시장은 큰 혼란에 빠졌습니다. 가맹본부들의 강압적인 사업방침에 따른 가맹점들의 강한 반발이 불처럼 번졌습니다.

가맹본부의 강압적인 운영에 대한 가맹점들의 '완강한 저항'은 결국 프랜차이즈 사업관계를 파트너십의 '동반 성장'이 아니라 첨예한 대립과 갈등의 관계로 빠뜨렸습니다.

이와 같은 대립과 갈등의 심각한 상황은 숫자로 드러났습니다. 가맹본부와 가맹점 간의 불화로 인한 분쟁(dispute)은 1980년부터 1990년까지 16% 증가했고, 분쟁 해결을 위한 중재(arbitration)와 소송(sue)도 6배나 증가했습니다.[434]

현대

제33장
깨져 버린
프랜차이즈 사업의 허상

Ⅰ. 미국 프랜차이즈 시장의 몰락

현재 미국 프랜차이즈는 법률적, 행정적 규제를 받고 있지만, 1970년대 이전까지는 거의 규제가 없었습니다. 1970년대 이후 미국 정부가 본격적으로 프랜차이즈 시장을 규제하기 시작한 이유는 프랜차이즈의 장밋빛 성장에서 숨겨졌던 프랜차이즈 시스템 및 사업 프로토콜의 중대한 결점들과 가맹본부의 심각한 사기적 행각이 세상 밖으로 드러났기 때문이었습니다.

아래의 부정적인 상황들은 여러 소송과 사회적 지탄의 원인이 되어 미국 프랜차이즈 시장 규제의 도화선이 되었습니다.[435]

1. 허위·과장된 정보와 그 피해

가맹본부들이 제시했던 프랜차이즈 사업의 장밋빛 이익 전망(rosy profit projection)은 거의 모두가 거짓말이고 부풀려졌다는 사실이 세상에 드러났습니다. 가맹본부가 계약 전에 제시한 예상 매출과 기대이익에 관한 정보들은 대부분 거짓이었습니다. 그 숫자들은 실제 사례가 거의 없었고 객관성도 없었으며 대부분 속임수에 불과했습니다.

신규 가맹점의 유치를 위한 가맹본부의 허위·과장되고 기만적인 정보는 경제적 자립과 자유를 꿈꾸었던 가맹점사업자의 희망을 무참히 짓밟았습니다. 가맹점사업자는 가맹본부의 매뉴얼에 따라 장시간 혹독하게 일을 하면서도 약속된 이익은커녕 영업 손실을 보는 경우가 부지기수였습니다.

당시 한 연구에 따르면, 282곳의 외식 프랜차이즈 가맹점들의 92%가 계약체결 때 제시받았던 예상 수익보다 적은 수익을 올리는 것으로 밝혀졌습니다.[436]

2. 강제적 '묶음 계약'

1952년 설립된 Chicken Delight는 1960년대 한때 1,000개 이상의 매장을 보유한 프랜차이즈 회사였습니다. 회사의 주 수익원은 계속가맹금인 로열티가 아니라 원재료, 튀김기, 주방기계, 포장재, 치킨 믹스, 소스, 소품들의 유통이익이었습니다.

1970년 직후 Chicken Delight는 위법적인 묶음 구매를 강요한 혐의로 Siegel v. Chicken Delight이라는 가맹점과의 집단소송 때문에 한순간에 몰락의 길을 걷게 되었습니다.

Chicken Delight 가맹점들은 유럽의 타이드 하우스 시스템처럼 강제적인 묶음 계약(tying arrangements)에 시달렸습니다. 가맹점은 계약 이후에야 자신이 불필요한 원재료와 장비 등을 묶음 구매의 방식으로 강요받고 있다는 사실을 인지했습니다.

당시 Chicken Delight 사례처럼, 가맹점들이 묶음 구매의 불공정한 조항 때문에 시장가격보다 높은 가격에 물품들을 구매하거나 불필요한 구매를 강요받는 일이 다반사였습니다. 구체적인 예로, 40% 이상의 가맹본부가 외부 공시도 없이 공급업체로부터 뒷돈(kickbacks)을 받고 있었다는 중소기업청의 조사발표는 가맹점들을 또 다른 큰 충격에 빠뜨렸습니다.

가맹점들은 계약 전에 그러한 사실을 몰랐습니다. 더 큰 문제는 묶음 구매

의 지침을 가맹점이 순응하지 않을 경우 계약이 해지되는 조항이 있었다는 사실이었습니다.[437]

오늘날 한국 프랜차이즈 시장에서 '차액가맹금'의 사안은 뜨거운 감자입니다. 차액가맹금에 대한 사업적 타당성, 가맹계약서의 기재 여부, 이에 따른 사회적 논쟁은 그 세부 내용과 정도의 차이는 있지만, 약 55년 전의 미국 Chicken Delight의 사례의 문제가 아직 '사회적 합의'에 이르지 못한 채 국내시장에서 벌어지고 있는 것입니다.

3. 유명 연예인을 내세웠다

일부 가맹본부들은 의도적으로 저명한 스포츠 선수나 유명 연예인(이하 'celebrity')을 내세워 사업의 인지도와 신뢰성을 겉으로 화려하게 치장했습니다. 1960~70년대에 celebrity가 출연한 프랜차이즈 광고들이 유행처럼 대중매체에 쏟아졌습니다. 이 광고들은 예비 창업자의 시선을 사로잡았고, celebrity를 신뢰했던 창업자들은 계약서에 바로 서명하도록 유인되었습니다.

어떤 외식 브랜드는 유명한 미식축구 쿼터백을 광고의 전면에 내세워 1969년 주식 상장했습니다. 충격적인 것은 상장 당시 이 브랜드의 매장은 고작 단 한 곳이었습니다. 상장 후 경영자는 자신의 주식 200만 주를 매각했습니다.

이러한 광고의 문제점은 실제 그 celebrity가 해당 사업과 전혀 관계가 없었다는 점이었습니다. 그러나 그 광고는 celebrity가 직접 투자한 것처럼 또는 사업에 직접 관여하고 있는 것처럼 포장했습니다. 모두가 허위·과장된 정보였습니다.

그 광고에 참여한 celebrity도 마찬가지였습니다. 그들의 대부분은 돈을 버는 것만 관심이 있었습니다. 자신이 출연한 프랜차이즈 광고가 예비 창업자들에게 얼마나 큰 피해를 주는지 인식하지 못했고, 심지어 알려고도 하지 않았습니다.

약탈적인 가맹본부에 도용된 celebrity의 이름과 명성은 창업자가 피땀 어리게 모았던 저축액을 한꺼번에 흡수했고, 이로 인해 많은 창업자들이 순식간에 파산했습니다.[438]

4. 회계장부도 조작했다

Minnie Pearl's Chicken System이라는 치킨 브랜드는 Minnie Pearl로 알려진 미국의 유명한 코미디언이었던 Sarah의 명성을 이용해 공격적인 광고로 급성장했습니다.

그런데 이 회사가 하위 가맹본부에게 판매한 프랜차이즈 판매금과 수수료의 수익을 회계상으로 조작하는 방법으로 매출을 부풀려 주식시장에 상장했던 사실이 세상에 밝혀지자, 미국 프랜차이즈 시장은 큰 충격에 빠졌습니다.

1968년에 상장 시점에 이 회사는 405개의 프랜차이즈를 판매해 약 500만 달러의 매출을 기록했다고 회계장부에 보고했습니다. 그러나 실제로 문을 연 레스토랑은 소수에 불과했습니다. 그 후 이 회사는 조작된 회계장부로 1969년 말까지 1,600곳의 가맹점을 개점한 것으로 공시했지만, 실제로 운영 중인 가맹점은 이에 훨씬 못 미치는 263개에 불과했습니다.[439]

이는 가맹본부가 주식시장의 상장을 위해 회계장부를 의도적으로 조작했던 희대의 사기극이었습니다. 이로 인해 미국 프랜차이즈 시장은 가맹본부의 실적과 현금 흐름에 대한 신뢰성을 확보하기 위해 통일적이고 표준적인 회계처리와 공시방식을 하루빨리 도입해야 한다는 거센 사회적 요구에 직면하게 되었습니다.

5. 시스템의 강점을 잃다

공급가격의 경쟁력이 형편없었습니다. 대량 구매력(mass purchasing)으로 얻을 수 있는 프랜차이즈 사업의 장점이 시장에 거의 나타나지 않았습니다. 프랜차이즈 사업은 '대량구매의 힘'으로 필수품목의 공급가격을 경쟁력 있게 유지해 가맹점의 안정적인 이익을 보장해야 했지만, 당시 상황은 전혀 그러하지 못했습니다.

예를 들어, 어떤 레스토랑 가맹본부는 마라스키노 체리를 갤런당 1.50달러에 구입한 후 가맹점에 3배 높은 가격인 4.50달러에 되팔았습니다. 심지어 어떤 피자 브랜드는 향신료를 3달러에 구매한 후 7배 부풀린 21.50달러에 가맹점에 공급했습니다. 가맹본부의 끔찍한 도덕적 해이와 기회주의의 결과물이었습니다.

한편, 가맹본부의 약속은 대부분 지켜지지 않는 거짓말이었습니다. 계약과정에서 약속했던 본사 지원(assistance)의 약속은 개점 이후 거의 이행되지 않았습니다. 가맹점의 창업 전과 창업 후에 다른 가면을 썼던 가맹본부들은 계약과정에서 약속한 교육 및 마케팅 지원의 약속을 전혀 기억하지 못했습니다. 아니 애초부터 이행할 계획이 없었습니다.

가맹점들은 창업 이후 이 사실들을 깨달았습니다. 결과적으로 계약서에 서명한 가맹점들은 일반적인 도매가격보다 비싼 가격에 필수품목을 구매했고, 불필요한 물품도 강제적으로 구매해야 했으며, 본사의 교육과 지원을 받지 못하는 자신의 처지를 한탄하는 것 말고는 할 수 있는 일이 없었습니다.[440]

6. 의도적인 사업적 배신

가맹점의 자본을 활용하여 출점을 통해 성장한 가맹본부들은 가맹점이 늘어날수록 전체 사업 수익률이 감소한다는 가설을 믿기 시작했습니다. 이에 일부 가맹본부는 사업이 정상 궤도에 오르자 더 많은 수익을 위해 가맹점 확장방식을 버리고 직영점 확장방식으로 사업전략을 변경했습니다. '프랜차이즈 자원부족 이론'의 핵심 가설입니다.[441]

예를 들어, 일부 대형 가맹본부들은 매장성과가 높은 가맹점과의 계약을 종료시킨 후 그 주변에 직영점을 출점했습니다. 또한 계약기간이 남아 있는 선도적인 가맹점을 적극적으로 되사들여(buy-back) 직영점으로 전환했습니다. 모두가 본사의 수익을 극대화하기 위한 전략이었습니다.[442]

문제는 이 전략이 오직 가맹본부만의 이익추구를 위해 부당한 방법과 강압적인 조치로 추진되었다는 점이었습니다. 이 사례들은 강압적인 계약해지의 위협과 부당한 계약종료로 나타났습니다. 심지어 어떤 가맹본부는 유망한 지역에 직영점 출점을 위해 계약 위반을 운운하며 힘으로 밀어붙여 의도적으로 기존 가맹점의 영업을 종료시켰습니다.

그 결과 가맹점들은 가맹본부의 의도적인 사업적 배신과 프랜차이즈 시스템의 사악함을 뼈저리게 체감했고 프랜차이즈 사업의 선택을 크게 후회하게 되었습니다.

7. 계약종료 위협의 막대기

프랜차이즈 시장이 급속도로 성장한 만큼 가맹본부의 거래지위상의 힘이 강력해졌습니다. 이 분위기에 편승한 일부 가맹본부들은 계약종료의 '위협적인 막대기(stick)'를 활용하여 마치 줄을 세우듯이(in line) 가맹점의 순응을 강요했습니다.[443]

문제는 계약종료 위협(threat of termination)이 실제 계약종료에 이르지 않았더라도, 계약종료의 위협적인 막대기가 가맹점을 강압적으로 통제하는 데 유용한 도구로 활용된 사실에 있었습니다. 가맹점이 느꼈던 계약종료에 대한 두려움을 악용해 일부 가맹본부들은 묶음 구매와 영업활동의 강압적인 통제를 서슴지 않았습니다.

그 결과 프랜차이즈 사업의 통일성과 표준성을 유지한다는 명목하에 가맹본부가 가맹점에 행했던 관리와 통제의 영향력이 합리적인 수준을 넘어서는 경우가 허다하게 발생했습니다.

가맹점이 표준적 운영에 벗어나는 실질적 준수(substantial comply)를 이행하지 않거나 거부할 경우만 계약 해지권이 활용되어야 했지만, 가맹본부는 계약종료의 위협을 통해 가맹점에 대한 관리와 통제권을 지나치게 넓고 깊은 범위로 적용했습니다.[444]

8. 정보 비대칭을 악용한 비윤리성

가맹점은 가맹본부 경영자의 본모습과 경영상태를 제대로 알 수가 없었습니다. 가맹본부의 재정이 파산 지경에 도달해 있었다는 사실과 가맹본부 대표나 임직원이 전과자 또는 현재 기소 중에 있다는 사실도 계약체결 이후에 알 수 있었습니다.[445]

가맹본부의 자유로운 기업활동과 가맹본부의 해로운 '탐욕의 경계선'은 모호했습니다. 일부 가맹본부는 자신의 경제적 부와 성공만을 추구했고, 이로 인해 사업역량이 취약한(vulnerable) 가맹점들은 본사의 비윤리적인 행동에 그대로 노출되었습니다.

결과적으로 가맹본부의 경영상황에 대한 정보 부족으로 가맹점은 계약과정에서 사기를 당하거나 계약기간 중에 가맹본부의 형편없는 경영상황과 '무능력'으로 큰 손해를 입었습니다. 가맹본부의 현황과 경영상태를 알 수 없었던 가맹점들은 이 현실에 크게 분노했지만, 그들은 아무것도 할 수 없었습니다.[446]

근본적인 문제는 사업적 태도의 측면에서 일부 가맹본부들이 가맹점의 사업성과에 큰 관심이 없었다는 점에 있었습니다. 그들은 돈만을 탐냈고, 어떻게 하면 많은 수익을 챙길 수 있을까를 고민했습니다. 그리고 대부분이 수단을 가리지 않고 주식시장에 빠르게 상장하는 일에 관심을 두었을 뿐이었습니다.

　그러한 약탈적인 가맹본부들은 가맹점을 진정한 사업적 파트너로 존중했던 것이 아니라 중세 지배권력에게 있어 농노의 존재처럼 자기 배를 채워주는 약탈의 대상으로 여겼습니다.

II. 과대한 약속과 무모한 기대의 역사

　1970년대 촉발된 미국 프랜차이즈 시장의 붕괴 역사가 지금의 프랜차이즈 시장에게 던지는 역사적 교훈은 무엇일까요? 프랜차이즈 역사의 관점에서 당시 미국 프랜차이즈 시장이 겪었던 문제로부터 우리는 무엇을 배울 수 있을까요?

　당시 정도까지는 아니겠지만, 현재 한국 프랜차이즈 시장이 처한 현실은 과연 1970년대 미국 프랜차이즈 시장에서 드러난 어두운 면들로부터 얼마나 자유로울 수 있을까요?

1. 프랜차이즈 암흑기

　현재 프랜차이즈 사업의 옹호자들은 프랜차이즈 사업이 자립형 소규모 사업자에게 가장 유망한 창업대안이라고 주장하고 있지만, 1970년대의 미국 상황은 전혀 그러하지 않았습니다.

　심하게 말해, 경제적 사업모델로서 프랜차이즈 사업은 마치 중세 후기의 길드의 폐단처럼 시장에서 사라져야 할 대상이 되어 버렸습니다. 프랜차이즈 사업의 사업적 결함과 사기적인 가맹본부의 사업행적으로 피해를 본 창업자들이 너무 많았기 때문이었습니다. 이로 인해 프랜차이즈 사업의 '윤리성, 사업성, 지속성'에 대한 사회적 의구심과 거부감이 강해졌습니다.

성과와 돈만을 좇던 일부 가맹본부, 프랜차이즈 사업 관련 투자자들, 공급업체들, 영업사원들, 전문가의 탈을 쓴 비전문가들(이하, '선동자들')을 방치했던 잘못 때문에 미국 프랜차이즈 시장은 아주 혹독한 대가를 치러야 했습니다.

더 큰 문제는 이들로 인해 시장에 빨간 경고등이 켜졌음에도 시장은 이를 무시하고 그 상황을 방치했다는 점이었습니다. 당시의 상황을 이 책은 '프랜차이즈 암흑기(dark age of franchise)'라고 하겠습니다. 프랜차이즈 암흑기는 프랜차이즈 시장이 앞으로 다시는 겪지 말아야 할 끔찍한 시간이었습니다.

2. 반성하지 않았던 선동자들

선동자들은 프랜차이즈 사업을 성공의 만능 해결책(panacea)으로 선전했습니다. 그들은 오직 자기 이익을 위해 객관적인 사업정보와 판단력이 부족한 예비 창업자들을 American Dream으로 현혹했습니다. 이 부정적이고 해로운 상황에 미국 프랜차이즈 업계는 침묵했습니다.

그러면서 선동자들과 바람직하지 못한 세력은 지금 시장이 처한 현실은 성장과정에서 나타나는 자연스러운 성장통(growing pains)일 뿐, 현재 논의되고 있는 시장의 규제법은 사실의 심각한 왜곡이자 문제에 대한 과민반응(overacting)이라고 비판했습니다.447) 그들은 프랜차이즈 암흑기를 만든 직접적인 원인의 제공자이었지만, 결코 반성하지 않았습니다.

3. 지나친 약속 vs 지나친 기대

프랜차이즈 암흑기는 근본적으로 프랜차이즈 사업의 본질, 지향점, 사업성 자체에서 발생한 것이 아니었습니다. 프랜차이즈 사업의 놀라운 성과들은 앞서 설명한 과거의 사례들에서 충분히 발견할 수 있기 때문입니다.

역사적으로 프랜차이즈 창업이 자립을 원하는 소규모 사업자들에게 유망한 창업대안이자 매력적인 선택지였다는 것은 변하지 않는 사실이었습니다. 또한 미국 프랜차이즈 시장이 고용 창출과 지역경제 활성화에 크게 이바지했다는 사실도 부정할 수 없는 사실이었습니다.

문제의 본질은 당시 부도덕하고 돈만을 추종하던 선동자들에 의해 미국 프랜차이즈 사업의 현재와 미래가 장밋빛으로 지나치게 과장되고 미화되었다는 점에 있었습니다. 그리고 프랜차이즈 사업의 사업성과 유망함이 선동가들에게 인위적으로 조작되었습니다. 빠른 성공에 대한 창업자들의 본능적인 욕망을 자극했던 선동자들의 잘못된 행태가 당시의 미국 프랜차이즈 시장을 망쳤던 것입니다.

다시 말해, 오로지 자기 이익을 위해 거짓말을 서슴지 않았던 선동자들의 프랜차이즈 사업에 대한 '지나친 약속(overpromising)'이 창업자의 성공에 대한 '지나친 기대(overexpectation)'를 낳은 것입니다. 이로 인해 미국 프랜차이즈 시장은 심한 병을 앓으면서 캄캄한 암흑기에 빠졌습니다.[448]

가맹본부의 사업성공에 대한 지나친 약속과 가맹점의 조급하고 무모한 기대가 시장경제의 원리와 계약자유의 원칙의 가면을 쓰고 당시 시장에 그대로 방치되었습니다. 그것에 책임이 있는 자들은 그 상황에 무관심했습니다.

따라서 1970년대 미국의 프랜차이즈 암흑기는 기업가 정신과 시스템적 역량이 부족했던 가맹본부와 돈만을 좇았던 선동자들의 허울 좋은 성공 약속이 가맹점의 무모한 성공의 기대감과 결합해 폭탄처럼 터진 것입니다. 최악의 결과물이었습니다.

당시 미국의 시장과 정부는 프랜차이즈 시장이 바람직한 길로 가도록 최소한의 법률적, 행정적 규제를 실행했어야 했습니다. 또한 가맹본부와 프랜차이즈 업계도 시장의 신뢰성을 잃지 않도록 선동자들을 배척하는 자정 노력을 했었어야 했습니다. 이를 통해 당시 미국 프랜차이즈 시장은 적법하고 정상적으로 사업을 영위한 가맹본부들이 시장에서 대우받고 존중받는 시장 문화를 주저 없이 조성했었어야 했습니다. 그러한 노력을 망설였던 결과는 끔찍하고 혹독했습니다.

제14부
규제의 역사:
규제의 시작과 영향

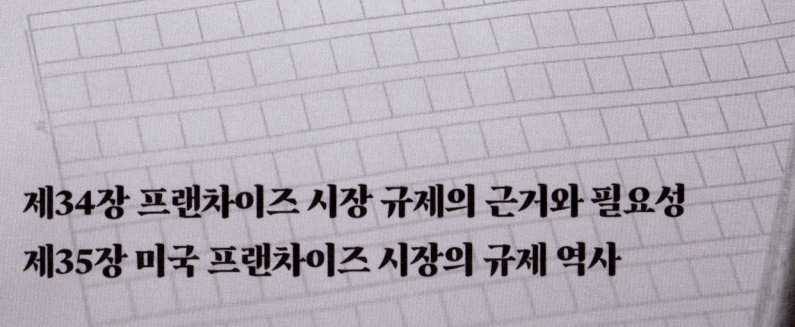

제34장 프랜차이즈 시장 규제의 근거와 필요성
제35장 미국 프랜차이즈 시장의 규제 역사

제34장
프랜차이즈 시장 규제의
근거와 필요성

Ⅰ. 프랜차이즈 규제의 법률적 근간

1890년 셔먼법을 시작으로 1914년에 연방거래위원회법과 클레이튼법이 제정되면서 미국경제에서 반독점 정책의 중추적 역할을 해 왔던 세 가지의 연방법들이 완성되었습니다. 이 연방법들은 공정한 경쟁과 거래관계를 확립하고 상품 또는 서비스의 가격과 질적 향상을 도모하여 소비자와 사회적 이익을 증대하는 것을 목적으로 두었습니다.

오늘날 미국의 반독점 경제정책에 가장 중요한 기둥인 이들은 이 장에서 설명할 1970~80년대 프랜차이즈 사업에 대한 법률적, 제도적 규제와 사회적 정책에 밑바탕이 되었습니다.

1. 셔먼법

1890년 연방법으로 제정된 셔먼법(Sherman Act)은 반독점법(Antitrust Act)으로 오늘날 미국뿐만 아니라 세계 여러 나라들의 독점규제법의 기초 또는 초안이 되었습니다.

셔먼법 제1조 "Every contract, combination in the form of trust or otherwise, or conspiracy, in restraint of trade or commerce among the several States, or with foreign nations, is hereby declared to be illegal"은 명료하게 "거래를 제한하는 모든 계약, 신탁, 결합, 공모"를 위법으로 금지했습니다. 셔먼법은 사업자가 정당한 사유 없이 또는 부당하게 상대방 사업자의 거래를 제한하는 행위를 모두 위법으로 규정했습니다.

제2조 "Every person who shall monopolize, or attempt to monopolize …… shall be deemed guilty of a felony and, on conviction thereof ……"는 "부당한 독점 또는 독점을 시도하는 자는 중범죄로 유죄판결을 받을 것"이라고 명시했습니다.[449]

2. 연방거래위원회법과 클레이튼법

미국 의회는 셔먼 반독점법을 보완하고 그 실효성을 높이기 위해 1914년 연방거래위원회법(FTCA)을 발의한 후, 연방거래위원회(Federal Trade Commission, 이하 'FTC')의 설립에 연이어 클레이튼법(Clayton Act)을 제정했습니다.

FTCA에 근거한 FTC는 독립기관으로 불공정한 경쟁과 독점적 거래행위를 줄이고, 기업의 공정한 거래관계를 확립해 궁극적으로 소비자의 후생에 이바지하기 위해 설립되었습니다. FTC는 기업들의 불공정하거나 독점적 행위를 감시하고 반독점정책을 집행할 수 있는 독립적 권한을 부여받았습니다.[450]

클레이튼법은 포괄적이고 추상적인 법 해석과 적용이 있을 수 있는 셔먼법의 문제점을 보완하기 위해 제정되었습니다. 이 법은 거래관계에서 가격·용역·편의시설의 차별, 리베이트·할인·광고용역비의 차별, 특정 상대방과의 거래를 강제 또는 제외하는 배타적 거래의 반시장적인 행위들과 그 조치가 되는 손해배상 및 소송 등의 내용을 공표했습니다.[451]

II. 규제 필요성에 대한 치열한 논쟁

1. 순기능을 잃은 프랜차이즈

20세기 중반 이후 미국 프랜차이즈 시장의 성장이 없었다면, 자본이 부족한 소규모 사업자들이 자기 사업을 소유하고 경제적 독립을 실현하는 것은 어려웠을 것입니다. 그리고 지역의 투자시장과 창업시장은 빠르게 발전하기 힘들었을 것입니다. 이것이 미국 프랜차이즈 사업의 사회적, 경제적 순기능의 핵심이었습니다.

그런데 1970년대부터 계약과정, 계약기간 중, 계약종료 시 가맹본부의 사기적 행각과 사업적 무책임이 팽배해지자 프랜차이즈 사업의 그러한 사회·경제적 순기능이 약해졌습니다.

기업과 기업가로서 비윤리적이고 잘못된 사업적 관행은 수익성의 과장, 손익상태 은폐, 숨겨진 비용 청구(hidden charges), 유명인에 기댄 기만적 홍보, 교육 및 마케팅 지원의 약속 불이행, 계약종료의 위협 등으로 나타나 프랜차이즈 사업의 긍정적인 에너지와 영향력이 시장에서 완전히 상실되었습니다.

거래관계 측면에서 강압적이고 일방적인 통제의 힘이 만연해지면서 일부 가맹본부들은 가맹점을 마치 어린아이처럼 지시하고 가르쳐야 하는 대상으로 인식했습니다. 당시 상당수의 가맹점들은 가맹본부에게 사업의 진정한 파트너가 아니었습니다.[452]

2. 초기의 좌절

아쉽게도, 사회적 병폐에 대응하기 위한 프랜차이즈 시장의 규제와 가맹본부의 사기적 행각에 책임을 묻는 정책은 곧바로 생산되지 못했습니다.

지금의 문제는 프랜차이즈 사업 고유의 '인정된 불완전성(acknowledged

imperfections)'으로 당장 치료적 법률(remedial legislation)이 필요한 것이 아니라 업계의 자정 능력으로 충분히 치유될 수 있다고 프랜차이즈 업계는 주장했습니다.

가맹본부의 잠재적 매출과 이익에 대한 과장도 점차 사라질 것이기에 이를 법률적으로 통제하는 조치는 프랜차이즈 시장을 위축시키고 창업자의 사업적 선택을 제한할 수 있다고 경고했습니다. 이 논리로 미국 프랜차이즈 업계는 프랜차이즈 규제의 시행을 잠시 지연시켰습니다.[453]

그럴 수밖에 없었던 이유는 가맹본부의 잘못된 사업 관행으로 발생한 사회·경제적 문제들을 조사하고, 이를 확인하는 작업이 당시로서는 쉽지 않았습니다. 교통과 통신수단이 지금과 같지 않아서 가맹본부의 사기적 행각, 위법행위, 가맹점의 피해에 관한 정보를 모으고, 이를 검증하는 데 많은 시간이 필요했습니다.

이에 당장에 시장을 규제하는 조치는 객관적인 근거와 증거가 취약하다는 반론이 매우 컸습니다. 게다가 규제 정책은 프랜차이즈가 창업시장의 주역으로 경제발전과 민간 경제 활성화에 미쳤던 긍정적인 효과를 한순간에 무력화할 수 있다는 논리가 시장에서 설득력을 얻었습니다.[454]

결과적으로 프랜차이즈 업계의 강한 반발과 객관적인 현황의 정보 부족으로 결국 초기 규제 정책의 시도는 무산되었습니다. 그 예로, 1960년대 후반 미시간주 상원의원 필립 하트(Philip Hart)가 제출한 The Franchise Competitive Practices Act는 결국 의회를 통과하지 못했습니다.

이 법안은 가맹본부의 사업적인 타당한 요구를 가맹점이 실질적으로 준수하지 않는 경우에만 본사가 가맹점과의 계약을 종료할 수 있다고 제한했고, 계약종료에 대한 본사의 사전통지 의무를 부과한 내용을 담고 있었습니다.[455]

III. 규제의 필요성과 방향성 제시

1971년 Urban B. Ozanne와 Shelby D. Hunt 교수는 미국 프랜차이즈의 경제적 효과에 대한 보고서를 의회에 제출해 프랜차이즈 사업의 규제에 대한 방향성을 제안했습니다. 이 보고서는 프랜차이즈 사업이 창업자에게 그리고 실물 경제에 긍정적인 역할을 하는 것을 인정했습니다.

그렇지만 보고서는 당시 미국 프랜차이즈 시장이 직면한 문제점들의 시급한 개선을 위하여 첫째, 가맹본부의 정보공개 의무화, 둘째, 계약체결 전에 심사숙고할 수 있는 쿨링오프(cooling-off) 기간의 제공, 셋째, 프랜차이즈 계약을 실질적으로 위반한 경우에만 계약종료를 허용해 일방적인 계약종료로부터의 가맹점을 보호하자는 내용을 정책적 과제로 시장에 권고했습니다.[456]

보고서의 의견처럼, 당시 프랜차이즈 시장의 지속적인 발전을 위해 적절한 법적 규제와 정책적 관리가 필요하다는 사회적 여론이 형성되면서 다음 장에서 설명될 다양한 프랜차이즈 규제법들이 의회에 제출되었습니다. 마침내 미국 프랜차이즈 시장에 대한 규제의 서막이 올랐습니다.

제35장
미국 프랜차이즈 시장의
규제 역사

Ⅰ. 규제 역사의 내용과 그 의미들

1. Franchise Full Disclosure Act of 1970

계약종료의 제한과 가맹본부의 사업활동에 대한 규제내용을 담았던 Hart의 법안과 다르게 뉴저지주 상원의원 해리슨 윌리엄(Harrison Williams)은 가맹본부의 정보공개를 촉구하는 Franchise Full Disclosure Act of 1970(이하, 'FFDA of 1970')을 의회에 제출했습니다.

이 법안은 증권거래위원회가 면제하지 않는 한 가맹본부는 프랜차이즈 사업의 주요 정보를 위원회에 사전 등록하도록 요구했습니다. 이 등록서에는 가맹본부의 사업 및 경영 이력, 프랜차이즈 사업의 정의, 프랜차이즈 계약이 포함된 증빙서류, 가맹본부가 계약관계를 종료하거나 계약 갱신을 하지 않을 수 있는 조건 등에 관한 정보가 담겨 있었습니다.

가맹본부의 사업현황과 경영상태에 대한 정보공개를 통해 예비 창업자가 계약체결 이전 프랜차이즈 사업에 대한 기본적 정보를 열람할 수 있도록 하는 것이 이 법안의 목적이었습니다.[457]

2. California Franchise Investment Law

캘리포니아주는 미국 프랜차이즈 규제의 근원지이자 중심지였습니다. 캘리포니아는 당시 미국 가맹점의 10% 이상 있었을 정도로 프랜차이즈 사업이 가장 번성했던 지역이었습니다. 캘리포니아주는 1971년 프랜차이즈 정보공개법인 California Franchise Investment Law(이하, 'CFIL')을 제정해 프랜차이즈를 공식적으로 규제한 최초의 주가 되었습니다.

뉴저지주의 'FFDA of 1970' 개념을 발전시킨 CFIL은 계약을 체결하기 전에 가맹본부가 가맹희망자에게 정보공개 문서(disclosure document)를 제공토록 했습니다.[458] CFIL은 순자산이 500만 달러 이상이 넘는 규모가 큰 가맹본부(최근 5년간 매년 최소 25개 이상의 가맹점을 운영한 본사)를 제외하고 모든 가맹본부는 증권사무소에 사업안내서(투자설명서, prospectus)를 등록하도록 했습니다.

사업안내서는 가맹본부의 재무제표, 프랜차이즈 계약서 샘플, 프랜차이즈 수수료 및 로열티, 공급 정책, 계약종료 조항, 재정적 조치의 약관, 예상 수익과 산정방식, 유명인 이름의 사용, 현재 운영 중이고 매각될 예정인 가맹점의 수, 독점적 영업지역 부여 등에 관한 정보가 기재되었습니다.

CFIL의 정보공개의 내용과 범위는 체계적이면서 구체적이었습니다. 대부분 공개 항목들이 1975년 UFOC와 오늘날 FDD 등록항목들의 원조가 되었습니다. 그 대표적인 예로, 등록된 정보를 제공한 지 일정한 기간이 지나야 프랜차이즈 계약을 체결하거나 금전을 받을 수 있는 규정이 CFIL에서 공식화되었습니다.[459]

가맹본부의 경영상태와 프랜차이즈 계약의 주요 내용을 미리 공개해 가맹희망자의 합리적인 창업결정을 유도하고, 본사의 사기적 행각을 방지하는 것이 CFIL의 제정 취지였습니다.

이러한 정보공개의 기대효과는 첫째, 가맹본부의 잠재적 수익성을 과장하고 거짓으로 창업을 유도하는 행동을 사전에 줄이고, 둘째, 공개된 정보를 바탕으로 창업자가 합리적인 투자의 선택을 할 수 있게 유도하고, 셋째, 가맹점과의 분쟁이 발생할 때 등록된 정보의 내용과의 불일치를 찾아 계약이행의 필요성, 무효, 배상의 판단기준으로 삼는 것이었습니다.[460]

3. Franchise Security Law

캘리포니아주가 CFIL를 논의하는 동안 델라웨어주는 1970년에 Franchise Security Law(이하 FSL)를 발효했습니다. 이 법안은 프랜차이즈의 사업, 유통, 가맹본부 등의 정의를 규정하고, 가맹본부가 부당한 방법으로 프랜차이즈 계약을 종료하는 것을 막는 데 초점을 두었습니다.

CFIL과 달리 FSL은 가맹본부의 정보공개를 의무화하지 않았습니다. 그 대신에 가맹본부가 정당한 사유 없이 프랜차이즈 계약을 해지하거나 갱신을 거부하는 행위를 위법하다고 명시했고, 부당한 거래거절 등의 행동을 금지했습니다.

가맹본부의 일방적인 사업운영과 부당한 계약종료를 사전에 막아 가맹점 사업자의 사업적 권리를 보호하고 사업의 안정성을 도모하자는 것이 이 법안의 도입 취지였습니다.[461]

4. Wisconsin Franchise Investment Law

Wisconsin Franchise Investment Law(이하, WFIL)는 위스콘신주의 대리점 관계법이었던 'Fair Dealership Law'와 연관성을 가지며 탄생했습니다.

프랜차이즈 상품과 서비스가 대중적인 인기를 얻었으나, 1960년대 중후반부터 가맹본부의 불법적인 계약종료와 사업적 횡포가 위스콘신주에서 다수 발생했습니다. 이에 창업자와 가맹점을 보호하기 위해 여러 법안이 의회에 제출되었지만, 아무것도 제정되지 못했습니다. 그러나 마침내 1971년 WFIL 제정으로 그 노력의 결실이 맺어졌습니다.[462]

WFIL은 가맹본부가 가맹점을 모집하거나 프랜차이즈를 판매하기 전에 증권사무소에 사업안내서를 등록하도록 했습니다. 이 법안은 요구된 정보의 등록 없이 위스콘신주에서 프랜차이즈를 판매하는 행위를 전면 금지했습니다. WFIL은 가맹본부의 부당하고 기만적인 사업적 관행을 막아 가맹점의 사업 안정성을 보호하자는 것이 입법 목적이었습니다.

이 법안은 특이하게 당시에 상식과 같았던 "규모는 정직과 동일시된다 (bigness is equated with honesty)"라는 가정을 인정하지 않았습니다. WFIL은 CFIL과 달리 규모가 큰 가맹본부도 사업안내서 등록의 완전한 면제를 허용하지 않았습니다.[463]

5. Franchise Investment Protection Act

워싱턴주는 1971년 Franchise Investment Protection Act(이하 'FIPA')를 의회에 제출했습니다. 이 법안은 CFIL에 기반해 가맹본부의 잘못된 거래관행을 개선할 수 있는 공정한 거래규칙을 제정하는 것이 목적이었습니다.

이 법안은 가맹본부의 불공정한 행위, 사기적인 행위, 불공정한 경쟁 방해를 위법행위로 명시했습니다. 이것은 가맹점의 사업적인 권리를 보호했던 의미 있는 조치로, FIPA는 이후 프랜차이즈 권리장전(Bill of Rights)이라고 불렸습니다. 구체적으로 FIPA는 가맹본부가 가맹점과의 거래에서 부당한 차별과 타당하지 못한 강제행위를 못하도록 했습니다. 그리고 가맹본부의 수익원인 리베이트(rebate)의 공개와 독점적 영업지역에 대한 명확한 공개를 요구했습니다.[464]

이로써 워싱턴 주는 프랜차이즈 사업과 관련한 정보공개법(disclosure law)과 거래관행에 대한 관계법(relationship law)을 동시에 통과시킨 최초의 주가

되었습니다.[465]

6. Uniform Franchise Offer Circulars [466]

1975년 북미증권관리자협회는 가맹본부의 공식적인 정보공개서인 UFOC(Uniform Franchise Offer Circulars)를 마련해 미국 프랜차이즈 규제 역사의 큰 획을 그었습니다. UFOC는 가맹본부가 프랜차이즈 계약을 체결하기 전에 가맹희망자에게 제공해야 하는 법적 문서였습니다.

이 문서는 가맹본부의 사업현황, 경영상태, 소송 내역, 수수료, 지불 항목, 투자 명세서, 구입 필수품목, 상표와 저작권, 계약의 갱신과 종료, 예상 매출, 재무제표, 교육과 지원 프로그램, 영업지역 등 23가지 범주의 사업내용과 두 당사자의 권리 및 의무를 세부적으로 담고 있었습니다. 주 정부는 상황에 맞게 UFOC를 수정 및 변경하여 사용했습니다.

UFOC는 프랜차이즈 사업에 대한 중요한 내용을 상세히 공개해 가맹희망자의 합리적인 의사결정을 돕고, 정보공개를 통해 분쟁과 소송의 위험을 완화해 프랜차이즈 시장의 건전한 발전을 위한 중요한 교두보를 마련했습니다.[467]

개정된 UFOC는 1993년 FTC에 의해 승인되었고, 1995년부터 그 사용이 의무화되었습니다. 새로운 UFOC의 설명서는 "명확하고 간결하며 누구나 쉽게 이해할 수 있는 서술 형식의 내용(Plain English)으로 작성되어야 한다."라고 명시했습니다.[468]

이것은 국내 가맹사업법 제4조 (정보공개서 기재사항) ②항 "정보공개서는 …… 그 내용이 명확하고 구체적이며 가맹희망자가 이해하기 쉽도록 ……"의 법조문의 근거가 되었습니다.

7. 20세기 후반의 규제와 논쟁

1970년대부터 1980년대 초반까지 초기 모양새를 갖추었던 프랜차이즈 시장의 규제법들은 1980년대 중반부터 정보공개 등의 법률을 포함해 프랜차이즈 거래관계에 영향을 미치는 세부적인 법안들로 발전했습니다.

1987년에는 프랜차이즈 또는 대리점 관련 입법의 수가 기록적으로 증가해 49개의 새로운 법률 또는 개정안이 제정되었습니다. 1989년에 미시간, 미네소타, 뉴욕 등 25개 주 의회들이 43개의 프랜차이즈 또는 대리점 관련 법령을 제정했고, 1992년 아이오와주는 Iowa Franchise Act를 통과시켰습니다.[469]

규제법들에 대한 반발도 만만치 않았습니다. 예컨대, 1995년 ICRF(The Iowa Coalition for Responsible Franchising)의 보고서는 프랜차이즈 규제법이 새로운 프랜차이즈 사업을 억제해 민간 경제에 부정적인 영향을 미친다고 보고했습니다. 설문조사 결과, 이 보고서는 만약 규제가 폐지 또는 완화되지 않으면 아이오와주의 133개 회사는 프랜차이즈 사업을 확장할 계획이 없다고 답변했고, 규제로 인해 아이오와주에서 7,531개의 일자리가 창출되지 않았다고 분석했습니다.[470]

역사적으로 1970년대 초부터 1980년대까지 프랜차이즈 규제의 초기의 형태를 갖춘 미국 프랜차이즈 시장은 주 정부의 역할을 FTC가 가져오면서 20세기 후반부터 연방정부 차원의 관리와 규제의 모양새가 갖추어지기 시작했습니다.

II. 관리와 규제의 중심축이 된 FTC
1. 규제법의 유형

1970년대 미국 프랜차이즈 규제의 관련 법들은 크게 정보공개법(disclosure), 등록법(registration), 그리고 공정거래법(fair trade act)으로 구분됩니다. 정보공개법과 등록법은 성격상 함께 묶일 수 있습니다. 반면에 프랜차이즈 사업에 대한 공정거래법은 정보공개가 아니라 본사의 사업활동에 대한 규제법입니다.

주 정부들은 사업활동의 규제에 관한 공정거래법을 도입하는 것보다 규제 부담이 덜한 정보공개법과 등록법을 우선해서 채택했습니다. 이후 공정거래법이 주 정부들에 의해 채택되면서 1980년대부터 프랜차이즈 사업은 일반적인 경제적 관계에서 보기 힘든 규제를 받게 되었습니다.

2. The FTC Franchise Rule

FTC는 FTCA에서 부여된 권한으로 연방정부 차원에서 프랜차이즈 판매와 사업에 대한 규칙을 1978년 채택해 1979년 발효했습니다. FTC의 '프랜차이즈와 사업 기회에 관한 정보공개 요구사항과 금지사항(Disclosure Requirements and Prohibitions Concerning Franchising and Business Opportunity Venture)'이 그것이었습니다.

FTC는 이 'The FTC Franchise Rule of 1979'로 프랜차이즈 사업에 대한 관리와 규제의 중심적인 주체가 되었습니다. FTC는 이 Rule을 마련하기 위해 1970년 초부터 약 7년간 프랜차이즈 사업의 현황, 문제점, 사업적 관행을 면밀히 조사했고, 공청회를 통해 여론을 수렴했습니다.

이 조사성과를 바탕으로 FTC는 개별 주 정부들의 규제 법안들이 가졌던 한계를 딛고 미국 내에서 최소한의 공통된 정보공개 요건과 가맹본부의 불공정한 사업활동에 대한 통일적이고 보편적인 기준을 적용한 규제법을 완성했습니다.

미국 프랜차이즈 규제의 역사 관점에서 이 규칙은 UFOC와 함께 최소한이면서 기본적 규제의 기준과 골격이 되었습니다. 1975년 마련된 UFOC는 FTC의 Franchise Disclosure Document(FDD)로 대체되기 전까지 사용되었습니다. 2008년부터 가맹본부는 The Amended Franchise Rule(이하, 'AFR')에 따라 FDD가 요구한 정보를 통일적으로 공개하는 것으로 변경되었습니다.[471]

3. The Amended Franchise Rule과 FDD

2008년 AFR에 따라 FTC가 공표한 'Franchise Rule/Compliance Guide'는 AFR를 가맹본부가 준수해야 할 권위가 있는 진술로 격상하고, 다른 것이 이를 대처할 수 없다고 명시했습니다.

AFR은 2008년 7월 1일부터 모든 가맹본부는 개정된 프랜차이즈 규칙을 사용하도록 요구했습니다. AFR은 기존 UFOC의 내용을 보완하기 위해 인터넷과 같은 새로운 기술에 대한 항목을 추가했고, 가맹본부와 가맹점 간의 거래관계의 본질과 사업내용에 대한 충분한 정보공개를 요구했습니다.

예를 들어, AFR에 따라 새롭게 정립된 FDD는 UFOC의 기본적인 내용을 바탕으로 새로운 회계 원칙을 적용한 재무제표, 감사 내용, 소송내역 기재방법, 사업성과의 표기법, 승인된 공급업체 목록의 작성 방법 등에 대한 항목들을 수정 및 추가하여 정보공개의 체계성과 구체성을 세밀히 보강했습니다.

이로써 FTC는 AFR와 FDD를 통해 연방정부 차원에서 미국 프랜차이즈의 관리와 규제의 기본원칙의 토대를 마련하여 프랜차이즈 사업의 표준적 가이드를 제시했습니다.

추가하여, AFR에 기반한 'Franchise Rule/Compliance Guide'는 프랜차이즈 사업의 정의와 규칙 범위(Franchise Rule Coverage)에서 어떠한 사업이 프랜차이즈에 해당하고, 어떠한 경우 적용이 배제되는지를 설명했습니다. 이 내용 이후에 기재된 정보공개 준수 의무(Disclosure Compliance Obligations)의 부분은 정보공개의 준비, 제공자, 제공방법 등에 대한 기준을 구체적으로 밝혔습니다.

2008년 AFR에 따라 개정된 FDD는 ① 가맹본부 및 모회사·계열사의 내역, ② 대표와 임원의 사업 경험, ③ 소송 이력과 결과(진행 중인 소송 포함), ④ 대표와 임직원 등의 파산 이력, ⑤ 최초 수수료, ⑥ 계속가맹금 등과 다른 수수료들, ⑦ 예상 초기 투자, ⑧ 제품과 서비스의 필수품목 및 거래지정의 구매 제한, ⑨ 가맹점의 의무, ⑩ 자금 대출 등 금융, ⑪ 가맹본부의 지원·광고·컴퓨터 시스템·교육, ⑫ 배타적 영업지역 부여 여부와 그 조건, ⑬ 등록된 상표권, ⑭ 특허·저작권 및 소유권 정보, ⑮ 가맹사업의 실제 운영에 참여할 의무, ⑯ 가맹점이 판매할 수 있는 품목 제한, ⑰ 갱신·종료·해지·양도와 분쟁 해결, ⑱ 공인 및 유명인사의 참여·투자내역·수익공유 방식, ⑲ 예상 매출과 이익의 재무성과 표시 여부와 표시기준 및 방법, ⑳ 직전 3년간 직영점과 가맹점의 변동과 상황의 정보, ㉑ 회계원칙(GAAP)에 따른 재무제표, ㉒ 기타 가맹계약 시 사용하는 모든 계약서, ㉓ 영수증(FDD 수령증)의 23가지 항목(item)으로 구성되어 있습니다.[472]

FRANCHISE

제15부
새로운 도전의 역사: 21세기 프랜차이즈 역사

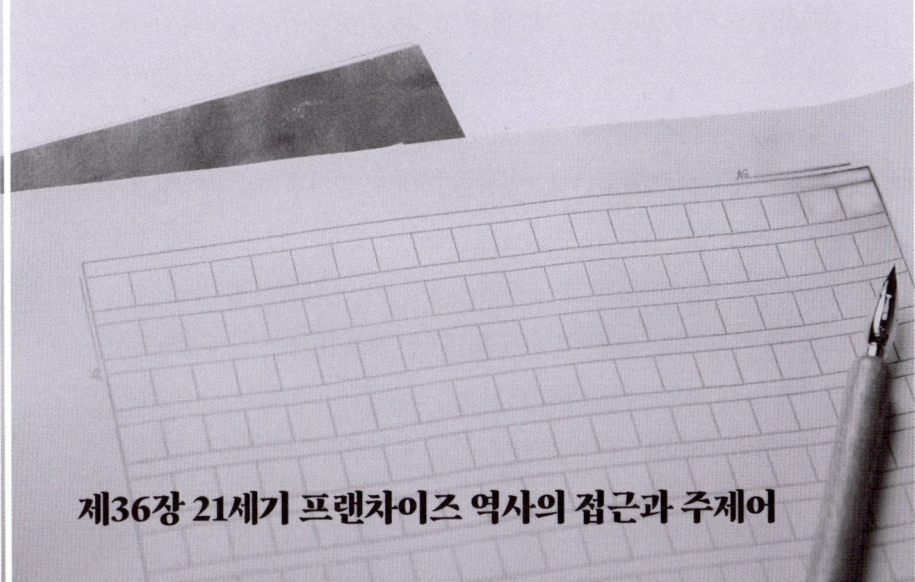

제36장 21세기 프랜차이즈 역사의 접근과 주제어

제36장
21세기 프랜차이즈 역사의 접근과 주제어

　프랜차이즈 시스템의 중추가 되는 3S 원리, QSR, Q, S, C 시스템과 함께 가맹점 확장방식, 마케팅 시스템, 교육 및 훈련 시스템, 내부조직 관리, 사업 아이템과 브랜드 특성에 관한 사항은 1980년대까지의 프랜차이즈 역사를 이해하는 데 매우 중요한 항목들이었습니다.

　그러나 1980년대 이후의 프랜차이즈 역사는 이 항목들의 중요성이 떨어집니다. 1980년대에 이미 상품 프랜차이즈와 비즈니스 포맷 프랜차이즈의 시스템의 형태와 내용이 거의 완성되었기 때문입니다. 1980년대 이후 프랜차이즈 브랜드들은 역사적으로 누적된 프랜차이즈 사업의 내용과 시스템의 결과물들을 자기 브랜드에 맞게 적용 및 고도화해 사업을 전개해 나갔습니다.

　이 맥락에서 아래의 내용은 1980년대 이후에 나타난 현대 프랜차이즈의 내용과 특징에 대한 개관입니다. 이 장은 1980년대 이후 프랜차이즈 역사가 어떠한 방향으로 흘러갔는지를 큰 틀에서 소개하고, 21세기 전후 현대 프랜차이즈 역사를 개괄적으로 이해하는 데 유용한 안내자가 될 것입니다.

　그리고 더 가치 있는 작업으로 다음의 내용은 향후 21세기 현대 프랜차이즈 역사에 관한 전문적인 연구들이 참고할 수 있는 유용한 주제어들과 그 개념들을 설명할 것입니다.

Ⅰ. 1980년대 이후의 프랜차이즈 역사의 접근

1. 새로운 도전을 맞이한 시장

사회적 규제가 실행된 1980년대부터 미국 프랜차이즈 시장은 '새로운 도전'을 맞이했습니다. 1970년대 암흑기를 거친 미국 프랜차이즈 시장은 창업자의 경제적 자립과 부의 축적을 이룰 수 있는 유망한 창업대안으로 다시 태어나기 위해 달라져야 했습니다. 실제적인 '질적 변화'가 필요했던 것입니다.

1980년대 이후 미국 프랜차이즈 시장은 개과천선(改過遷善)하여 돈만을 좇는 한탕주의, 영웅적인 벼락부자 이야기, 사기적 행각, 거짓말로 가득 찬 개설 문화, 무책임한 사업운영의 잘못된 관행을 스스로 극복해야 했습니다.

달리 말해, 미국 프랜차이즈 시장은 잘못된 선동자들에 의해 지배되는 것이 아니라 적법한 사업의 실행으로 성장하는 가맹본부가 모범이 되는 시장 문화를 입증해야 했습니다. 그러기 위해 가맹본부뿐만 아니라 IFA와 같은 프랜차이즈 관련 협회와 기관들, 그리고 업계 주체들의 자정 노력이 절실했습니다.

2. 규제법으로 인한 변화

1970년대 본격화된 규제의 법률과 정책은 프랜차이즈 시장의 발전을 가로막거나 성장에 찬물을 끼얹은 것이 아니었습니다. 이들은 미래의 프랜차이즈 시장이 소비자와 창업자가 기대한 대로 정상적으로 작동하기 위해 '처방된 약'과 같았습니다. 자본주의 시장경제가 독점과 방임을 막기 위해 국가의 관리와 규제의 정책이 일부 개입해야 하는 것처럼 말입니다.

규제법들로 인해 프랜차이즈 시장 문화는 조금씩 개선되기 시작했습니다. 선동자들에 의해 1970년대 끔찍한 독감을 앓았던 미국 프랜차이즈 시장은 규제법과 규제 정책의 영향으로 1980년대부터 양(quantity)이 아니라 사업적 품질(quality)이 중요한 '질적 향상의 시대'의 길로 들어섰습니다.

여기서 '양'은 브랜드 수, 가맹점 수, 상품 수와 같은 사업의 규모와 성과의 측면으로 본다면, '품질'은 소비자와 예비 창업자가 프랜차이즈 브랜드로부터 원하는, 기대하는, 그리고 거래관계를 맺는 본원적인 이유를 만족하여 장기적인 관계를 형성하고자 하는 관계품질을 의미합니다.

II. 3차 산업혁명과 현대 프랜차이즈

1. 3차 산업혁명의 개요

1980년대 이후의 프랜차이즈 역사연구는 1980년대 이전까지 사용했던 역사의 접근방법과 달라져야 할 것입니다. 왜냐하면 이 시기부터 세계는 대격변기에 들어서는데, 그것은 1980년대에 잉태해 1990년대부터 본격화된 컴퓨터와 인터넷에 기반한 정보 혁명(information revolution) 때문이었습니다. 정보 혁명은 앨빈 토플러(Alvin Toffler)가 칭한 '제3의 물결'로 1970년대부터 시작된 '3차 산업혁명'을 말합니다.

현재 우리는 3차 산업혁명의 시대를 이미 지나 사물 인터넷, 빅데이터, 모바일, 인공 지능의 발전이 하루가 다르게 진화하고 있는 '4차 산업혁명'의 시대에 살고 있습니다. 차별성과 실체가 아직 불분명하지만, 일부에서는 벌써 5차 산업혁명을 거론하고 있습니다. 그만큼 세상은 빠르게 변하고 있습니다.

다시 본론으로 돌아와, 컴퓨터와 인터넷에 기반한 혁신적인 정보처리와 통신의 발전은 사용자 중심의 시대를 열었습니다.

인터넷의 발전으로 기업과 소비자 간의 빠른 소통의 네트워크가 형성되면서 소비자가 기업의 전략, 생산, 유통에 참여 또는 관여하는 현상이 두드러졌습니다. 1980년대부터 소비자의 행동과 평가가 마케팅의 핵심 주제가 되었고, 시장은 공급자에서 소비자 중심으로 빠르게 재편되었습니다.

2. 프랜차이즈 시장에 미친 영향

3차 산업혁명으로 인한 정보 혁명은 현대 프랜차이즈의 사업 아이템, 사업전략, 유통전략, 가맹점 개설전략, 소비자 및 가맹점사업자와의 소통전략 등의 모든 것을 바꾸었습니다.

먼저, 인터넷 상용화, IT 혁명에 의한 경영혁신, 온라인 마케팅 발전으로 프랜차이즈 사업의 속도는 빨라졌고 사업 범위도 넓어졌습니다. 정보 혁명은 비즈니스 포맷 프랜차이즈를 리더로 하여 사업 아이템, 업태, 업종의 다변화를 낳았고, 프랜차이즈 브랜드들의 해외진출을 북돋았습니다.

마케팅 역사의 측면에서 보면, 3차 산업혁명은 1980년대 이전까지 생소했던 고객, 브랜드, 기업의 사회적 책임이라는 새로운 주제어들을 현대 프랜차이즈 시스템과 사업정책에 중대한 과제로 편입시켰습니다.

발전된 IT 기술은 가맹본부와 가맹점, 가맹본부와 소비자, 그리고 가맹점과 소비자 사이에 양방향과 다차원적인 커뮤니케이션의 혁명을 불러왔습니다. 그 결과 가맹점과의 공정한 거래관계와 가맹점 및 소비자와의 합리적인 소통의 품질이 21세기 프랜차이즈 사업에 중요한 요소로 떠올랐습니다.

III. 21세기 역사의 패러다임 변화와 주제어들

1. 비즈니스 포맷 프랜차이즈

1980년대 직전 미국의 상품 프랜차이즈 매출은 2,310억 달러에 이르렀습니다. 이에 비해 비즈니스 포맷형의 매출은 수치상으로 상품 프랜차이즈에 훨씬 못 미쳤습니다.

그렇지만 미국의 비즈니스 포맷형 가맹본부의 수는 1972년 909곳에서

1975년 1,115곳, 1980년 1,584곳, 1985년 2,090곳, 1988년 2,239곳으로 꾸준히 늘었습니다. 1988년 약 416,000개의 프랜차이즈 사업체 중에 비즈니스 포맷형이 약 70%를 차지해 30% 비중에 머문 상품 프랜차이즈의 사업자 수를 압도했습니다.

비즈니스 포맷 프랜차이즈는 상품 프랜차이즈의 매출규모보다 적었지만, 2000년대 초반 기준 사업장의 수는 4.3배가 많았고 4배 더 많은 일자리를 창출했으며 단위 사업부분에서 가장 높은 생산량을 보였습니다.

현재 미국의 비즈니스 포맷 프랜차이즈는 패스트푸드, 자동차와 컴퓨터 서비스, 기계·장비 서비스, 비즈니스 지원 서비스, 건물 유지 관리, 법률 서비스, 가정 및 육아 서비스, 비식품 소매업, 호텔, 렌터카 등 폭넓고 다양한 분야에 포진해 있습니다.[473]

2. 프랜차이즈 마케팅의 변화

1950년대 컴퓨터 개발과 20세기 후반 인터넷 발전은 인류 역사에서 전례가 없었던 거대한 정보의 바다를 탄생시켰습니다. 전자우편은 1970년대 나왔고 1980년대부터 상용화되었습니다. 1991년 세계 최초의 혁신적인 웹 브라우저인 월드와이드 웹(WWW) 서비스가 시작되면서 인터넷은 전 세계 사람들을 하나의 네트워크로 연결했습니다.

1980년대 들어서자 미국 프랜차이즈 시장은 성장률이 정체되면서 본격적인 경쟁의 시대에 돌입했습니다. 1960~70년대처럼 창업 수요가 크게 늘지 않았기에 가맹본부들은 한정된 예비 창업자들 두고 첨예한 경쟁을 해야 했습니다. 이에 가맹본부들은 경쟁에서 승리하기 위해 전통적인 마케팅 방법을 능가하는 효율적인 마케팅 방법을 찾아야 했습니다.

1980년대 이전까지 가맹본부들은 TV, 라디오, 인쇄물, 신문기사, 박람회

참여, 전화 상담, 디스커버리 데이(discovery day)와 같은 전형적인 방법으로 창업자를 유인했습니다. 가맹본부들은 주로 이벤트, 세미나, 프레젠테이션, 개별 미팅 등의 오프라인 형태로 창업자를 만났습니다.

그러나 인터넷이 등장하면서 모든 것이 바뀌었습니다. 인터넷은 프랜차이즈 사업의 게임 체인저(game changer)였습니다.

가맹본부는 짧은 시간 단위로 적은 비용을 쓰면서 창업자들을 더 많이 접촉할 수 있었습니다. 가맹본부의 광고 메시지들은 저렴한 비용으로 인터넷을 통해 예비 창업자에게 빠르게 전달되었습니다. 가맹본부는 현장을 방문하지 않고 이메일을 통해 시간에 상관없이 창업자들과 소통했습니다. 인터넷 마케팅에 기반한 프랜차이즈 마케팅의 변화가 시작된 것입니다.[474]

인터넷의 대중화와 상용화는 가맹본부가 오프라인 중심의 전통적인 프랜차이즈 마케팅에서 벗어나 시간의 구속 없이, 저렴한 비용에, 더 빠르게, 더 멀리, 더 많은 예비 창업자와 소통할 수 있는 효과적인 길을 열었습니다.

3. 공급자에서 수요자의 시장으로

일반적으로 현대 프랜차이즈 역사의 주요 내용은 가맹본부, 브랜드, 본사 대표와 주요 인사의 행적, 그리고 그들의 사업성과들로 채워져 있습니다. 이에 프랜차이즈 역사에 관한 학자나 전문가의 의견은 공급자였던 가맹본부 입장을 바탕에 두었습니다. 대부분의 관련 문헌들과 이 책의 주요 내용도 그러합니다.

그러나 1980년대 이후 디지털 시대로의 변환은 소비자를 객체가 아닌 주체의 위치로 올려놓았습니다. 인터넷 기반 소셜 네트워크의 발전으로 정보 교류를 위한 시간적, 공간적 한계가 사라지면서 소비자가 정보 창출의 주체가 된 것입니다. 프랜차이즈의 사업관계도 이제는 본사 중심이 아니라 가맹점사업자의 평가와 목소리가 중대한 사업적 요소로 격상했습니다.

따라서 디지털 프랜차이즈(Digital Franchise) 시대에 소비자와 가맹점사업자는 '수동적 마케팅 대상'이 아니라 프랜차이즈 마케팅의 중심이 되는 내부 및 외부 고객으로 그들의 인식, 관심, 평가, 충성도에 따라 프랜차이즈 사업의 운명이 달라지는 시대가 되었습니다.

4. 프랜차이즈 기업가 정신

'위험을 무릅쓰고 기회를 사업화하려는 모험과 도전정신'이라는 피터 드러커(Peter Drucker)의 정의는 오늘날 기업가 정신을 설명할 때 자주 인용됩니다. 이 기업가 정신에는 항상 '창조적 파괴'와 '혁신'이라는 단어가 따라붙습니다.

경제학자 슘페터(Joseph Alois Schumpeter)는 창조적 파괴(creative destruction)를 '낡은 것을 혁파해 새로운 것을 창조해 나가는 과정'으로 혁신적 기업가는 새로운 시장의 기회를 포착하기 위해 창조적 파괴를 마다하지 않는다고 했습니다.[475]

현대 비즈니스에서 기업 정신 또는 기업가 정신은 사업성공에 중요한 사항으로 새로운 것에 대한 창의적이고 과감한 도전정신으로 이해되고 있습니다. 이것은 기업의 이윤 추구의 영역뿐만 아니라 사회적인 책임 부분에서 기업 또는 기업가가 마땅히 가져야 할 사회적 정신과 태도를 강조합니다.

프랜차이즈 기업 또는 기업가 정신(이하, '프랜차이즈 기업가 정신')은 가맹본부와 가맹점 모두에게 존재하는 것으로 '프랜차이즈 사업에 대한 새로운 기회를 발견한 가맹본부와 가맹점이 파트너십의 관계를 통해 성공과 부를 창출하고자 협력적인 사업관계를 구축하거나 그러한 관계를 위해 지속적인 실천을 하는 과정'으로 이 책은 정의합니다.

따라서 프랜차이즈 기업가 정신은 일반적 기업가 정신과 그 뿌리가 같으나 세부적인 내용에 다소 차이가 있습니다. 특히 프랜차이즈 기업가 정신은 일반적인 기업가 정신보다 거래관계의 '지속성, 공정성, 파트너십'의 개념이 상대적으로 훨씬 중요합니다.

그런데 한국 프랜차이즈 시장에서 프랜차이즈 기업가 정신은 아직 생소한 단어입니다. 그러한 까닭에 프랜차이즈 기업가 정신에 대한 문헌들이 거의 없습니다. 현재 국내 스타트업(start-up) 비즈니스 영역에서 기업가 정신이 활발히 토론되고 있지만, 한국 프랜차이즈 시장은 아직 프랜차이즈 기업가 정신을 제대로 살펴보지 않고 있습니다.

5. 지식재산권: 대표성과 상징성

오늘날 프랜차이즈 용어는 일상에서 자주 사용되고 있습니다. 스포츠에서 혁혁한 성과를 냈거나 대중에게 사랑을 받는 운동선수를 프랜차이즈 스타라고 하고, 큰 성공을 거둔 영화의 시리즈물을 프랜차이즈 영화라고 합니다. 이처럼 대표성과 상징성이 있는 인물과 대상에게 좋아함과 존경의 뜻으로 사람들은 프랜차이즈라는 별칭을 붙여 부르는 것에 익숙합니다.

이 현상은 프랜차이즈 사업 특징이 함유하고 있는 대표성과 상징성의 속성 때문일 것입니다. 그것의 구체적 형태가 프랜차이즈 사업에서 가맹본부의 상호, 상표권, 특허권, 실용실안권, 디자인권 등과 같은 지식재산권입니다. 프랜차이즈 사업의 대표성과 상징성을 법적, 제도적으로 인정하는 지식재산권은 프랜차이즈 사업거래의 근간이자 시스템의 중추적 요소입니다. 오늘날 소비자는 가맹점 자체가 아니라 프랜차이즈 브랜드의 상호와 상표를 신뢰하기에 가맹점을 방문하여 상품과 서비스를 구매하기 때문입니다.

그러나 안타깝게도 우리는 독립 창업자와 가맹본부 간의 상표권 분쟁과 일부 가맹본부의 상호 또는 상표권에 법적인 문제가 있다는 사례를 종종 언론을 통해 접하고 있습니다.

이는 가맹본부가 타 업체의 상호 또는 상표를 비윤리적으로 도용하거나 '사업 철학의 부재'와 '사업적 안일함'으로 인해 영업표지나 상표권 등을 사전에 확보하지 못한 결과입니다. 이 상황은 결국 해당 가맹본부를 믿고 계약을 체결한 가맹점들에게 엄청난 손해를 끼칠 수 있습니다.

따라서 21세기 프랜차이즈 시장의 변화 및 발전을 이해하려고 할 때, 앞서 설명한 Coca-Cola 등의 사례처럼 우리는 현대 프랜차이즈 사업의 '척추'와 같은 지식재산권에 많은 관심을 가질 필요가 있습니다.

6. 공정한 관계품질

이 책에서 설명한 19세기 중반부터 1980년대까지의 현대 프랜차이즈 역사는 미국 중심의, 정량적인 수치의, 프랜차이즈 브랜드의 사업적 행적 및 성과에 그 초점이 맞추어져 있습니다. 이 시기에 현대 프랜차이즈 시스템은 발전과 성장의 과정에 있었기에 시스템의 수준, 사업성과의 수량(數量), 구체적인 사업행적의 역사적 발자취들이 중요했습니다.

그런데 1980년대부터 21세기의 현대 프랜차이즈 역사의 핵심 속성들이 변했습니다. '질적 향상'의 시대에 들어선 현대 프랜차이즈는 '수량'보다는 '품질'이 중요한 시대가 되었습니다.

가맹본부와 가맹점은 사업성공의 공통목표 달성의 과정에서 자기 이익을 추구하는 경제적인 계약관계를 맺어 왔습니다.[476] 현재에도 이 사실은 변함이 없지만, 21세기 프랜차이즈의 역사는 질적 관계의 척도가 되는 가맹본부와 가맹점 간의 관계품질(relationship quality)이 대단히 중요해졌습니다.

거래관계의 공정성에 기반한 두 당사자의 관계품질은 가맹점의 사업만족

(business satisfaction)의 수준으로 나타납니다. 가맹점의 사업만족의 수준은 가맹본부와 가맹점 간의 관계품질을 나타내는 지표로 21세기 프랜차이즈 사업의 생산성과 지속성의 근간입니다.[477]

그러므로 21세기 프랜차이즈의 역사는 과거 성장을 중시했던 1980년대까지의 '정량적인 접근방법'과 달리 지속성 있는 사업관계의 관점에서 가맹점의 '사업만족'과 본사와 가맹점 간의 '공정한 관계품질'의 차원에서 접근할 필요가 있습니다.

7. 여전히 희망적인가?

1980년대 이후의 프랜차이즈 시장은 프랜차이즈 암흑기에 드러난 얼룩진 어두운 면들을 청산하고, 프랜차이즈 사업의 긍정적인 사회·경제적 영향력을 유지하고 발전시켰을까요?

그 실제적인 증거로 과연 프랜차이즈 창업이 독립 창업보다 성공 확률이 수치상으로 상대적으로 높았을까요? 반대로, 프랜차이즈 사업의 폐업 확률이 독립 창업보다 유의미하게 낮았을까요?

종합적 질문 형태로, 21세기 이후 프랜차이즈 사업은 미국 프랜차이즈 시장이 퇴역군인, 이민자, 소수자, 여성에게 그러했던 것처럼 사회적 약자, 소규모 사업자, 자립형 소상공인들에게 유망한 사업모델로 여전히 남아 있었을까요?

21세기 프랜차이즈의 역사로부터 우리가 이러한 질문들에 대한 객관적이고 신뢰할 수 있는 답을 찾는 작업은 매우 중요한 일입니다. 그 대답은 미래에도 프랜차이즈 사업이 과연 창업시장에서 유능한 사업모델인지 그리고 앞으로도 소자본 및 소규모 사업자의 유망한 창업대안이 될 수 있는지를 판가름하는 데 중요한 잣대가 되기 때문입니다.

8. 규제법의 사회적 영향 평가

 1980년대 이후 프랜차이즈 규제법은 가맹본부의 불공정한 거래행위, 부당한 사업 관행, 허위·과장된 정보 제공, 영업지역 침해의 문제 등과 같은 현안들과 싸우면서 수많은 소송들에서 유의미한 판결문들을 남겼습니다. 그러한 규제법의 영향과 판결문들은 21세기 프랜차이즈 시장이 걸어가야 할 공정한 사업거래를 위한 방향성과 실무적 가이드를 제시했습니다.

 마침내 2008년 AFR과 본사의 통일적인 정보공개를 위해 FDD를 활용한 정보등록이 의무화되면서 미국의 프랜차이즈 관리와 규제에 대한 체계적인 시스템이 갖추어졌습니다. 따라서 21세기 프랜차이즈 역사는 공정한 거래문화의 차원에서 가맹본부와 가맹점 간의 갈등, 불신, 그 해결에 대한 투쟁의 역사도 함께 조명될 필요가 있습니다.

 경영, 사업모델, 마케팅, 브랜딩과 함께 '법률과 제도의 측면'에서 프랜차이즈 사업의 규제법들과 이에 따른 시장의 영향도 함께 기록되고 평가될 때, 21세기 프랜차이즈 역사연구의 가치는 빛날 수 있습니다.

IV. 결론을 대신하여: Franchise에서 Branchise로
1. 마케팅이 지배한 시대

 현대 프랜차이즈 역사를 제품수명주기론(product life-cycle theory)에 적용해서 이해하자면, 1980년대까지의 역사는 도입기(introduction)와 성장기(growth)의 역사였습니다.

 그러했기에 1980년대까지의 현대 프랜차이즈 역사는 시스템과 사업의 성과와 같은 유형적인 성과가 중요했었습니다. 그래서 이 시기까지의 현대 프랜차이즈 역사는 특히 사업성과와 직결된 마케팅 전략과 마케팅 프로그램의 영향력이 매우 컸습니다.

그러나 이 유형적인 성과와 결과적 숫자 중심의 마케팅 차원만으로 현재의 시장에 접근하는 것은 바람직하지 않습니다. 마케팅의 관점만으로 21세기 프랜차이즈 시장에 일어나는 다양한 현상들을 제대로 이해하는 것이 힘들어졌기 때문입니다.

2. Branchise라는 용어

21세기 프랜차이즈는 마케팅보다 브랜딩의 시대입니다. 물론 마케팅과 브랜딩 전략은 동일한 사업계획서에 기반하기에 근본적으로 그 뿌리가 같습니다. 그렇지만 두 전략은 지향점, 접근 방식, 관계성, 메시지, 소통방식에 유의미한 차이가 있습니다.

Branchise(브랜차이즈)는 이 책이 Brand와 Franchise의 합성해서 만든 신조어입니다. 세상은 넓기에 이 용어의 사용이 처음이 아닐 수 있습니다. 다만, 프랜차이즈 문헌들로부터 이 책이 말하는 Branchise의 용어와 개념에 관한 설명을 찾지 못했습니다. 따라서 다음의 Branchise 이야기는 역사적 사실이나 학술 용어가 아니라 21세기 프랜차이즈 시장의 상징적인 특징을 설명하기 위한 저자의 주관적인 의견입니다.

3. Branchise의 정의와 특징

21세기부터 두드러지게 나타나고 있는 Branchise의 현상은 현대 프랜차이즈의 개념과 특징의 커다란 변화를 상징합니다.

이 책은 Branchise를 '프랜차이즈 사업에서 마케팅보다 브랜딩 콘셉트가 중요해진 전환의 시대에 브랜딩 전략과 특징, 브랜드의 실제적 행적, 그리고 브랜드 커뮤니케이션의 품질이 가맹본부와 가맹점의 사업성과와 거래관계의 지속성에 우세한 영향을 미치는 현상'이라고 정의합니다.

현대 프랜차이즈는 역사적으로 거래관계의 수직적 통합에 기반한 '수직적 마케팅 시스템'이라고 특징화할 수 있습니다. 이 이유로 전통적으로 가맹본부의 마케팅 전략과 전술은 프랜차이즈 시스템의 성과를 좌우하는 핵심 요소였습니다.

그런데 21세기 이후 이 관념이 깨졌습니다. 21세기 프랜차이즈 시장은 마케팅 전략보다 브랜드 전략 및 그 실행에 따른 결과의 영향력이 대단히 커졌습니다. 프랜차이즈 마케팅의 결과물은 일시적 성과에 그칠 수 있기에, 브랜드만의 차별적인 목표인식을 바탕으로 일관성 있는 브랜드 커뮤니케이션 없이 프랜차이즈 사업 자체가 오래 지속되기 힘든 시대가 된 것입니다.

21세기가 공급자 시장에서 소비자 시장으로 변화한 것처럼, 외부고객인 소비자와 내부고객인 가맹점사업자가 프랜차이즈 브랜드와 그 시스템을 어떻게 인식하고 평가하고 있느냐가 프랜차이즈 사업의 성공과 지속성을 좌우하는 핵심 변수가 되었습니다. 따라서 21세기 프랜차이즈의 중대한 특징으로 우리는 이제 수직적 마케팅 시스템과 함께 수직적 브랜딩 시스템(vertical branding system)을 중요하게 거론할 필요가 있습니다.

그렇다고 해서 이 상황이 현대 프랜차이즈 사업에서 마케팅의 중요성이 완전히 사라졌다는 것을 뜻하지 않습니다. 여전히 마케팅 시스템은 프랜차이즈 시스템의 핵심 요소로 가맹본부와 가맹점의 사업성과에 상당한 영향을 미치고 있습니다.

그러나 결론적으로 전통적인 마케팅의 관점의 제한된 시각만으로 21세기 프랜차이즈 시장을 이해한다면, 우리는 소비자와 가맹점사업자의 인식과 평가를 원천적으로 배제하는 실수를 범해 결국 시장의 일부만을 왜곡해서 이해할 수 있습니다.

바꾸어 말해, 프랜차이즈 브랜드에 대한 소비자와 가맹점사업자의 인식, 평가, 만족도는 마케팅 분석보고서처럼 결과적 숫자나 기술적 통계로 온전히 분석될 수 없는 영역입니다.

4. 왜 Branchise가 중요한가?

가맹본부는 선도적인 가맹점의 성과에 의존해 브랜드의 전체 성과가 뛰어나다고 치장할 수 있습니다. 같은 맥락에서 가맹점은 가맹본부의 사업성과와 다른 가맹점의 뛰어난 영업성과에 기대어 특별한 자기 경영의 노력 없이 우수한 매장성과를 이룩할 수 있습니다. '프랜차이즈 무임승차 이론'의 핵심 내용입니다.[478]

이것은 프랜차이즈 사업의 고유한 특징으로 가맹본부와 가맹점은 브랜드 혜택과 선도적 가맹점의 성과로 자기 노력과 비용 지급에 비해 더 많은 것을 얻을 수 있다는 가정(assumption)입니다. 모두가 하나의 브랜드 이름으로 엮여 있기 때문입니다.

Branchise의 개념과 특징은 위와 같은 긍정적인 상황보다는 아래와 같은 부정적인 상황으로 이해하면 분명해집니다. 부정적인 사례가 어떤 개념을 설명할 때 유용할 경우가 많습니다.

오늘날 가맹본부의 비윤리적 일탈행위는 단기간에 가맹점의 매출을 끌어내리거나 폐업까지도 유발할 수 있습니다. 이와 반대로 특정 가맹점의 위생 또는 고객 서비스의 문제는 부정적인 사회적 여론을 형성해 본사와 다른 가맹점들에게 치명적인 부정적 외부효과(external effect)로 작용할 수 있습니다. SNS 등 커뮤니케이션의 혁신은 일탈 사건을 빠르게 퍼트리면서 하루아침에 가맹본부 또는 가맹점의 생존을 위협할 수 있습니다. 당사자는 아무런 잘못이 없는데, 하나의 브랜드 이름으로 묶여 있다는 이유만으로 이러한 상황을 피할 수 없습니다.

프랜차이즈 브랜드가 10가지 일 중에 9가지를 잘했어도 하나의 잘못이 사회적, 윤리적 기준에서 크게 이탈한다면, 9가지의 성과는 비난의 여론에 묻히는 시대가 되었습니다. 무섭고 극단적인 예이지만, 이런 경우가 지금 때때로 발생하고 있습니다.

다른 예로, 가맹본부 대표의 유명세가 프랜차이즈 사업 시스템을 상징하는 경향이 있습니다. 특히 신생 브랜드에서 사업조직 자체가 아니라 가맹본부 대표의 개인적 역량이 해당 시스템의 전체를 대변하기도 합니다. 이 상황은 양날의 칼처럼 Branchise의 긍정성과 위험성을 동시에 부각합니다.

프랜차이즈 시스템의 수준은 구성 요소들이 얼마나 경쟁력과 지속성을 갖추었고, 가맹점의 사업성과와 연계해 얼마나 시너지 효과를 내고 있느냐에 따라 달라집니다. 따라서 프랜차이즈 시스템은 실질적 사업 요소와 실행력의 문제이기에 인물의 상징성과 대표의 개인적 역량이 이를 대신할 수 없습니다. 그럼에도 불구하고, 현실은 이와 크게 다를 수 있습니다.

그 예로, 인물의 상징성과 대표의 개인적 역량이 높은 브랜드가 현재 훌륭한 사업성과를 내고 있다면, Branchise의 상승효과는 매우 커질 수 있습니다. 상징적 인물의 긍정적인 이미지가 강할수록 그 브랜드는 광고와 개설의 비용을 크게 줄일 수 있습니다.

그러나 이와 정반대의 경우 인물의 상징성과 본사 대표의 행적으로 인한 역효과(adverse effect)는 예측할 수 없을 정도로 심각하게 나타날 수 있습니다. 역효과가 발생하면, 부정적인 Branchise 개념이 크게 작동해 브랜드는 물론 가맹점이 치명적인 손상을 입을 수 있습니다.

예컨대, 브랜드의 상징적 인물과 대표의 개인적 일탈 및 위법한 행동은 그것이 실제 브랜드 일과 관련성이 없어도 프랜차이즈 시스템의 전체 문제로 번질 수 있습니다. 또한 이들의 바람직하지 못한 기업가적 태도와 사업정책의 실책은 소비자의 실망을 초래하여 가맹점에 큰 손해를 끼칠 수 있습니다.

따라서 Branchise의 관점에서 보면 프랜차이즈 시스템이 특정인에 대한 의존도가 높을수록 어떤 것이 좋을 때와 나쁠 때가 극단적으로 차이가 나고, 그 여파는 예측하기 어렵습니다. Branchise의 개념은 어떤 상황에서는 '엄청난 선물'이지만, 반대의 상황에서는 '피할 수 없는 재앙'과 같습니다.

오늘날 프랜차이즈 사업이 Branchise의 특징을 보이는 이유는 브랜드 사업의 성격을 매우 진하게 함유하고 있기 때문입니다. 소비자는 가맹본부와 그 대표의 잘못은 브랜드의 잘못이고, 가맹점의 잘못도 브랜드의 잘못으로 인식합니다. 소비자는 가맹본부와 가맹점의 행동을 하나의 브랜드의 행동으로 인식하는 경향이 있기 때문입니다.

이 현상은 마케팅의 차원에서 결코 설명 또는 이해할 수 없는 부분입니다. 마케팅은 브랜드에서 강조하는 인식, 이미지, 연상, 정체성, 평판, 충성도에 대한 접근 가능성과 설명력이 브랜드의 차원보다 약하기 때문입니다.

그러므로 21세기 프랜차이즈 역사를 객관적이고 타당하게 이해하기 위해서 우리는 전통적인 마케팅 관점과 함께 내·외부 고객인 소비자와 가맹점 사업자의 시각과 평가가 반영된 Branchise의 차원의 접근도 병행해야 할 것입니다.

5. 글을 마치며: 한국시장과 Branchise

한국 프랜차이즈 시장은 지리적 범위는 작지만, 세계 프랜차이즈 시장에서 가장 **빠르고** 생동감 있게 발전해 온 곳입니다. 특히 하루가 다르게 변화하는 한국만의 뛰어난 기술 발전의 속도와 독특한 공동체 문화는 특정 사건과 사회적 현상을 빛의 속도로 전국에 확산하여 집단적인 여론의 신속한 형성에 원동력이 되어 왔습니다.

이러한 한국 특유의 경제적, 사회적, 문화적 특징으로 인해 한국 프랜차이즈 시장에서 Branchise의 관념과 영향력은 그 어떤 시장보다 중요한 의미를 함유하고 있다고 말할 수 있습니다.

한국 프랜차이즈 시장은 국내의 다른 상품시장보다 또는 전 세계 그 어떤 프랜차이즈 시장보다 Branchise의 긍정과 부정의 영향력이 더 크게 나타난다고 말해도 틀린 말이 아닐 것입니다.

결론적으로 전통적인 공급자 중심의 마케팅적 사고방식에서 벗어나 소비자와 가맹점사업자의 시각과 평가를 중시하는 Branchise 개념의 차원에서 자신의 프랜차이즈 시스템과 사업을 설계하고 바라볼 때, 국내 프랜차이즈 브랜드들은 지속 가능한 사업성과와 장기적인 성장을 이룩할 수 있을 것입니다.

맺음말

Ⅰ. 프랜차이즈 역사에게 가야 할 길을 묻다

"역사를 잊은 민족에게 미래는 없다"라는 말은 이 책에서 거창할 수 있습니다. 하지만 프랜차이즈 역사에 대한 이해 없이 시장 발전을 기대하는 상황은 실현되기 힘든 소원을 맹목적으로 비는 것과 같습니다. '역사의 빈곤'은 결국 국내시장을 저품질의 늪으로 밀어 넣을 것이기 때문입니다.

"역사는 반복된다(History repeats itself)"라는 격언은 역사적 사실의 교훈과 그 울림을 되새겨 과거의 잘못된 역사를 반복하지 않아야 한다는 반어법적 뜻이 숨어 있습니다. 이 격언은 지금보다 나은 미래를 맞이하기 위해 역사적 사실들로부터 현재를 개선할 교훈과 가르침을 찾아야 한다는 임무를 우리에게 부여합니다. 프랜차이즈 역사의 무지(無知) 또는 불충분한 이해는 우리도 모르는 사이에 과거의 바람직하지 못한 행동을 반복하도록 계속 유인할 것이기 때문입니다.

역사는 최고의 교과서입니다. 이에 프랜차이즈 역사에 대한 풍부한 이해는 오늘날 국내 프랜차이즈 시장이 처한 현실을 객관적으로 비추어 볼 수 있는 거울이면서 미래의 프랜차이즈 시장이 나아가야 할 방향성을 제시하는 나침반이 될 것입니다.

프랜차이즈 역사의 역사적 사실과 그 교훈은 지금 무엇이 옳고 무엇을 해야 하는지를 정확히 알려 주는 정면교사(正面敎師)가 되지 못하더라도, 적어도 우리가 어떤 일을 하지 말아야 하는지에 대한 따끔한 반면교사(反面敎師)가 될 수 있기 때문입니다.

II. 한국 프랜차이즈 역사기록의 아쉬움

1. 짧은 역사지만, 매우 큰 영향

한국 프랜차이즈 역사는 짧습니다. 1977년 신세계 백화점에서 개점한 림스치킨, 1979년 난다랑 커피전문점, 1979년 최초의 기업형 프랜차이즈였던 롯데리아를 출발선으로 본다면, 한국 프랜차이즈의 역사는 50년이 채 안 되었습니다.

그러나 오늘날 한국의 유통 및 소매시장은 프랜차이즈 사업을 빼고 이야기하는 것이 불가능할 정도로 프랜차이즈적 라이프 스타일과 문화는 소비자의 일상과 밀접히 관련되어 있습니다.

2. 절실한 한국 프랜차이즈의 역사연구

이 책은 원래 한국 프랜차이즈 역사의 일부를 다루려고 했습니다. 이에 자료들을 열심히 찾았지만, 책에 담을 수 있는 내용이 매우 부족했습니다. 크게 낙담했으나 어쩔 수가 없었습니다.

한국 프랜차이즈 시장의 발전을 위해 앞으로 보완해야 할 일이 많습니다. 그 가운데 가장 소외되고 있는 부분이 한국 프랜차이즈에 관한 체계적이고 객관적인 역사기록일 것입니다. 한국 프랜차이즈 시장이 어떻게 형성되었고 어떠한 과정으로 발전했는지, 존재해 왔던 브랜드들이 무엇을 남겼는지, 그리고 시대적 배경에 따라 프랜차이즈 시장의 역할과 공헌이 어떠했는지에 대한 역사기록과 그 평가가 현재 거의 없습니다.

그 결과 우리는 실무적으로 한국 프랜차이즈 역사에 대해 공유할 수 있는 내용을 거의 가지고 있지 못합니다. 이 이유로 공식적이거나 대표성이 있는 한국 프랜차이즈의 역사적인 '사업적 족보(族譜)'를 우리는 아직 보유하고 있지 못 합니다. 그렇다 보니 현재 프랜차이즈 시장 참여자들의 공통적 지향점이 분산되어 있고, 바람직한 시장 문화의 형성을 향한 프랜차이즈 기업가 정신의 '관성과 결집력'이 약하며, 국내시장이 나아가야 할 방향성에 대한 합의된 목표가 뚜렷하지 못합니다.

우리는 한국 프랜차이즈의 역사적 발자취를 거울삼아 시장의 현실을 객관적으로 평가하고, 미래 발전을 위해 무엇을 준비해야 할지 명확하게 파악할 수 있을 것입니다. 이를 위한 자발적 각성 없이 한국 프랜차이즈 역사에 대한 무관심이 지금처럼 지속된다면, 우리는 미래 주역에게 넘겨주어야 할 가치 있는 역사적 사실과 그 유산을 계속 잃어버릴 것입니다.

3. 누가 역사기록을 해야 하는가?

한국 프랜차이즈의 역사기록과 평가는 단지 프랜차이즈 업계만의 문제가 아닙니다. 프랜차이즈 역사연구는 당연히 업계, 단체, 학계 등이 자발적으로 수행해야 하지만, 그렇다고 해서 정부나 관련 조직들이 두 손 놓고 방치할 일이 아닙니다.

민간 경제와 창업시장의 순기능을 고려하자면, 하나의 분명한 결론은 국내시장의 시장 문화가 지금보다 나아져야 한다는 점일 것입니다. 한국 프랜차이즈 역사의 객관적인 기록과 평가는 궁극적으로 국내 창업시장의 품질 개선과 자립형 소상공인의 사업활동에 유익한 영향을 미칠 것입니다.

이를 위해 그 첫걸음으로 누군가가 나서서 한국 프랜차이즈 역사의 '일기장'을 '있는 그대로' 성실히 작성해야 할 것입니다. 우리는 이 기록과 평가를 역사의 정면교사와 반면교사로 삼아 더 나은 현재와 미래를 위해 무엇인가를 설계하고 가치 있는 일을 준비할 수 있을 것입니다.

III. 어느 곳에서나 존재해 왔던 프랜차이즈적 관계

프랜차이즈적 관계는 고대부터 지금까지 유럽 및 미국뿐만 아니라 세계 곳곳에서 존재해 왔고, 해당 지역의 경제, 사회, 정치, 문화의 시대적 상황과 특징을 반영하면서 발전해 왔습니다.

이 책에서 정의한 다차원적인 접근처럼, 위임받은 일을 수행한 대가로 획득한 자유·면제·해방, 특권·자치권, 위임 통치와 관리, 공공 서비스 제공, 독점적 권리와 권한, 경제적 거래 등의 프랜차이즈적 관계는 시간과 장소에 상관없이 시대적·관계적 상황에 적응하며 역사적으로 진화해 왔습니다.

쉽게 말해, 한국의 삼국, 고려, 조선, 근대, 현대의 역사에서도 만약 위에서 나열한 관계가 존재했다면, 그것은 프랜차이즈적 관계였다고 할 수 있습니다. 다만, 우리는 표현이 생소해서 그 관계를 프랜차이징이라고 부르지 않을 뿐입니다. 따라서 한국의 경제, 사회, 정치의 역사 일부도 프랜차이즈적 관점에서 이해될 수 있을 것입니다.

프랜차이즈적 관계가 상호 우호적일 때, 문제는 발생하지 않았습니다. 그러나 그 당사자들이 서로 대립하고 갈등할 때, 프랜차이즈적 관계는 유지되지 못했습니다. 역사적으로 한쪽이 이익 제공을 강요하거나 강압적인 행동을 보였을 때 프랜차이즈적 관계는 결국 파국에 이르렀습니다.

이 사실은 프랜차이즈 역사로부터 얻을 수 있는 수많은 역사적 교훈들에서 잊지 말아야 할 가장 근원적인 가르침입니다. 프랜차이즈적 관계는 궁극적으로 파트너십에 기반해 시너지 효과를 발현하는 관계이지 한쪽만의 이익을 위한 관계가 아닙니다. 역사적으로 어느 한쪽이 약속을 깨고 상대방의 이익을 침해했을 때, 그 프랜차이즈적 관계는 지탱하지 못했습니다.

Ⅳ. 한국 프랜차이즈 시장은 지금 어떠한가?

1. 국내시장은 확실히 다른가?

현재의 한국 프랜차이즈 시장의 품질은 과거 미국의 프랜차이즈 암흑기와 비교해 볼 때 우수하고 확실히 다를까요? 분명히, 지금의 국내시장은 그때의 미국보다 훨씬 낫습니다. 특히 상품과 서비스가 소비자 지향적이고 역동적인 시장특징은 다른 어떤 나라의 프랜차이즈 시장보다 매력적입니다.

그러나 냉정히 말해 국내시장은 미국과 달리 2002년부터 '가맹사업법'을 통해 시장 규제를 해 왔습니다. 그리고 거래관계의 공정성 개념이 21세기부터 시장에서 진화해 왔다는 점을 고려한다면, 미국의 프랜차이즈 암흑기보다 지금 국내시장의 품질이 우월한 것은 당연한 상황이 아닐까요?

2. 반복되고 있는 잘못된 역사

국내의 일부 가맹본부와 선동자는 자기 이익을 챙기면서 시장 발전을 위해 노력하고 있다고 자신을 허구로 치장하고, 자기 잘못으로 시장에 큰 피해를 주었는데도 이를 모르는 체하고 있는 상황은 미국의 프랜차이즈 암흑기와 닮았습니다. 허위·과장된 정보, 기만적인 사업행태, 불공정한 거래관계와 이익분배, 출점의 강박관념, 본사 중심의 경영방식, 일방적 소통방식, 가맹점 관리 소홀의 문제점들은 한국 프랜차이즈 시장이 자정하고 해결해야 할 과제로 여전히 남아 있습니다.

미국의 celebrity 사례처럼 일부 유명인들은 통상적인 광고 수준을 넘어 허위의 정보로 창업자를 현혹하고 있습니다. 일부 가맹본부와 전문가들은 본사의 재무적 성과와 M&A를 위해 가맹점과의 공정한 거래관계 및 이익분배를 멀리하고 있습니다. 사업적 경력과 전문적 지식이 부족한 이들은 전문가 행사를 하며 '성장하면 모든 것은 해결된다'라는 논리로 가맹본부의 눈과 귀를 막고 있습니다. 일부 가맹본부들은 그러한 사업적 방향이 위법하고 잘못되었다는 사실을 인지하고도 단기적인 사업성과만을 위해 이 사실을 묵과하면서 앞만 보고 달리고 있습니다.

심각한 문제는 SNS의 발전으로 저렴한 비용에, 시간에 상관없이, 빠르게 많은 창업자들을 만날 수 있게 된 가맹본부의 일부는 눈으로 보고도 믿기 힘든 정도의 매출과 이익의 수준을 표시한 창업광고를 온라인에 홍수처럼 쏟아 내고 있습니다.

그 결과 시장은 누가 장기적인 성장을 할 수 있느냐를 경쟁하는 곳이 아니라 자유방임의 논리로 누가 더 빨리 가맹점의 숫자를 늘려 사업규모를 키우느냐의 싸움터가 되어 버렸습니다. 이와 같은 예시는 국내시장의 일부 현상입니다. 그렇지만 정도의 차이가 있을 뿐, 미국 프랜차이즈 암흑기 역사의 일부가 지금 국내에서도 반복되고 있다는 사실은 부정하기 어렵습니다.

3. 과연, 창업시장의 유능한 대안인가?

미국의 현대 프랜차이즈 역사는 흑인, 소수인종, 여성과 같은 사회적 약자들의 경제적 참여를 촉진했고, 고용 창출과 지역경제의 활성화에 크게 이바지했습니다. 이러한 역사적 사실의 진중함을 제외하더라도, 현대 프랜차이즈는 역사적으로 자립형 소상공인의 경제적 자립과 부의 축적의 유망한 통로이자 매력적인 창업대안이 되어 왔습니다.

그러나 "영원한 것은 없다"라는 격언처럼 그것은 과거의 사실이었을 뿐, 프랜차이즈 사업이 미래의 시장에도 과연 그러한 존재로 남아 있을지는 아무도 모릅니다.

1950~60년대 미국 프랜차이즈 브랜드들의 혁신적인 상품과 서비스는 소비자에게 마법사처럼 다가왔습니다. 미국처럼, 한국 프랜차이즈 시장도

외환위기 이후 2010년대까지의 성장과정에서 혁신적이고 새로운 상품과 서비스를 제공해 국내의 상품시장과 소비자에게 큰 환영을 받았습니다.

그러나 지금도 국내 프랜차이즈 브랜드의 상품과 서비스에 대한 시장과 소비자의 평가가 과연 그때와 비슷할까요? 그렇다면, 왜 우리는 언론을 통해 국내시장에 대한 부정적인 뉴스들을 거의 매일 접해야 할까요?

4. 무엇을 지향해야 하나?

소기업과 자립형 소상공인에 유능한 창업대안이 되지 못하고 시장의 신뢰를 잃어 간다면, 한국 프랜차이즈 시장의 존재 타당성과 경제적, 사회적 순기능은 약해질 것입니다.

이 상황을 극복하기 위해 파트너십의 사업철학과 바람직한 프랜차이즈 기업가 정신이 국내시장을 지배하고, 그 기준과 영향력을 존중하면서 이를 따르고자 하는 참여자들이 지금보다 시장에서 훨씬 우세해지고 우월해져야 합니다.

이를 위해 우리는 '자족감'과 '안일함'을 버리고, 현재의 시장 상황을 있는 그대로 인정하는 '의식적인 겸손'과 현안들의 바람직한 개선을 위한 '의식적인 실천'을 민첩하게 작동해야 합니다.

우리가 이러한 실천을 외면하여 바람직하지 못한 시장 참여자들이 우세해진다면, "악화가 양화를 구축한다"라는 말처럼 한국 프랜차이즈 시장은 결국 저품질의 레몬시장(lemon market)의 낭떠러지로 추락할 것입니다.

그렇게 되면, 프랜차이즈 업(業)에 애착과 소명의식을 가진 종사자들의 목소리가 선동자들의 기세에 의해 계속 눌려 그들이 오히려 시장을 떠나는 안타까운 상황을 우리는 참담한 심정으로 목격해야 할 수도 있습니다.[479]

V. 한계와 향후 기대

이 책의 한계와 향후 기대를 말하자면 아래와 같습니다.

첫째, 고안된 집필 방법과 문헌의 인용법으로 내용의 객관성과 신뢰성을 최대한 확보하려 했지만 부족할 수 있습니다. 이 책보다 고증에 충실한 프랜차이즈 역사의 통합책이 가까운 장래에 출간되기를 기대합니다.

둘째, 이 책은 프랜차이즈 역사에 대한 사회과학 도서입니다. 이에 인문학적인 관점에서 이 책과 접근법이 다른 프랜차이즈 역사책이 앞으로 나오길 학수고대하겠습니다.

셋째, 본 책은 1980년대까지의 현대 프랜차이즈 역사만을 담았습니다. 1990년대 이후의 프랜차이즈 역사에 대한 전문서가 출간된다면, 업계에 큰 도움이 될 것으로 생각합니다.

넷째, 문헌과 지면의 한계로 프랜차이즈 역사에서 성과를 낸 브랜드들을 아주 많이 담지 못했습니다. 향후 역사적 사례로써 다양한 프랜차이즈 브랜드들의 흥미진진한 이야기를 실은 역사책이 출간되기를 기대합니다.

다섯째, 유럽의 프랜차이즈 역사는 근대 맥주 프랜차이즈까지 다루어졌습니다. 앞으로 미국 이외에 유럽과 아시아의 프랜차이즈 역사도 함께 설명하는 책이 출간되기를 기대합니다.

여섯째, 본 책은 브랜드들의 역사와 연계하여 그들의 한국진출의 역사와 현 상황을 설명하고 있지만, 한국 프랜차이즈의 전체적인 역사를 포함하지 못한 것은 매우 아쉬운 점입니다. 앞서 설명한 것처럼, 한국 프랜차이즈 시장의 역사를 체계적으로 이해하는 일은 시장의 발전을 위한 근간이기에 한국 프랜차이즈 역사에 대한 통합책이 머지않아 출간되기를 기원합니다.

VI. 책을 마치며

사실, 본 책은 '프랜차이즈 정곡' 시리즈의 기획 차원에서 저자의 첫 번째 책보다 먼저 기획되었습니다. 그러나 그 내용이 워낙 방대하여 시작부터 엄두가 나지 않았습니다. 그래서 한동안 손을 놓고 있었는데, 다행히 첫 책의 출간 후 다시 용기를 내어 비로소 이 작업을 마칩니다.

역사의 자료들을 최대한 모으기 위해 상당한 번역작업이 필요했습니다. 그랬던 이유는 외국 자료를 선호해서가 아니라 국내 문헌들로부터 관련 자료를 얻을 수 없었기 때문이었습니다. 자료 정리 후 고안된 문헌 인용법을 적용해 글을 쓰다 보니 집필 시간이 예측했던 것보다 많이 걸렸습니다.

역사가도 전문작가도 아닌 필자에게 역사책의 집필은 무척 어렵고 힘든 여정이었습니다. 결과적으로 통합적인 프랜차이즈 역사책으로써의 이 첫 시도가 독자로부터 어떠한 평가를 받을 수 있을지 잘 모르겠습니다. 그렇지만 최종 출간으로 머리와 가슴을 짓눌렀던 부담을 덜게 되어 마음이 후련하고 성취감까지 얻어 개인적으로 기쁩니다.

이 작업을 묵묵히 지지해 주었던 사랑하는 가족과 주변에서 응원해 주신 모든 분께 이 공간을 빌려 감사의 인사를 드립니다. 직업과 사업으로써 현재 프랜차이즈 업(業)에 종사하고 시장의 발전을 위해 부단히 노력하시는 모든 분께 이 책을 바칩니다. 바라건대, 이 책이 한국 프랜차이즈 시장의 건전한 발전과 시장 문화의 정착에 조금이나마 도움이 되길 기대합니다.

저자 이수덕 올림

부록

Ⅰ. 참고문헌
1. 논문

101. Abels, R. (2009). The historiography of a construct: Feudalism and the medieval historian. *History Compass*, *7*(3), 1008-1031.

102. Adams, J. M. (2011). The American restaurant is never merely a place to eat; It is a place to go, to see, to experience, to hang out in, to seduce in, and to be seduced. 1-11.

103. Apriliani, P., Tikawati, T., & Fadhilah, N. (2021). The influence of brand image, Halal label, and product quality on Kentucky Fried Chicken (KFC) purchase decisions. *In Annual International Conference on Islamic Economics and Business*. 1, 202-218.

104. Atala, M. (1996). Is Peru a Great Place for A&W?. *Lynn University Spiral*, 1-36.

105. Augustine, D., & Hrusoff, R. R. (1969). Franchise Regulation. *Hastings Law Journal*, *21*, 1347-1382.

106. Bak, S. (1997). McDonald's in Seoul: Food choices, identity, and nationalism, in Watson, J.L. (ed.) Golden Arches East: McDonald's in East Asia. Stanford, CA: *Stanford University Press*, 136-160.

107. Banutu-Gomez, M. B. (2012). Coca-Cola: International business strategy for globalization. *The Business & Management Review*, *3*(1), 155-169.

108. Baucus, D. A., Baucus, M. S., & Human, S. E. (1996). Consensus in franchise organizations: A cooperative arrangement among entrepreneurs. *Journal of Business Venturing*. *11*(5), 359-378.

109. Bayer, L. (1982). The gasoline station. *The Historic Huntsville Quarterly*, *9*(1), 5-24.

110. Beck, S., Deelder, W., & Miller, R. (2010). Franchising in frontier markets: What's working, what's not, and why. *Innovations: Technology, Governance, Globalization*, *5*(1), 153-162.

111. Bosshardt, W., & Lopus, J. (2013). Business in the middle ages: What was the role of guilds?. *Social Education*, *77*(2), 64-67.

112. Brizek, M. G. (2012). Coffee wars: The big three: Starbucks, McDonald's and Dunkin'Donuts. *Journal of Case Research in Business & Economics*, *5*, 1-12.

113. Brown, H. (1972). Franchising: Fraud, concealment and full disclosure. *Ohio St. Law Journal*, *33*, 517-571.

114. Brown, K. A., & Hyer, N. L. (2007). Archeological benchmarking: Fred Harvey and the service profit chain, Circa 1876. *Journal of Operations Management, 25*(2), 284-299.

115. Burand, D., Koch, D., & Yang, K. (2019). Scaling social enterprises through franchise models: Rethinking social franchise agreements. *UMKC Law Review, 88*, 827-871.

116. Bussert, C. P. (2020). Trademark law and franchising. *Franchise Law Journal, 40*(1), 127-148.

117. Callaci, B. (2021). Control without responsibility: The legal creation of franchising, 1960-1980. *Enterprise & Society, 22*(1), 156-182.

118. Carr, L. (2007). From diner to domination: Understanding the rise of the fast food restaurant in the USA. *NeoAmericanist, 2*(2), 1-13.

119. Chan, C. Y., Kee, D. M. H., Chong, E., Hak, K. K., Yeong, P. H. A., Stephani, S., ... & Sin, L. G. (2020). The challenges of healthy lifestyle: A study case of Kentucky Fried Chicken. *International Journal of Tourism and Hospitality in Asia Pacific, 3*(2), 57-69.

120. Curtin, P. A. (2008). Fred Harvey Company public relations and publicity (1876-1933). *Journal of Communication Management, 12*(4), 359-373.

121. Davidson, A. B. (1995). The medieval monastery as franchise monopolist. *Journal of Economic Behavior & Organization, 27*(1), 119-128.

122. De Pree, J., & Su, S. Y. (2011). Defining, executing and evolving microfranchise templates. *Procedia Computer Science, 5*, 669-676.

123. De Souza Tavares, W., & Silitonga, R. U. (2023). The Coca-Cola Company advertising history illustrated through phonecards. *International Journal of Arts and Humanities, 4*(1), 137-146.

124. Dizon, K. (2019). Who screams for ice cream? The influence of class, gender, and nutrition on the history of ice cream. *The Sociological Eye*, 45-49.

125. Dugan, B.S. (2008). Girls wanted for service at the Fred Harvey Houses. master's thesis, *Texas TechUniversity*. 1-89.

126. Bates, P. R. (1971). Siegel v. Chicken Delight, Inc.: What's in a name. *Hastings LJ, 23*, 1147-1173.

127. Emerson, R. W. (2008). Franchise contracts and territoriality: A French comparison. Entrepreneurial Bus. *Law Journal, 3*, 315-354.

128. Feid, M. (2023). At the crossroads of the American dream and mass media in a global pandemic as seen through the lens of small business in franchising. doctoral dissertation, *Baylor University*, 1-45.

129. Frasca, R. (1988). Benjamin Franklin's Printing Network. *American Journalism, 5*(3), 145-158.

130. Fulop, C., & Forward, J. (1997). Insights into franchising: A review of empirical and theoretical perspectives. *The Service Industries Journal, 17*(4), 603-625.

131. Galvano, F., & Crescimone, S. (2020). Analysing the effects of the pandemic on advertising strategies the case study of Coca-Cola. *Behaviour Analysis Team*, 1-18.

132. Gandhi, H. V. (2014). Franchising in the United States. *Law & Business Review of The America, 20*(1), 3-24.

133. Gersen, J. E., & Hemphill, C. S. (2023). The Coca-Cola bottle. *Published Online by Cambridge University Press*, 361-383.

134. Gray, J. (2007). The Rexall story: A history of genius and neglect Mickey C. Smith. *Canadian Bulletin of Medical History, 24*(2), 492-493.

135. Gurnick, D. (2021). The first franchise. *Franchise Law Journal. 40*(4), 631-645.

136. Halder, S., Ganguly, D., & Singh, V. P. (2016). Design process and its application on the improvement of the coke bottle. *International Journal of Advanced Packaging Technology, 4*(1), 185-199.

137. Hazera, A. (2017). John Lee Hancock, The Founder 2016. *Markets, Globalization & Development Review, 2*(4). 1-6.

138. Hess, A. (1986). The origins of McDonald's golden arches. *The Journal of the Society of Architectural Historians, 45*(1), 60-67.

139. Hunt, S. D. (1977). Franchising: Promises, problems, prospects. *Journal of Retailing, 53*(3), 71-84.

140. Hunt, S. D., & Nevin, J. R. (1976). Full disclosure laws in franchising: An empirical investigation: What effects have the full disclosure laws had on the franchise system of distribution?. *Journal of Marketing, 40*(2), 53-62.

141. Hunter, L. C. (1943). The invention of the western steamboat. *The Journal of Economic History, 3*(2), 201-220.

142. Hurley, A. (1997). From hash house to family restaurant: The transformation of the diner and Post-World War II consumer culture. *The Journal of American History, 83*(4), 1282-1308.

143. Husna, N., Kee, D. M. H., Amirah, N. W., Syazreeza, R., Fatihah, N. A., Pandey, S., ... & Pandey, R. (2020). How organizational management affect employees' motivation and service quality: A study of Kentucky Fried Chicken (KFC). *International Journal of Applied Business and International Management, 5*(2), 73-81.

144. Hussain, D., Grünhagen, M., Panda, S., & Hossain, M. I. (2020). Franchising in South Asia: Past, present, and future developments. *Journal of Marketing Channels, 26*(4), 227-249.

145. Hurst, A. L. (1997). Restaurant franchisor expansion strategy: An exploratory study. doctoral dissertation, *Virginia Polytechnic Institute and State University*, 1-64.

146. Ikonomi, E. (2014). Franchise contract and good faith. *Mediterranean Journal of Social Sciences*, *5*(22), 313-319.

147. Jackson, E. C. (1979). Ethnography of an urban Burger King franchise. *Journal of American Culture*, *2*(3), 534-539.

148. Jana, A., Pinto, S., & Moorthy, P. R. S. (2016). Ice cream and frozen desserts. *Agrimoon. India.* 1-145.

149. Jashari, A., & Osmanaj, E. (2019). Legal treatment of franchise in Northern Macedonia and Republic of Kosovo. *Juridical Tribune Journal*, *9*(3), 618-627.

150. Jeffrey B. Gale. (1993). Carvel ice cream records(1934-1989). *Archives Center, National Museum of American History*, 1-38.

151. Kieu, N. (2012). Positioning the Häagen-Dazs ice cream franchise in Ho Chi Minh City for selected target markets. *Hamk University of Applied Sciences*, 1-152.

152. Killion, W. (2008). The modern myth of the vulnerable franchisees: A case for a more balanced view of the franchisor-franchisee relationship. *Franchise Law Journal*, *28*(1), 23-33.

153. Killion, W. L., & Meiklejohn, A. M. (2013). The history of franchising. Chicago: *American Bar Association*, 1-27.

154. Klein, R. (2016). Fast-food restaurant industry: A Cleveland perspective 1930-2016, *Cleveland State University*, 1-209.

155. Klein, R. (2017). The legacy of the pharmacy industry: Cleveland, Ohio. *Cleveland State University*, 1-274.

156. Krischer, D. E. (1972). Franchise regulation: An appraisal of recent state legislation. *Boston College Review*, *13*(3), 529-567.

157. Kvizdová, K. (2015). Coca-Cola Advertising: Discourse analysis. doctoral dissertation, *Masaryk University Brno*, 1-88.

158. Kwon, Y. S., Mun, J. S., & Kwon, J. K. (2014). Relational commitment, performance, and the franchiser's management characteristics and fairness in food service distribution. *The Journal of Distribution Science*, *12*(12), 119-130.

159. Lafontaine, F., & Blair, D. R. (2008). The evolution of franchising and franchise contracts: Evidence from the United States. *Entrepreneurial Business Law Journal*, *3*, 381-434.

160. Lafontaine, F., & Scott Morton, F. (2010). Markets, state franchise laws, dealer terminations, and the auto crisis. *Journal of Economic Perspectives*, *24*(3), 233-250.

161. Lafontaine, F., & Shaw, K. L. (1998). Franchising growth and franchisor entry and exit in the US market: Myth and reality. *Journal of Business Venturing*, *13*, 95-112.

162. Lafontaine, F., & Slade, M. E. (2014). Franchising and exclusive distribution: Adaptation and antitrust. *The Oxford Handbook of International Antitrust Economics, 2*, 1-47.

163. Lagarias, P. C., & Kushell, E. (2013). Fair Franchise Agreements from the Franchise Perspective. *Franchise Law Journal, 33*(3). 3-32.

164. Landy, C. A. (2019). Bursting boilers, collisions, and races. *New York History, 100*(2), 269-286.

165. Lee, S. Y. (2017). A study on the growth mechanism of Burger King based on dynamic models of success and failure of businesses. *East Asian Journal of Business Economics, 5*(4), 39-49.

166. Leichtling, A. B. (1994). Scheck v. Burger King Corp.: Why Burger King cannot have its own way with its Franchisees. *U. Miami L. Rev., 48*(3), 671-690.

167. Lewandowska, L. (2014). Franchising as a way of creating entrepreneurship and innovation. Comparative Economic Research. *Central and Eastern Europe, 17*(3), 163-181.

168. Li, P. (2018). Research on the relationship between e-commerce and chain business. *Advances in Intelligent Systems Research, 148*, 35-38.

169. Lichtenberg, A. L. (2012). A historical review of five of the top fast food restaurant chains to determine the secrets of their success. *CMC Senior Theses*, 1-53.

170. Bull, I., & Willard, G. E. (1993). Towards a theory of entrepreneurship. *Journal of Business Venturing, 8*(3), 183-195.

171. Lucassen, J., De Moor, T., & Van Zanden, J. L. (2008). The return of the guilds: Towards a global history of the guilds in pre-industrial times. *International Review of Social History, 53*(16), 5-18.

172. Luytjes, M. (2008). Franchising: A new twist with old roots. *Journal of the North American Management Society, 3*(1), 42-47.

173. Mah, T. D. (2009). A strategic analysis for a multi-unit Dairy Queen operation In Canada. master's degree, *Simon Fraser University*, 1-83.

174. Mandell, J. A., Brodkey, I. S., & Egle, J. B. (2024). Talking past each other: Divergent approaches to the community-of-interest standard in Wisconsin's State and Federal Courts. *Franchise Law Journal, 43*(1). 23-48.

175. Mann, W. H. (1962). The marshall court: Nationalization of private rights and personal liberty from the authority of the commerce clause. *Indiana Law Journal, 38*(2), 117-239.

176. Maumbe, B. M., Musekiwa, A., & Makudza, F. (2020). Coca-Cola franchising business model: The case of mutare bottling company in Zimbabwe. *International Journal of Business Marketing and Management, 5*(7), 1-8.

177. McDermott, M., Boyd, T., Weaver, A. (2015). Franchise business ownership: A comparative study on the implications of military experience on franchisee success and satisfaction. *Entrepreneurial Executive, 20*(1), 9-30.

178. McDermott, M. J., & Butler, D. H. (2018). Women entrepreneurs and the influence of gender on successful franchising. *Global Journal of Entrepreneurship, 2*(1), 1-11.

179. Merges, R. P. (2004). From medieval guilds to open source software: Informal norms, appropriability institutions, and innovation. *Conference on the Legal History of Intellectual Property, University of Wisconsin, Madison*, 1-25.

180. Erickson, M. L. (1971). Siegel v. Chicken Delight: Continued erosion of defenses to tying arrangements. *Am. Bus. LJ, 9*, 21.

181. Minkler, A. (1991). Why firms franchise: A search cost theory. *Journal of Institutional and Theoretical Economics, 148*(2), 240-259.

182. Morey, W. C. (1893). How Rome governed the provinces. *The Biblical World, 2*(1), 29-37.

183. Mylonakis, J., & Evripiotis, M. (2016). Towards an assessment of globalization and localization of western east-food chains in China: The case of KFC. *European Journal of Business and Innovation Research, 4*(3), 17-28.

184. Nusair, K., & Parsa, H. G. (2006). Contributions of the White Castle and Ingram Family to the quick service restaurant industry. *Journal of Hospitality & Tourism Education, 18*(2), 5-11.

185. Ogilvie, S. (2014). The economics of guilds. *Journal of Economic Perspectives, 28*(4), 169-192.

186. Oxenfeldt, A.R. & Kelly, A.O. (1968-1969), Will successful franchise systems ultimately become wholly-owned chains?. *Journal of Retailing, 44*, 69-83.

187. Palmer, H. (2022). Regulating the relationship between franchisor and franchisee: Has the American dream become a corporate scheme?. *The Business, Entrepreneurship & Tax Law Review, 6*(1), 186-200.

188. Pöhler, M. L. (2017). Activating processes in the brand communication of valuable brands on the example of Coca-Cola. bachelor thesis, *Berlin School of Economics & Law*, 1-109.

189. Polanyi, K. (1978). Trade, markets, and money in the European Early Middle Ages. *Norwegian Archaeological Review, 11*(2), 92-96.

190. Preble, J. (1992). Franchising: A growth strategy for the 1990s. *American Journal of Business, 7*(1), 33-41.

191. Priest, G. L. (1993). The origins of utility regulation and the theories of regulation debate. *The Journal of Law and Economics, 36*(1), 289-323.

192. Repack, W., Repack, D., & Lin, J. C. J. (2014). Factors that influence women when purchasing a business format franchise. *Journal of Small Business and Entrepreneurship Development, 2*(3), 1-12.

193. Richardson, G. (2004). Guilds, laws, and markets for manufactured merchandise in late-medieval England. *Explorations in Economic History, 41*(1), 1-25.

194. Ronaldo Bruna, V., & Saavedra, E. (2011). Should we privatize or franchise public utilities? The role of the investment contract ability in getting the right answer. *Ilades-Uah and Cea-University of Chile*, 1-30.

195. Rosenthall, K. M. (2016). A generative populace: Benjamin Franklin's economic agendas. *Early American Literature, 51*(3), 571-598.

196. Rubin, P. H. (1978). The theory of the firm and the structure of the franchise contract. *Journal of Law and Economics, 21*(1), 223-233.

197. Sattler, T. D. (1970). Franchise full disclosure. *Nebraska Law Review, 50*(3), 526-542.

198. Shaikh, A. (2016). Conceptualizing fairness in franchisor-franchisee relationship: Dimensions, definitions and preliminary construction of scale. *Journal of Retailing and Consumer Services, 28*, 28-35.

199. Smith, R. J. (1929). The judicial interpretation of public utility franchises. *Yale LJ, 39*, 957.

200. Soliman, M. (2022). Why franchising is a smart business model: A comprehensive review. *Science Open Preprints*, 1-2.

201. Sonfield, M. C. (1993). Progress and success in the development of black-owned franchise units. *The Review of Black Political Economy, 22*(2), 73-87.

202. Stibbe, A. (2023). Taste the feeling: An ecolinguistic analysis of Coca-Cola advertising. *Journal of World Languages, 10*(2), 280-303.

203. Svendsen, S. (2013). Refresh. create. inspire. the mission, vision and values behind the Coca-Cola company and the digital marketing strategies of the open happiness campaign. master's degree, *Liberty University*, 1-122.

204. Troesken, W. (2006). Regime change and corruption. A history of public utility regulation. In Corruption and reform: Lessons from America's economic history. *University of Chicago Press*, 259-281.

205. Uddin, S. M. (2020). Operational strategies and management of KFC: An enquiry. *International Journal of Research and Development, 5*(4), 172-179.

206. Uldrich, J. (2005). Benjamin Franklin's extraordinary leadership. *Leader to Leader, 38*, 31-36.

207. Velentzas, J., & Broni, G. (2013). The business franchise contract as a distribution marketing system: Free competition and consumer's protection. *Procedia Economics and Finance, 5*, 763-770.

208. Virginsky, V. S. (1968). The birth of steam navigation in Russia and Robert Fulton. *Technology and Culture, 9*(4), 562-569.

209. Ware, E. O. (2014). Investigate the benefit practice of total quality management as competitive advantage in corporate institution: A case study of Cocoa-Cola bottling company Ghana Ltd. *Research Journal of Finance and Accounting, 5*(23), 97-99.

210. White, J., Gleiberman, A. M., & Rast, R. (2021). Franchising as a path to self-employment for women and minorities in Retailing. *Advances in Business Research, 11*(1), 78-101.

211. Wibisono, A. A., Mirzanti, I. R., & Wibowo, S. A. (2023). Proposed marketing strategy for Burger King Indonesia post Covid-19 pandemic. *International Journal of Business and Technology Management, 5*(2), 314-328.

212. Windeshausen, H. N., & Joyce, M. L. (1977). Franchising: An overview. *American Journal of Small Business, 1*(3), 10-16.

213. Winsor, R. D. (2004). Defining franchising in marketing: A Review of the Literature. *Loyola Marymount University*, 1-9.

214. You, T. Z. (2020). Quality assurance between McDonalds, KFC, Papa John. *Scientific Journal of Technology, 2*(2). 14-21.

215. Ziemnowicz, C., & Parnell, J. A. (2005). The growth and demise of the Howard Johnson's Restaurant Chain: A Schumpeterian Perspective. *Southern Management Association Meeting*, 1-12.

216. Ziółkowska-Berman, M. (2005). Franchising networks-origins and development. *Warsaw School of Economics, 63*, 86-100.

2. 단행본과 e-book

A. Barry Berman, Joel R. Evans & Patrali Chatterjee. (2018). Retail Management: A strategic approach. *Pearson Education Limited, 13th Eds*. 1-592.

B. Bascaro, A. (2018). The franchise fix: The business systems needed to capture the power of your food franchise. *Morgan James Publishing*. 1-220.

C. Dicke, T. S. (1988). Franchising in the American economy, 1840-1980. *The Ohio State University*. 1-364.

D. Grossmann, R., & Katz, M. J. (2021). Franchise bible: How to buy a franchise or franchise your own business. *Entrepreneur Press; 9th edition*. 1-420.

E. Jane. R. Plitt. (2019). Martha Matilda Harper and the American dream. *Jade Publishing*, 1-227.

F. Kulawik, A. (2009). The development of Coca-Cola advertising campaigns. *Wydawnictwo Internet Owe E-bookowo*, 1-22.

G. Marcia Chatelain. (2020). Franchise: The golden arches in black America. *Liveright Publishing Co.*, 1-326.

H. Ray Kroc (1977). Grinding it out: The making of McDonald's. *St. Martin's Paperbacks; Reissue edition (August 2, 2016)*. 1-256.

I. Rick Bisio. (2017). The educated franchisee: Find the right franchise for you. *Tasora Books*, 1-262.

J. Robert Edwards. (2021). The dark side of franchising. *Independently published*, 1-160.

K. Seid, M. H., & Thomas, D. (2000). Franchising for dummies. *IDG Books Worldwide Inc*, 1-408.

L. Stephen Spinelli, Robert Rosenberg, Sue Birley, (2004). Franchising: Pathway to wealth creation. *FT Prentice Hall*, 1-300.

가. Arnold Joseph Toynbee, 원창화 역. (2006년, 8쇄). 역사의 연구 Ⅰ. *홍신문화사*, 1-570.

나. Arnold Joseph Toynbee, 원창화 역. (2008년, 9쇄). 역사의 연구 Ⅱ. *홍신문화사*, 1-418.

다. Edward Hallett Carr, 김택현 역. (2012년, 34쇄). 역사란 무엇인가?. *까치글방*, 1-280.

라. 강한기, 이경석 외. (2023). McDonald's Korea 35 years brand story. *㈜코스토리랩*, 1-254.

마. 김덕호. (2014). 욕망의 코카콜라. *지호출판사*, 1-408.

바. 김영수. (2019). 기업가 정신: 이론과 실천. *학현사*, 1-392.

사. 밥 랭거트. 이지민 역. (2020). 햄버거 하나로 시작한 기업이 어떻게 세계 최대 프랜차이즈로 성장했을까?. *도서출판 성안당*, 1-376.

아. 스콧 A 세인. 윤지환, 이상규 역. (2011). 프랜차이즈란 무엇인가. *이상미디어*, 1-272.

자. 어맨다 시아폰. 이지민 역. (2021). 브랜드의 비밀. *도서출판 성안당*, 1-432.

차. 유동근. (2011). 통합 마케팅. *한경사*, 1-423.

카. 이수덕. (2023). 한국 프랜차이즈 기본에서 다시 생각하다. *지식과감성*, 1-368.

타. 전태유. (2010). 유통산업론. 전태유, *도서출판 두남*, 1-482.

파. 제임스 휘트먼 맥라모어, 김재서 역. (2021). 버거킹: 빅사이즈 햄버거의 기적. *예미*, 1-432.

하. 조지 리처. 김종덕 역. (2001). 맥도날드 그리고 맥도날드화. *시유시*, 1-376.

하-1. 폴 퍼셀라. 장세현 역. (2010). 맥도날드 사람들. 황소북스, 1-320.

3. 웹사이트 등

501. https://apps.leg.wa.gov/rcw/default.aspx?cite=19.100
502. http://alloy-artifacts.org/western-auto-supply.html
504. https://awrestaurants.com/blog/complete-history-aw-baby-mug
505. https://awfranchising.com/research/the-aw-story/

506. https://baskinrobbins.pk/our-history/
507. https://beerandbrewing.com/dictionary/x9Kdc4PlhJ/
508. https://blog.naver.com/knoc3/223293404871
509. https://blog.naver.com/prologue/PrologueList.naver?blogId=kintexex
510. https://bungalowclub.org/newsletter/summer-2019/buy-em-by-the-sack/
511. https://burgerbeast.com/burger-king-history/
512. https://burgerking.fandom.com/wiki/Burger_King
513. https://commercialcapitaltraining.com/business-resources/franchise-information/franchising-history/
514. https://corporate.mcdonalds.com/corpmcd/our-company/who-we-are/our-history.html
515. https://dairynews.today/global/news/istoriya-zhestkoy-politiki-brenda-burger-king.html
516. https://delcode.delaware.gov/title6/c025/sc05/index.html
517. https://detailxperts.com/tracing-the-history-of-franchising/
518. https://dfpi.ca.gov/about-the-franchise-investment-law/
520. https://ektinteractive.com/history-of-oil/
521. https://elitefranchisemagazine.co.uk/analysis/item/from-singer-to-subway-the-history-of-franchising
523. https://en.wikipedia.org/wiki/Baskin-Robbins
524. https://en.wikipedia.org/wiki/Irv_Robbins
525. https://en.wikipedia.org/wiki/Burt_Baskin
526. https://en.wikipedia.org/wiki/Burger_King
527. https://en.wikipedia.org/wiki/Burger_wars
528. https://en.wikipedia.org/wiki/Colonel_Sanders
529. https://en.wikipedia.org/wiki/Harland_Sanders_Caf%C3%A9_and_Museum
530. https://en.wikipedia.org/wiki/History_of_KFC
531. https://en.wikipedia.org/wiki/KFC
532. https://en.wikipedia.org/wiki/Retailers%27_cooperative
533. https://en.wikipedia.org/wiki/Rexall
534. https://en.wikipedia.org/wiki/Western_Auto
535. https://franchisecreator.com/introduction-to-the-history-of-franchising/
536. https://franchising.bk.com/about
537. https://franchises.businessmart.com/what-is-a-ufoc-uniform-franchise-offering-circular.php
538. https://franchisopedia.com/global/franchise-articles/Baskin-Robbins-success-story/
539. https://franserve.com/2020/10/martha-matilda-harper/
540. https://global.kfc.com/
542. https://ivan999.ru/en/oborudovanie/uvazhaemye-posetiteli-proekt-emsi-konsalting-vozobnovil-svoyu.html
543. https://jewishunpacked.com/the-jewish-history-of-baskin-robbins-how-two-jewish-entrepreneurs-created-an-ice-cream-empire/
544. https://kids.kiddle.co/History_of_Burger_King
545. https://mmhbook.wordpress.com/about-martha-matilda-harper/martha-

and-franchising/
546. https://mobile-cuisine.com/franchise/white-castle/
547. https://namu.wiki/w/버거킹/대한민국
548. https://namu.wiki/w/웬디스
549. https://www.franchisetimes.com/article_archive/what-really-happened-to-minnie-pearl-fried-chicken/article
550. http://wiki.hash.kr/index.php/증기기관차
551. https://www.baskinrobbins.co.kr/story/story.php
552. https://www.baskinrobbins.com/en/about-us
553. https://www.baskinrobbinsmea.com/en/about-us/company-profile/
554. https://www.benjaminfranklinplumbing.com/franchise/blog/2021/august/how-benjamin-franklin-became-the-father-of-franc/
555. https://www.bplans.com/start-a-business/franchise/history/
556. https://www.breyers.com/us/en/about.html
557. https://www.britannica.com/money/Burger-King-Corporation
558. https://www.britannica.com/money/McDonalds
559. https://www.britannica.com/money/Standard-Oil
560. https://www.burgerking.co.kr/
561. https://www.carvel.com/about-us
562. https://www.coca-cola.com/kr/ko
563. https://www.coca-colacompany.com/about-us
564. https://www.coca-colacompany.com/content/dam/company/us/en/about-us/history/coca-cola-a-short-history-125-years-booklet.pdf
565. https://www.company-histories.com/KFC-Corporation-Company-History.html
566. https://www.convenience.org/Topics/Fuels/The-History-of-Fuels-Retailing
567. https://www.democratandchronicle.com/story/news/local/rocroots/2019/05/19/rochester-history-carvel-ice-cream/3731693002/
568. https://www.dairyqueen.com/en-us/about-us/
569. https://www.dairyqueenfranchising.com/about-dq/the-dq-story/
570. https://www.ediblelongisland.com/2019/09/06/the-story-behind-carvels-flying-saucers/
571. https://www.encyclopedia.com/education/economics-magazines/baskin-burton-robbins-irvine
572. https://the-snack-encyclopedia.fandom.com/wiki/Baskin-Robbins
573. https://trustedfranchiseconsultants.com/history-of-franchising/
574. https://www.feedough.com/the-history-of-kfc/#google_vignette
575. https://www.findmyfranchise.co.uk/the-history-of-franchising
576. https://www.franchise.haagen-dazs.global/
577. https://www.franchise.org/franchise-information/franchise-relations/benjamin-franklin-father-of-franchising
578. https://www.franchise.org/franchise-vs-chain
579. https://www.quimbee.com/cases/siegel-v-chicken-delight-inc
580. https://www.franchise-uk.co.uk

581. http://www.franchising.com/articles/the_evolution_of_franchising.html
582. https://www.franchisehelp.com/franchisee-resource-center/why-doesnt-white-castle-franchise/
583. https://www.franchise-law.com/franchise-law-overview/a-brief-history-of-franchising.shtml
584. https://www.franchise.org/blog/the-history-of-modern-franchising
585. https://www.ftc.gov/business-guidance/resources/amended-franchise-rule-faqs#2
586. https://www.ftc.gov/business-guidance/resources/franchise-rule-compliance-guide(COMPLIANCE GUIDE, May 2008, FTC).
587. https://www.ftc.gov/sites/default/files/documents/federal_register_notices/franchise-rule-16-cfr-part-436/991022franchis.pdf(FRANCHISE RULE(16 C.F.R. Part 436)).
588. https://www.global-franchise.com/insight/meet-martha-matilda-harper-the-woman-who-pioneered-international-franchising-back-in-1891
589. https://www.hatchwise.com/resources/history-of-logos-burger-king-logo
590. https://www.icecream.com/us/en/brands/haagen-dazs/about/our-history
591. https://www.informit.com/articles/article.aspx?p=360649&seqNum=12
592. https://www.kcur.org/arts-life/2023-03-22/white-castle-hamburger-wichita-kansas-sliders-fast-food-history-mcdonalds
593. https://www.kfckorea.com/
594. https://www.korea.kr/news/policyNewsView.do?newsId=65083213&pWise=mMain&pWiseMain=G1#policyNews
595. https://www.legalkart.com/legal-blog/understanding-the-uniform-franchise-offering-circular-(ufoc)
596. https://www.linkedin.com/pulse/history-franchising-rich-lebrun-
597. https://www.linkedin.com/pulse/from-singer-sewing-machines-professional-sports-teams-rosabianca
598. https://www.lovefood.com/gallerylist/165967/the-history-of-kfc-who-was-colonel-sanders-and-when-was-kfc-founded
599. https://www.marketingdive.com/news/mcdonalds-burger-king-brand-rivalry-burger-wars/621713/
600. https://www.mashed.com/169222/ranking-chain-ice-cream-shops-from-worst-to-first/
601. https://www.mainefranchiseowners.org/about-us/history-of-franchising/
602. https://www.mashed.com/374027/why-youll-never-own-a-white-castle-franchise
603. https://www.mcdonalds.co.kr/kor/story/main.do
604. https://www.mcdonalds.com/us/en-us.html
605. https://www.mccormick.it/us/mccormick-180-years-of-history-and-technology/
606. https://oilprice.com/Energy/Energy-General/The-Complete-History-Of-Oil-Markets.html
607. https://www.petroleum.or.kr/industry/story_1_2

608. https://www.rochester.edu/pr/Review/V63N1/feature2.html
609. https://www.solarnavigator.net/sponsorship/coca_cola.htm
610. https://www.tasanet.com/Knowledge-Center/Articles/ArtMID/477/ArticleID/1251790/Where-It-All-Began-The-Evolution-of-Franchising
611. https://www.tastingtable.com/740768/rachael-rays-best-cooking-tips-for-home-chefs/
612. https://www.tbr-law.com/blog/2019/march/washington-s-fipa-franchisee-bill-of-rights-rcw-/
613. https://www.thebkbook.com/timeline
614. https://www.ubclawreview.org/franchise-ufoc.html
615. https://www.unileverusa.com/brands/ice-cream/breyers/
616. https://www.whitecastle.com/about-us/our-history
617. https://www.womenofthehall.org/inductee/martha-matilda-harper/
618. https://www.wrhistoricalsociety.com/white-castle
619. https://www.wideopencountry.com/minnie-pearls-fried-chicken/
620. https://franchise.ftc.go.kr/mnu/00013/program/userRqst/list.do (정보공개서 열람), 블루핸즈, 배스킨라빈스, KFC, 버거킹, 맥도날드
621. https://world.moleg.go.kr (세계법제정보센터)
622. https://www.ftc.go.kr (공정거래위원회)
623. https://www.law.go.kr/법령/유통산업발전법
624. 위키백과
625. 나무위키
626. 네이버 지식백과
627. 우리역사넷
628. 해시넷
629. https://en.wikipedia.org/wiki
630. https://wiki1.kr/index.php/
631. 영화_The Founder_2017
632. 영화_Green Book_2018

---

* 503, 522, 541은 최종 편집에서 삭제됨.
* 126, 170, 180, 549, 579는 최종 편집에서 추가돼 알파벳 순서대로 정리되지 못함.

II. 본문의 참고문헌 표기

머리말
1) 다.
2) 가.
3) 나.

제1부
4) 127_pp. 316—317 / 167_pp. 166-167 / 207_pp. 764-765 / 216.
5) I_pp. 65-67 / 159 / 213 / 583.
6) 153 / 583.
7) 127_p. 316.
8) 216.
9) 167_pp. 166-167 / 216.
10) 216.

제2부
11) 624 & 625 & 626_로마제국.
12) I_pp. 65-67.
13) 185 / 573.
14) 182_pp. 32-34.
15) 573.
16) 575.
17) 171_pp. 6-7 / 185.
18) 71 / 624 & 625_길드.
19) 573.
20) 624 & 625_라티푼디움.
21) 625 & 626_콜로누스, 콜로나투스.

제3부
22) 624 & 625 & 626_중세, 종사제, 은대지 제도.
23) 624 & 625 & 626_봉건제, 중세 신분제, 농노제.
24) 101_pp. 1010-1012 / 213 / 513.
25) 159 / 584.
26) 110_p. 155 / 610.
27) 555.
28) 146_p. 313 / 153 / 521.
29) 121_pp. 120-122 / 167_pp. 166-167.
30) 189_pp. 94-95.
31) 513.
32) 555 / 583 / 624_로열티.
33) 159_p. 382.
34) 111.
35) 625_길드
36) 111 / 171_pp. 9-10 / 573 / 575.
37) 171 pp. 6-7 / 185.
38) 575.
39) 171_pp. 9-10.
40) 111 / 575.
41) 625 & 626_한자동맹.
42) 185_p. 176.
43) 111.
44) 193 / 624 & 625_길드.
45) 185_pp. 170-171 & p. 188 / 624 & 625_길드.
46) 624 & 625 & 626_중상주의.
47) 624 & 625 & 626_1차 산업혁명.
48) 111.
49) 513 / 573 / 575.
50) 185_pp. 172-173 & pp. 181-183.
51) 171 / 185_pp. 172-173 / 216.
52) 185.
53) 185_pp. 181-183.
54) 216 / 573 / 575.
55) 575.
56) 179_pp. 5-8.
57) 573.
58) 카_pp. 55-57.
59) 573.
60) 573.
61) 카_pp. 185-186.
62) 185_pp. 172-173 / 573.
63) 111.
64) 573.

제4부
65) 624 & 625 & 626_절대왕정, 르네상스, 종교개혁.

66) 629_colony.
67) 624 & 625 & 626_대항해 시대, 식민지 시대.
68) 624 & 625_흑사병, 페스트.
69) 215.
70) 144.
71) 581.
72) 584 / 610.
73) 581 / 584.
74) 624_미국의 식민시대, 625_미국 식민제국.
75) 135_pp. 632-633.
76) 215 / 513 / 555.
77) 581.
78) 206_pp. 31-33 / 581.
79) 128_p. 2 / 200.
80) I_pp. 65-67 / 129_pp. 152-153 / 577.
81) 577.
82) 554 / 596.
83) 129_pp. 152-153 / 195.
84) I_pp. 65-67.

제5부
85) 624 & 625 & 626_근대, 근대시대.
86) 624 & 625 & 626_1차 산업혁명.
87) 624 & 625 & 626_증기기관.
88) 624 & 625 & 626_증기선.
89) 141_pp. 201-202 / 164_pp. 269-272.
90) 550 / 624 & 625 & 626 & 630_증기기관차.
91) 581 / 584.
92) 175_pp. 152-153.
93) 164_pp. 269-272.
94) 584.
95) 167_pp. 166-167 / 507 / 580.
96) 580.
97) 507.
98) 167_pp. 166-167 / 507.
99) 513 / 517 / 601.
100) 575 / 583 / 584.
101) 513 / 517.
102) 555.

103) 601.
104) 581 / 583 / 584.
105) 521.

제6부
106) 624 & 625 & 628_미국 남북전쟁.
107) 624 & 625 & 626 & 628_2차 산업혁명.
108) 624 & 625 & 626 & 627_제1차 세계대전.
109) 624 & 625 & 626 & 627_대공황.
110) 624 & 625 & 626 & 627 & 628_제2차 세계대전.
111) 152 / 153.
112) 자_p. 350 / 216.
113) 216 / 194.
114) 216 / 583.
115) 191_pp. 309-313.
116) 204_pp. 259-265.
117) 199.
118) C_pp. 49-50, 605.
119) 153.
120) C_pp. 56-79.
121) C_pp. 56-79 / 162.
122) 629_Singer_Corporation.
123) 583.
124) C_pp. 79-101 / 580.
125) 130_pp. 604-605 / 580.
126) 583.
127) C_pp. 79-101.
128) 162 / 216.
129) C_pp. 79-101.
130) I_pp. 65-66.
131) 584.
132) 153.
133) 146_p. 313 / 597.
134) 521.
135) C_pp. 102-105.
136) 114 / 120_pp. 360-365.
137) 581 / 610 / 629_Fred Harvey Company.
138) 120_pp. 360-365.
139) 114 / 120_pp. 360-365.
140) 114 / 575.

141) 114.
142) 114 / 120_pp. 360-365.
143) 120_pp. 360-365.
144) 114.
145) 114.
146) 114, 125_pp. 31-36.
147) 114.
148) 578, 623.
149) 타_pp. 253-256 / A_pp. 111-114 & pp. 114-116.

제7부
150) 216.
151) 521 / 581.
152) 562 / 563.
153) 야_pp. 31-33, 581.
154) 562 / 563.
155) 563.
156) F_pp. 10-14 / 131 / 157 / 188_pp. 28-30.
157) 131 / 157 / 203_pp. 6-17 / 563.
158) 마_pp. 58-60 / F_pp. 10-14 / 157 / 562.
159) 133_pp. 364-366.
160) 123 / 562 / 564 / 609.
161) 마_pp. 81-83 / 자_pp. 31-33 / 563 / 584.
162) 자_pp. 33-34 / 216 / 584.
163) 562.
164) 마_pp. 83-84.
165) 자_pp. 31-32, 521.
166) 562 / 564.
167) 자_pp. 34-35 / G_p. 7.
168) 마_pp. 85-87 / 자_pp. 43-45.
169) 584.
170) 162.
171) 자_pp. 42-43.
172) 133_pp. 364-366 & p. 562 / 136_pp. 188-189.
173) 609.
174) 209_pp. 97-98.
175) G_p 7.
176) 123 / 188_pp. 28-30 / 203_pp. 6-17.
177) 176_pp. 1-2.
178) 107.
179) 자_pp. 38-39 / 562.
180) E_p. 162, 580, 581, 584.
181) E_전체.
182) E_pp. 101-103.
183) 617.
184) E_pp. 66-69.
185) E_p. 39 & p. 137.
186) 588 / 617.
187) 162 / 539.
188) E_pp. 67-68.
189) 162 / 539.
190) E_pp. 80-81 & pp. 102-103.
191) E_p. 5.
192) E_pp. 74-75.
193) 115 / 153_pp. 8-9.
194) E_pp. 124-125.
195) E_pp. 70-71 / 153_pp. 8-9 / 608.
196) 539.
197) E_p. 69 & p. 87.
198) E_pp. 78-79.
199) E_pp. 37-38.
200) E_pp. 102-103.
201) 545.
202) 115 / 545.
203) I_pp. 65-67, 584.
204) 115.

제8부
205) 마_pp. 103-123 & p. 127.
206) 145_p. 1-2.
207) 213, 575.
208) 130_p. 605.
209) 117 / 190_p. 37.
210) 118.
211) 118.
212) C_pp. 120-133.
213) C_pp. 120-133.
214) 580.
215) 535 / 555 / 583.
216) 629_Ford Motor Company / 625_포드 모터.
217) 마_pp. 111-112 / 118.

218) C_p. 157.
219) C_p. 163.
220) 162.
221) C_pp. 138-177.
222) C_p. 163 / 555.
223) C_pp. 176-177.
224) C_pp. 119-122.
225) 620_블루핸즈.
226) 160_pp. 234-235.
227) 581.
228) 216.
229) 555 / 610.
230) 109 / 607.
231) 520.
232) 508 / 566.
233) 109 / 508.
234) 509.
235) 583.
236) 555 / 580.
237) 555.
238) 581.
239) 216.
240) 559.
241) 109 / 566 / 606.
242) 109.
243) 117_p. 161.
244) 130 / 159.
245) 583.
246) 109 / 566.
247) 534.
248) 502.
249) 584 / 610.
250) 213.
251) 575.
252) 134 / 149_p. 622 / 153 / 155_pp. 37-38 / 581 / 629_Retailers' cooperative.
253) 153 / 581.
254) 155_pp. 37-38.
255) 532 / 629_Retailers' cooperative.
256) 213.
257) 625 & 629_A&W Restaurants.
258) 104_pp. 10-12 / 216 / 610.
259) 505 / 629_A&W Restaurants.
260) 154_pp. 23-25.
261) G_p. 8 / 584.
262) 505.
263) 504 / 505.
264) 154_pp. 23-25.
265) 584.
266) 104_pp. 10-12.
267) 104_pp. 10-12 / 216 / 581.
268) 505.
269) 215 / 581 / 583.
270) 153 / 154_pp. 23-25 / 215 / 581 / 583 / 629_Howard Johnson's.
271) 102_pp. 7-8.
272) 215.
273) 215.
274) 215.
275) 142.
276) 215 / 581.
277) 142 / 629_Howard Johnson's.
278) 102_pp. 7-8.
279) 102_pp. 7-8.
280) 142.
281) 154_pp. 23-25.
282) 118.
283) 154_pp. 23-25 / 215 / 629_Howard Johnson's.

제9부
284) 124 / 148 / 624 & 625_아이스크림.
285) 124 / 148 / 556 / 615 / 624 & 625_아이스크림.
286) 176_pp 14-16 / 535 / 568 / 569 / 624 & 625_아이스크림.
287) 150_pp. 2-3 / 154_pp. 23-25 / 561 / 567 / 570, 624_Carvel.
288) 153 / 154_pp. 23-25 / 570 / 624_Carvel.
289) 523 / 524 / 525 / 552 / 572 / 600.
290) 533 / 543 / 600.
291) 506.
292) 571.
293) 523 / 551.
294) 551 / 620_베스킨라빈스.
295) 543 / 571.

296) 506 / 523 / 572.
297) 506 / 523 / 538 / 543.
298) 151 / 543 / 576 / 590 / 624 & 625_하겐다즈, 630_Häagen-Dazs.
299) 535.

제10부
300) 84 / 581 / 592.
301) 625_화이트캐슬 / 630_White Castle.
302) 592.
303) 154_pp. 23-25 / 616.
304) 510 / 592.
305) 602 / 616.
306) G_pp. 7-8 / 118 / 184.
307) 510.
308) 154_pp. 23-25 / 184 / 592 / 618.
309) 184 / 592.
310) 184 / 582 / 602.
311) 118 / 618.
312) G_p. 8 / 184.
313) 630_White Castle.
314) 118.
315) 154_pp. 23-25 / 184 / 546 / 582 / 602 / 630_White Castle.
316) 581 / 610 / 616.
317) 592 / 618.
318) 592.
319) 528 / 530 / 531.
320) 583.
321) 529 / 565 / 574.
322) 169_pp. 28-31 / 529 / 565 / 574 / 583.
323) 528 / 530 / 531.
324) 169_pp. 28-31 / 183 / 205.
325) 574.
326) 119_pp. 57-61 / 205.
327) 143_pp. 73-74 / 540.
328) 205 / 531.
329) 528 / 530 / 531.
330) 216 / 540 / 574.
331) 529 / 574 / 598.
332) 565.
333) 598.
334) 548.
335) 530.
336) 214_pp. 14-16 / 528 / 530 / 565 / 574.
337) 530 / 565.
338) 530 / 583.
339) 103_pp. 202-204 / 119_pp. 57-61 / 183 / 565 / 598.
340) 143_pp. 73-74 / 214_pp. 14-16 / 574.
341) 593.
342) 620_KFC.
343) 531 / 598.
344) 183.
345) 103_pp. 202-204 / 205.
346) 528.
347) 211 / 536 / 542 / 589.
348) 153 / 547 / 560 / 620_버거킹.
349) 512 / 526.
350) 파_pp. 80-83 / 526 / 544.
351) 511 / 526 / 557 / 589 / 613 / 625_버거킹.
352) 파_pp. 92-103 / 526 / 625_버거킹.
353) 557 / 560.
354) 파_pp. 115-121 / 511 / 526.
355) 153 / 165_pp. 39-43 / 515 / 527 / 611.
356) 527 / 599.
357) 184.
358) 165_pp. 39-43 / 515.
359) 166_pp. 689-690 / 512 / 526.
360) 라_p. 37 / 112 / 514 / 558 / 583 / 603 / 604.
361) 라_pp. 127-153 / 603.
362) 106.
363) 620_맥도날드.
364) G_pp. 25-31 / 137 / 514 / 521 / 555 / 588 / 624 & 625_맥도날드 / 629_McDonald's.
365) 112 / 514.
366) G_pp. 30-31/ 521 / 558 / 599.
367) 112 / 138 / 514.
368) 631.
369) H_pp. 5-7 / 514 / 558 / 583.

370) 555.
371) H_pp. 69-70.
372) 137 / 558.
373) H_pp. 7-12 / 137 / 521 / 555 / 558 / 629_McDonald's / 631.
374) 하_pp. 73-75 / G_pp. 36-37 / H_pp. 71-72 / 112 / 514 / 555 / 583.
375) 181.
376) G_pp. 25-28 / 216.
377) H_pp. 101-102.
378) 122 / 153 / 158_p. 121.
379) H_pp. 98-99 / 583.
380) H_pp. 100-101 & pp. 139-140 / 168_pp. 35-36.
381) G_pp. 389-39 / 112.
382) 하-1_pp. 149-150 / H_pp. 90-91 & p. 115 / 216 / 521.
383) 사_pp. 217-219 / 603.
384) 하-1_pp. 115-117.
385) 153.
386) 하_pp. 21-23 & pp. 37-43.

제11부
387) I_pp. 65-67.
388) G_pp. 32-33.
389) B_p. xv / K_pp. 77-80 / 575.
390) 172 / 213.
391) 116_pp. 127-128 / 163_pp. 8-11 / 172.
392) G_pp. 14-15.
393) 583.
394) 132_pp. 4-6 / 153.
395) 105.
396) 147 / 161_pp. 98-99 / 583.
397) 145_p. 1.
398) 153.
399) 212.
400) 139_pp. 71-73.
401) 573.
402) K_pp. 76-80 / 594.
403) 177_pp. 13-14.
404) 631.
405) 626_American Dream.
406) 153.
407) 152.
408) G_p. 7.

제12부
409) G_pp. 49-50 / 624 & 625 & 626_민권법.
410) G_pp. 39-40.
411) 632_Green Book.
412) G_pp. 39-40 / 201.
413) 178 / 192 / 210.
414) 178_pp. 9-10.
415) 139_p. 75 / 201_p. 74-77.
416) G_pp. 66-67.
417) G_pp. 16-17.
418) G_pp. 198-199 / K_pp. 32-33.
419) 192_pp. 3-7.
420) 192_pp. 3-7.
421) 196 / 210.
422) 139.
423) 210.

제13부
424) 152 / 153.
425) 139_pp. 74-75.
426) 583.
427) 581.
428) J_pp. 20-30 / 153.
429) 140_pp. 53-55 & pp. 61-62 / 153.
430) 113_pp. 517-519.
431) 아_pp. 33 / 153 / 591.
432) 521.
433) 139_pp. 78-79.
434) 108.
435) 132_pp. 4-6.
436) 139_pp. 76-77.
437) 126_pp. 1156-1158 / 156_pp. 529-533 / 180 / 579 / 583 / 629_Chicken Delight.
438) 139_p. 75 / 153.
439) 105_pp. 1347-1351 / 153 / 549 / 619.
440) 139_pp. 76-77.
441) 카_pp. 31-32 & pp. 37-38.
442) 186 / 196.

443) 139_p. 77.
444) 156_pp. 529-533.
445) 156_pp. 529-533.
446) 153.
447) 139_pp. 82-83.
448) 139_pp. 82-83.

제14부
449) 621.
450) 622, 624 & 625_연방거래위원회.
451) 621.
452) 132_pp. 4-6 / 140_pp. 53-55 & pp. 61-62.
453) 156_pp. 529-533.
454) 140_pp. 53-55 & pp. 61-62.
455) 153.
456) 174_p. 26.
457) 153 / 518.
458) 145_p. 2 / 153.
459) 140_pp. 53-55 & pp. 61-62 / 518.
460) 140_pp. 53-55 & pp. 61-62.
461) 153 / 516.
462) 174.
463) 140_pp. 53-55 & pp. 61-62.
464) 501 / 612.
465) 153.
466) K_pp. 80-100.
467) 573 / 595.
468) L_pp. 171-173.
469) 145_p. 3 / 583.
470) 145_pp. 18-19.
471) D_pp. 145-147 / L_pp. 171-173 / 583.
472) 585 / 586 / 587 / 614.

제15부
473) 159_pp. 386-387 / 161 / 583.
474) D_pp. 167-172.
475) 바_p. 16 / 170_pp. 185-186.
476) L_pp. 2-5.
477) 카_pp. 144-145 / 198.
478) 카_pp. 233-234.
479) 카_pp. 179-181 & 196-197.

---

* 표기법: 1), 2) 등의 앞쪽 괄호 숫자는 본문의 미주 번호. / 표기법의 예: 미주 5)는 Ⅰ. 참고문헌에서 기재된 4개의 문헌들이 통합적으로 기술되었다는 뜻.

* 논문(1~216) 그리고 단행본과 e-book(A~L, 가~하-1)의 표기에서 'p'와 'pp' 옆에 숫자는 기재된 문헌에서 해당 페이지들을 위주로 인용 및 참조한 것을 뜻함.

III. 찾아보기

1. 주요 단어

가맹사업법　98, 359, 387
가맹지역본부　183, 283
간접적인 위임 통치　43, 57, 59
거래상대방 구속　98
견습공　65, 68, 78
경제적 파트너십　제6장, 97
계약종료 위협　343
계층적 구조　69
고대 프랜차이즈　제2장, 28
골든 아치　289
관계품질　374
공공 계약　128
공공 서비스 프랜차이즈　제11장
공공 유틸리티 프랜차이즈　제11장, 214
공동 파트너십　96, 97
공정한 규칙　336
과민반응　346
교회 프랜차이징　54
구속조건부거래　98, 118
국제 프랜차이즈　78, 87, 165, 176, 192
국제프랜차이즈연합회　140, 174, 324, 367
귀중한 화물　265
그릴 앤 칠　244
근대 프랜차이즈　제6장, 제7장, 27, 82, 120
근세 프랜차이즈　제5장, 28, 94
글로컬　172
금주법　124, 291
기계 프랜차이즈　제12장, 26, 28, 205, 231
기사단 프랜차이징　56
길드동맹　제4장, 46
길드 프랜차이즈　제4장, 28, 44

내부 프랜차이즈　70
노동 분업　78
노동 전문화　78

노예화 프랜차이징　43
노하우　67, 74, 142, 230, 268, 306
농기계 프랜차이즈　제12장
농노제　47, 52
뉴딜 정책　124

다단계 피라미드 사기　335
다운스트림　116
단체표장　74
달변인 영업사원　333
대공황　102, 123, 176, 196, 201, 214, 287
대량구매의 힘　223, 342
대량 마케팅 거인　171
대체 가능한 기술자　263
대항해 시대　제5장
도매업체-소매업체　224
독점적 권리　37, 41, 60, 85, 90, 116, 162, 386
독점적 권한　37, 59
독립 에이전트　138, 202, 204, 215
독점 에이전트　138, 141, 143, 205
독점적 영업지역　57, 205, 209, 356, 358
동로마제국　40, 45
동인도 회사　86
뒷돈　339
드라이브 인 서비스　197, 277
드라이브 스루　197, 286
뜨거운 음식, 차가운 간식　243
디스커버리 데이　371
디지털 프랜차이즈　372

라이선스　28, 98, 110, 115, 135, 141
라이선싱　116, 138
라티푼디움　46, 47
랜햄법　306
레귤러 체인　제24장, 151, 186, 225, 229
레드라이닝　323

레몬시장　389
로열티　제3장, 제9장, 90, 135, 216, 270, 276, 293, 294, 336, 339, 356
루트비어　226
르네상스　83

마스터 프랜차이즈　87, 249, 283
매점 접근　234
맥도날드　제27장, 152, 186, 198, 228, 231, 259, 278, 281, 323
맥도날드 바비큐　287
맥주 프랜차이즈　제9장, 135, 390
멀티믹서기　291, 293
메뉴 기반 프랜차이즈　25, 275
모니터링　55, 76, 114
무중력 아이스크림　244
묶음 구매　117, 339, 344
묶음 계약　339
묶음 임대　117, 118
미국 독립전쟁　84, 87
미스터리 쇼퍼　150, 152
민권법　25, 318

배타성　90
벤타 프랜차이징　45
보틀러　제14장, 192
보틀링　제14장
볼런터리　151
부르주아　67
부부 경영의 가맹점　335
블리자드　244
비즈니스 포맷 프랜차이즈　제15장, 제31장, 제36장, 116, 196, 216, 220, 301, 306, 314, 324, 366, 369
빅맥　280, 281, 282
빌프랑슈　35

사법적, 행정적 권한　54
사업만족　375
사업안내서　356, 358
사업적 족보　384
사회적 기업　191
사회적 약자　69, 182, 191, 310, 375, 388

사회적 외계인　319, 325
사회적 편견의 색안경　326
상품 프랜차이즈　29, 78, 103, 116, 137, 140, 156, 161, 166, 175, 189, 216, 224, 306, 369
상업자본주의　66, 83
상업 프랜차이즈　44, 95, 134, 141, 175
상인 길드　제4장, 46
상위 독점자　55
상품 포지셔닝　281
상호작용의 지속인 과정　19
서비스 가맹본부와 소매업자　220
서비스 경영　149, 150
서비스 센터 프랜차이즈　221
서비스 쇼　298
선동자들　346, 347, 367, 389
설계된 사기　333
성전 기사단　56
세금 및 십일조 징수업자　53
셀프서비스　288
셔면법　350, 351
소규모 전략　257
소매업체 협동조합　222, 223
소셜 프랜차이즈　191
소수자　제30장, 제31장, 69, 375
수수료　44, 55, 71, 133, 136, 270, 293, 332, 363
수직적 마케팅 시스템　171, 378
수직적 브랜딩 시스템　378
수직적 통합　55, 170, 377
슈퍼사이클　304, 309
숙련공　62, 65, 67, 68, 70
숨겨진 비용 청구　352
슈퍼바이징　152, 188
스피디 서비스 시스템　289, 295
슬라이더　제24장
시너지 효과　34, 380, 386
식당 객차 서비스　146
식민지 시대　82, 84, 87, 89, 90
식민지화 프랜차이즈　제5장, 94
실질적 준수　344
심플 사이먼과 파이맨 로고　236

와퍼　제26장

왕실 십일조 59
왕실 특권 59
약탈적 가맹본부 334
약속의 땅 335
연계 매장 프로그램 218
역사적 사실 머리말, 40, 57, 168, 377, 383, 385, 388
역사의 빈곤 383
연방거래위원회법 350, 351, 361
연방거래위원회 351, 359, 361, 362
영업비밀 68, 74, 169, 269
오리지널 레시피 268, 269, 270
외부 프랜차이징 77
외부압력 261
외부효과 379
외재화 165
은대지 제도 50
은폐 334, 352
이중적 프랜차이징 71
인쇄·출판 프랜차이즈 제6장, 28, 82, 115, 118, 141
인스타 기계 278
인스타 버거킹 278, 280
인정된 불완전성 352

자기잠식 91
자치권 35, 36, 37, 42, 53, 54, 55, 57, 58, 386
잔여청구권 75
장원 46, 52
장인 길드 56, 63, 67
재난의 땅 335
재봉틀 프랜차이즈 137, 138, 139, 141, 142
적시 공급 146
절대왕정 83, 85, 87, 90, 91, 92, 104, 122, 126, 128
정보공개법 356, 358, 361
정보 비대칭 344
제한된 화로 243
제1차 세계대전 102, 122, 123, 290
제2차 세계대전 102, 123, 124, 145, 196, 201, 211, 234, 242, 248, 304, 311, 312, 314

제3의 물결 368
제품수명주기론 376
종교개혁 83
종사제 50
주유소 프랜차이즈 제18장, 167, 307, 331
중앙집중의 프랜차이즈 시스템 179
정보 혁명 368, 369
제너럴 모터스 200
제임스타운 87
중상주의 66, 67, 83, 85, 92
중세 프랜차이즈 제3장, 28, 33, 46, 82, 89
증기기관차 제7장, 110
증기선 제7장, 제8장
증기선 프랜차이즈 제8장, 129
지나친 기대 346
지나친 약속 346
지방분권적 통치 53
지역·광역 개발자 294
지역 특권 57
지식재산권 99, 158, 168, 170, 171, 269, 306, 373
직영점 139, 143, 151, 182, 189, 206, 215, 218, 235, 245, 249, 260, 273, 286, 343
직화구이 기계 279, 280
질적 변화 367

창조적 파괴 372
체인사업 150, 151
총체적 품질 관리 169
치료적 법률 353

카훕 서비스 197, 229, 236, 287, 288, 291
커스터드 킹 246
코르푸스 45, 63
코르푸스 나비큘라리오룸 45
코카콜라 보틀링 회사 162
콜레기아 45, 63
콜레기움 45, 63
콜로나투스 47
콜로누스 47, 52

콜로니아 43, 84
콜박스 197
쿨링오프 354
클레이튼법 350, 351

타이드 하우스 시스템 제9장
탐험 프랜차이징 92
테이크아웃 197

판매지향 프랜차이즈 25, 224
패밀리 버거 228
퍼지 더 웨일 245
포괄적 독점 41
포드 공인 부품 및 서비스 203
포디즘 201
포장 판매 197, 272
풀 서비스 스테이션 217
품질인증 표시 74
프랑시스 35
프랑아처 35
프랑치소 35
프랑칠라누스 35
프랑타운 35
프랜차이즈 기업가 정신 372, 385
프랜차이즈 대리인 이론 57
프랜차이즈 마케팅 370, 372, 378
프랜차이즈 무임승차 이론 379
프랜차이즈 암흑기 345, 375, 387
프랜차이즈 자원부족 이론 343
프랜차이즈 잔여이익 75
프랜차이즈 특권에 관한 선언 109
프로이스타메노이 42
프로스티 머그 227, 229, 230
피라미드식 신분제 51
필수장비 180, 190
필수품목 97, 98, 178, 180, 185, 190, 234, 246, 264, 342, 359, 363

하겐다즈 251
하위 가맹본부 283, 341
할랄 274
한자동맹 64, 79
허상 제33장, 336
허위·과장된 정보 334, 336, 338, 340, 376, 387
현재와 과거의 끝없는 대화 19
현지화 전략 172, 273, 274, 286
협동조합 61, 151, 222, 223
확장성 58, 98, 163, 164, 167, 183, 262
환대산업 238
회계장부 341
흑사병 84, 92

1차 산업혁명 67, 102, 103, 104, 105, 121, 123
2차 산업혁명 102, 121, 134, 156, 194, 199
3차 산업혁명 368
4차 산업혁명 368
5차 산업혁명 368
1차 햄버거 전쟁 259, 282
2차 햄버거 전쟁 280, 282
10대들의 소굴 198

Affranchir 33
Amended Franchise Rule 362, 376
American Dream 309, 313, 314, 325, 334, 346
A&W (Allen & Wright Restaurants) 제21장, 196, 237, 300
A&W Beverages Inc 227

Baskin-Robbins 제23장, 235, 248
Branch office 136, 139, 183
Branchise 376, 377, 378
Breyer 241
Burger King 제26장, 231, 262
Burton's Ice Cream 248
Buy-back 343
Buy'em by the Sack 265

California Franchise Investment Law 355, 356
California vs Central Pacific Railway Co 소송 127
Carvel 제23장

Chicken Delight　339
Chromium Vanadium　219
Coca-Cola　제14장, 103, 117, 192, 197, 224, 227, 242, 269, 307, 374
Coca-Cola Export Corporation　161, 173

Dairy Queen　제23장, 279
Disclosure Compliance Obligations　363
Disfranchise　34
Dunkin Donuts　235

Exempt　33
Enfranchise　34

Fast buck artist　334
Fast Food Civil Rights　319
Fatilyzer　297
Fly-by-night　334
Flying Saucer　245
Ford　제17장, 78, 99, 137, 189, 196, 221, 263, 300, 307
Franc　32
Franchir　33
Franchisee　36, 335
Franchise d'impot　36
Franchise de poste　36
Franchise Disclosure Document　356, 362, 376
Franchise douanière　36
Franchisee fee　133
Franchise Full Disclosure Act of 1970　355, 356
Franchise Investment Protection Act　358
Franchise Rule/Compliance Guide　362
Franchise Security Law　357
Franchised Dealer　205
Franchisor　36

GI Bill　312
GM　제17장, 117, 137, 196, 307

Hair Salon　176, 182, 189
Harper Equipment　178, 180, 187
Harper Method　제15장, 152, 153, 196, 221, 300
Harper Method Textbook　184
Harper Laboratory　177, 186
Harper Network　180, 181
Harperites　제15장
Harvey Girls　149, 153, 187, 266
Harvey House Restaurant　제13장, 186, 238, 259, 300
Howard Johnson Bible　235
Howard Johnson's　제22장, 196, 279, 300
Howard Johnson's Motor Lodges　233, 238
Hudson River Company　108, 109
Hungry Jack's　278

International Dairy Queen　243
It's Finger Lickin' Good　269

KFC　제25장, 259, 262, 282, 322
KFC University　272

La franchise　35
Lasher vs People 소송　127
Lily Tulip Cup Company　290
Look Yourself Over　266
London Company　87

McCormick Harvesting Machine Company　제12장, 120
Mcdonaldization　302
McDonald's Values　298
Merchandise 7X　169
Minnie Pearl's Chicken System　341
Model T　제17장, 212

NBMOA　323
North River Steamboat Company　109

Ogden-Gibbons 파트너십　109

PB 상품 224
Prince Castle 290
Privilege acknowledgement 35

Q, S, C 제27장, 186, 366
Q, S, C and V 298
QSR 237, 262, 263, 265, 277, 289, 366

Reaper 134
Rexall Drugs 제20장

Sanders Court & Café 268
Siegel v. Chicken Delight 339
Singer Manufacturing Company 제12장, 94, 137
Snowbird Ice Cream 247
Spaten 제9장
Standard Oil Company 214

Tastee-Freez 242, 247
The Coca-Cola Company 156
The Franchise Competitive Practices Act 353
The Fred Harvey Company 144
The Harper Method Progress 185
The Hot Hamburger 266
The Shopper's Road 247
The FTC Franchise Rule 361

UFOC 356, 359, 362

Wendy's 271, 280, 281, 282
Western Auto Supply Company 제19장, 223
White Castle 제24장, 151, 228, 237, 282, 300
Wisconsin Franchise Investment Law 357

2. 주요 인물

데이비드 에저튼(David Russell Edgerton) 279
돈 애브너 데이비스(Don Abnor Davis) 218
렉스 데이비드 토마스(Rex David Thomas) 271
레이 크록(Raymond Albert Kroc) 제27장
로버트 리빙스턴(Robert R. Livingston) 109
로버트 스티븐슨(Robert Stephenson) 107
로버트 우드러프(Robert W. Woodruff) 160
로버트 풀턴(Robert Fulton) 106, 109
로이 앨런(Roy W. Allen) 226
로즈 매터스(Rose Mattus) 251
루벤 매터스(Reuben Mattus) 251
루이스 존 데이비슨 록펠러(Lewis John Davison Rockefeller) 214
루이스 콜 리겟(Louis Kroh Liggett) 222
리처드 트레비식(Richard Trevithick) 106

마사 마틸다 하퍼(Martha Matilda Harper) 174
매튜 번스(Matthew Burns) 278, 279
맥도날드 형제(Richard James McDonald 와 Maurice James McDonald) 제27장

빌리 잉그램(Billy A. Ingram) 256
버튼 라빈슨(Burton Leo Baskin) 247
벤자민 토마스(Benjamin Thomas) 161
벤자민 프랭클린(Benjamin Franklin) 94

사이러스 홀 맥코믹(Cyrus Hall McCormick) 134
슘페터(Joseph Alois Schumpeter) 372

아놀드 조셉 토인비(Arnold Joseph Toynbee) 19
아사 캔들러(Asa G. Candler) 159
아이작 메리트 싱어(Isaac Merritt

Singer) 137
앨빈 토플러(Alvin Toffler) 368
왈트 앤더슨(Walt A. Anderson) 256
어바인 라빈슨(Irvine Issac Robbins) 247
에드워드 핼릿 테드 카(Edward Hallett Ted Carr) 18
윌리엄 메츠거(William E. Metzger) 200
윌리엄 브레이어(William A. Breyer) 241
윌리엄 로젠버그(William Rosenburg) 235

잭 매시(Jack C. Massey) 272, 273
제이콥 푸셀(Jacob Fussell) 241
제임스 맥라모어(James Whitman McLamore) 279
제임스 와트(James Watt) 105
제임스 트러슬로 애덤스(James Truslow Adams) 313
조지 페퍼다인(George Pepperdine) 218
조지프 화이트헤드(Joseph B. Whitehead) 161
존 브라운(John Young Brown Jr) 272
존 스티스 펨버턴(John Stith Pemberton) 158
존 알버트 싱어(John Albert Singer) 140
존 프리먼트 맥컬러(John Fremont McCullough) 242
존 피치(John Fitch) 105, 108

크리스토퍼 뉴포트(Christopher Newport) 87
크리스토퍼 콜럼버스(Christopher Columbus) 50
키스 크레이머(Keith G. Cramer) 278

토마스 뉴커먼(Thomas Newcomen) 105
토마스 휘트마시(Thomas Whitmarsh) 95
톰 카벨(Tom Carvel) 244

프랭크 라이트(Frank Wright) 226

프랭크 로빈슨(Frank M. Robinson) 159
프레드 터너(Frederick Leo Turner) 296
프레딕 헨리 하비(Frederick Henry Harvey) 144
피트 하먼(Pete Harman) 270
필립 하트(Philip Hart) 353

하워드 디어링 존슨(Howard Deering Johnson) 232
할랜드 데이비드 샌더스(Harland David Sanders) 267
해리슨 윌리엄스(Harrison Williams) 355
헨리 포드(Henry Ford) 201
허드슨 대위(Henry Hudson) 86

IV. 프랜차이즈 역사의 연대기

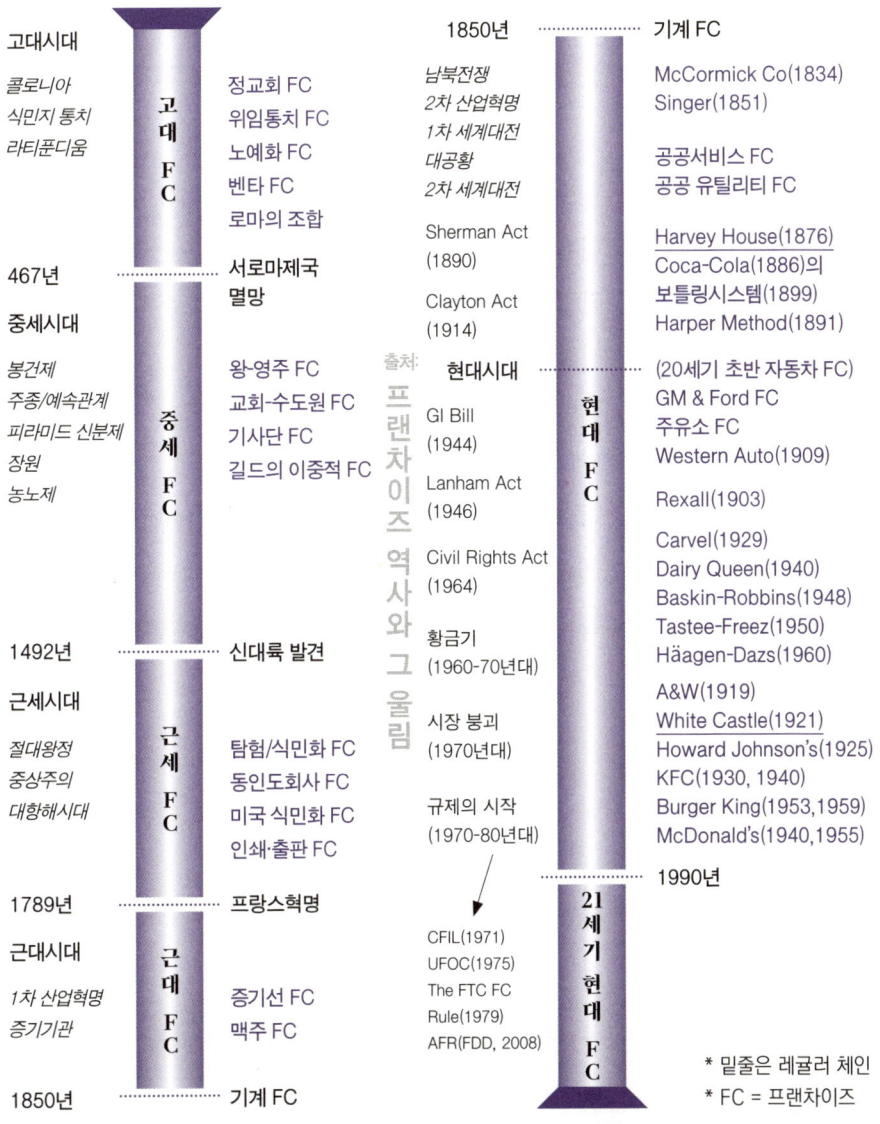

* 본 연대기의 그림은 해당 책 내용에 대한 독자의 쉬운 이해를 위해 시간적 순서에 따라 작성됨.
* 브랜드들은 역사적 중요도나 다른 의도를 가지고 기재된 것이 아니라 책 내용에 기반한 것임.
* 본 연대기는 저자의 의견을 포함하고 있으므로, 다른 연구자의 해석에 의해 다를 수 있음.

프랜차이즈의 정곡
정곡을 찌르다

'프랜차이즈의 정곡'은 프랜차이즈 사업의 지향점, 내용과 특징, 차별성, 사업원리, 관계특징에 대한 본질과 중심적 원리의 탐구를 의미합니다.

〈프랜차이즈 정곡 시리즈〉는 프랜차이즈 사업에 대해 대중성을 지향하는 사회과학 분야의 전문 서적입니다.

한국 프랜차이즈 시장에서 프랜차이즈 사업이 근본적으로 지향하는 공통의 전문 지식이 지금보다 훨씬 많이 공유되어야 합니다. 그 전문 지식이 사업 참여자의 사업철학, 행동 방식, 사업 태도의 기준이 되고, 시장에서 보편적인 상식이 되어 갈수록 한국 프랜차이즈 시장은 바람직한 방향으로 발전할 수 있습니다.

주제어   프랜차이즈 사업의

지향점, 사업원리, 역사, 이론, 기업가 정신, 시스템, 경영전략, 브랜딩, 마케팅, 거래관계, 관계품질, 창업대안, 사회적 영향

1편 : 《한국 프랜차이즈, 기본에서 다시 생각하다(2023)》
2편 : 《프랜차이즈 역사와 그 울림(2025)》